Was lebt in Tümpel,
Bach und Weiher?

Prof. Dr. Wolfgang Engelhardt

unter Mitarbeit von
Prof. Dr. Hermann Merxmüller

Was lebt in Tümpel, Bach und Weiher?

Eine Einführung in die Lehre
vom Leben der Binnengewässer

Mit 420 Abbildungen im Text
und auf 50 Farb- und Schwarzweißtafeln
nach Originalen von
Irmgard Engelhardt, Claus Caspari,
Dr. Hans-Christian Friedrich und Erich Schmidt

Kosmos
Gesellschaft der Naturfreunde
Franckh'sche Verlagshandlung
Stuttgart

58 Farbillustrationen auf 9 Blatt Tafeln und 362 Schwarzweißillustrationen auf 41 Seiten Tafeln und im Text

Umschlaggestaltung von Edgar Dambacher unter Verwendung eines Dias von Hans Pfletschinger
Das Bild zeigt ein gründelndes Gelbrandkäfermännchen (Dytiscus marginalis)

Englische Ausgabe: Burke, London/England

CIP-Kurztitelaufnahme der Deutschen Bibliothek
Engelhardt, Wolfgang:
Was lebt in Tümpel, Bach und Weiher? : Eine
Einf. in d. Lehre vom Leben d. Binnengewässer /
Wolfgang Engelhardt unter Mitarb. von Hermann
Merxmüller. Mit 420 Abb. im Text u. auf 50
Farb- u. Schwarzweißtaf. nach Orig. von Irm-
gard Engelhardt ... — 10. Aufl. — Stuttgart :
Franckh, 1983.
  (Kosmos-Naturführer)
ISBN 3-440-04853-5

10. Auflage / 82.—89. Tausend
Franckh'sche Verlagshandlung, W. Keller & Co., Stuttgart / 1983
Alle Rechte, insbesondere das Recht der Vervielfältigung, Verbreitung und Übersetzung, vorbehalten. Kein Teil des Werkes darf in irgendeiner Form (durch Fotokopie, Mikrofilm oder ein anderes Verfahren) ohne schriftliche Genehmigung des Verlages verarbeitet, vervielfältigt oder verbreitet werden
© 1956, 1980, Franckh'sche Verlagshandlung, W. Keller & Co., Stuttgart
Printed in Germany / Imprimé en Allemagne / L 14 H Ste
ISBN 3-440-04853-5
Gesamtherstellung: Konrad Triltsch, Graphischer Betrieb, Würzburg

Vorwort

Seit die letzte Auflage von L a m p e r t s umfassendem, allgemeinverständlichem Werk über „Das Leben der Binnengewässer" erschienen ist, hat die Limnologie große Fortschritte gemacht, so große, daß ein neuer „Lampert" heute ohne Zweifel ein mehrbändiges Werk ergeben würde. Sicher wäre hierzu die Mitarbeit zahlreicher Fachwissenschaftler nötig, und der Preis des Werkes würde nur für wenige erschwinglich sein. An E i n z e l darstellungen über die Pflanzenwelt des Süßwassers, die Biologie der verschiedenen Tiergruppen sowie an reinen Bestimmungsbüchern in Tabellenform ist dagegen kein Mangel.

Das vorliegende Werk versucht nun, eine offensichtliche Lücke des deutschen Schrifttums zu schließen: Es will in e r s t e r Linie die sichere Bestimmung der wichtigsten Süßwasserpflanzen und -tiere Mitteleuropas ermöglichen. Es arbeitet dabei nach der bewährten Art der Kosmos-Naturführer nicht mit mehr oder weniger schwierigen Bestimmungstabellen, sondern nach der „Bilderbuchmethode": Jede behandelte Pflanze, jedes besprochene Tier ist abgebildet. Der dazugehörige kurze Text erleichtert die Bestimmung. In den nicht wenigen Fällen, in denen eine wirklich einwandfreie A r t bestimmung nur eingearbeiteten Spezialisten möglich ist, wird dies ausdrücklich betont und lediglich die Gattungsdiagnose gegeben. Wir weichen in dieser Hinsicht bewußt von der Methode anderer Bestimmungsbücher allgemeinverständlichen Charakters ab, da sich falsche Bestimmungsergebnisse von Laien nur allzuleicht über die Veröffentlichungen örtlicher naturkundlicher Vereine usw. in das Fachschrifttum einschleichen und so manches Unheil anrichten können.

Auf die Abbildungen wurde größte Sorgfalt verwandt; es handelt sich ohne Ausnahme um Originalzeichnungen, die zum großen Teil nach dem Leben angefertigt wurden.

Die z w e i t e Aufgabe des Werkes ist, die Lebensweise der behandelten Pflanzen- und Tiergruppen darzustellen. Freilich kann hierauf nur insoweit eingegangen werden, als die allgemeine Biologie für das Verständnis und die Beobachtung der Einzelformen unerläßlich ist.

Es entspricht dem heutigen Stand unserer Wissenschaft nicht, das Lebewesen für sich allein, losgelöst von seinem Lebensraum, zu betrachten. Gerade die Forschungsergebnisse der Limnologie haben uns z. T. sehr gründliche Kenntnisse über die vielfältigen Wechselwirkungen zwischen den Lebewesen und ihrer Umwelt ermöglicht. Daher sollen auch zunächst wenigstens die wichtigsten Eigenschaften der behandelten Lebensräume kurz geschildert werden.

Die Erfüllung seiner dreifachen Aufgabe: Bestimmungsbuch zu sein und gleichzeitig die Lebensweise der besprochenen Pflanzen und Tiere sowie die

Eigentümlichkeiten ihrer Lebensräume zu schildern mag das Werk zu einer zeitgemäßen **Einführung in das Leben der Binnengewässer** werden lassen.

Die Vielgestaltigkeit unserer heimischen Binnengewässer und der ungeheure Artenreichtum ihrer Lebewesen zwingen zur Beschränkung. So berücksichtigen wir in dem vorliegenden Band nur die „Kleingewässer": Quelle, Bach, Lache, Tümpel und Weiher. Fluß, Strom und See, zu deren eingehender Untersuchung Boot, Seilwinde, Bodengreifer usw. notwendig sind, Dinge, die dem Naturfreund im allgemeinen nicht zur Verfügung stehen, bleiben außerhalb der Betrachtung. Selbstverständlich ist hier oft keine strenge Trennung möglich. Viele Teichbewohner treffen wir z. B. auch im Pflanzengürtel der Seen, manche Bachbewohner auch im Fluß. Dies gilt für zahlreiche Tiere und fast noch mehr für die Pflanzen. Die lebende Natur fügt sich eben nie und nirgends vollständig in ein starres System.

Unberücksichtigt läßt der Band weiterhin die „Lebewesen des Wassertropfens", also die Einzeller, außerdem alle Formen, zu deren ausreichender Beobachtung eine mehr als 10fache Lupenvergrößerung notwendig ist, und die Wirbeltiere, also die Fische und Lurche, denen ja eigene Naturführer gewidmet sind [1]. Nur echte Wassertiere werden besprochen. Zu diesen rechnen wir ausschließlich solche Arten, die wenigstens in einem Lebensabschnitt unbedingt auf Wasser angewiesen sind, nicht aber auch feuchtigkeitsliebende Landtiere wie die Sumpf- und Moorbewohner. Bei den Pflanzen war die Entscheidung in dieser Beziehung für Herrn Prof. H. Merxmüller nicht immer ganz leicht.

Natürlich konnten wir auch bei den ausgewählten Gruppen nicht jeweils alle mitteleuropäischen Arten bringen. Gibt es doch in Mitteleuropa z. B. allein rund 250 Köcherfliegen und 150 Schwimmkäfer. Wer aber die abgebildeten 350 Pflanzen und Tiere kennt, der weiß über die Lebewelt unserer einheimischen Kleingewässer Bescheid. Er mag dann auf dieser Grundlage versuchen, sich mit Hilfe von Spezialwerken in die eine oder andere Gruppe einzuarbeiten.

Der Kreis derjenigen, die sich aus Freude oder Berufspflicht mit den Pflanzen und Tieren unserer Binnengewässer beschäftigen, ist groß:

Der Naturfreund bevorzugte sie schon immer in besonderem Maße für seine Beobachtungen. Neben ihm steht der Aquarianer, weiterhin der Schüler, der Student und der Lehrer der biologischen Fächer. Aber auch der Sport- und Berufsfischer sollte die lebende Umwelt seiner besonderen Schützlinge kennen, stellt sie doch deren Nahrungstiere und -pflanzen, Feinde und Parasiten. Der Abwasserbiologe aber muß über die Lebewelt des gesunden Gewässers Bescheid wissen, um Art und Ausmaß der Erkrankung seiner eigentlichen Untersuchungsobjekte, unsere oft so schrecklich verschmutzten Gewässer, richtig beurteilen zu können.

---

[1] H. Streble und D. Krauter, Das Leben im Wassertropfen, O. Schindler, Unsere Süßwasserfische, sowie R. Mertens, Lurche und Kriechtiere.

Ein Wort herzlichen Dankes mag den Abschluß dieser Zeilen bilden. Es gilt zunächst dem Verfasser der Abschnitte über die Wasserpflanzen, Herrn Prof. Dr. Hermann Merxmüller. Dann aber vor allem den Gestaltern der Abbildungen, die durchweg mit größter Sorgfalt gearbeitet haben. Die Hauptlast der Illustrationen hatte meine Frau, Irmgard Engelhardt, zu tragen, von deren Hand sämtliche in Schwarzweißmanier ausgeführten Tiertafeln sowie alle Textabbildungen stammen. Herr Kunstmaler Claus Caspari fertigte die Farbtafeln 17, 25, 26, 38, 39, 40. Die schwarz-weißen Pflanzentafeln hat Herr Dr. Hans-Christian Friedrich, die farbigen Herr Erich Schmidt geschaffen.

Endlich darf ich an dieser Stelle auch allen Kollegen, die mich mit Rat und Tat, besonders auch durch Gestellung von Zeichenobjekten unterstützt haben, bestens danken.

Die recht kurze Zeit, in der fünf Auflagen des Werkes vergriffen waren, ist sicher der beste Beweis dafür, daß wir bei der Anlage des Buches den richtigen Weg beschritten haben. So waren größere Änderungen nicht nötig. Soweit allerdings der Text durch neue Forschungsergebnisse überholt war, wurde er entsprechend berichtigt oder ergänzt. Besonders das „Bach"-Kapitel fand so eine beträchtliche Erweiterung. Einige Zeichnungen wurden durch bessere ersetzt, zwei neue Abbildungen hinzugefügt. Auch die Nomenklatur wurde auf den neuesten Stand gebracht. Um Verwirrung zu vermeiden, wurden dabei alte, seit langem eingeführte Namen in Klammern beigefügt. Zahlreiche Fachkollegen, denen hiermit herzlich gedankt sei, haben die Verfasser wieder mit wertvollen Ratschlägen unterstützt.

So hoffen wir zuversichtlich, daß sich „der Tümpelführer" — diesen charakteristischen Beinamen hat das Buch erhalten — auch weiterhin als zuverlässiger Begleiter auf allen Tümpelfahrten bewähren wird.

München W. Engelhardt

Was lebt in Tümpel, Bach und Weiher?

Vorwort	5
Einleitung	11
Die mitteleuropäischen Kleingewässer als Lebensräume	13
Quellen	13
Thermalquellen	17
Überrieselte Felsen	18
Die unterirdischen Gewässer	19
Der Bach	22
— Der Gletscherbach	22
— Der Hochgebirgsbach	24
— Der Mittelgebirgsbach	30
— Der Niederungsbach	31
Die in Fließgewässern wirksamen Umweltfaktoren	34
Weiher und Teich	39
Hochmoorweiher und Torfstich	46
Periodische Gewässer: Tümpel	50
Salzgewässer des Küstengebietes und des Binnenlandes	56
Vom Menschen beeinflußte Gewässer	58
Die Pflanzenwelt	63
Bau und Leben der Wasserpflanzen	63
Die Gesellschaften der Wasserpflanzen	70
I. Klasse der Laichkraut-Gesellschaften	70
a) In stehenden Gewässern	70
b) In fließenden Gewässern	71
II. Ordnung der Quellflur-Gesellschaften	72
III. Ordnung der Röhrichte und Großseggen-Wiesen	73
a) Röhrichte fließender Gewässer	73
b) Röhrichte stehender Gewässer	73
c) Großseggen-Wiesen	74
IV. Ordnung der kalkarmen Flachmoor-Gesellschaften	75
V. Ordnung der Zwergbinsen-Gesellschaften	76
VI. Ordnung der Wasserpflanzen- und Ufer-Gesellschaften nährstoffarmer Gewässer	76
VII. Verbände der Moortümpel-Gesellschaften und Moorsimsen-Rasen	78
Vom Schutz der heimischen Wasser- und Sumpfpflanzen	79
Pflanzentafeln und Einzelbeschreibungen der Pflanzen (Tafel 1—8)	81
Die Tierwelt	106
Süßwasserschwämme (Spongillidae)	106
Nesseltiere (Hydrozoa)	107
Moostierchen (Bryozoa)	108
Strudelwürmer (Turbellaria)	112
Saitenwürmer (Nematomorpha)	113
Wenigborster (Oligochaeta)	113

Egel (Hirudinea) 118
Großblattfüßer oder Kiemenfüßer (Euphyllopoda) 122
Wasserflöhe (Cladocera) 122
Ruderfüßer oder Hüpferlinge (Copepoda) 126
Muschelkrebse (Ostracoda) 127
Wasserasseln (Isopoda) 127
Flohkrebse (Amphipoda) 128
Flußkrebse (Potamobiidae) 134
Wasserspinne (Argyroneta aquatica) 136
Wassermilben (Hydracarina) 137
Stein- oder Uferfliegen (Plecoptera) 142
Eintagsfliegen (Ephemeroptera) 143
Wasserwanzen 154
   I. Wasserläufer i. w. S. 154
      1. Familie Wasserläufer i. e. S. (Gerridae) 154
      2. Familie Teichläufer (Hydrometridae) 154
      3. Familie Stoßwasserläufer (Veliidae) 155
      4. Familie Mesoveliidae 155
      5. Familie Hebridae 155
   II. Wasserwanzen i. e. S. 155
      1. Familie Skorpionswanzen (Nepidae) 155
      2. Familie Schwimmwanzen (Naucoridae) 156
      3. Familie Rückenschwimmer (Notonectidae) 156
      4. Familie Ruderwanzen oder Wasserzikaden (Corixidae) 157
Käfer (Coleoptera) 163
      1. Familie Schwimmkäfer (Dytiscidae) 163
      2. Familie Wassertreter (Haliplidae) 164
      3. Familie Wasserkäfer i. e. S. (Hydrophilidae) 165
      4. Familie Hakenkäfer (Dryopidae) 169
      5. Familie Taumelkäfer (Gyrinidae) 169
Zweiflügler (Diptera) 178
   I. Mücken (Nematocera) 178
      1. Familie Zuckmücken (Chironomidae) 178
      2. Familie Gnitzen (Ceratopogonidae) 179
      3. Familie Stechmücken (Culicidae) 179
      4. Familie Kriebelmücken (Simuliidae) 184
      5. Familie Tastermücken (Dixidae) 184
      6. Familie Lidmücken (Blepharoceridae) 184
      7. u. 8. Familie Schnaken (Tipulidae) und Stelzmücken (Limoniidae) 185
      9. Familie Faltenmücken (Ptychopteridae) 186
     10. Familie Schmetterlingsmücken (Psychodidae) 186
   II. Fliegen (Brachycera) 190
      1. Familie Bremsen (Tabanidae) 190
      2. Familie Waffenfliegen (Stratiomyiidae) 190
      3. Familie Schwebfliegen (Syrphidae) 190
      4. Familie Salzseefliegen (Ephydridae) 191
Libellen (Odonata) 194
Schlammfliegen (Megaloptera) 207
Netzflügler (Neuroptera) 207

Schmetterlinge (Lepidoptera) 210
Hautflügler (Hymenoptera) 212
Köcherfliegen (Trichoptera) 213
Muscheln (Bivalva, Lamellibranchiata) 222
Schnecken (Gastropoda)..................................... 228
   I. Süßwasserlungenschnecken (Basommatophora) 228
      1. Familie Schlammschnecken (Lymnaeidae) 228
      2. Familie Tellerschnecken (Planorbidae) 229
      3. Familie Napfschnecken (Ancylidae) 230
   II. Vorderkiemer (Prosobranchia) 230
      1. Familie Neritidae 230
      2. Familie Sumpfdeckelschnecken (Viviparidae) 230
      3. Familie Federkiemenschnecken (Valvatidae) 231
      4. Familie Hydrobiidae 231
Über das Fangen heimischer Süßwassertiere, ihre Haltung im Aquarium
und die Anlage von Sammlungen 238
Zeichenerklärung.. 241
Schrifttum.. 242
Sachverzeichnis 246
Pflanzenverzeichnis 248
Tierverzeichnis 251

Einleitung

Im Herbst 1953 kamen diejenigen Zoologen, deren Hauptarbeitsgebiet das Verhalten der Tiere, die Tierpsychologie, ist, in der altehrwürdigen englischen Universitätsstadt Oxford zu einer internationalen Tagung zusammen. Während der angeregten Aussprache über einen der Vorträge wurde plötzlich die Frage aufgeworfen, auf welche Weise die versammelten Forscher ihre erste Bekanntschaft mit der Wissenschaft ihres Lebens, der Zoologie, gemacht hätten. Ganz im Zeichen unserer Zeit wurde sofort ein Fragebogen entworfen und unter die Kollegen verteilt, und als dann die ersten zoologischen Unternehmungen der Kindheit wahrheitsgemäß aufgezeichnet worden waren, ergab sich ein triumphaler Sieg der „Tümpler" über das kleine Häuflein der Schmetterlingssammler. So mancher späterhin berühmte Biologe hat seine ersten „Untersuchungen" als Schuljunge am heimatlichen Dorfweiher oder am nächsten Tümpel vor den Toren der Stadt angestellt, ausgerüstet mit einem der Mutter entführten Marmeladenglas und einem von der älteren Schwester aus einem Stück alten Nesseltuches zusammengenähten Netz. Bei vielen mögen die Aquarienfische zu Hause den ersten Antrieb gegeben haben. Als sie dann beim Futterfang zwischen den begehrten Wasserflöhen und Hüpferlingen das eine Mal einen kleinen Schwimmkäfer, das andere Mal eine Libellenlarve im Netz gefunden hatten, lockten Wißbegier und Forschungsdrang zu immer neuen Beobachtungen.

Tatsächlich gibt es für den Naturfreund kein ergiebigeres Feld für eigene Untersuchungen als Tümpel und Bach. Nirgends sonst, nicht in Wald, Wiese oder Feld, findet er auf gleich engem Raum ein ähnlich reichhaltiges Tierleben. Nirgends lassen sich die vielfältigen, oft ans Wunderbare grenzenden Anpassungen der Lebewesen an die besonderen Bedingungen ihres Lebensraumes leichter erkennen. Kein Gebiet der so unendlich weiten Welt des Lebens ist auch nur ähnlich geeignet, uns unmittelbar und selbständig mit dessen Grundproblemen vertraut zu machen wie das Leben im Wasser. Läßt es sich doch leicht mit nach Hause nehmen und dort im Aquarium in aller Ruhe beobachten.

Ehe sich aber der Leser nun selbst ans „Tümpeln" macht, mag er dem Verfasser noch eine große Bitte und einen kleinen Rat gestatten. Zunächst die Bitte:

Gerade unseren Kleingewässern drohen heute durch den unersättlichen Zugriff einer Überzivilisation schwerste Gefahren, dem Tümpel und dem Weiher die Trockenlegung, die Zuschüttung mit Abraum und Abfällen aller Art, der Quelle und dem Bach heillose Verschmutzung bis zur völligen Verödung oder die Zwangsjacke der Begradigung. Menschlicher Unverstand, Eigennutz und sträfliche Nachlässigkeit berauben unsere Heimatlandschaft so ihres schönsten

Schmuckes und ihrer wichtigsten Lebensadern. Helfen Sie mit, dieser Entwicklung, wo immer nur möglich, Einhalt zu gebieten, sonst sind die in diesem Büchlein dargestellten Lebewesen wenigstens in unserem Land alsbald zum Aussterben verurteilt!

Und nun der Rat:

Wählen Sie einen Tümpel oder einen Bach und machen Sie ihn zu „Ihrem" Tümpel, zu „Ihrem" Bach! Ihnen gehört er erst, wenn Sie alle seine Bewohner und ihre Lebensgewohnheiten kennen. Besuchen Sie ihn immer wieder, nicht nur im Sommer zur Badezeit, sondern auch im ersten Frühjahr, im Herbst, im Winter! Und lassen Sie sich Zeit, viel, viel Zeit! Legen Sie sich am Ufer auf den Bauch und schauen Sie ins Wasser, lange Zeit. Erst ganz zuletzt greifen Sie zum Netz und fangen etwas fürs Aquarium daheim! Nicht wer die meisten Bäche abgelaufen ist, die meisten Tümpel aufgestöbert hat, besitzt die beste Chance, in die Geheimnisse ihrer Lebewesen einzudringen und vielleicht das eine oder andere zu ergründen, sondern wer mit der größten Ausdauer beobachtet. Und es gibt noch s o viel zu erforschen! Zuerst aber gilt es, die Tiere und Pflanzen kennenzulernen, und dies betrifft besonders auch den Studenten. Wer in der Physiologie und Biochemie der Tiere noch so gut beschlagen ist, aber nicht einmal mehr die häufigsten unserer einheimischen Formen richtig ansprechen kann, ist als Biologe sicher auf dem falschen Weg! Lernen Sie Formen kennen! Wer diesen Rat befolgt, dem wird unser Kosmos-Naturführer ein wirklicher Führer und gleichzeitig ein zuverlässiger Begleiter sein zu mancher beglückenden Naturbeobachtung und befriedigenden Erkenntnis.

Abb. 1. Sturzquelle   Aufn. Dr. W. Hellmich

Die mitteleuropäischen Kleingewässer als Lebensräume

Quellen

Dort, wo sich wasserstauende Bodenschichten mit der Erdoberfläche schneiden, wo sich Spalten und Höhlungen des Gesteins nach außen öffnen, sickert, sprudelt, q u i l l t das Grundwasser hervor. Die Reinheit und Frische des Quellwassers, sein für den naturwissenschaftlich ungeschulten Menschen geheimnisvoller Ursprung aus dem Innern der Erde, ließen die Quellen seit alters zum Gegenstand unzähliger Sagen, Märchen, Gedichte, Volkslieder und bildlicher Darstellungen werden. Aber auch die Limnologen reizte der eigenartige Lebensraum „Quelle" schon früh zu eingehenden Untersuchungen. Sie unterscheiden nach der Art und Weise, in der das Wasser aus dem Boden tritt, 3 Quelltypen: Bei den S t u r z - oder S p r u d e l q u e l l e n (Rheokrenen), die wir besonders häufig in bergigem Land antreffen, bricht das Wasser oft mit großer Kraft aus dem Boden und strömt sofort und rasch auf dem geneigten Gelände talwärts. Da alle Schweb- und Sinkstoffe mitgeführt werden, ist der Grund des Quellrinnsales meist mit blanken Kieseln oder Sand bedeckt und frei von Wasserpflanzen (Abb. 1). — Anders gestaltet sind die T ü m p e l -

quellen (Limnokrenen). Bei ihnen liegt der eigentliche Quellmund am Grund einer mehr oder weniger tiefen Mulde. Das Wasser füllt zuerst diesen Quelltümpel an und ergießt sich über dessen Rand hinweg in den Quellbach. Am Boden des Quellbeckens lagert sich häufig Schlamm ab, und Wasserpflanzen dringen in dichten Beständen vom Ufer gegen die freie Wasserfläche vor (Abb. 2). — Schließlich kennen wir noch die S i c k e r - oder S u m p f q u e l l e n (Helokrenen). Diesen Quelltypus treffen wir vor allem im Flach- und Hügelland an. Das Wasser durchdringt und durchtränkt, in zahlreiche kleine und kleinste Adern aufgelöst, Erdschichten verschieden starker Mächtigkeit. Das gesamte Quellgebiet wird zum Quellsumpf, in dem höchstens da und dort noch ganz kleine freie Wasserflächen eingestreut sind.

Auch die Lage übt wesentlichen Einfluß auf die besonderen Eigenschaften der Quelle aus. Waldquellen sind den größten Teil des Jahres beschattet; Falllaub und Nadeln füllen Quellbecken und -rinnsal oft randvoll an. In kalkarmen Gebieten überziehen dichte Moospolster die Steine des Ufers und des Gewässers. Wiesenquellen, häufig in moosigen Mulden, von Sauergräsern, Schachtelhalm, Brunnenkresse und Wasserminze umgeben, sind tagsüber der Erwärmung durch die Sonnenstrahlung ausgesetzt.

Trotz diesen Verschiedenheiten haben die Quellen viele gemeinsame Eigenschaften, die sie vor anderen Gewässern auszeichnen und für ihre Lebewelt von ausschlaggebender Bedeutung sind. In der Quelle stehen die oberirdischen Gewässer mit den lichtlosen des Erdinnern in Verbindung. Daher können wir hier, meist unter Steinen oder Laub versteckt, auch Bewohner des Grundwassers finden, wie den blinden Höhlenflohkrebs *(Niphargus puteanus)* oder verschiedene gleichfalls augenlose Strudelwürmer. Im Quellbereich, ganz besonders natürlich in dem der Sickerquellen, greifen Land und Wasser inniger und vielfältiger ineinander, als dies im Ufergebiet irgendeines anderen Gewässers der Fall ist. Meist ist die Wassermenge im Vergleich zum späteren Bach noch recht gering, und oft verzweigt sich das Quellrinnsal in schmale Wasseradern. So werden Steine, Äste, Laub, Moose oder Wasserpflanzen vielfach nur auf der Unterseite benetzt. Daher mischen sich im Quellgebiet viele mehr oder weniger feuchtigkeitsbedürftige Landtiere, wie verschiedene Arten von Regenwürmern, Schnecken, Springschwänzen, Fliegen- und Mückenlarven, Käfern (hauptsächlich aus der Familie der Kurzflügler), Spinnen, Landmilben und Asseln mit echten Wasserbewohnern. Es kommen alle nur denkbaren Übergangsformen vor. Uns sollen hier allerdings nur die richtigen Wassertiere beschäftigen.

Die Strömungsgeschwindigkeit ist in Sicker- und Tümpelquellen meist äußerst schwach, oft kaum merklich und auch in den Sturzquellen noch bedeutend geringer als weiter unten im Bach. Dadurch wird Tieren das Leben in Quellen möglich, die ihrer Körpergestalt oder dem Bau ihrer Gehäuse nach nur mangelhaft an den Aufenthalt in stärker strömendem Wasser angepaßt sind und daher im Bach nur stille Uferbuchten besiedeln können.

Allgemein bekannt ist die während des ganzen Jahres außerordentlich gleichmäßige Temperatur des Quellwassers. Handelt es sich doch um zu Tage

Abb. 2. Tümpelquelle   Aufn. Dr. W. Engelhardt

tretendes Grundwasser, das durch die überlagernden Bodenschichten vor den Temperatureinflüssen der verschiedenen Jahreszeiten geschützt wird. Die jährliche Temperaturschwankungsbreite beläuft sich meist nur auf wenige Grad. A. Thienemann stellte sie z. B. bei Untersuchungen zahlreicher Quellen Holsteins auf 1,6° C fest, wogegen sie z. B. für die oberflächlichen Wasserschichten von Seen über 20—23° C betragen kann. Im Vergleich zu anderen oberirdischen Gewässern führen die Quellen im Sommer kühleres, im Winter wärmeres Wasser. Fast nie frieren sie zu. Besonders kalt sind Hochgebirgsquellen — hier kann man selbst im Hochsommer Temperaturen von nur 2—3° C messen — und die „Buchenlaubquellen". Das sind Waldquellen, deren Wasser unter dicken Schichten lufthaltigen Buchenlaubs, das nur sehr langsam vermodert, liegt und durch diesen schlechten Wärmeleiter vor Ein- und Ausstrahlung gut abgeschirmt ist. So sind Quellen einerseits ein geeigneter Lebensraum für Tiere, die an gleichmäßig niedrige Temperaturen gebunden (kaltstenotherm) sind, auf der anderen Seite aber auch für Arten, denen die noch tieferen Wintertemperaturen anderer Gewässer abträglich sind.

Der Sauerstoffgehalt des Quellwassers ist beim Austritt aus dem Quellmund und ebenso noch im Quellbecken gering, die Sauerstoffsättigung beträgt oft nur wenige bis etwa 50%, ist aber für die einzelne Quelle jahraus jahrein nahezu unveränderlich. Am größten ist der Sauerstoffgehalt der Sickerquellen, da bei ihnen das Wasser beim langsamen Durchdringen der durchlüfteten Bodenschichten Gelegenheit zur Aufnahme von Sauerstoff hat. Im Quellrinnsal reichert sich dann das Wasser allerdings rasch mit Sauerstoff an, was durch die innige Berührung von Wasser und Luft in den seichten Bächlein begünstigt wird. Ausgesprochen sauerstoffbedürftige Tiere werden wir also im eigentlichen Quellbereich vergeblich suchen.

Sind die Quellwässer reich an kohlensaurem Kalk, so bilden sich häufig mächtige Tuffbänke. Verschiedene Quellmoose und Algen entziehen bei ihrer Assimilationstätigkeit dem Wasser Kohlendioxyd, so daß sich das Kalziumkarbonat an der Unterseite der Pflanzen niederschlägt und im Laufe der Zeit immer höhere Schichten bildet. Die Tuffsteine bieten vielen Quelltieren in ihren Nischen und Höhlungen ausgezeichnete Unterschlupfmöglichkeiten.

In Norddeutschland enthält das Wasser vieler Quellen beträchtliche Mengen von Eisenoxydulhydrokarbonat, das sich unter Mitwirkung von Eisenbakterien in orangegelben Eisenhydroxydflocken ausscheidet und so das ganze Quellgebiet überzieht.

An pflanzlicher Nahrung sind die meisten Quellen arm. Die Pflanzenfresser unter ihren Bewohnern sind auf die Reste vermodernder Wasserpflanzen, hineingefallener Pflanzenteile und bisweilen sogar lediglich auf den feinen Detritus (winzige Teilchen organischer Stoffe), die das Grundwasser mitführt, angewiesen. — Die typischen Quelltiere (Krenobionten) sind natürlich an die geschilderten Bedingungen ihres Lebensraumes angepaßt. Sie sind also Bewohner reinen, gleichmäßig kühlen, verhältnismäßig sauerstoff- und nahrungsarmen Wassers, das nur geringe Strömungsgeschwindigkeit zeigt. Es handelt sich im übrigen nahezu ausnahmslos um recht kleine Formen. Das trifft in gleicher Weise z. B. für die Strudelwürmer *Crenobia alpina* und *Polycelis felina*, für die winzigen Quellschnecken der Gattung *Bythinella,* die Wassermilben, Köcherfliegenlarven und Käfer sowie für Fliegen- und Mückenlarven zu. Auch *Galba truncatula* und *Radix peregra f. peregra,* die beide häufig in alpinen Quellrinnsalen vorkommen, sind sehr kleine Arten. Der Gemeine Flohkrebs *(Rivulogammarus pulex)* bildet in der Quelle bedeutend kleinere Standortsformen aus als in den Bachläufen. Die meisten Krenobionten sind Pflanzenfresser, nur wenige Raubtiere.

Je mehr Arten echter Quelltiere wir in einer bestimmten Quelle vorfinden, desto günstiger ist — da es sich ja um Reinwassertiere handelt — ihr Wasser auch in hygienischer Hinsicht zu beurteilen.

Ein besonderes Merkmal der Quellinsekten, so der hierher gehörenden Zuckmücken- und Steinfliegenarten, ist die Flugzeit der Vollinsekten im ersten Frühjahr, schon ab Februar, bis spätestens Frühsommer. Dank dem verhältnismäßig warmen Quellwasser vermögen sie sich als Larven während des Winters weiterzuentwickeln, so daß die Vollinsekten schon im zeitigen Frühjahr schlüpfen können.

Zu den echten Quelltieren gesellen sich dann noch zahlreiche quellliebende (krenophile) Arten, die hier ebenfalls zusagende Lebensbedingungen finden. Sie stammen z. T. aus dem Grundwasser; z. T. sind es aber auch Arten stehender Gewässer oder strömungsliebende Tiere, die bachaufwärts bis ins Quellgebiet vorgedrungen sind. Selbstverständlich finden sich bisweilen auch Irrgäste (Krenoxene) in den Quellen ein. So kann man besonders in Tümpelquellen im Herbst plötzlich die verschiedensten Arten von Wasserpflanzen und -käfern beobachten, die hier auf ihren Überlandflügen, vielleicht auf der Suche nach eisfrei bleibenden Wohngewässern, gelandet sind und kürzere oder längere Zeit verweilen.

Thermalquellen

Einen ganz andersartigen Lebensraum als die einfachen kalten Quellen bilden die Thermalquellen. Sie kommen aus großen Tiefen des Erdinnern, in denen hohe Wärmegrade herrschen. Daher liegt ihre Wassertemperatur ständig mehr oder weniger weit über der Jahresdurchschnittstemperatur der betreffenden Landschaft. Am häufigsten finden wir Thermalquellen in tektonischen Bruchzonen und in Gebieten tätiger oder erloschener Vulkane. Aber auch bei Erdölschürfungen werden bisweilen heiße Quellen erbohrt. In den Kulturländern sind zahlreiche Thermen wegen ihrer hohen Temperatur und ihres oft beträchtlichen Gehalts an gelösten Gasen sowie an verschiedenen chemischen Verbindungen für Heilzwecke gefaßt und ausgewertet.

An diese beiden häufig zusammentreffenden Eigenschaften der Thermen muß selbstverständlich auch ihre Lebewelt angepaßt sein, darüber hinaus aber in jedem Falle an einen außerordentlich geringen Sauerstoffgehalt. Eine charakteristische Lebensgemeinschaft stellt sich erst über etwa 40° C ein. Bis dahin finden wir noch eine große Anzahl von Tieren, die wir auch in gewöhnlichen stehenden Gewässern antreffen. Das ist nicht verwunderlich, erreicht doch z.B. das ufernahe Wasser windgeschützter, besonnter Weiher an Hochsommertagen häufig ähnlich hohe Temperaturen. In Thermen von 40° bis 45° C und darüber verarmt die normale Lebensgemeinschaft schnell, und typische, meist über die ganze Erde verbreitete Heißwasserformen treten auf. An Pflanzen vertragen nur einige Blaualgen wesentlich über 40° C; ihre oberste Grenze liegt bei einer Wassertemperatur von +83° C. Bei Tieren liegt sie nach unseren derzeitigen Kenntnissen bei etwa +55° C. Am widerstandsfähigsten sind verschiedene Einzeller und Rädertiere. Aber auch eine Reihe höherentwickelter Tiere verträgt ganz erstaunliche Temperaturen. So lebt die kleine Schnecke *Paladilhia aponensis* in den Thermen von Abano (Italien) bei 44° C, und *Galba truncatula* fand man in den Pyrenäen bei 45° C Wassertemperatur. *Radix peregra f. peregra* wurde schon in 44° C, *Belgrandia thermalis* in 53° C heißem Quellwasser festgestellt, einige Fadenwürmer sogar in solchem von über 50° C. Einen Hauptbestandteil der Thermentierwelt bilden die Wasserinsekten: Larven verschiedener Arten von Zuckmücken, Waffen-, Salzfliegen und andere Zweiflügler, weiterhin vor allem Schwimm-, Wasser-, Taumel- und Hakenkäfer sowie Wasserwanzen. Der Schwimmkäfer *Guignotus pusillus* geht bis zu 42° C, *Bidessus signatellus ab. thermalis* bis zu 45° C. *Laccobius gracilis* traf man in Thermen von 40° C, *Laccobius gracilis ssp. sardeus* sogar bei 45° C, den Rückenschwimmer *Notonecta glauca* bei 44,5° C. In der Thermalquelle Füssing/Inn (Niederbayern) fingen wir mehrere Arten von Ruderwanzen; die Wassertemperatur betrug bis zu 50° C. Diese Beispiele mögen genügen. Die neueste Zusammenstellung der Thermaltiere nennt 174 Arten, darunter 45 Käfer als stärkste Gruppe.

Die überwiegende Mehrzahl der echten Thermaltiere sind Pflanzenfresser. Man führt diese Tatsache auf den erhöhten Sauerstoffbedarf der Raubtiere zurück, der durch ihre umherschweifende Lebensweise bedingt ist und in den Thermen nicht befriedigt werden kann. Diese Einschränkung gilt natürlich nicht für die ebenfalls räuberischen, aber Luft atmenden Schwimmkäfer. Infolge des Sauerstoffmangels fehlen den heißen Quellen auch die sehr sauerstoffbedürftigen strömungsliebenden (torrenticolen) Arten. — Im übrigen aber gibt uns die Lebensweise, insbesondere die Fortpflanzung mancher ständiger Bewohner der heißen Quellen, noch viele Rätsel auf.

Überrieselte Felsen

Wo der Bergbach tosend über steile Stufen hinunterfällt, zerstiebt das Wasser hochschäumend auf den Steinen. Ein dichter, stetiger Regen feinster Wassertröpfchen überspült die Uferfelsen (Abb. 3), überzieht sie mit einer dünnen Wasserschicht und rieselt schließlich in breiteren oder schmäleren Wasseradern langsam in das Bachbett zurück. Man sollte es kaum glauben, daß auch dieser Wasserfilm der Felsen eine eigentümliche Lebensgemeinschaft beherbergt. Höhere Pflanzen und Moose finden zwar nur selten in den engen Gesteinsspalten genügend Halt und Humus; die glatten, nassen Felsen werden meist von ausgedehnten, grünen oder schwärzlichen Algenflächen überzogen. Hoher Sauerstoffgehalt, starke Temperaturschwankungen und stetige Wasserbewegung sind die Kennzeichen dieses Lebensraumes. Hierzu tritt noch die Begrenzung der nur wenige Millimeter mächtigen Wasserschicht nach oben durch die zähe Spannung des Oberflächenhäutchens. Körperbau und Bewegungsweise der charakteristischen Bewohner spiegeln die Anpassung an diese Merkmale wider: Die Köcherfliegenlarven der Gattungen *Stactobia* und der *Tinodes*-Arten sind von sehr kleiner Gestalt und besitzen keine Kiemen, sondern atmen durch die gesamte Körperhaut. Die weißlichgrüne Larve der Dunkelmücke *(Thaumalea testacea)* läßt nach ihrem Körperbau eigentlich eine spannerraupenartige Bewegung erwarten und ist zu dieser auch befähigt. Hierbei müßte durch die Vorwölbung des Rückens dauernd das Oberflächenhäutchen durchbrochen oder zumindest gedehnt werden, was beträchtliche Kraftanstrengung erfordert. Die von A. T h i e n e m a n n als „schnickend" bezeichnete häufige Bewegungsweise der Larve vermeidet diese Schwierigkeit. Die Körperkrümmungen werden dabei in die Waagrechte verlegt, und das Tier schnellt sich unter seitlicher Festheftung des Vorderendes und Nachziehen des Körpers vorwärts. — Ganz ähnlich bewegen sich die stets U-förmig gebogenen Larven der Tastermückengattung *Dixa*. Bei beiden Larvenformen wird die Atmung mit Hilfe offener Stigmen durch Aufnahme atmosphärischer Luft, die dank der dünnen Wasserschicht leicht erreichbar ist, unterstützt.

Abb. 3. Überrieselte Felsen seitlich eines Wasserfalls   Aufn. Dr. W. Engelhardt

„Fauna hygropetrica", also „Tierwelt feuchter Felsen", hat man diese Tiergesellschaft genannt, zu der noch einige Zuckmücken-, Waffenfliegen- und andere Zweiflüglerlarven gehören. Ganz richtig ist dieser Name allerdings nicht; denn die *Dixa*-Larven finden wir z. B. auch auf gerade noch von Wasser überzogenen Seerosenblättern, niedergebrochenen Pflanzenstengeln und Zweigen des Genists in der Uferzone von Weihern. Dort herrschen eben die gleichen Bedingungen der „dünnsten Wasserschicht".

Die unterirdischen Gewässer

Wenn von den Binnengewässern eines Landraumes die Rede ist, denken wir fast immer nur an die oberirdischen Wasseransammlungen. Wir vergessen allzuleicht das G r u n d w a s s e r , das die großen und kleinen Spalten der Schotter- und Kiesschichten, die Klüfte der Gesteine erfüllt, in vielen Höhlen der Gebirge den Boden bedeckt, sich aber hie und da auch in gewaltigen unterirdischen Becken sammelt und in oft kilometerbreiten Strömen tief unter der Oberfläche dahinfließt, der Neigung wasserundurchlässiger Schichten folgend. Freilich ist es nur an verhältnismäßig wenigen Stellen möglich, diesen eigenartigen Lebensraum zu untersuchen, nämlich nur dort, wo das Grundwasser an die Oberfläche kommt, mag dies nun, wie in Quellen und Höhlen, auf natürliche Weise geschehen oder in Ziehbrunnen, Brunnenstuben, Bergwerksschächten, also durch Bauten des Menschen erzwungen sein. Zahlreiche Untersuchungen dieser an sich ja winzigen Ausschnitte des riesigen Bezirks der unterirdischen Gewässer haben uns aber doch recht gute Kenntnisse von den eigentümlichen Merkmalen dieses Lebensraumes und seiner Bewohner verschafft, wenngleich noch manche Frage zu klären, und auch noch die eine oder andere Entdeckung zu erwarten ist.

Die völlige Finsternis im Grundwasserraum ist wohl der wichtigste Unterschied gegenüber den oberirdischen Gewässern. Sie bedingt das Fehlen der grünen Pflanzen und damit der von anderen Lebewesen unabhängigen Erzeugung organischer Stoffe. Zwar siedeln sich besonders Moose und Farne oft erstaunlich weit im Höhleninnern an, wo sie nur noch von Spuren des Tageslichts erreicht werden; aber jenseits dieser äußersten Grenze beginnt das ausschließliche Reich der Bakterien und Pilze. Deren Ernährungsgrundlage bilden im allgemeinen die feinsten Teilchen zersetzter Pflanzenreste, die andauernd mit dem Sickerwasser in das Grundwasser hinuntergespült werden. In manchen Höhlen und Bergwerksstollen spielen vermoderndes Holz und der oft in großen Mengen abgelagerte Kot von Fledermäusen eine wichtige zusätzliche Rolle. Detritus, Bakterien und Pilze sind auch die Nahrungsquellen der Grundwassertiere, soweit es sich nicht wie bei den Strudelwürmern um räuberisch lebende Tiere handelt. So herrscht im Grundwasser, verglichen mit oberirdischen Gewässern, sicherlich eine gewisse Nahrungsarmut. Diese ist aber weder so allgemein noch so beträchtlich, daß man das Grundwasser lediglich als den „lebensfeindlichen, letzten Zufluchtsort einer durchweg arten- und individuenarmen Tiergesellschaft" auffassen dürfte. Fand doch Chappuis allein in den unterirdischen Gewässern der Umgebung von Basel 88 verschiedene Tierarten, darunter 41 Würmer, ebensoviele Krebse und 2 Schnecken. Ja, das Schwergewicht der mitteleuropäischen Höheren Krebse (Malacostracen) liegt nach Schellenberg überhaupt im Grundwasser. Es stellt den Hauptbiotop unserer Flohkrebse dar, die in ihm vielerorts so reiche Nahrung und so günstige Lebensbedingungen finden, daß sie in Menge auftreten und sogar größer werden als oberirdische Arten, der Brunnenkrebs *(Niphargus puteanus)* z. B. bis 3 cm groß. Vorteilhaft wirkt sich für die Tierwelt der unterirdischen Gewässer sicher die völlige Ausschaltung des Einflusses der Jahreszeiten aus. Die Wassertemperatur ist stets gleichmäßig niedrig und schwankt nur etwa zwischen 8 und 10°. So stellt das Grundwasser in dieser Hinsicht zweifellos einen günstigen Lebensraum für Tiere dar, die gleichmäßig niedrig temperiertes Wasser benötigen (Kaltstenotherme). Die Feuchtigkeit ist in den unterirdischen Räumen außerhalb des Wassers so hoch, daß sie manchen Wassertieren erlaubt, auch auf dem „Trockenen" zu leben und über solche kürzere „Landbrücken" vielleicht andere, abgetrennte Grundwasseransammlungen zu erreichen. Im allgemeinen ist jedoch die Absperrung der einzelnen Lebensräume voneinander gerade im Grundwasserbereich ziemlich vollkommen, so daß die Eroberung, neuer Gebiete durch aktive Wanderung sehr, sehr lange Zeiträume erfordert, ein wichtiger Gegensatz zu den oberirdischen Gewässern. Allerdings ist der Sauerstoffgehalt des Grundwassers fast immer außerordentlich niedrig, die Sauerstoffsättigung beträgt meist nur wenige Prozent.

Der Einfluß der unterirdischen Lebensweise macht sich besonders in der weitverbreiteten Farblosigkeit der Grundwassertiere bemerkbar. Alle typischen Formen zeigen eine weißliche, mehr oder weniger durchscheinende Körperbedeckung. Bei diesen charakteristischen Arten der unterirdischen Gewässer sind auch die Augen in Anpassung an das ständige Dunkel verkümmert oder völlig rückgebildet, wie bei der Schneckengattung *Paladilhia* sowie bei *Niphargus* und seinen Verwandten. Als Ersatz hierfür können wir bei manchen Arten, z. B. bei der Höhlenassel *(Asellus cavaticus)*, im Vergleich mit verwandten oberirdischen Formen eine bessere Entwicklung der Tastorgane, wie Vergrößerung von Fühlern und Borsten, feststellen, bei anderen eine Verfeinerung des Geschmackssinnes. Häufig sind wegen der jahraus, jahrein gleichmäßigen Temperatur die Grenzen der Fortpflanzungszeit völlig verwischt. Bei mehreren Ruderfußkrebsen des Grundwassers finden wir stets trächtige Weibchen und Jungtiere verschiedenen Alters. Bei ihnen ist übrigens, wohl als Folge der niedrigen Wassertemperatur, die Eizahl je Weibchen sehr verringert, die Lebensdauer des Einzeltieres dafür verlängert.

Die echten Grundwassertiere (Troglobien oder Stygobionten genannt) gehören verschiedenen systematischen Gruppen an. Gut vertreten sind in Mitteleuropa Strudelwürmer, hauptsächlich Arten der Gattung *Dendrocoelum*, weiterhin Ruderfußkrebse, Wasserasseln und Flohkrebse, spärlicher sind Arten von Borstenwürmern, Schnecken, Wassermilben, Muschelkrebse u. a. Von Wasserinsekten kennen wir nur ein paar blinde Schwimmkäfer. Außer den typischen Grundwasserformen gibt es noch eine ganze Reihe von Tierarten, die wir nicht selten auch in oberirdischen Gewässern antreffen, denen aber doch die Bedingungen des Grundwassers so zusagen, daß sie häufig und in großer Zahl in ihm gefunden werden. Auch gelegentliche Irrgäste, die wohl fast immer durch Regengüsse usw. eingeschwemmt worden sind, kommen bisweilen vor.

Nach unseren heutigen Kenntnissen stammt die Tierwelt des Grundwassers zweifellos von oberirdischen Arten ab, die, z. T. vor vielen zehntausend Jahren, aktiv in die unterirdischen Gewässer eingewandert sind, zu verschiedenen Zeiten und an zahllosen voneinander getrennten Orten. Es mag sich dabei um lichtscheue Arten gehandelt haben, wie wir sie ja auch heute noch z. B. unter den Steinen und dem Genist schattiger Waldbäche finden, oder um Tiere, denen die Temperaturen der Oberflächengewässer bei der fortschreitenden Vereisung großer Teile Mitteleuropas zu niedrig geworden waren oder umgekehrt um solche, denen nach dem Ende der Eiszeiten die oberirdischen Gewässer wegen ihrer zunehmenden Erwärmung nicht mehr zugesagt haben. Wir haben in diesen Fällen also Relikte aus der Tertiär- bzw. Glazialzeit vor uns. Von anderen wieder, wie von dem lange Zeit als Eiszeitrelikt aufgefaßten Brunnenkrebs *(Niphargus)* wissen wir heute, daß er schon blind aus dem

Meer in die unterirdischen Gewässer des Festlandes eingewandert ist und heute in geeignete Oberflächengewässer vorzudringen beginnt. Die artenreichste europäische Grundwassertierwelt lebt in den südlichen Karstgebieten, besonders des Balkans; weit artenärmer ist schon die der Randzonen der Alpen Westeuropas und der deutschen Mittelgebirge, am ärmsten aber die der einst vom nordischen Inlandeis bedeckten Länder, wie z. B. der Norddeutschen Tiefebene. Hier ist wohl die ehemalige Tierwelt der unterirdischen Gewässer durch die dicken Eisschichten von der Nahrungszufuhr abgeschnitten und großenteils vernichtet worden. Nur in den größeren Höhlen und Klüften der Gebirge konnte sie diese ungünstigen Zeiten überdauern.

Der Bach

Durch die Vereinigung mehrerer Quellrinnsale entsteht der Bach. Diesen Namen behält der nun kräftigere Wasserlauf, solange er nicht breiter als etwa 5 m ist. Von da an nennen wir ihn Fluß. Den Bach als Lebensraum zu schildern, ist allerdings unmöglich; denn es gibt in vielerlei Hinsicht große Unterschiede zwischen dem Gletscherbach und dem sich durch die Talaue schlängelnden Bach der Norddeutschen Tiefebene, aber auch zwischen dem Bach des Kalkgebirges und dem, dessen Ursprung und Lauf im Urgestein liegt.

Hoch oben im Gebirge, meist in über 2500 m Meereshöhe, entspringt am Zungenende des Gletschers der Gletscherbach. Da der Hauptteil seines Wassers von den Schmelzwässern der Gletscheroberfläche stammt, schrumpft er während der kalten Jahreszeit und in klaren ausstrahlungsstarken Sommernächten oft bis zu einem schmalen Rinnsal in der Mitte des Bachbettes zusammen. Während der sonnendurchglühten Hochsommertage aber quellen die Wassermassen immer reichlicher aus dem Gletschertor, zunächst noch milchigtrüb, dann graugrün gefärbt, durch zahllose Gesteins- und Erdteilchen, die sie vom Schutt auf der Oberfläche und aus der Grundmoräne des Gletschers mitschwemmen. Schließlich, zur Zeit der größten Wasserführung, stürzen schmutzigbraune Wasser, die volle Breite des Bachbettes füllend, tosend zu Tal, schäumen hoch über die Ufer hinauf und rollen, schieben, stoßen die Felsbrocken und den Sand des Bachgrundes talwärts. Keine Wasserpflanze kann hier Halt finden. Eiskalt ist das Wasser auch im Sommer. Beim Austritt aus dem Gletschertor messen wir 0,0° C, und erst nach vielen hundert, ja oft nach mehreren tausend Metern, das hängt von der Gestalt des Bachlaufes und des Tales ab, erreicht es 5° C oder etwas mehr. In diesem unwirtlichen Gewässer sollte man ständiges tierisches Leben für völlig unmöglich halten. Und doch stellte Steinböck als regelmäßige Bewohnerin der alpinen Gletscherbäche die nach ihm benannte 5—6 mm lange Larve der Gletscherzuckmücke (*Brachydiamesa steinböcki*) fest. Sie dringt sogar bis in die Gletschertore vor, hält sich vorzugsweise auf der Unterseite von Steinen auf, und zwar meist von plattenartigen, flachen Felsstücken, sicherlich, weil diese weniger leicht

Abb. 4. Gebirgsbach   Aufn. E. Bürner

von der Strömung bewegt werden können. Sie nährt sich von den pflanzlichen Stoffen, die durch den Wind auf die Eisflächen geweht werden und mit dem Schmelzwasser in den Gletscherabfluß gelangen.

Weiter unten, wo das Gefälle geringer wird, und daher die Kraft der Strömung, die Geschiebebewegung und der Schwebstoffgehalt nachlassen, ist das Wasser klarer. Hier beginnt die Region des H o c h g e b i r g s b a c h e s , wie er in ähnlicher Ausprägung aus den Quellen der Matten und Bergwälder über die Talflanken heruntersprudelt. Die Wasserführung des Bergbaches ist zwar ebenfalls im späten Frühjahr und Sommer, wenn die Firn- und Schneefelder abschmelzen, am größten, aber doch schon viel ausgeglichener als die des Gletscherabflusses. Die Strömungsgeschwindigkeit beträgt noch häufig über 2,5 m/sec und sinkt nur selten und auf kürzere Strecken unter 1 m/sec ab. Immerhin befindet sich das Bachbett nicht mehr in dauernder Umgestaltung; zumindest mächtigere Blöcke kann das Wasser nicht mehr bewegen, sondern nur noch umstrudeln und überspülen. Zwar setzt sich der größte Teil des Bachgrundes aus Steinen und Felsblöcken zusammen; aber dazwischen finden wir in Kolken, Buchten und an flacheren Stellen kleine Sandbänke und feinsten Detritus abgelagert. Viele Steine sind von grünen, gelben, braunen, ja sogar prächtig roten Algenflächen überzogen. In den Bächen der kalkarmen Urgebirge bedecken dichte Moosrasen die Felsen. Die Wassertemperatur ist niedrig, ihre jährliche Schwankung gering; erreicht sie doch im Oberlauf auch während der heißen Jahreszeit selten über 9° C, bleibt in höheren Lagen oft beträchtlich darunter und beträgt im Winter etwa 2° C. Die Jahresschwankung ist also gering. Infolge der großen Strömungsgeschwindigkeit friert der Hochgebirgsbach nicht einmal bei strengstem Frostwetter zu, mögen sich hie und da auch dicke Schneebrücken von Ufer zu Ufer wölben; unter ihnen plätschert das eiskalte Wasser. Die innige, vielfältige Berührung des schäumenden, sprühenden Wassers mit der Luft, seine niedrige Temperatur sowie der nahezu völlige Mangel sauerstoffzehrender Fäulnisprozesse bedingen den hohen Sauerstoffgehalt des Hochgebirgsbaches. Rund 100% Sättigung ist die Regel. So finden Tiere, die an gleichmäßig kühles, sauerstoffreiches Wasser gebunden sind (Kaltstenotherme, Polyoxybionte) im Bergbach geeignete Bedingungen.

Wer aber in den Genuß dieser Vorteile gelangen will, der muß in Körperform und Lebensweise an das Hauptmerkmal dieses Lebensraumes, die reißende Strömung, so angepaßt sein, daß er ihr trotzen kann. Sonst würde er alsbald talwärts geschwemmt werden. Die echten Bergbachbewohner haben seit S t e i n m a n n s klassischen Untersuchungen zahlreiche Forscher zu eingehenden Beobachtungen angeregt: S t e i n m a n n hat die A b f l a c h u n g des Körpers als eines der Hauptmerkmale der für rasch fließende Gewässer typischen Tiere angesehen. Sie soll einen zweifachen Vorteil haben: Die flache Gestalt bietet dem anstürmenden Wasser weniger Widerstand, besonders wenn, wie dies bei vielen Formen zutrifft, vorspringende Körperfortsätze fehlen, und durch die Ausbildung von Haarsäumen, Chitinlamellen usw. für einen allseitig guten Randschluß gesorgt ist. Außerdem wird nach S t e i n m a n n die Strömungskraft beim Aufprall auf eine schiefgeneigte Fläche gemäß dem Gesetz vom Kräfteparallelogramm in 2 Teilkräfte zerlegt, eine waagrecht wirkende, die den Körper wegzuschieben versucht und in eine senkrechte, die ihn an die Unterlage drückt. Diese Theorie S t e i n m a n n s ist in fast alle einschlägigen Lehrbücher aufgenommen worden. Erst in neuester Zeit hat N i e l s e n Einwände erhoben. Er sagt, nicht nur typische Strömungsbewohner zeigten eine flache Körperform, sondern in zahlreichen Fällen auch ihre nächsten in stehenden Gewässern lebenden Verwandten. Nicht der Strömungsdruck habe zur Ausbildung abgeplatteter Formen geführt, vielmehr seien diese nur dank ihrer besonderen Gestalt fähig gewesen, in rasch fließende Gewässer einzuwandern. N i e l s e n weist weiter darauf hin, daß die Wasserteilchen der natürlichen fließenden Gewässer sich nicht in blattförmiger (laminarer) Schichtung, sondern unter vielfältiger Wirbelbildung, turbulent, fortbewegten. Deshalb treffe die am Gewässerboden sitzenden Tiere nicht nur ein abwärtsgerichteter Druck, sondern ebenso oft ein aufwärts ziehender Sog. Gerade flache Körper aber seien einer Sogwirkung besonders ausgesetzt und daher keineswegs günstig. Die Abplattung erleichtere es diesen Tieren lediglich, sich in feinen Ritzen usw. zu verbergen. Eine Entscheidung für oder gegen S t e i n m a n n oder N i e l s e n ist m. E. verfrüht, es sind weitere Beobachtungen im Freien und Laborversuche notwendig.

Unzweifelhaft ist die Abplattung für die Fließwassertiere deswegen von Bedeutung, weil die Strömungsgeschwindigkeit infolge der Reibung des Wassers am Boden in den untersten Wasserschichten am geringsten ist.

Allgemein bekannt ist die flache Körpergestalt der Strudelwürmer, von denen im Normalfall *Crenobia alpina* den Oberlauf der Bergbäche, *Polycelis felina* den mittleren Abschnitt und *Dugesia gonocephala* den Unterlauf besiedelt. Weitere gute Beispiele sind die Larven der Hakenkäfer, der Stein- und Eintagsfliegen (Gattungen *Rithrogena, Epeorus, Ecdyonurus* und *Heptagenia*), die Puppengehäuse der Kriebelmücken *(Simulium)* und die Puppe der Lidmücke *(Liponeura)* sowie die Mützenschnecke *(Ancylus fluviatilis)*. Bei den Larven der genannten Eintagsfliegengattungen ist die Abplattung des Kopfes so stark, daß die Augen an den Kopfseiten keinen Platz mehr finden und daher auf dem Scheitelrücken sitzen. Außerdem sind bei ihnen und den Steinfliegenlarven die aus flachen Einzelgliedern bestehenden Beine nicht wie bei verwandten Arten stehender Gewässer auf der Bauchseite des Körpers eingelenkt, sondern an den Seitenrändern. So bleibt der Körper während der Fortbewegung, die mehr ein Rutschen als ein Schreiten ist, eng an die Unterlage gepreßt. Bei manchen Köcherfliegenlarven der Bergbäche hat zwar der Körper die normale etwa walzenförmige Gestalt bewahrt, aber ihr Bauinstinkt läßt sie die ursprünglich röhrenartigen Gehäuse den Bedingungen des Bergbaches anpassen: *Goëra* und die verwandten Gattungen *Silo* und *Lithax* fügen den beiden Längsseiten des Köchers mehr oder weniger breite Steine an und glätten die Übergänge durch den Einbau von Sandkörnern derartig, daß, im ganzen gesehen, eine Platte entsteht.

G e r i n g e K ö r p e r g r ö ß e können wir bei vielen Bergbachbewohnern feststellen. So wird der Gemeine Flohkrebs *(Rivulogammarus)* in rasch strömenden Bächen nie so groß wie in stehenden oder langsam fließenden Gewässern. Die Wassermilben der Gebirgsbäche sind die kleinsten Vertreter der ganzen Gruppe. Winzig sind auch die echten Bachformen unter den Käfern, wie der Hakenkäfer *Elmis maugei* oder der Wasserkäfer *Hydraena riparia*. Kleine Tiere finden auch noch in den engsten Spalten der Bachsteine und in den Unebenheiten ihrer Oberfläche Schutz vor Abschwemmung.

Weitverbreitet unter den echten Bachbewohnern ist vorübergehende oder dauernde B e f e s t i g u n g an der Unterlage. Sie erfolgt bei den Strudelwürmern und der Mützenschnecke z. B. durch Schleim. Die Hakenkäfer werden sogar nach ihren unverhältnismäßig großen Fußkrallen benannt, mit denen sie sich an den Wasserpflanzen festklammern. Die Bachmilben haben, ganz im Gegensatz zu ihren Verwandten aus stehenden Gewässern, kräftige Klauen und dornartige, zur Verankerung dienende Borsten. Die Larve der nordamerikanischen Köcherfliege *Brachycentrus nigrosoma* baut ihren im Querschnitt genau rechteckigen Köcher aus sauber zugeschnittenen Moosblättchen und befestigt ihn mit der unteren Kante der Vorderseite vollkommen unbeweglich an der Unterlage. Auch das becherartige Schutzgehäuse der Larven der Zuckmücken-Gattung *Rheotanytarsus* ist mit einem Stielchen aus erhärtetem Sekret an die Blättchen der Bachmoose angeklebt. Andere Zuckmückenlarven spinnen auf Steinen röhrenartige, meist mit Sandteilchen bedeckte Gänge, die gleichfalls durch Drüsensekret festgeheftet sind. Dies gilt auch für die Puppen aller derjenigen Köcherfliegen, die als Larven zu den freibeweglichen Bachbewohnern gehören, sowie für die Lidmücken *(Liponeura).* Häufig erfolgt die Ortsbehauptung im reißenden Wasser durch Saugnäpfe oder ähnlich wirkende Gebilde. Zu Saugnäpfen können die verschiedensten Körperteile gestaltet sein. Bei den Larven der Eintagsfliegen-Gattung *Rithrogena* ist es das 1. Paar der Kiemenblätter, die nierenförmig verbreitert und nur von spärlichen Tracheenästen durchzogen sind, bei den Larven der Kriebelmücken *(Simulium)* das verdickte Hinterleibsende, das noch zusätzlich mit einem Kranz aus vielen Häkchen ausgestattet ist. Die vollendetsten Saugnäpfe aber haben zweifellos die Lidmücken-Larven: Die *Liponeura*-Larven leben in den Bächen der Alpen und Mittelgebirge fast immer gerade an solchen Felsen, über die das Wasser mit tosender Wucht herunterschießt, und der Aufenthalt eines Lebewesens überhaupt als unmöglich erscheint. Die 6 Saugnäpfe ihrer Bauchseite bestehen aus einem äußeren Chitinring und einem zentralen Chitinpfropfen, der nach Anheftung des Ringes durch senkrechten Muskelzug nach oben bewegt wird und so einen luftleeren Raum schafft. T h i e n e m a n n hält sie für die zweckmäßigsten Saugnäpfe des Tierreiches. Jedenfalls haften sie so fest, daß man zu ihrer Loslösung vom Felsen nicht selten das Taschenmesser zu Hilfe nehmen muß (Abb. 52).

Noch ein paar Einrichtungen, die vor Abschwemmung schützen sollen, seien genannt. Die Larven einer Art der in Bergbächen häufigen Köcherfliegengattung *Drusus* fügen ihren zylindrischen Gehäusen Zweigstücklein oder Fichtennadeln so ein, daß sie von der Hauptachse der Wohnröhre in verschiedenen Winkeln nach außen stehen und oft weit hervorragen. Sicher handelt es

Abb. 5. Wiesenbach   Aufn. Dr. W. Engelhardt

sich um ein Mittel zur Verankerung an Wasserpflanzen und im Genist. Ohne Zweifel dienen die Seitensteine, die, wie oben erwähnt, von *Goëra* und ihren Verwandten den Köchern angemauert werden, nicht nur der Abplattung. Sie machen diese Gehäuse auch s c h w e r e r und vermindern hierdurch zusätzlich die Gefahr der Abspülung. Überhaupt verwenden die allermeisten Köcherfliegenlarven schnell fließender Gewässer zum Köcherbau hauptsächlich Sandkörner und Steinchen, wogegen die Formen des ruhigen Wassers Pflanzenstoffe bevorzugen.

Viele Tiere stehender oder nur sehr langsam fließender Gewässer, wie die Schwimm- und Wasserkäfer, die Wasserwanzen und manche Schnecken, kommen in kürzeren oder längeren Zeitabständen zum Luftschöpfen an die Oberfläche. Dies ist für die Bewohner reißender Bäche ganz unmöglich. Viele — vor allem die kleinsten — können sich in dem sauerstoffreichen Wasser überhaupt mit diffuser Hautatmung begnügen; andere atmen durch Kiemen oder, soweit es sich um Wasserinsektenlarven handelt, mit Tracheenkiemen. Das sind zarte, an verschiedenen Körperstellen, meist am Hinterleib sitzende Hautausstülpungen in Blättchen- oder Schlauchform, in denen sich die feinsten Atemröhren (Tracheen) verzweigen.

Die vielerlei bisher besprochenen Anpassungen an das Leben in reißender Strömung zielen alle auf eine mehr oder weniger sitzende Lebensweise hin.

Diese aber erschwert natürlich den Nahrungserwerb bedeutend. Zahlreiche Pflanzenfresser unter den Torrentikolen weiden die spärlichen Algenrasen der Steine ab. Wer aber nahezu oder völlig an ein und denselben Ort gebannt ist, der ist auf die Pflanzenteilchen und den Detritus angewiesen, die z. T. aus dem Bache selbst stammen, z. T. angeschwemmt sind und ihm durch die Strömung zugetragen werden. Für ihn sind Einrichtungen zum Herausfangen dieser Nahrungsteilchen aus dem Wasserstrom (Planktonnetze, Filter und Siebe) lebensnotwendig. Die Larve der oben erwähnten Köcherfliege *Brachycentrus nigrosoma* hält ihre Vorderbeine seitlich gespreizt, und da diese mit einem dichten Saum starrer Borsten besetzt sind, wirken sie wie Reusen. Noch bessere Auffangapparate haben mehrere Köcherfliegenlarven, die gar keine Köcher bauen, sondern mit dem Sekret ihrer Spinndrüsen zarte, netzartige Gewebe herstellen, die sie zwischen Steinen, Ästen usw. ausspannen. Spinnweben gleich bilden sie in vielen Fällen ein wunderbar regelmäßiges Geflecht und dienen wie jene zum Fang der Beute, die hier allerdings zumeist aus angeschwemmten Algen und kleinstem Wassergetier besteht. Die Netze von *Plectrocnemia conspersa* sind flachliegenden Tüten ähnlich. Die geschicktesten Weberinnen sind aber die *Hydropsyche*-Larven. Sie bauen kreisrunde Netze von 5—7 mm Durchmesser mit regelmäßig rechteckigen Maschen in kleinen Rahmen aus Nadeln usw. Mit den eigentlichen Fangnetzen ist meist ein gleichfalls aus Gewebe hergestellter Gang oder ein kammerartiger Raum verbunden, in dem die Larve sich gewöhnlich aufhält. Von Zeit zu Zeit kommt sie heraus und weidet die am Netz angetriebenen Nahrungsteilchen ab (Abb. 63). Hier haben wir ein besonders schönes Beispiel hervorragender Anpassung an die wichtigste Eigenschaft dieses Lebensraumes, die Strömung: Sie bringt diesen seßhaften Tieren die Nahrung heran und sie hält ihre Netze gespannt. Vollendete Fächer bilden die beiden seitlichen Anhänge der Oberlippe der Kriebelmückenlarven, die in bestimmten Abständen abwechselnd auf die Mundteile schlagen. Noch schwieriger gestaltet sich der Nahrungserwerb für Raubtiere, die ja ihre Beute anschleichen, also umherschweifen müssen. Gerade dies aber ist im reißenden Wasserstrom gefährlich; allzuleicht können sie dabei von der Unterlage weggespült werden. Die Larven der übrigens köcherlosen Köcherfliegen-Gattung *Rhyacophila* haben einen wunderbaren Ausweg gefunden: Sie spinnen einen im Wasser erstarrenden elastischen Sekretfaden, den sie bei ihren Beutezügen durch Auftupfen mit dem Kopf von Zeit zu Zeit an der Unterlage befestigen und dann beim Weiterkriechen ausziehen. An diesem ständig verlängerten Sicherungstau sowie an der Unterlage klammern sie sich fest.

Die Tierwelt der Bäche wird häufig in Bewohner der Steine und der Moosrasen eingeteilt. Die Strudelwürmer und die abgeplatteten Stein- und Eintagsfliegenlarven z. B. bevorzugen unbewachsene Gesteinsflächen, und zwar besonders der großen Felsen, die als ruhende Punkte in dem tosenden Element die sichersten Anheftungsmöglichkeiten bieten. Wegen ihrer Vorliebe für steinigen Untergrund bezeichnen wir diese Arten als lithotaktisch. Die Hakenkäfer und viele Bachmilben ziehen dagegen im allgemeinen die Moosbüschel als engeren Lebensbezirk vor. Doch läßt sich zwischen den beiden Gruppen keine scharfe Grenze ziehen. Die Larven und Puppen der Kriebelmücken wiederum sitzen nicht selten auf Steinen und Moosblättchen. Die Junglarven vieler Steinbewohner leben häufig im Moos, wogegen andererseits beispielsweise in kalkreichen und deshalb moosfreien Jurabächen manche Angehörige der typischen Moosfauna in den Ritzen und Höhlungen der Tuffsteine anzutreffen sind. Dies zeigt schon, daß die Bachmoose vornehmlich als Lebensraum, nicht als Nahrung dienen. — Zwischen den Blättchen und Stengeln der Moospflanzen schlagen sich ständig die vom Wasser mitgeführten Zerfallstoffe pflanzlicher und tierischer Herkunft nieder. Die Algenentwicklung, vorwiegend Kiesel- und Grünalgen, ist auf und zwischen den Moosrasen besonders reichlich. Daher finden in den Moosbüscheln zahlreiche Arten von Detritus- und Algenfressern beste Ernährungsmöglichkeiten, anderen Tieren bietet dieser Kleinlebensraum strömungsgeschützte Wohnräume. Besonders bedeutungsvoll ist jedoch die durch die verästelten, beblätterten Moosstengel bewirkte, im Vergleich etwa zu unbewachsenen Steinen sehr beträchtliche Oberflächenvergrößerung. Die Besiedlung der Bachmoosrasen ist daher oft ganz überraschend hoch: So untersuchte z. B. D i t t m a r in einem Sauerlandbach einen auf anstehendem Fels wachsenden Rasen des Mooses *Scapania undulata* von nur 0,119 m^2 Fläche und 4,98 g Trockengewicht. Er fand darin 4309 Tiere! Davon waren etwa 35%/o Larven von Zuckmücken und 10%/o Larven anderer Zweiflügler, etwa 20%/o Köcherfliegen, 14%/o Eintagsfliegen und 10%/o Steinfliegenlarven. Der Rest verteilt sich auf die übrigen Tiergruppen.

Nicht alle Bachmoose bieten jedoch gleich günstige Besiedlungsmöglichkeiten. Das Quellmoos *Fontinalis antipyretica* z. B. bildet meist lange, in der Strömung flutende Büschel, die nur auf einer kleinen Stelle des Untergrundes festgewachsen sind. In ihnen setzt sich nur verhältnismäßig wenig Detritus ab; sie sind daher nahrungsärmer. Tiere mit sitzender Lebensweise stellen sie vor größere Schwierigkeiten als die Moosrasen, die „waldähnlich" die Steine überziehen. Daher sind *Fontinalis*büschel auch bedeutend tierärmer. D i t t m a r hat z. B. in einem Quellmoosbüschel, das eine Anheftungsfläche von 0,007 m^2 und ein Trockengewicht von 5,2 g hatte, „nur" 1414 Lebewesen gefunden.

Angesichts der ständigen Bedrohung durch das reißende Wasser sollte man annehmen, die m e i s t e n Bachtiere in den zwar spärlichen, aber doch immerhin vorhandenen Strecken ruhigerer Strömung zu finden. Gerade das Gegenteil ist der Fall. Am dichtesten sind stets die Bachabschnitte besiedelt, in denen das Wasser mit der größten Schnelligkeit dahinbraust. Zunächst glaubte man, das rasch strömende Wasser besitze mehr Sauerstoff. Zahlreiche Untersuchungen bewiesen jedoch, „daß gerade strudelndes Wasser nie einen höheren Sauerstoffgehalt aufweist, als dem jeweiligen Sättigungsgleichgewicht gegenüber der Luft entspricht, während in stehenden Gewässern häufig Übersättigungen vorkommen... In ruhendem oder schwach bewegtem Wasser sind die Organismen von einer adhäsiv festgehaltenen Flüssigkeitsschicht umgeben, die alsbald einen an lebenswichtigen Stoffen verarmten Hof um das Tier oder die Pflanze bildet. Im raschen Strome wird aber die Entstehung solcher, den Austausch hemmender Höfe verhindert, und die aufnehmende Oberfläche immer wieder mit neuen, noch unausgenützten Wasserteilchen in Berührung gebracht. Daher begünstigt bewegtes Wasser die Atmung und die Nahrungsaufnahme weit mehr als stehendes von gleichem Gehalt" (R u t t - n e r).

Der Einfluß der Jahreszeiten, der in stehenden Gewässern eine ganz bedeutende Rolle für die Entwicklung der Lebewelt spielt, ist in den gleichmäßig kühlen Gebirgsbächen nahezu ausgeschaltet. Bei Tieren, die in keinem Lebensstadium den Bach verlassen, sind häufig die Fortpflanzungszeiten verwischt. Die besonders kaltstenothermer Arten liegen gerade in den Wintermonaten. Die zahlreichen Insektenlarven verwandeln sich im Frühling und paaren sich dann als geflügelte Vollinsekten. Daher beherbergt der Gebirgsbach im Hochsommer nur Eigelege und jüngste Larvenstadien von Insekten. Die größte Fülle tierischen Lebens während des ganzen Jahres enthält der Bach also im Winter.

Trotz der vielfältigen, oft ganz verblüffenden Anpassung an das Leben in der Strömung werden natürlich doch immer wieder Tiere der Bergbäche vom reißenden Wasser losgerissen und talwärts geschwemmt. Sobald sie jedoch irgendwo einen Halt gefunden haben, zwingt sie ein besonderer Instinkt, stets der Strömung entgegen zu wandern. Der Fachmann nennt diese Eigenschaft Rheotaxis. Sie ermöglicht es den Bachtieren, sich in den meisten Fällen in ihrem eigentümlichen Lebensraum zu behaupten oder ihn wieder zu erreichen. Dauernde Abspülung in die Niederungsbäche oder gar in Weiher und Seen würde ja für die Mehrzahl dieser Tiere den sicheren Tod bedeuten, herrschen doch schon im Niederungsbach wesentlich andere Lebensbedingungen als im Bergbach.

Die geschilderten vielfältigen Anpassungen der Bewohner des Hochgebirgsbaches an ihren Lebensraum treffen auch für viele Tiere der Mittelgebirgsbäche zu, also z. B. der Bäche des Sauerlandes, des Lipper Berglandes, der Eifel oder des Spessarts. Obgleich der M i t t e l g e b i r g s b a c h in manchen seiner Eigenschaften dem Hochgebirgsbach ähnelt, ist er doch ein Fließgewässer eigener Prägung. Nach der Fließgewässereinteilung der Fischereibiologen, die in den Bächen und Flüssen von der Quelle zur Mündung entsprechend dem jeweiligen Hauptnutzfisch, eine F o r e l l e n -, Ä s c h e n -, B a r b e n - und B r a c h s e n r e g i o n unterscheiden, gehört der Mittelgebirgsbach der Forellenregion und bisweilen noch dem oberen Teil der Äschenregion an. Diese beiden Regionen werden, da sie sich eigentlich nur durch das Vorkommen bzw. Fehlen der Äsche unterscheiden, zweckmäßigerweise zur Salmonidenregion (Salmoniden = Familie der forellenartigen Fische) zusammengefaßt. Sie schließt an die Quellregion, also die Quellen selbst und ihre Abflüsse an. Quellregion und Salmonidenregion sind zwei klar umrissene, verschiedenartige Lebensräume, man kann sie als Biotope 1. Ordnung bezeichnen.

Im Mittelgebirgsbach selbst lassen sich nun nach den jeweils herrschenden besonderen Umweltbedingungen und den diesen entsprechenden Lebensgemeinschaften drei Abschnitte: Ober-, Mittel- und Unterlauf (Biotope 2. Ordnung) unterscheiden.

Zum Oberlauf haben sich meist schon mehrere Quellabflüsse vereinigt. Seine Wasserführung ist daher bereits größer, die meisten Steine des Bachbodens sind ständig von Wasser bedeckt, nur die größten Brocken ragen teilweise darüber hinaus. Stark strömende Strecken wechseln mit nahezu stehenden Wasserteilen in bunter Folge ab, entsprechend den Bodenverhältnissen oder auch durch menschliche Eingriffe, wie etwa den Aufstau einer Viehtränke, bedingt. Das ursprünglich gleichmäßig temperierte Quellwasser ist im Oberlauf schon längere Zeit den äußeren klimatischen Einwirkungen ausgesetzt, es erwärmt sich im Sommer mehr und kühlt sich im Winter stärker ab. Trotzdem ist die Jahresschwankung der Temperatur noch nicht allzu groß, der Oberlauf des Mittelgebirgsbaches ist noch durchaus kaltstenotherm. Die Wasserführung hängt natürlich wesentlich von den jeweiligen geologischen Verhältnissen, von der Höhe und der zeitlichen Folge der Niederschläge und vom Pflanzenkleid des Einzugsgebietes ab. Bei Normalstand beträgt sie im Oberlauf von Bächen kalkreicher Gebiete, etwa im Jura, durchschnittlich 10 l/sec, in Oberläufen von Urgebirgsbächen 30—50 l/sec. Bei Hochwasser, etwa wegen rasch einsetzender Schneeschmelze, kann die Wasserführung aber auf das 5—30fache anschwellen. Der Oberlauf friert nur selten zu und fällt unter natürlichen Verhältnissen nicht mehr trocken. Das Bachbett wird ständig, bei Hochwasser in verstärktem Maße, umgestaltet. Zu den Blütenpflanzen gehörende Wasserpflanzen können in diesem Bachabschnitt, je nach den örtlichen Bedingungen, völlig fehlen oder auch reich entwickelt sein. Man rechnet den Oberlauf soweit, als die jährliche Temperaturschwankung 10° C nicht überschreitet.

Der bachabwärts anschließende Mittellauf, der bis zu einer jährlichen Temperaturamplitude von 15° C reicht, stellt in jeder Beziehung, sowohl nach seinen Eigenschaften wie nach seiner Besiedlung, einen Übergangsbezirk zum nun folgenden Unterlauf dar.

Dessen Wassertemperatur unterliegt schon beträchtlichen Schwankungen, seine Wasserführung ist bedeutend größer, die Strömungsgeschwindigkeit gleichmäßiger, das Bachbett wird nicht mehr so häufig umgestaltet.

Sowohl Ober- wie Unterlauf der Salmonidenregion sind durch besondere Lebensgemeinschaften und Leitformen gekennzeichnet. Solche Charakterformen des Oberlaufs sind z. B. die Steinfliegenlarven *Isoperla rivulorum* und *Leuctra nigra,* die Köcherfliegenlarve *Lithax niger,* der Hakenkäfer *Limnius perrisi.* Leitformen des Mittelgebirgsbachunterlaufes sind z. B. die Eintagsfliegenlarve *Ephemerella belgica,* die Köcherfliegenlarven *Lepidostoma hirtum* und *Brachycentrus subnubilus.*

Am unteren Ende seines Unterlaufs kann der Mittelgebirgsbach, falls er sich noch weiter ins Flachland erstreckt, in den Niederungsbach, also die Barbenregion, übergehen. Selbstverständlich gibt es aber zahllose Niederungsbäche, deren gesamter Lauf im Tiefland liegt.

Im Niederungsbach ist die Wasserführung bedeutend gleichmäßiger, und nur die wildesten Hochwasser verändern das Bachbett durch Uferabbrüche und Verlagerung von Schlamm- und Sandbänken in stärkerem Maße. Lassen im Bergbach Gefälle und Strömungsgeschwindigkeit vom Ober- zum Unterlauf gleichmäßig nach, so wechseln in den Bäche der Ebene Strecken stärkster und schwächster Strömung je nach Wassermenge, Gefälle, Breite, Tiefe und Gestalt des Bachbettes ganz unregelmäßig miteinander ab. In Bachabschnitten, die Wiesengräben ähneln, ist die Wasserbewegung oft kaum merklich; in Schnellen mißt man dagegen, wenigstens zur Zeit des Frühjahrshochwassers, nicht selten über 1 m/sec, beim sommerlichen Normalwasserstand allerdings gewöhnlich auch nicht über 0,7 m/sec. Als mittlere Strömung von Flachlandbächen kann man etwa 0,4—0,5 m/sec annehmen. Diese Geschwindigkeit erlaubt es bereits dem Stoßwasserläufer *Velia* sowie dem Taumelkäfer *Orectochilus villosus,* die Wasser o b e r f l ä c h e zu ihrem dauernden Lebensraum zu machen. Auch der Untergrund ist im Bach der Ebene abwechslungsreicher gestaltet als in dem des Gebirges. Kies- und Sandbänke, Schlamm und dichte Pflanzenbestände wechseln nach Untergrund und Strömungsgeschwindigkeit in bunter Folge. Der Bodenschlamm, aus organischen Reststoffen zusammengesetzt, kann 30 cm mächtig werden. An ruhigeren Strecken hemmt dichter Bewuchs von Schwanenblume, Wasserpest und zahlreichen Sumpfpflanzen die Strömung noch mehr und erleichtert die Schlammablagerung; in stärker fließenden Strecken fluten wahre Wälder schmalblättriger *Potamogeton*-Arten; *Nuphar lutea* siedelt in geschlossenen Beständen im Steingrus. Auch vereinzelte größere Gesteinsbrocken können hie und da im Bachbett liegen, oft dicht überzogen von der Zweigalge *(Cladophora)*. Größten Schwankungen unterliegt die Wassertemperatur. Sie ist meist mit einem Unterschied von $+1$ bis $3°$ C der Lufttemperatur angeglichen, kann im Winter bis $+0,5°$ C absinken und im Hochsommer auf $20°$ C und mehr steigen. So ergeben sich in Strecken geringer Strömung und Wasserführung tümpelähnliche Temperaturverhältnisse. Auch der von Temperatur, Fließgeschwindigkeit und Pflanzenbewuchs abhängige Sauerstoffgehalt ist bei weitem nicht so gleichmäßig hoch wie im Gebirgsbach. Wohl kann die Sauerstoffsättigung bei entsprechender Strömung während der kühlen Jahreszeit oder auch im Sommer in ausgedehnten Wasserpflanzenbeständen 100% und darüber betragen, aber an den gleichen Stellen oder in anschließenden Bachabschnitten kann sie bei geänderten Bedingungen, wie starker Erwärmung des Wassers oder Fäulnisvorgängen im Bodenschlamm, um mehr als die Hälfte absinken.

Selbstverständlich eignet sich der Flachlandbach weder für Tiere, die an besonders gleichmäßig niedrige Wassertemperaturen gebunden sind, noch für solche, die ein recht hohes Sauerstoffbedürfnis haben. Seine Bewohner müssen beträchtliche Schwankungen des Sauerstoffes und der Temperatur vertragen, euryoxybiont und eurytherm sein, wie die Fachausdrücke heißen. Dank der vielfältigen Ausprägung des Bachbodens, des reichlichen Nahrungsangebotes (Pflanzen!), der ausgeglichenen Wasserführung und der geringeren Strömung, die keine so ausgesprochenen Anpassungen verlangt, umfaßt die Tierwelt des Flachlandbaches meist weit mehr Arten als der Gebirgsbach. Im Bodenschlamm

Abb. 6. Tieflandbach   Aufn. Dr. W. Engelhardt

und -sand graben die *Ephemera*-Larven ihre Gänge, lauern die *Gomphus*-Larven auf Beute, leben die Larven von Zuckmücken sowie Würmer in großer Arten- und Individuenzahl, außerdem Erbsen-, Kugel- und Flußmuscheln. Auf den Stengeln und Blättern der Wasserpflanzen kriechen Wasserschnecken, die Larven von Köcherfliegen und der Wasserjungfer *(Agrion = Calopteryx)*. Im Genist und unter den Steinen sitzen Flohkrebse, Wasserasseln, Strudelwürmer, Steinfliegenlarven. Und da im Niederungsbach die schwächere Strömung auch wirbellosen Tieren eine schwimmende Fortbewegung erlaubt, schlängeln sich zwischen Wasserpflanzen Egel, rudern kleine Wasserkäfer und -wanzen, Milben und Eintagsfliegenlarven. An Pfählen und Ästen siedeln Wasserschwämme. Diese keineswegs vollständige Aufzählung mag genügen. Sie zeigt immerhin, daß sich unter den zahlreichen Bewohnern der Flachlandbäche auch die eine oder andere Art stehender Gewässer einstellt.

Eine besondere, verarmte Lebensgemeinschaft bergen Bäche, dies sei noch kurz am Schluß dieses Kapitels erwähnt, die ganz oder streckenweise für kürzere oder längere Zeit des Jahres trockenfallen, wie es z. B. bei Fließgewässern in Moränen- und Karstgebieten vorkommt. Meist finden wir in ihnen nur Larven von Wasserinsekten, die ihre Entwicklung noch vor der sommerlichen Austrocknung des Bachbettes beenden. Manche Arten können jedoch eine gewisse Zeit in Trockenstarre überdauern. Merkwürdigerweise harrten nach eigenen Beobachtungen auch Schwimmkäfer *(Agabus guttatus)* viele Wochen lang unter Steinen des ausgetrockneten Bachbettes aus, obgleich sie dieses ja als flugbegabte Insekten leicht hätten verlassen können.

Die in Fließgewässern wirksamen Umweltfaktoren

Wir haben nun den Gletscherbach, den Hochgebirgs-, Mittelgebirgs- und Niederungsbach mit ihren wesentlichsten Eigenschaften und damit die wichtigsten Bachtypen Mitteleuropas kennengelernt. Gleichzeitig haben wir manches Wissenswerte über ihre Tierwelt und deren Lebensweise erfahren. Wir haben jedoch bisher die Umweltfaktoren, die das Vorkommen, die Verteilung, das Verhalten und die Entwicklung der Bachtiere und natürlich auch der Bachpflanzen regeln, noch gar nicht oder nur ganz kurz erwähnt, abgesehen von der Wasserbewegung, der Strömung, diesem augenfälligsten Merkmal der Fließgewässer. Ihr kommt eine ausschlaggebende Bedeutung für die Gestaltung der Kleinlebensräume und die qualitative und quantitative Zusammensetzung der Pflanzen- und Tierwelt der Bäche und Flüsse zu. Wir haben schon gehört, welche Vorteile es besonders den zahlreichen Bachbewohnern mit mehr oder weniger festsitzender Lebensweise dadurch bietet, daß sie ständig frisches sauerstoffreiches Wasser und Nahrungsteilchen herbeiführt, wir haben gesehen, in welch vielfältiger Weise die Bachtiere dem Leben im strömenden Wasser angepaßt sind. Den unterschiedlichen Grad dieser Anpassung hat Dittmar durch eine Versuchsanordnung geprüft, in der er verschiedene Bachtierarten steigenden Strömungsgeschwindigkeiten ausgesetzt hat. In längeren Versuchsreihen hat er ermittelt, bei welcher sogenannten mittleren begrenzenden Strömungsgeschwindigkeit sich die betreffenden Tiere auf Steinen des Bachbetts, die allseits der Strömung ausgesetzt sind, noch zu halten vermögen. Da sie bei höheren Strömungswerten abgespült werden, können sie also in den Bächen nur an Stellen leben, an denen diese Grenzwerte oder geringere Geschwindigkeiten herrschen. Sieger blieb bei diesen Versuchen die Lidmückenlarve *Liponeura cinerascens:* Noch bei mehr als 3 m/sec hielt sie sich fest an ihrer Unterlage. Es folgten die Kriebelmückenlarven *(Simulium sp.),* für die die mittlere begrenzende Strömungsgeschwindigkeit 2,8 m/sec beträgt. Für die Eintagsfliegenlarve *Epeorus assimilis* war dieser Wert 1,24 m/sec, für den Strudelwurm *Dugesia gonocephala* 0,93 m/sec, den Hakenkäfer *Elmis maugei* 0,91 m/sec und die Schnecke *Radix peregra f. ovata* 0,48 m/sec, um nur einige Beispiele zu nennen.

Auch die Verbreitung der Mützenschnecke *Ancylus fluviatilis* in einem Bach wird nach Dittmars Untersuchungen von der Strömungsgeschwindigkeit bestimmt: Sie kommt nur in Bachabschnitten vor, in denen die Strömungsgeschwindigkeit mehr als 0,2 m/sec, jedoch nicht über 1 m/sec beträgt. Nach Feststellungen des Verfassers kann jedoch die Strömungsanpassung einer Tierart entsprechend ihrem jeweiligen Entwicklungsstadium verschiedene Grade erreichen: Hierfür ein Beispiel: Die im Spätherbst anzutreffenden Junglarven der Köcherfliege *Stenophylax latipennis* besitzen Köcher, die vollständig aus Laubblattstückchen bestehen. Sie halten sich am Bachgrund ausschließlich in Bereichen auf, in denen die Strömungsgeschwindigkeit weniger als 0,14 m/sec beträgt. Sind jedoch im nächsten Frühjahr die Larven herangewachsen und besitzen dann Köcher aus kleinen Steinchen, so besiedeln sie die ganze Breite des Bachbetts. In ihren nun bedeutend schwereren Gehäusen können sie sich auch noch in Gebiete mit größerer Strömungsgeschwindigkeit wagen.

Nicht immer sind Tiere, die man nach ihrem „normalen" Aufenthaltsort als strömungsfeindlich anzusehen geneigt ist, dies auch tatsächlich. So findet man z. B. die Larven bestimmter Arten der Eintagsfliegengattung *Epeorus* tagsüber stets auf der Unterseite größerer Steine, wo praktisch völlige Strömungsruhe herrscht. Bei Nacht jedoch sitzen sie auf der Oberfläche der Steine, der Strömung völlig ausgeliefert und wenden ihr sogar den Kopf entgegen. Sie sind also keineswegs, wie man lange Zeit angenommen hat, strömungsfeindlich, sondern vielmehr negativ phototaktisch (fliehen das Licht) und zusätzlich positiv rheotropisch (strömungsliebend). Die Richtigkeit dieser Auffassung erhielt eine weitere Stütze durch die Beobachtung, daß die *Epeorus*larven in stark beschatteten Bachteilen sich auch am Tage a u f den Steinen aufhalten.

Man sieht, obgleich gerade der Faktor Strömungsgeschwindigkeit Gegenstand zahlreicher Untersuchungen gewesen ist, gilt es noch viele Unklarheiten zu beseitigen. Eines aber hat sich aus den Forschungen der letzten Jahre einwandfrei ergeben: Für die richtige Einschätzung der Rolle, die die Strömung im Leben der Wassertiere wirklich spielt, sind Messungen der Oberflächengeschwindigkeit (meist durch Stoppen der Zeit, die Schwimmkörper zum Zurücklegen einer abgesteckten Strecke benötigen) nahezu wertlos. Die Strömungsgeschwindigkeit nimmt von der Oberfläche und Mitte der Fließgewässer gegen die Ufer und die Sohle hin ab und besitzt etwa an der Vorderseite eines Steines des Bachgrundes einen ganz anderen Wert wie an dessen Rückseite. Es gilt, die Strömungsgeschwindigkeit am tatsächlichen Aufenthaltsort des untersuchten Tieres zu ermitteln.

Leicht einzusehen ist, daß die T e m p e r a t u r der Gewässer von großer Bedeutung für die Verbreitung der Süßwassertiere ist. Wir unterscheiden Tiere, die große Temperaturschwankungen zu ertragen vermögen (eurytherme Tiere) von solchen, die nur geringe Temperaturschwankungen aushalten (stenotherme Tiere). Kaltstenotherme Tiere werden in unserem Klima nur in Hochgebirgs- und den Oberläufen der Mittelgebirgsbäche vorkommen.

Die Van't Hoff'sche Regel (R. G. T Regel) — nach der die Geschwindigkeit der chemischen Reaktionen bei mittleren Temperaturen verdoppelt bis verdreifacht wird, wenn sich die Temperatur um 10° C erhöht — gilt auch für die Lebensvorgänge im Körper der Bachtiere. Nach den Feststellungen von I l l i e s erfolgt z. B. die Entwicklung der Eintagsfliegenlarven in Abhängigkeit von der Wassertemperatur. Sinkt im Herbst die Temperatur auf einen bestimmten Wert — er liegt bei den einzelnen Arten verschieden tief, zwischen 5° und 10° C — so stellen die Larven jegliches Wachstum ein und überwintern in der bis dahin erreichten Größe. Die kritische Temperatur nennt man auch den Entwicklungsnullpunkt. Erst bei steigender Temperatur im Frühjahr beginnt das Wachstum wieder. Offensichtlich benötigt jede Art zur Entwicklung vom Ei zur schlüpfenden Imago eine bestimmte Wärmesumme. In dem kälteren Oberlauf eines Mittelgebirgsbaches steht nun zweifellos eine geringere jährliche Gesamtwärmemenge zur Verfügung, als im Mittellauf mit seiner im Sommer bereits größeren Erwärmung. Dementsprechend hat Illies gefunden, daß z. B. *Ecdyonurus venosus* im Mittellauf eine einjährige Entwicklung, im Oberlauf des gleichen Baches jedoch eine zweijährige Entwicklung besitzt. Die Entwicklungsdauer und folglich auch die Flugzeiten der Eintagsfliegen, aber auch z. B. der Köcherfliegen, sind also nicht artspezifisch festgelegt, sondern umweltbedingt. Auch die Zahl der Generationen solcher Arten ist im allgemeinen, wie schon Ulmer festgestellt hat, nicht für die Art als solche charakteristisch, sondern nur für Artkolonien bestimmter Lebensräume. Eine Verallgemeinerung ist aber auch hier, wie überall in der Biologie, gefährlich: Die Steinfliegenlarven der meisten bisher untersuchten Arten wachsen während des ganzen Winters weiter.

Verhältnismäßig wenig wissen wir über den Einfluß des Lichtes auf die Lebewelt der Fließgewässer. Augenfällig ist natürlich seine Einwirkung auf die Bachpflanzen, für deren Assimilation es unentbehrlich ist. Im vollbelichteten Wiesenbach entwickeln sich Algen und höhere Pflanzen viel stärker als im beschatteten Waldbach. Das reichere Nahrungsangebot gibt einer entsprechend größeren Zahl von Tieren Lebensmöglichkeit. Die Eiablage und das Schlüpfen mancher Wasserinsekten, z. B. der Eintagsfliege *Ephemerella belgica* wird nach neueren Untersuchungen durch die Lichtintensität beeinflußt. Köcherfliegen schlüpfen z. B. vorzugsweise bei unbedecktem Himmel, schlüpfreife Puppen „warten", bis sich günstiges Flugwetter einstellt.

Die vom geologischen Untergrund bestimmte chemische Zusammensetzung des Wassers der natürlichen mitteleuropäischen Fließgewässer kann zwar für die Wasserpflanzen, die ja die benötigten Nährsalze z. T. direkt dem Wasser entnehmen, von großer Bedeutung sein, auf die Zusammensetzung der Bachtierwelt hat sie aber nach allen bisherigen Erfahrungen kaum einen Einfluß. Eine Ausnahme bildet lediglich der Kalkgehalt, dessen Wirkung allerdings auch nur selten unmittelbarer Natur ist. Nur einige wenige Tiere, wie z. B. die Flußperlmuschel *Margaritifera margaritifera* kommen ausschließlich im kalkarmen Wasser (0—14 mg/l CaO) vor. Als kalkliebend ist besonders der Bachflohkrebs *Rivulogammarus fossarum* bekannt. Genaugenommen ist allerdings für seine Verbreitung das Verhältnis Ca : Mg (Kalzium : Magnesium) entscheidend. Er kommt im allgemeinen nur in Bächen vor, in deren Wasser das Verhältnis des gelösten Ca zum gelösten Mg größer als 2 : 1 ist, wenn gleichzeitig der CaO-Gehalt nicht unter 6 mg/l fällt. In Bächen mit höherem Mg-Anteil fehlt *Rivulogammarus fossarum*. Nur wenn der CaO-Gehalt eines Gewässers mehr als 40 mg/l mißt, kann das Verhältnis Ca : Mg bis auf 1 : 1 absinken.

Bedeutend wichtiger ist jedoch die mittelbare Wirkung des Kalkgehalts. Es steht durch zahlreiche Untersuchungen fest, daß die Tierwelt kalkreicher Bäche bedeutend artenärmer ist als die, ihrer geographischen Lage nach vergleichbarer Bäche des Urgesteins. Für manche Tiere ist die mit hohem Kalkgehalt oft verbundene Versinterung des Bachgrunds ein Besiedlungshindernis. In erster Linie aber fehlen den kalkreichen Bächen fast völlig die Moose und damit Kleinlebensräume, die gleichzeitig als hervorragende Nahrungsfilter wirken und eine Fülle strömungsgeschützter Wohnräume bieten. Außerdem wächst auf kalkreichem Boden häufig Buchenwald, dessen dichtgeschlossenes Blätterdach im Sommer und Herbst nur wenig Licht bis auf den Boden dringen läßt. In Buchenwaldbächen ist daher der Algenbewuchs entsprechend arm, was sich auf Arten- und Individuenzahl der Bachtiere ungünstig auswirkt.

Abgesehen vom Kalkgehalt können höhere Werte von E i s e n verbindungen die Bachfauna beeinflussen. Die Ablagerung größerer Mengen des flockigen Eisenockers, wie dies manchmal in kleineren wasserarmen Bächen vorkommt, ist besiedlungsfeindlich.

Für Tiere, die an einen ständig hohen, dem Sättigungswert nahen Sauerstoffgehalt gebunden sind (man nennt sie polyoxybiont), bestimmt der S a u e r s t o f f g e h a l t eines Fließgewässers, ob sie in ihm oder einem seiner Abschnitte leben können. Viele Bewohner unserer Hochgebirgs- und der Oberläufe unserer Mittelgebirgsbäche sind polyoxybiont; meist sind sie zugleich strömungsliebend (rheophil) und kälteliebend (psychrophil), weil die Strömung stets neues sauerstoffreiches Wasser herbeiführt (s. S. 29), und kaltes Wasser unter sonst gleichen Bedingungen mehr Sauerstoff gelöst enthält als warmes: Bei 0° C und 760 mm Barometerstand werden 9,7 cm^3 Sauerstoff, bei 25° C nur 5,7 cm^3 Sauerstoff im Liter Wasser gelöst.

Von den verschiedenen in einer Lebensgemeinschaft wirksamen Umweltfaktoren sind die E r n ä h r u n g s b e z i e h u n g e n zweifellos am wichtigsten, betont T h i e n e m a n n. Die größte Bedeutung für die pflanzenfressenden Bachtiere haben Algenteppiche des Gewässergrundes, vorwiegend Kiesel- und Grünalgen. Erst in weitem Abstand folgen die höheren Wasserpflanzen, Moose werden (s. S. 29) nur von ganz wenigen Arten gefressen. Die Hauptnahrung der Raubtiere stellen die Mücken-, Fliegen-, Steinfliegen-, Eintagsfliegen- und Köcherfliegenlarven. D i t t m a r fand auf Grund zahlreicher Magenuntersuchungen, daß die Bachtiere kaum eine Auswahl ihrer Nahrung treffen: „Die Pflanzenfresser unterscheiden zwar zwischen Kiesel- und Fadenalgen, aber nur in den seltensten Fällen zwischen den Arten der ihnen zur Verfügung stehenden pflanzlichen Nahrung." Entsprechend nehmen die Räuber am häufigsten die Beutetiere, die in größter Zahl an ihrem Wohnort antreffen. Die Arten- und Individuenzahl der verschiedenen Bachtypen und ihrer Abschnitte ist ein getreues Spiegelbild des jeweiligen Nahrungsangebots. In der Quellregion und im Oberlauf des Hochgebirgsbaches leben weniger Arten und Individuen und durchschnittlich Formen geringerer Körpergröße als im Unterlauf des Mittelgebirgsbaches oder im Niederungsbach. Näheres über die Nahrung der einzelnen Gruppen ist bei den Abschnitten über die Lebensweise mitgeteilt.

Schließlich wollen wir noch einen Blick auf die verschiedenen Untergrundarten der Fließgewässer werfen. Das S u b s t r a t regelt nämlich in vielen Fällen die Zusammensetzung der Lebensgemeinschaften. G l a t t e r F e l s ohne Sedimente tritt in Wasserfällen und Schnellen auf. Das Wasser schießt meist in glatter Schicht über sie hinweg, ist außerordentlich sauerstoffreich und wegen der ständigen Zerstäubung besonders kühl (Verdunstungskälte!). Dieser Lebensraum ist gewöhnlich nahrungsarm, da die Algen größtenteils abgeschwemmt werden, und nur ein geringer Prozentsatz des Lichtes bis auf den Grund dringen kann, da es durch die zahllosen feinen Luft- und Wasserteilchen zurückgeworfen wird. Nur der Strömung hervorragend angepaßte Tiere können hier leben. Die hier anzuschließenden „überrieselten Felsen" sind in einem eigenen Abschnitt (S. 18) behandelt, da sie nicht nur in Bächen vorkommen.

Der gewachsene Fels kann von der Strömung nicht bewegt werden, wohl aber der S c h o t t e r. Die Schottergröße hängt vom geologischen Untergrund und der Wasserführung ab Der G r o b s c h o t t e r mit einer Korngröße von über 50 mm kommt in Fließgewässern mit hartem Untergrund vor. Er wird meist nur bei starkem Hochwasser umgeschichtet. Sein Hohlraumsystem verändert sich daher wenig, ist gut durchströmt und dank ausreichender Belichtung auch nahrungsreich. In diesem Hohlraumsystem, teilweise auch auf der Oberfläche der Steine, leben zahlreiche Arten. D i t t m a r nennt besonders die Gattungen *Planaria, Epeorus, Rhithrogena, Baëtis, Ephemerella, Perlodes, Perla, Leuctra, Protonemura, Rhyacophila, Philopotamus, Hydropsyche, Silo, Liponeura,* die häufig mit mehreren Arten in diesem Substrat vertreten sind.

K l e i n s c h o t t e r mit einer Korngröße von 10—50 mm finden wir hauptsächlich in Gewässern mit verhältnismäßig weichem Untergrund (oft Kalkgestein). Er wird durch die Strömung schon stärker bewegt. Sein Hohlraumsystem ist englumiger als das des Grobschotters. In ihm lagert sich daher Detritus leichter ab. So wird dieses Substrat gern von Detritusfressern, wie dem Bachflohkrebs, besiedelt.

In Bächen mit sehr kalkhaltigem Wasser (über 30 mg/l) sind die Steine des Bachbettes oft durch ausfallenden Kalk zusammengekittet. In den sehr engen Hohlräumen dieser S i n t e r s t r e c k e n lebt eine eigentümliche Fauna von kleiner Körpergröße (s. auch S. 37).

K i e s e und S a n d e (Korngröße 10—0,1 mm) lagern sich nur an Stellen des Gewässergrundes ab, an denen die Strömungsgeschwindigkeit weniger als 0,3 m/sec beträgt. Ihr Hohlraumsystem ist zwar weitverzweigt, aber äußerst englumig. Da sich die Einzelteilchen fast dauernd in gegeneinander mahlender Bewegung befinden, wird dieses Substrat nur von recht wenigen Tierarten bewohnt, z. B. Junglarven der Eintagsfliegengattungen *Baëtis* und *Ephemera.*

Noch feiner ist die Korngröße der t o n i g - s c h l a m m i g e n A b l a g e r u n g e n (0,05—0,001 mm). Daher findet sich dieses Sediment auch nur in Bachabschnitten mit völlig oder nahezu stehendem Wasser. Fast immer ist es mit Detritus angereichert, so daß in ihm auch häufig Fäulnisprozesse ablaufen. Detritusfresser entwickeln sich an solchen schlammigen Stellen des Bachgrunds oft in Massen. So zählte D i t t m a r in den 10 cm dicken Schlammschichten ruhiger Buchten eines Sauerlandbaches durchschnittlich 2200 Tiere je m² (im Maximum sogar 51 000). 81% hiervon waren Zuckmückenlarven.

In langsamer fließenden Gewässern kommt es, meist durch Abbruch von Uferteilen oder auch durch Anspülung von Schwemmaterial zur Ausbildung von U f e r b ä n k e n. Sie sind schon ein Grenzlebensraum zwischen festem Land und Wasser, werden aber doch von zahlreichen Wassertieren bewohnt, die in ihnen ihre Gänge graben, z. B. Larven von Zuckmücken, der Eintagsfliegengattungen *Ephemera, Palingenia* usw.

Auch die P f l a n z e n b e s t ä n d e der Gewässer und der Ufersäume muß man zum Substrat rechnen. Man kann nach der Art des Bewuchses B o d e n p f l a n z e n, die niedrige Rasen am Gewässergrund bilden, frei i m W a s s e r f l u t e n d e P f l a n z e n und U f e r p f l a n z e n unterscheiden. Von den Moosrasen und -büscheln war schon oben (s. 29) die Rede. Auch die flutenden Pflanzen des Freiwasserraumes bieten in ihren Blattachseln zahlreiche, strömungsgeschützte Wohnräume. Große Pflanzenbestände dieser Art erzeugen außerdem bei Tag durch ihre Assimilationstätigkeit beträchtliche Mengen von Sauerstoff. Umgekehrt kann es jedoch in stark verkrauteten Strecken langsam fließender Gewässer besonders während der letzten Nachtstunden infolge des hohen Sauerstoffverbrauchs durch die Atmungsprozesse zu weitgehender Sauerstoffverminderung, ja in ungünstigen Fällen zu Sauerstoffschwund mit seinen katastrophalen Folgen für die Tierwelt kommen. Die Stengel, Blätter und Wurzeln der Uferpflanzen tauchen häufig mehr oder weniger weit ins Wasser ein und schaffen so einen strömungsschwachen Lebensraum, der von vielen Tierarten, z. B. den Larven der Zygopteren, vieler Wasserkäfer und Köcherfliegen bevorzugt wird.

Es ist im Rahmen dieses Buches nicht möglich, a l l e Umweltfaktoren zu besprechen, die die Verbreitung und Lebensweise der Fließwassertiere regeln. Aber schon die getroffene Auswahl gibt eine gute Vorstellung davon, mit welch vielfältig verknüpftem Beziehungsgefüge wir es hier zu tun haben.

Weiher und Teich

Ist das stille, schilfumgürtete Gewässer in der Wiesenmulde, das etwa eine halbe Gehstunde von den letzten Häusern der Stadt entfernt liegt, eigentlich ein Weiher, ein Teich oder ein kleiner See? Die vielen badelustigen und sonnenhungrigen Städter, die am Wochenende an seinen Ufern lagern, würden unsere Frage zweifellos als müßige Wortklauberei abtun. Wir aber wollen ihr mit naturwissenschaftlicher Genauigkeit auf den Grund gehen und einmal feststellen, welche Unterschiede der Limnologe zwischen diesen drei Begriffen macht. „Ein W e i h e r ist ein See ohne Tiefe" hat Altmeister F o r e l , der Begründer der Wissenschaft von den Binnengewässern, erklärt und noch erläuternd als weiteres Kennzeichen hinzugefügt, daß der Weiherboden in seiner ganzen Ausdehnung von Wasserpflanzen besiedelt werden könne. Diese vermögen in die tieferen, lichtlosen Regionen des Sees nicht vorzudringen und bleiben daher hier auf die seichte Uferbank beschränkt. Entscheidend ist also die Wassertiefe, die beim Weiher selten mehr als 2 m betragen wird, nicht die Ausdehnung der Wasserfläche. Häufig ist der Weiher nichts anderes als der letzte Rest eines Sees, dessen ehemals viel umfangreicherer und tieferer Wasserraum durch fortschreitende Verlandung zusammengeschrumpft ist. Es m u ß natürlich nicht in jedem Fall so sein. Der T e i c h gleicht nach Wassertiefe und Lebewesen dem Weiher im allgemeinen völlig. Ist aber dieser auf natürliche Weise entstanden und nicht ohne weiteres trockenzulegen, so ist der Teich von Menschenhand geschaffen, oft durch Aufschüttung von Dämmen in den Lauf eines Baches oder Flusses; auch hat er Zu- und Abfluß und kann jederzeit abgelassen werden.

Alle übrigen Eigenschaften des Weihers hängen letzten Endes von seiner geringen Wassertiefe ab. Besonders wichtig ist der Reichtum an Wasserpflanzen. Wenn freilich, wie häufig im Hochgebirge, nackter Fels den Untergrund des Wasserbeckens bildet, oder wie im Heideland und auf den Schotterterrassen der Flüsse unfruchtbarer Sand und Kies, dann kann man höchstens eine spärliche Pflanzenbesiedlung erwarten. Den Weiher aber, der in fruchtbares Wald- oder Wiesenland eingebettet ist, umzieht fast immer ein breiter Saum von Schilf mit eingestreuten Rohrkolben und Bulten von Sauergräsern (Abb. 7). Im Wasser selbst wachsen dichte Wälder von Laichkräutern, Krebsschere, Tausendblatt, Tannenwedel oder Wasserpest, und Seerosen, Froschbiß, Pfeilkraut oder manche anderen Arten breiten ihre Schwimmblätter auf dem Wasserspiegel aus. Die Wasserpflanzen sind für zahlreiche Weiherbewohner von mannigfacher Bedeutung. Frische oder verwesende Pflanzenteile bilden die Hauptnahrung vieler Arten. Nur selten ist allerdings eine Tierform an eine bestimmte Wasserpflanze gebunden. Zahlreiche Tiere legen ihre Laichballen und -schnüre in das Blattwerk der untergetauchten Pflanzen ab; andere heften ihre Eier sorgfältig auf die Oberseite, wieder andere auf die Unterseite der Schwimmblätter, und eine 4. Gruppe schließlich, zu der die Weibchen der großen *Aeschna*-Arten unter den Libellen, die des Wasserskorpions und der Stabwanze gehören, bohren mit ihrem Legestachel die Eier in das Gewebe der Pflanzenstengel ein. Den meisten Köcherfliegenlarven der Weiher, wie z. B. vielen Limnophiliden-Arten, und den Raupen der Wasserschmetterlinge (z. B. *Nymphula nymphaeata*) dienen Blattstücke als Material zum Bau ihrer Gehäuse. In den Blatt- und Stengelachsen versteckt, lauern Raubtiere auf vorbeischwimmende Beute, und finden zahllose Pflanzenfresser die verschiedensten Unterschlupfmöglichkeiten. Auch für die Atmung der Weihertierwelt sind die Pflanzen in mehrfacher Hinsicht wichtig. In den oberen Wasserschichten werden durch die Assimilation große Mengen von Sauerstoff frei. Leicht können wir an sonnigen Tagen beobachten, wie der Sauerstoff von den Blattspreiten der höheren Wasserpflanzen in Ketten silbrig glänzender Bläs-

Abb. 7. Weiher   Aufn. Dr. W. Engelhardt

chen zur Oberfläche steigt. Bei diesem Vorgang kann das umgebende Wasser allerdings nicht übermäßig viel Sauerstoff aufnehmen, und die Sättigung beträgt „nur" etwa 100%. Dagegen entlassen Algen den Sauerstoff in mikroskopisch kleinen Perlen, die sich so weitgehend im Wasser lösen, daß eine Sauerstoff-Übersättigung von bis zu 130% in den obersten Wasserschichten keine Seltenheit ist. In den tieferen werden dagegen für gewöhnlich ziemlich geringe Sauerstoffwerte gemessen. Auch unter der winterlichen Eisdecke assimilieren viele Wasserpflanzen weiter, vor allem z. B. die Wasserpest, solange noch keine allzu mächtige Schneedecke die Lichteinstrahlung abschirmt. Die Sauerstoffblasen sammeln sich im Pflanzengewirr und unter der Eisdecke, wo sie schließlich einfrieren. Sie werden von zahlreichen luftatmenden Wasserinsekten, die ja durch das Eis von der Oberfläche abgeschnitten sind, zur Erneuerung ihres Luftvorrats aufgesucht. Aber auch die gesamte Wassermasse des Weihers bleibt durch die Kohlensäureassimilation der Wasserpflanzen im Winter noch lange verhältnismäßig sauerstoffreich. Viele flugbegabte Wasserinsekten wie Rückenschwimmer, Ruderwanzen, Schwimm- und Wasserkäfer fliegen deshalb im Herbst oft weite Strecken über Land zu pflanzenreichen Überwinterungsteichen. So manche schwerfällige schlechtschwimmende Käferlarve stützt sich mit Vorliebe auf Wasserpflanzen, wenn sie zum Luftschöpfen an die Oberfläche kommt. Andere Formen, wie Ruderwanzen und Rückenschwimmer, sind für gewöhnlich so überkompensiert, daß sie in ihrer Ruhestellung gleich einem Korken an die Wasseroberfläche getrieben würden, könnten sie sich nicht an Wasserpflanzen (oder am Grund) festklammern.

Der üppige Pflanzenbestand führt zur Anhäufung dicker Schichten abgestorbener, verwesender Pflanzenteile auf dem Grund des Weihers. Infolge der hohen Tiefentemperaturen des Weihers, die im Sommer bis zu 20° C betragen können, zersetzen sie sich in kürzester Frist, jedenfalls doppelt und dreifach so schnell wie im nur etwa 4° C warmen Wasser am Grund unserer Seen. Die hohen Wärmegrade fördern die Bakterientätigkeit und den Ablauf der chemischen Vorgänge sehr. In dieser Hinsicht wie auch in der sehr beträchtlichen Verdunstung gleichen die Weiher und Teiche Mitteleuropas den Seen der Tropen. Die Endverbindungen des pflanzlichen Zerfalls werden von dem kolloidreichen Bodenschlamm, dem eigentlichen Nährstoffspeicher des Weihers, aufgenommen. Die eingestrahlte Sonnenwärme wirkt oft noch weit in die oberen Schlammschichten hinein und begünstigt auch hier den Ablauf der chemischen Umsetzungen. Die organischen Stoffe bleiben nun aber nicht auf lange Zeit im Bodenschlamm, der übrigens ein reiches Tierleben beherbergt, festgelegt. Sie können schon in kurzen Abständen wieder der Gesamtwassermenge beigemischt werden. Das ist möglich infolge der ungeheuren Lebhaftigkeit, mit der in den Kleingewässern biologische und chemische Prozesse an einem einzigen Tag eine Kurve durchlaufen können, für die sie in tieferen Seen ein ganzes Jahr benötigen. Um diese für den Stoffhaushalt des Weihers ausschlaggebenden Vorgänge richtig verstehen zu können, müssen wir einen kurzen vergleichenden Blick auf den See der gemäßigten Zone werfen, und zwar in erster Linie auf seine Wärmeverhältnisse. Hier lagern im Winter kühlere Wasserschichten von 1—3° C über dem Tiefenwasser von 4° C, eine Temperatur, bei der reines Wasser seine größte Dichte hat, also am schwersten ist. Umgekehrt liegt im Sommer wärmeres Oberflächenwasser über dem auch dann rund 4° C messenden Wasser der Tiefe. In den Übergangsjahreszeiten werden die Wassermassen entsprechend der zunehmenden Erwärmung bzw. Abkühlung von der Oberfläche her umgeschichtet (Zeiten der Frühjahrs- bzw. Herbstvollzirkulation). Beträgt nun beim See die Temperaturspanne zwischen Oberfläche und Boden im Sommer rund 20° C, so ist sie beim Weiher dank der vielfach höheren Bodentemperatur auf höchstens 10° C herabgesetzt. Daher kühlt der Weiher, dessen verhältnismäßig kleine Wassermasse sich der Lufttemperatur sowieso leichter angleicht, schon in jeder strahlungsklaren, kalten Sommernacht, erst recht beim Wechsel von sonnigem zu trübem, regnerischem Wetter, bis zum Grund aus, und seine gesamte Wassermasse wird umgeschichtet. Freilich muß es nicht täglich zu einer solchen bis auf den Grund des Gewässers reichenden Vollzirkulation kommen; aber in kurzen Abständen erfolgt sie doch immer wieder, und Teilzirkulationen, die um so näher an das Bodenwasser reichen, je seichter der Teich ist, erfolgen sicher fast Tag für Tag. Diese Umschichtungen betreffen auch die im Wasser gelösten Stoffe, von denen das Kohlendioxyd und die Nährsalze für das Pflanzenleben besonders bedeutungsvoll sind. So können z. B. 1000 mg/l Phosphat (P_2O_5), die bei einer

Abb. 8. Dorfweiher   Aufn. Dr. W. Engelhardt

Probe dicht über dem Boden gelagert waren, schon nach wenigen Stunden über das ganze Teichwasser verteilt sein. Diese Vorgänge ermöglichen die häufigen, oft ganz plötzlichen Massenentfaltungen an pflanzlichem Plankton, also Algen verschiedenster Art, und führen schließlich zu den bekannten Wasserblüten, die das Wasser des Teiches bisweilen über Nacht grün färben. Wir verstehen jetzt auch, wieso 2 nebeneinanderliegende, aber verschieden tiefe Weiher oft zu ganz unterschiedlichen Zeiten ergrünen, obwohl die klimatischen und sonstigen Bedingungen wie Untergrund usw. völlig dieselben sind. Wichtig ist, wann die über dem Schlamm lagernden Nährstoffe durch die thermische Zirkulation gehoben werden. Diese reicht je nach dem Grad der oberflächlichen Abkühlung nur bis zu einer bestimmten Tiefe. 10 cm Tiefenunterschied zwischen den beiden Gewässern können den Ausschlag geben. Der starke Pflanzenbestand verbraucht die Nährstoffe des Wassers wegen der günstigen Licht- und Temperaturverhältnisse jeweils sehr schnell und führt sie nach dem Absterben wieder dem Schlamm zu. So sind starke Schwankungen des Nährstoffgehalts die Regel. In einem bestimmten Weiher stellte man z. B. während der Herbst- und Wintermonate in allen Wasserschichten etwa 60 mg Phosphat je m^3 Wasser fest. Zur Zeit einer großen Kieselalgenentwicklung im Frühjahr sank der Wert auf weniger als 10 mg/m^3; kurz darauf waren dagegen durch heftige Umsetzungen in der Tiefe bis zu 1000 mg/m^3 gemessen worden, in der Oberflächenschicht aber wegen des Verbrauchs der Pflanzen nur 20 mg/m³. Jedoch stieg auch hier der Wert mitten im Sommer wieder plötzlich auf 80 mg/m³, da phosphatreiches Tiefenwasser durch Zirkulationsströmung dem Oberflächenwasser beigemischt worden war.

Zur Zeit der herbstlichen Verrottung der Pflanzen des Seebodens und der Uferzone entstehen im Bereich des Bodenschlamms große Mengen Ammoniak, während gleichzeitig die Sauerstofferzeugung durch die Pflanzen den niedrigsten Wert des Jahres erreicht. Zudem schichtet sich gerade in dieser Jahreszeit wegen der großen Temperaturgegensätze zwischen Tag und Nacht das Wasser besonders häufig um und verteilt so den vielen Ammoniak und den wenigen Sauerstoff auf die Gesamtwassermenge. Trotzdem kommt es in natürlichen Weihern höchst selten zu völligem Sauerstoffschwund, der für den Großteil der Tierwelt den Tod bedeuten würde. Anders in Dorfweihern (Abb. 8), in die Jauche eingeleitet wird oder unterirdisch einsickert. Hier werden die Zehrungsprozesse durch die Überdüngung so gewaltig verstärkt, daß nur noch in den oberflächlichsten Schichten von einer Mächtigkeit weniger Zentimeter oder gar nur Millimeter durch Diffusion aus der Luft oder durch die Assimilationstätigkeit von Eugleniden während der Tagesstunden Sauerstoff vorhanden ist, bisweilen sogar in gewisser Übersättigung. Schwefelbakterien und Wimpertierchen entwickeln sich in diesen überdüngten Dorfteichen in ungeheuren Massen. Erstaunlicherweise finden oft noch Kleinkrebse wie *Daphnia pulex, Daphnia magna* und *Moina rectirostris* Lebensmöglichkeiten, wenigstens solange nicht ein dichter Teppich von Wasserlinsen den ganzen Wasserspiegel bedeckt. Dieser Entwicklungszustand läßt mit ziemlicher Sicherheit auf stärkere Schwefelwasserstoff-Bildung im Bodenschlamm schließen. Nachts, meist in den frühen Morgenstunden, wenn die dünne sauerstoffhaltige Oberflächenschicht in die Tiefe abgesunken und der Sauerstoff durch die Zehrvorgänge verbraucht ist, kommt es zu völligem Sauerstoffschwund und als Folge zu dem gefürchteten Fischsterben.

Doch wieder zurück zum natürlichen Weiher! Ein paar wichtige Merkmale sind noch zu erwähnen. Recht auffällig ist die außerordentlich hohe Erwärmung des Uferwassers (etwa bis zu 20 cm Tiefe) schon an klaren Frosttagen des zeitigen Frühjahrs. Die Höchstwerte werden in den frühen Nachmittagsstunden erreicht, und zwar vor allem an den nördlichen Ufern, die der Besonnung von Süden her ausgesetzt sind, aber auch, je nach Uferbau, Richtung der Uferlinie, Windrichtung und Pflanzenwuchs auf den westlichen und östlichen Seiten. Dabei ist die Erwärmung bei sonst gleichen Bedingungen über dunklem Grund, wie z. B. Erde von faulenden, schwarzbraunen Blättern, bedeutend stärker als über hellem Sand. Überraschend hohe Temperaturen werden an solchen Stellen erreicht. W e s e n b e r g - L u n d maß z. B. einmal am eisfreien Rand eines Teiches, dessen übrige Oberfläche noch völlig von Eis bedeckt war, einen halben Meter vom Eis entfernt +16° C. Die Lufttemperatur betrug +5° C, die des Wassers in einem ins Eis geschlagenen Loch +1° C. Diese hohen Uferwassertemperaturen sind für das Leben im Weiher sehr bedeutungsvoll. Während das übrige Gewässer noch unter einer halbmeterdicken

Abb. 9. Altwasser   Aufn. E. Kammerl

Eisdecke ruht, sprossen hier die ersten neuen Triebe der Wasserpflanzen und Uferpflanzen bereits kräftig hervor. Die ganze Tierwelt des Weihers strömt hier zusammen. Hecht und Frosch laichen; die Larven von Eintagsfliegen und Libellen machen ihre letzten Häutungen durch, und Hüpferlinge, Milben, Wasserkäfer und -wanzen schreiten zur Fortpflanzung. In solchen windgeschützten Buchten kann an heißen Juli- oder Augusttagen ein in das Wasser getauchtes Thermometer über 30° C anzeigen, und auch an der übrigen Wasseroberfläche können Temperaturen, die wenig darunter liegen, abgelesen werden.

Der Wind, der die Wellen der Seen aufwirft, kann die kleine Oberfläche des Weihers nur kräuseln. Der Weiher hat daher kein Brandungsufer und keine an das bewegte Wasser dieser Zone angepaßte Tierwelt. Seine Bewohner sind durchweg Formen des stillen, ruhenden Wassers; lenitisch nennt sie der Zoologe. Sie vertragen beträchtliche Schwankungen der Wassertemperatur und des Sauerstoffgehaltes. Sie im einzelnen aufzuzählen ist unmöglich. Dies würde einer Schilderung fast der gesamten niederen Süßwassertierwelt gleichkommen; denn der natürliche Weiher ist das artenreichste Gewässer unserer Heimat.

Bewirtschaftete Fischteiche werden häufig im Herbst abgelassen, über den Winter trockengelegt, mit Ätzkalk bestreut und gedüngt. Diese Maßnahmen können gewisse Abweichungen vom Stoffkreislauf und der Lebewelt des natürlichen Weihers bedingen, auf die wir aber hier nicht näher eingehen wollen.

Hochmoorweiher und Torfstich

Die letzten Vorposten der krüppelhaften Latschen, die sich vom Rande des Hochmoores zögernd gegen seine Mitte zu vorschieben, haben wir schon seit einiger Zeit hinter uns gelassen. Auch die Bülten des Scheidigen Wollgrases, dessen weiße Köpfe sich bei jedem Windstoß tief zum Boden herabneigen, und die Horste der Rauschbeeren werden seltener. Dafür quillt und spritzt unter unseren Füßen das Wasser immer reichlicher aus den mächtigen Torfmoospolstern hervor, und die Schlenken, die wassererfüllten Tälchen zwischen den Hügeln des Torfmooses, nehmen an Zahl und Ausdehnung zu. Plötzlich aber haben wir ganz offensichtlich keinen festen Boden mehr unter den Füßen; denn der Untergrund gerät bei jedem Tritt in weiche, etwas unheimliche Schwingungen. Wir stehen schon auf Schwingpolstern und nach wenigen tastenden Schritten am Rand eines der Hochmoorweiher, die hier, wohl ein halbes Dutzend an der Zahl und alle nahezu kreisrund im Umfang, gleich nachtdunklen Augen liegen. Ihr Wasser läßt nur in den obersten Schichten bei bestimmtem schrägen Einfall der Sonnenstrahlen seine eigentümliche bernsteingelbliche Farbe erkennen; meist erscheint es vor dem Hintergrund des Torfes, der die Wände des Weiherbeckens bildet, tiefdunkelbraun, ja schwarz. Die Hochmoorweiher oder Blänken, wie man sie auch nennt, sind weiherartige Gewässer eigenartiger Prägung und müssen daher gesondert besprochen werden.

Ihre Lebensgemeinschaft ist außerordentlich artenarm. Höhere Wasserpflanzen suchen wir oft vergeblich, finden aber auch nur wenige Arten viel- und einzelliger Algen. Die reichste Tierwelt lebt noch im zerlappten Schwingpolstergürtel des Uferrandes, der der Schilf- und Schwimmpflanzenzone gewöhnlicher Weiher entspricht. Mehrere Arten von Wassermilben, vor allem rote Formen und solche mit kräftigem Chitinpanzer, rudern langsam zwischen den Torfmoosblättchen. Sehr regelmäßig treffen wir hier die Larve der Libelle *Leucorrhinia dubia* an, die Hochmoorgewässer allen anderen vorzuziehen scheint, daneben, aber nicht so häufig, auch Larven von *Aeschna cyanea*, *Libellula quadrimaculata*, *Cordulia aenea*, *Sympetrum flaveolum* und *Sympetrum vulgatum* und die eine oder andere Köcherfliegenlarve, etwa *Rhadicoleptus alpestris* oder *Oligotricha striata*. Dazu kommen freilich noch die Larven verschiedener Zuckmücken. Aber was ist das schon im Vergleich zu der Artenfülle, die wir im Ufergürtel etwa eines Dorfweihers vorfinden! Das gleiche artenarme Bild zeigt die Tierwelt des freien Wassers. Planktonproben fördern auch nach vielen Zügen aus den verschiedensten Tiefen stets nur ein paar Arten, die allerdings große Individuenzahlen erreichen können, wie z. B. der Charakterkrebs der Blänken, der ungefähr 1,5 mm lange, grüngelbe Lap-

Abb. 10. Torfstich   Aufn. Dr. W. Engelhardt

penkrebs *Acantholeberis curvirostris,* weiterhin einige *Chydorus*-Arten, besonders *Chydorus sphaericus,* dann *Bosmina longirostris* und *Sida crystallina.* Dazwischen hüpfen bisweilen noch vereinzelte Ruderfußkrebse wie *Megacyclops viridis.* Regelmäßig stehen die durchsichtigen, gelblichen Larven der Büschelmücke *Chaoborus crystallinus* ruhig schwebend im dunklen Wasser. Das Nekton jedoch der echten Hochmoorweiher, also die Tiere mit aktivem Schwimmvermögen, ist nur durch den Rückenschwimmer *(Notonecta),* die Schwimmwanze *(Naucoris)* und einige Schwimmkäfer vertreten, von denen in erster Linie der Furchenschwimmer *(Acilius sulcatus)* zu nennen ist. Merkwürdigerweise haben genaue mehrjährige Untersuchungen ergeben, daß der Artenbestand von Schwimmkäfern in einer bestimmten Blänke von Jahr zu Jahr erheblich wechseln kann. Dies legte die Vermutung einer offenbar stoßweisen Besiedelung nahe und zugleich auch Zweifel am normalen Aufkommen der Larven. Eine häufige, allerdings nicht ausschließliche Bewohnerin von Hochmoorweihern ist schließlich die Wasserspinne *Argyroneta aquatica.* Unter den Schwingpolstern fallen die Wände des Wasserbeckens meist sehr steil zum Grund ab, der mit dem feinen, braunen Dyschlamm bedeckt ist. Hier hat man 3 zur höheren Tierwelt zählende Arten festgestellt, die stets in größeren Individuenzahlen vorhanden sind, 2 Zuckmückenlarven und 1 Borstenwurm. Noch besser als durch ihre wenigen Bewohner ist die Tierwelt der Hochmoorblänken durch das völlige Fehlen ganzer Gruppen von Süßwassertieren gekennzeichnet, die in anderen Gewässern vergleichbarer Größenordnung eine bedeutsame Rolle spielen. Dies gilt für wichtige Familien der Rädertiere, die Strudelwürmer, Borstenwürmer, Egel, die Höheren Krebse (Flohkrebs, Wasserassel!), die wichtigen Gattungen *Daphnia* und *Simocephalus* der Wasserflöhe, die doch sonst in recht verschiedenartigen stehenden Gewässern zu Hause sind, weiter für die Muschelkrebse, die meisten Ruderfußkrebse, die Schnecken und Muscheln sowie für sehr viele Larven von Wasserinsekten, so die der Eintagsfliegen, der Wasserflorfliege *Sialis* und der Stechmücken mit Ausnahme von *Chaoborus*. Wie ist diese wirklich auffällige Artenarmut zu erklären? Zahlreiche Forscher haben dieses Problem zu lösen versucht, besonders auch Otto Harnisch, der der „Biologie der Moore" eine vorzügliche zusammenhängende Darstellung gewidmet hat. Trotz vielen wichtigen Erkenntnissen ist aber unsere Frage noch nicht erschöpfend beantwortet. Immerhin wissen wir aber über eine Anzahl von Eigentümlichkeiten des Lebensraumes „Hochmoorweiher" Bescheid, Eigenschaften, die offensichtlich vielen Tierarten — zum Teil ist dies durch genaue Versuche nachgeprüft — seine Besiedlung verwehren.

Da sind zunächst die besonderen Temperaturverhältnisse des Hochmoores. Der nasse, an Humuskolloiden reiche Moorboden ist ein ausgesprochen schlechter Wärmeleiter. Daher kommt es auf der Hochmooroberfläche zu großen Temperaturgegensätzen. Drückende Schwüle lastet an heißen Sommertagen über ihr, und die überhitzte Luft steigt in flimmernden Schlieren empor. Kaum aber ist die Sonne untergegangen, dann wallen schon kühle Nebel auf, die sich oft bis weit in den Vormittag hinein über dem Moor halten. Bekannt sind die Spätfröste, die in strahlungsklaren Nächten noch im ausgehenden Mai und Juni ganz regelmäßig auftreten und auch in kultivierten Mooren sehr gefürchtet sind. Diese Temperaturschwankungen teilen sich selbstverständlich in ähnlichem Maße auch dem seichten Wasser der Schlenken und den obersten Schichten der Blänken mit. Sie halten alle stenothermen Tiere von den Moorgewässern fern. Allerdings, in der Tiefe der Moorweiher, etwa unterhalb 1 bis 1,30 m, machen sich die Temperaturschwankungen, wohl wegen der abschirmenden Wirkung der dicken Torfschichten, kaum mehr bemerkbar. Dort könnten also, was die Temperatur betrifft, auch kälteliebende Arten leben. — Durch die viele Meter mächtige Torfdecke ist das Hochmoor vom mineralischen Untergrund und dessen Grundwasser völlig abgeschlossen. Auch die Wasserläufe der Umgebung berühren oder durchschneiden höchstens die Randgebiete des Hochmoors wegen dessen schildförmiger Aufwölbung. Daher ist sein Wasser rein atmosphärischen Ursprungs. Das Niederschlagswasser ist aber aller Salze bar, die das tellurische Wasser aus den durchflossenen Gesteinsschichten zu lösen vermag und die für viele Tiere von lebenswichtiger Bedeutung sind. Der völlige Kalkmangel des Hochmoorwassers erklärt sicher zu einem wesentlichen Teil das Fehlen all derjenigen Tiere, die, wie z. B. die Schnecken, Muscheln oder höheren Krebse, ihre Schalen, Panzer oder Skelette aus Kalksalzen aufbauen. Die wichtigste und für eine reiche Tierbesiedlung ungünstigste Eigenschaft des Hochmoorwassers ist aber zweifellos sein außerordentlicher Säuregehalt. Die Wasserstoffionenreaktion (der pH-Wert) liegt immer unter 5; ja in den mittleren Teilen lebender Hochmoore mißt man meist Werte zwischen 3,2 und 4,0 pH. Dieser Säuregrad beruht nach neuesten Forschungen sicher im wesentlichen auf dem Ionenaustausch der Torfmoose (Sphagnum-Arten)! Diese sind gezwungen, ihren Nährsalzbedarf mit ihrer ganzen Oberfläche aus den im Niederschlagswasser gelösten Stoffen, aus Flugstaub und gelegentlich aus Pflanzen- und Tierresten zu decken. Durch elektrochemische Umsetzungen in ihren Zellen erzeugen sie positiv geladene Wasserstoffionen, die sich gierig mit den Kationen aus den soeben erwähnten Stoffquellen verbinden. Der ständige Überschuß an Wasserstoffionen verursacht die saure Reaktion des Hochmoorwassers. Diese wirkt auf zahlreiche Wassertiere mehr oder weniger schädigend, häufig tödlich. Möglicherweise können diese Arten die dauernden, durch Diffusion und Urinabgabe verursachten Ionenverluste ihrer Körpersäfte nicht in genügendem Maße ergänzen. Vielleicht wirken auch die Huminsäuren an sich giftig; einwandfrei erwiesen ist das aber nicht. Die saure Reaktion des Hochmoorwassers ist letzten Endes auch wesentlich für seine Nährstoffarmut verantwortlich. Saures Wasser tötet Bakterien. Das Hochmoorwasser ist daher so gut wie bakterienfrei. Ohne Bakterien aber gibt es keine Fäulnis. Deshalb werden die abgestorbenen Pflanzenreste nicht zersetzt, sondern konserviert. Das Wasser kann also auch auf diesem Wege nicht mit Nährstoffen anreichern. In dem nahrungsarmen Wasser können sich einzellige Algen, diese wichtigen Anfangsglieder in der Kette der Erzeugung und Umsetzung organischer Stoffe, nur mäßig entwickeln. Ihr geringer Bestand wäre schon allein ein wichtiger Grund zur Erklärung des spärlichen tierischen Planktons und weiter Ursache des Fehlens mancher Planktonfresser.

Trotzdem schwebt viel Detritus im Moorwasser. Er schlägt sich im Planktonnetz als gelbbraune, schleimige Substanz nieder. Es handelt sich dabei aber um ausgeflockte und eingeschwemmte Humuskolloide, die offenbar für die allermeisten Detritusfresser nicht verwertbar sind.

Schließlich ist das Hochmoorwasser noch sehr sauerstoffarm. Besonders die seichten Schlenken sind oft nahezu sauerstofffrei. Das gilt auch für die tieferen Wasserschichten der Blänken. Die riesigen Mengen oxydierbarer Humusstoffe bedingen stärkste Sauerstoffzehrung. Und Torfbildung erfolgt ja überhaupt nur bei spärlichem Sauerstoffgehalt.

Armut an Nährstoffen, Mineralsalzen und Sauerstoff, hoher Säuregrad und Gehalt an Huminsäuren, beträchtliche Temperaturschwankungen sind also die charakteristischen Eigenschaften des Hochmoorwassers. Nur wenige Tierarten sind ihnen gewachsen; warum gerade sie, das wissen wir nicht.

Je mehr wir uns dem Rand des Hochmoores nähern, desto artenreicher wird die Tierwelt der Tümpel und Weiher. Hier enthält das Wasser bereits etwas mehr Salze und ist nicht mehr ganz so sauer. Schon in den Torfstichen treffen wir z. B. bald auf vereinzelte Daphnien, *Radix peregra f. peregra*, die eine oder andere Tellerschnecke und Erbsenmuschel oder auf die Larven von Stechmücken.

So sind gerade die verschiedenen Moorgewässer ausgezeichnete Beispiele dafür, wie sehr die Stärke einzelner Umweltfaktoren auslesend und bestimmend auf die Zusammensetzung der Tierwelt eines Lebensraumes wirken kann.

Periodische Gewässer: Tümpel

Verlassen wir die Landstraße und folgen den grasüberwachsenen Fahrgeleisen des Feldweges, dann stehen wir nach einigen hundert Schritten am Rand der alten Kiesgrube (Abb. 11). Schon seit Jahren wird sie nicht mehr ausgebeutet, und die Gräser und Kräuter der umliegenden Flur haben Zeit gehabt, auf den Hängen und am Boden mehr oder weniger große, grüne Flecke zu bilden. An der tiefsten Stelle aber blinkt eine Wasserfläche, vielleicht 40 Geviertmeter groß und 2 Handspannen tief. Kein Wunder, denn es ist Ende März, die Schneeschmelze eben vorüber, und das Grundwasser weist den höchsten Stand des Jahres auf. Ein paar Monate später hätten wir hier vergeblich nach Wasser gesucht; der Boden der Kiesgrube wäre bereits staubtrocken dagelegen.

Tümpel nennen wir solche meist nur wenige Dezimeter tiefen Gewässer, die nicht ständig Wasser führen, sondern oft nur ein paar Wochen, höchstens einige Monate im Jahr. In der übrigen Zeit erinnert an sie gewöhnlich nur eine eingetrocknete, von Rissen durchzogene Schlammfläche. Solche vorübergehenden, periodischen Gewässer können auf recht verschiedene Weise entstehen. Schmelzwasser füllt im Frühjahr die Geländemulden, wenn die obersten Bodenschichten einigermaßen wasserundurchlässig sind. Im Sommer und Herbst werden sie oft durch langdauernden Regen oder heftige Gewitter gespeist. Nicht selten verdanken Tümpel ihr Dasein dem Austritt von Grundwasser, dessen Steigen und Fallen durch die Spiegelschwankungen eines benachbarten Flusses bestimmt sein kann. Tümpel im Überschwemmungsbereich unbegradigter Flüsse und größerer Bäche werden bei Hochwasser gefüllt, meist im Frühjahr, bisweilen auch im Herbst oder nach größeren Unwettern im Sommer. Die längste Lebensdauer haben die Waldtümpel; denn das Kronendach der Bäume schirmt die Sonnenstrahlung weitgehend ab und vermindert die Verdunstung.

Die geringe Wassermenge der Tümpel hat nicht nur die periodische Austrocknung zur Folge, sie bedingt auch die übrigen Eigentümlichkeiten dieses Lebensraumes. Echte, zu den Blütenpflanzen zählende Wasserpflanzen werden wir hier fast stets vergeblich suchen. Wie sollten sie die langen Trockenzeiten überdauern? Nur Flagellaten kommen bisweilen zur Massenentwicklung. Was wir am Grund der Tümpel an Gewächsen finden, sind Landpflanzen, welche die mehr oder weniger kurze Überschwemmung vertragen. Die Wassertemperatur folgt selbstverständlich weitgehend der der Luft und unterliegt daher stärksten Schwankungen. Nicht selten klettert an klaren Frühlingstagen die Temperatur einer der freien Sonneneinstrahlung ausgesetzten Wasserlache von 2—3° C um 4 Uhr früh auf über 30° C in den ersten Nachmittags-

Abb. 11. Schmelzwassertümpel in aufgelassener Kiesgrube   Aufn. Dr. W. Engelhardt

stunden. Wenn wir von den Waldtümpeln absehen, liegt die Wassertemperatur dieser Kleingewässer aber doch immer etwas höher als die der Luft. Dies rührt von der Wärmeabgabe des Untergrundes her, dem durch die dünne Wasserschicht noch ein hoher Teil der Sonnenwärme zugestrahlt werden kann. Temperaturschichtungen wie in tieferen Gewässern werden in den seichten Tümpeln natürlich nur selten sein, und dann sind sie von so kurzer Dauer, daß sie für die Lebewesen keine Bedeutung haben. Trotz dem Mangel an assimilierenden Wasserpflanzen beträgt der Sauerstoffgehalt meist über 50%, oft bedeutend mehr, da die im Verhältnis zu der dünnen Wasserschicht große Oberfläche reichliche Diffusion von Luft in das Wasser und eine gute Durchmischung gestattet. Der Gehalt des Tümpelwassers an bestimmten chemischen Verbindungen ist weitgehend von der Unterlage abhängig; die Konzentration schwankt entsprechend der Wassermenge stark. Das wichtigste Kennzeichen der Tümpel aber bleibt ihr periodisches Austrocknen, mag nun Verdunstung, Rückgang des Grundwassers oder Ausfrieren bis zum Grund daran schuld sein.

Beherbergen auch diese kurzlebigen Kleingewässer eine eigentümliche Tiergesellschaft? Gewiß, und es handelt sich dabei um gar nicht so wenige Arten. Außer zahlreichen Urtierchen, besonders Wurzelfüßern und Wimpertierchen, finden wir viele Arten von Rädertierchen und rhabdocoelen Strudelwürmern sehr regelmäßig. Fadenwürmer treffen wir oft in großen Mengen unter Laub, faulendem Holz usw. am Grunde der Lachen. Die eigentlichen Charakterarten aber stellen verschiedene Gruppen der Niederen Krebse. Da sind an erster Stelle die Euphyllopoden zu nennen, u. a. mit den Gattungen *Branchipus, Chirocephalus, Limnadia* und *Triops*. Diese Krebse treten nämlich nur während weniger Wochen im Frühjahr oder Frühsommer auf und bewohnen fast ausschließlich Gewässer, die in der fortgeschrittenen Jahreszeit austrocknen. Ja, für viele dieser Arten ist bereits nachgewiesen, daß die Entwicklung ihrer Eier erst dann bei Wiederbefeuchtung einsetzt, wenn sie eine gewisse Zeitspanne in trockenem oder gefrorenem Zustand durchgemacht haben. Auch die Wasserflöhe weisen einige für Tümpel recht typische Arten auf, so mehrere *Moina*-Arten sowie *Daphnia pulex* und *Daphnia magna*, die verschmutzte Regenlachen besonders bevorzugen. Weiterhin finden wir hier viele Muschelkrebse, wie einige *Cypris*- und *Candona*-Arten, und unter den Hüpferlingen *Diaptomus castor, Cyclops strenuus* und einige *Canthocamptus*-Arten.

Alle diese Tiere halten die hohen Temperatur- und Strahlungswerte ebenso gut aus, wie die oft recht beträchtlichen Schwankungen der Wärme und der chemischen Konzentration. Die Zeit, die vom Schlüpfen aus dem Ei bis zur Geschlechtsreife verstreicht, beläuft sich bei den meisten der genannten Krebse auf weniger als 14 Tage; bei *Daphnia magna* z. B. soll sie nur 7 Tage betragen können. In der kurzen Zeitspanne, in der ihre Wohnstätte diesen Tieren aktives Leben erlaubt, folgt so dank den kurzen Entwicklungszeiten Generation auf Generation. Dabei verzichten zahlreiche Arten auf geschlechtliche Vermehrung, d. h. es entstehen viele Generationen hindurch immer nur Weibchen, die sich mit Hilfe unbefruchteter Eier (Jungfernzeugung, Parthenogenese) fortpflanzen. Die Individuenzahlen wachsen so oft ins Ungeheure. Eine Lache, die bei ihrer Entstehung dem flüchtigen Beschauer ganz tierleer erschienen ist, kann wenige Wochen später einen roten Brei von Daphnien enthalten. Ermöglicht wird diese Massenerzeugung organischer Stoffe erst durch die hohen Wassertemperaturen, welche die Stoffwechselvorgänge im Tierkörper wesentlich beschleunigen.

Das schwierigste Problem für diese echten Tümpelarten aber ist sicher das Überstehen der Trocken- und Frostzeiten. Sie haben es auf verschiedene Weise gelöst. Die Euphyllopoden haben meist besonders hartschalige Eier, die 9—15 Jahre im Trockenen liegen können, ohne ihre Entwicklungsfähigkeit einzubüßen, allerdings nur, wenn sie mit Erde bedeckt sind. So lange wie z. B. die Dauereier der Daphnien, die durch sattelartige verdickte Schalenteile, die Ephippien, geschützt sind, halten es zwar die der Flohkrebse nicht aus, aber doch immerhin, in Schlamm eingebettet, bis zu 14 Monaten und lufttrocken, ohne Schlamm, 4—5 Monate. Andere, wie manche Strudel- und Fadenwürmer, graben sich in den Schlamm ein und schaffen sich durch die Ausscheidung von erstarrendem Schleim, der die umliegenden Erdteilchen fest verkittet, eine Schutzhülle gegen die todbringende Verdunstung. Viele Rädertiere, Fadenwürmer, Muschel- und Ruderfußkrebse können in ihren Jugendformen ebenso wie in erwachsenem Zustand in Trockenstarre ohne jede Schutzhülle lange Zeitspannen überdauern und bei Anfeuchtung

Abb. 12. Verlandungsgürtel eines Weihers mit tümpelähnlichen Eigenschaften
Aufn. Dr. W. Engelhardt

wieder zum Leben erwachen. Die längste bei Fadenwürmern beobachtete Trockenstarre beträgt 10 Jahre.

Die Dauerkeime können mit dem staubtrockenen Schlamm oft weit verbreitet werden; viel seltener ist die Verschleppung durch Wasservögel.

Außer diesen Charakterarten stellen sich allerdings oft auch noch Tiere ein, deren eigentliche Lebensräume andere Gewässer sind. Daß in von Grundwasser gespeisten Tümpeln hin und wieder echte Grundwassertiere wie *Niphargus puteanus* oder *Fonticola vitta* auftreten, nimmt uns weiter nicht wunder. Häufig fliegen Schwimm- und Taumelkäfer zu, die als Raubtiere in den von reichem Tierleben erfüllten Tümpeln leichte Beute finden. Sie selbst bedroht das Austrocknen der Tümpel nicht; die Flügel tragen sie zu neuen Gewässern. Ihre Larven jedoch können sich fast nie zu Ende entwickeln. Oft sieht man sie verdorrt auf dem Grund der ausgetrockneten Lache, umgeben von unzähligen Leichen ihrer wichtigsten Beutetiere, der Larven von Zuckmücken oder von Stechmücken der Gattungen *Culex*, *Anopheles* und *Aëdes*. Das gleiche Schicksal erleiden fast immer die Köcherfliegenlarven (meist gehören sie zur Familie der Limnophiliden), die man ebenfalls nicht selten in periodischen Gewässern antrifft. 670 eingetrocknete Larven der Köcherfliege *Limnephilus marmoratus* zählte z. B. K r e u z e r einmal auf einer Bodenfläche von 30 × 30 cm Größe.

Sind schon die Tümpel der Ebene Lebensstätten, die ihren Bewohnern recht schwierige Bedingungen stellen, so gilt dies in noch höherem Maße für die Hochgebirgstümpel. Wohl jeder Bergsteiger hat sich schon Gedanken darüber gemacht, ob und welche Lebewesen diese Wasserlachen hoch oben in den Felsenkaren, den Mulden der Almmatten und am Rand der Gletscherfelder beherbergen!

Ihre Tierwelt ist artenärmer als die der Flachlandtümpel und keineswegs einheitlich. Der Sauerstoffgehalt ist hier fast immer genügend hoch; Nahrungsangebot und Existenzdauer der Lachen zeigen aber oft beträchtliche Unterschiede, auch wenn es sich um engbenachbarte Gewässer handelt. — Am Torjoch, 2300 m hoch, untersuchte P e s t a zwei Tümpel, die nur durch eine wenige Schritte breite Landbrücke voneinander getrennt waren. Beide waren etwa 10 m² groß, 30—40 cm tief und völlig pflanzenleer. Die Temperatur des Schmelzwassers, das sie erfüllte, betrug jeweils 4,3° C. In dem einen fand er eine einzige Mückenlarve und zwei Krebslarven (Nauplien), im anderen zahlreiche Fadenwürmer, Zuckmückenlarven, Ruderfußkrebse, Rädertierchen, Larven von Schwimmkäfern und Wasserwanzen. Im tierarmen Tümpel war der Boden mit groben Blatt- und Stengelteilen bedeckt, das Wasser klar, ohne organischen Feindetritus. Der andere enthielt viel Feinschlamm und organische Zerfallsprodukte. So können geringe Unterschiede der Bedingungen, wie z. B. auch die Tatsache, ob ein solcher Hochgebirgstümpel dem Almvieh als Tränke dient und daher gedüngt wird, ausschlaggebend für die Besiedlung sein.

Mancher Bergsteiger ist sicher auch schon staunend vor einem leuchtend rot gefärbten Tümpel gestanden. „Blutseen" hat sie der Volksmund getauft. Meist sind es besonders flache, stark durchwärmte, gut gedüngte Almtümpel mit lehmig-schlammigem Boden, die der rotgefärbte einzellige Flagellat *Euglena sanguinea* mit einer dichten, zusammenhängenden Kahmhaut überzogen hat.

Wer aber nun glauben sollte, mit diesen periodisch austrocknenden Tümpeln, die ja immerhin noch mindestens einige Quadratmeter Fläche bedecken, wären wir auf der untersten Stufe der Größenordnung unserer belebten Kleingewässer angelangt, der irrt sehr. Es gibt noch Wasseransammlungen von weit geringerem Umfang. K l e i n s t g e w ä s s e r wollen wir sie nennen. Auch sie beherbergen Lebewesen, meist Fadenwürmer, Mückenlarven und Muschelkrebse. Da sammelt sich Regenwasser in hohlen Baumstümpfen und in den Rindenmulden, die sich dort bilden, wo starke Äste von den Stämmen abzweigen; es sammelt sich in den Blätterachseln größerer Pflanzen, und es bleibt in weggeworfenen Konservendosen stehen. Ja, bestimmte Muschelkrebschen finden wir regelmäßig in den mit Wasser erfüllten Wagengeleisen der Feldwege und den Huftritten des Weideviehs. Freilich trocknen diese Kleinstgewässer oft in kürzester Frist aus und bieten jedes für sich wieder ganz besondere Bedingungen, denen ihre Bewohner in z. T. noch unerforschter Weise angepaßt sind.

Abb. 13. Hochgebirgstümpel   Aufn. E. Bürner

Abb. 14. Schmelzwassertümpel im Hochwald   Aufn. E. Kammerl

Salzgewässer des Küstengebietes und des Binnenlandes

Ausdehnung, Tiefe, Temperatur- und Sauerstoffverhältnisse sowie die Dauer der Wasserführung rechtfertigen keine selbständige Besprechung dieser Gewässerart. Nach diesen Eigenschaften gehören die meisten unserer einheimischen Salzgewässer zu den Tümpeln, doch haben etliche auch weiherartigen Charakter. Ihr besonderes Gepräge erhalten sie durch den mehr oder weniger hohen Salzgehalt ihres Wassers, der von kaum merkbaren Spuren bis zu über 20% betragen kann. Ihre Entstehung verdanken sie verschiedenen Ursachen. Im Küstengebiet liegen häufig seichte Tümpel dicht hinter dem Strand. Sie sind in ehemaligen Meeresboden eingebettet, der heute meist zu Wiesengelände geworden ist. Ihr Salzgehalt ist nie sehr hoch, kann aber nicht unerheblich schwanken. Bei Sturmflut eilen die Brandungswellen über sie hinweg und füllen sie mit frischem Meerwasser; lange Regenzeiten führen zu beträchtlicher Aussüßung, wogegen sommerliche Hitze und Trockenheit durch die Wasserverdunstung starke Erhöhungen des Salzgehaltes bedingen können. An Stelle von Schilf und Rohrkolben sind diese Salzwiesentümpel meist von Binsen und Sauergräsern umgürtet. Ihr Bestand an Wasserpflanzen ist oft so reich, daß das Wasser selbst kaum mehr durchschimmert. Besonders Wasserhahnenfuß, der nach dem Austrocknen eine Landform entwickelt, und Tannenwedel, der ebenfalls im Trockenen weiterwächst, bilden dichte Wälder, durchsetzt von dicken Watten grüner Fadenalgen. Die Tierwelt besteht im großen und ganzen aus Arten, die wir in solchen Kleingewässern anzutreffen gewohnt sind. Erst bei näherer Untersuchung vermissen wir einige Tiergruppen, die sonst in ähnlichen Gewässern sehr zahlreich sind, völlig oder finden nur wenige Vertreter. Dies gilt für die Würmer, besonders die Egel, Muscheln und Schnecken, Wassermilben, Eintagsfliegen- und Libellenlarven. Sie vertragen offensichtlich sogar den schwachen Salzgehalt nicht. Auch die Nähe des Meeres macht sich in der Zusammensetzung der Tierwelt dieser Salzwiesentümpel kaum bemerkbar. Es handelt sich um eine verarmte Süßwasserlebensgemeinschaft, in der nur die am stärksten salzempfindlichen Tiere fehlen und zu der bisweilen natürlich auch die eine oder andere salzliebende (halophile) Art hinzukommt.

Ein anderes Bild bieten die Tümpel direkt am Strand, die bei jeder Flut von den Wellen überspült werden. Schon ihre Umgebung ist durch echte salzliebende Pflanzen (Halophyten), wie Strandhafer, Stranddisteln und Queller, gekennzeichnet. In ihnen suchen wir vergeblich nach höheren Pflanzen. Dafür schweben große Mengen von Algen als Unterwasserwatten in ihnen oder als weitflächige Polster auf der Oberfläche. Auf dem Grund lagern dicke Schichten von Detritus, der hauptsächlich von eingeschwemmten und hier absterbenden Meeresalgen stammt. Die starken Fäulnisprozesse gehen unter Entstehung von Schwefelwasserstoff und einer Massenentwicklung von Schwefelbakterien vor sich, die den Boden rosarot oder weiß färben können. Diese Fäulnis vertragen echte Meerestiere nicht, ausgenommen *Gammarus locusta,* und auch nur wenige typische Brackwasserformen.

Die Lebensbedingungen in diesen Salzwassertümpeln des Strandbereiches ähneln sehr denen der Salzgewässer des Binnenlandes; denn wo salzhaltiges Gestein ansteht und salzhaltiges Quellwasser zutage tritt, können sich auch weit von der Küste entfernt salzwasserführende Sümpfe, Tümpel und Gräben bilden. In Deutschland haben wir nicht allzuviel derartige Vorkommen. T h i e n e m a n n und S c h m i d t haben die Tierwelt der Salzgewässer Westfalens eingehend erforscht. Dabei fanden sie bis zu einem Salzgehalt von ungefähr 2,5% noch eine große Artenfülle; darunter verhältnismäßig viele Wasserinsekten. Freilich stellen sich auch schon verschiedene Arten ein, die, obgleich sie auch im Süßwasser vorkommen, doch offensichtlich salziges Wasser bevorzugen. Es sind dies die schon erwähnten Halophilen. Vorzugsweise sind es bestimmte Mücken- und Fliegenlarven, wie *Chironomus halophilus, Chironomus salinarius, Aëdes dorsalis* u. a. Je mehr der Salzgehalt steigt, desto geringer wird die Artenzahl, desto größer aber der Individuenreichtum der wenigen noch vorhandenen Arten, für die der Konkurrenzkampf ja nun sehr erleichtert ist. Ab einem Salzgehalt von etwa 10% verschwinden auch die Halophilen immer mehr, bis schließlich die echten Salzwasserbewohner, die Halobionten, das Feld allein beherrschen. Zu diesen gehören in den westfälischen Salzgewässern die Larve der Zuckmücke *Cricotopus halophilus,* die der Salzwasserfliege *Ephydra* mit verschiedenen Arten und einige kleine Wasserkäfer, wie *Enochrus bicolor* und *Ochthebius marinus.* Den höchsten Salzgehalt vertragen in Westfalen die *Ephydra*-Larven, kommen sie doch noch bei 20% vor. Dagegen gab es dort den bekannten und sonst in binnenländischen Salzgewässern weitverbreiteten Salinenkrebs *(Artemia salina)* ursprünglich nicht. Er wurde erst künstlich, allerdings mit vollem Erfolg, eingebürgert. Besonders er und auch der Hüpferling *Arctodiaptomus salinus* sind an hohe Salzkonzentrationen angepaßt. Sie bevölkern derartige Gewässer oft in so riesigen Mengen, daß die flachen Tümpel rot gefärbt sind.

Sicherlich sind die Halophilen und erst recht die Halobionten in besonderer Weise für das Leben in ihrem eigenartigen Lebensraum ausgerüstet. Nach unseren heutigen Kenntnissen ist die Körperbedeckung zahlreicher Wassertiere nämlich nicht nur für Wasser, sondern auch für die meisten Ionen durchlässig. Die Salzwasserbewohner müssen also in der Lage sein, den osmotischen Wasserverlust an das höher konzentrierte äußere Medium möglichst niedrig zu halten und Ersatzwasser aufzunehmen, auf der anderen Seite aber auch die Bildung eines Ionenüberschusses im Körper zu verhindern. Zudem müssen die Gewebe dieser Tiere auch gewisse Schwankungen von osmotischem Druck und Ionenkonzentration in ihrem Körper aushalten können, nicht zuletzt, weil es sich ja nicht nur um ein einmaliges Überwechseln von Süß- zu Salzwasser handelt, sondern auch die Konzentration des Salzgehaltes aus den oben genannten Gründen zwischen recht unterschiedlichen Grenzwerten hin- und herpendelt. Wie schwer die Erfüllung dieser für die erfolgreiche, dauernde Besiedlung von Salzwasser unerläßlichen Bedingungen ist, zeigt folgende von Thienemann aufgestellte Tabelle über die Verarmung der Salzwassertierwelt mit steigendem Salzgehalt:

Salzgehalt	Artenzahl
bis 3⁰/₀	64
3—10⁰/₀	38
10—16⁰/₀	12
16—20⁰/₀	1

Neuere Untersuchungen legen übrigens die Annahme nahe, daß nicht die Höhe des Salzgehaltes an sich in erster Linie über Artenfülle und -auswahl eines Salzgewässers entscheidet, sondern dessen chemische Zusammensetzung. Gewässer mit ausgeglichenem Salzgemisch haben eine reichere Tierwelt als solche, in denen ein bestimmtes Salz sehr überwiegt.

Auch die Körpergestalt der Salzwasserformen kann durch die Salzkonzentration beeinflußt werden. So beweisen mehrere Untersuchungen an dem schon erwähnten Salinenkrebs, daß mit zunehmendem Salzgehalt der Hinterleib länger, der Gesamtkörper aber kleiner, die Farbe stärker rot und die Schwanzgabel mehr und mehr rückgebildet wird.

Der Weg vom Süßwasser zum Salzwasser scheint schwieriger zu sein als der umgekehrte. Jedenfalls haben ihn nur verhältnismäßig wenige Tiere beschritten.

Übrigens dürfen die eben besprochenen Salzgewässer nicht etwa dem Brackwasser gleichgestellt werden, also jenem Wasser mittleren Salzgehaltes, das besonders im Bereich der Flußmündungen durch die Mischung von Meer- und Süßwasser entsteht. Fehlen in den binnenländischen Salzgewässern echte Meerestiere fast ausnahmslos, so setzt sich die Tierwelt des Brackwassers aus echten Meeres- und Süßwassertieren sowie besonderen gerade für diesen Lebensraum typischen Brackwasserformen (wie *Cordylophora caspia*) etwa zu gleichen Teilen zusammen.

An Süßwassertieren vertreten sind hier besonders der Schwamm *Ephydatia fluviatilis*, die Strudelwürmer *Dendrocoelum lacteum* und *Planaria torva*, die Borstenwürmer *Nais elinguis* und *Stylaria lacustris*, die Schnecken *Hydrobia ulvae* (und *stagnorum*), *Theodoxus fluviatilis*, *Bithynia tentaculata* und *Radix peregra f. ovata* sowie verschiedene Zuckmückenlarven.

Da aber die Brackgewässer fast stets recht ausgedehnt und tief sind, gehören sie nicht mehr in den Themenkreis dieses Buches.

Vom Menschen beeinflußte Gewässer

In den vorhergehenden Abschnitten haben wir in großen Zügen die einheimischen Kleingewässer kennengelernt, wenigstens soweit sie natürlichen Ursprungs sind. Die Entwicklung der menschlichen Zivilisation hat aber in gewisser Hinsicht zur Entstehung eines neuen Gewässertyps geführt, dem des verunreinigten Wassers, des Abwassers. Noch vor 2—3 Jahrzehnten konnte man im allgemeinen nur in den Wasserläufen der Industriegebiete und dem einen oder anderen Fluß und See, an deren Ufer sich zahlreiche größere Siedlungen ausdehnten, von nennenswerter Verschmutzung sprechen. Mit der stetigen Zunahme der Bevölkerungszahl, dem starken Wachstum der Städte und Dörfer, der Ansiedlung zahlreicher Gewerbe- und Industriebetriebe in rein ländlichen Gemeinden, der laufenden Entwicklung neuer industrieller Produkte und durch die starke Verwendung von Kunstdünger in der Landwirtschaft hat die Verschmutzung unserer Gewässer in unvorstellbarem Maße zugenommen. Weder Quelle noch Weiher, nicht der kleinste Bach sind heute vor der Abwassereinleitung sicher, selbst das Grundwasser wird ernstlich durch sie bedroht. Für die Lebewesen der natürlichen Gewässer bedeutet die Verunreinigung mit den verschiedenen Schmutzwässern der menschlichen Wirtschaft fast ausnahmslos größte Gefahr, sehr häufig den Tod. Daher müssen auch wir dieses ernste Problem wenigstens kurz streifen.

Zunächst gilt es, zwischen Verunreinigungen durch fäulnisfähige und durch nicht fäulnisfähige Stoffe zu unterscheiden. Fäulnisfähig sind die Abwässer aus Jauchegruben, Kloaken und Kanalisationen menschlicher Siedlungen, Brauereien, Zuckerfabriken, Brennereien und einigen anderen Industriebetrieben. Die Fäulnisvorgänge führen in den betroffenen Gewässern zu einer beträchtlichen Sauerstoffzehrung, meist, zumindest in weiten Teilen, zu völligem Sauerstoffschwund. Darüber hinaus entstehen jedoch bei diesem Abbau organischer Stoffe Kohlendioxyd-, Methan-, Schwefelwasserstoff- und Ammoniak-Verbindungen, die für die meisten Wassertiere giftig sind. Immerhin können auch in natürlichen Gewässern Fäulnisvorgänge, wenngleich selbstverständlich in geringerem Ausmaß, ablaufen. So kann z. B. ein größeres Tier im Wasser verenden, oder es können Massen abgestorbener kleinerer Tiere etwa in einer Flußbucht zusammengetrieben werden. Daher gibt es Lebewesen, welche die besonderen Bedingungen der Faulgewässer nicht nur vertragen, sondern in ihrer Ernährung gerade auf die bei der Fäulnis entstehenden hochmolekularen organischen Verbindungen angewiesen sind. Freilich ist es eine sehr verarmte Lebensgemeinschaft, die wir hier antreffen, besonders in der sog. polysaproben Zone, der Zone der stärksten Verschmutzung. Hier ist das Wasser reich an Eiweißverbindungen und Kohlenhydraten, an Schwefelwasserstoff und Kohlendioxyd, sauerstoffarm oder -frei. Den Grund bedeckt durch Schwefeleisen schwarz gefärbter Schlamm. In erster Linie leben hier riesige Mengen von Bakterien verschiedenster Art, Algen, Wurzelfüßer, Geißel- und Wimpertierchen. An vielzelligen Tieren sind der Schlammröhrenwurm *(Tubifex)* und einige Arten von Zuckmücken- und Schmetterlingsmückenlarven zu nennen. Alle diese Lebewesen spielen für die „biologische Selbstreinigung" der Gewässer eine große Rolle. Sie ernähren sich von den hochmolekularen Schmutzstoffen und bauen sie durch die Stoffwechselvorgänge in ihrem Körper zu einfacheren Verbindungen ab.

So herrschen in der anschließenden α=mesosaproben Zone bereits wesentlich günstigere Verhältnisse. Blau-, Grün-, Joch- und Kieselalgen kommen zur Massenentwicklung, und dank ihrer Assimilationstätigkeit kann der Sauerstoffgehalt wenigstens am Tage hohe Werte erreichen. Daher laufen im

Wasser wie im Bodenschlamm heftige Oxydationsprozesse ab, die z. B. das schwarze Schwefeleisen des Grundes zu dem gelbbraunen Eisenoxydhydrat und den für die polysaprobe Zone so kennzeichnenden Schwefelwasserstoff (Geruch nach faulen Eiern!) zu Schwefel oxydieren. Besonders typisch ist das Auftreten von Aminosäuren. Auch in dieser Zone wimmelt das Wasser noch von Bakterien. Aber man zählt im allgemeinen doch schon unter 100 000 Bakterienkeime je cm^3 Wasser. Den Hauptteil des Tierbestandes bilden nach Arten- und Individuenzahl Urtierchen, die sich vornehmlich von Bakterien ernähren. Doch treten hier auch zu den bereits in der polysaproben Zone vorkommenden vielzelligen Tieren eine ganze Reihe weiterer Formen: Der Süßwasserschwamm *Ephydatia fluviatilis*, das Moostierchen *Plumatella fungosa*, die Kugelmuschel *Sphaerium corneum*, die Wasserassel *Asellus aquaticus*, der Schlammegel *Erpobdella octoculata* und Larven von *Ptychoptera-*, *Stratiomys-*, *Eristalomyia*-Arten sowie von *Sialis lutaria*.

Ganz andere Verhältnisse ergeben sich bei der Einleitung nicht fäulnisfähiger, giftiger Stoffe. Es kommen hier allerdings zu viele Verbindungen in Frage, um sie sämtlich im Rahmen dieses Buches aufzählen zu können. Nur die wichtigsten Gruppen seien kurz genannt. Da sind zunächst Stoffe, die durch ihre Säurewirkung den Wasserlebewesen gefährlich werden. Das gilt für die Abwässer der Gerbsäurefabriken, der Loh- und Pelzgerbereien, Bleichereien, fast aller Werke der Metallverarbeitungsindustrie, Messinggießereien, der Fabriken, die Sulfitzellulose, Tannin-, Phenol- und Teerpräparate herstellen, der Chlorkalkwerke usw. Im Gegensatz hierzu stehen stark alkalische Abwässer, wie sie in Kalk- und Zementwerken anfallen.

Schließlich gelangen aus zahlreichen Fabriken, besonders der chemischen Industrie verschiedenste Stoffe spezifischer Giftwirkung ins Abwasser: Metalloxyde und -salze aus Kupferhütten, Verzinkereien, Erzwäschereien und Kunstseidewerken; Farbstoffe aus Färbereien, Papier- und Textilwerken; Aldehyde, Azetylene, Cyanide und Rhodanide aus Werken der Buna-, Düngemittel- und Teerindustrie; Phenole aus Fabriken der Steinkohlenveredelung usw. Die Giftwirkung dieser Stoffe auf die einzelnen Arten der Fische und der wirbellosen Tiere unserer Gewässer ist keineswegs einheitlich, in vielen Fällen auch noch gar nicht völlig aufgeklärt.

Sobald jedoch bei der Einleitung dieser nicht fäulnisfähigen Stoffe, mögen sie nun das Wasser zu sauer oder zu alkalisch machen oder spezifisch giftig sein, ein gewisser Schwellenwert der Konzentration überschritten wird, tritt völlige Verödung des Gewässers ein. Seine ganze Lebewelt geht dann zugrunde; denn gemessen an den geologischen Zeiträumen, die das Leben zur Entwicklung neuer Pflanzen- und Tierarten benötigt, sind die wenigen Jahrzehnte, seit denen etwa Cyanverbindungen in das Süßwasser geschüttet werden, verschwindend kurz, zu kurz jedenfalls, als daß sich Arten hätten bilden können, die in ihren Lebensbedürfnissen an diese Erzeugnisse der menschlichen Zivilisation angepaßt wären.

Außer der Verschmutzung droht unseren Fließgewässern noch eine weitere, nicht eben kleinere Gefahr durch die fortschreitende R e g u l i e r u n g und

Abb. 15. Weiher, reich an organischen Stoffen und starkem Algenwachstum. Auf der Oberfläche treiben Algenwatten.
Aufn. E. Kammerl

B e g r a d i g u n g. Diese Maßnahmen lassen aus den Lebensadern der Landschaft im wahren Sinne des Wortes nur allzuoft geradezu Fremdkörper werden. Trotz der Mahnungen einsichtiger Biologen wird dieses verderbliche Treiben fortgesetzt. Erst in jüngster Zeit wurden z. B. im Bayer. Donauries Wiesenbäche von nur etwa 1 m Breite begradigt und auf lange Strecken völlig mit Betonplatten ausgelegt! Im Sauerland sind 95% aller Fließgewässer bereits vom Menschen umgestaltet. Das kahle bereinigte Bachbett ist außerordentlich arm an Pflanzen und Tieren. D i t t m a r fand z. B. in regulierten Quellbächen nur noch 50% der Arten und nur noch 15% der Individuenzahl der in vergleichbaren natürlichen Quellbächen lebenden Tierwelt. Eine weitere Ursache für die fortschreitende Verarmung unserer Bachfauna bilden die zahllosen Wiesenbe- bzw. -entwässerungsgräben, die meist nur kurze Zeit im Jahr Wasser führen. Beim Austrocknen wirken sie für Tiere, die oft in großer Zahl aus den Vorflutern in sie eingewandert sind oder die sich aus von Fluginsekten während der Wasserführung abgelegten Eiern entwickelt haben (Eintags-, Köcherfliegen, Zuckmücken) wie Fallen. In einem solchen völlig austrocknenden Wiesengraben fand D i t t m a r z. B. einmal in einer nur 0,7 m² großen letzten Wasserpfütze allein 1720 Köcherfliegenlarven. Das gibt einen Begriff davon, welche Tiermengen hier alljährlich zugrunde und z. B. auch als Fischnahrung verlorengehen.

Die Anpflanzung von Fichtenreinkulturen, wie dies besonders in vielen Wiesentälern der Mittelgebirge geschah, wirkt sich sehr nachteilig auf die Quellbäche dieser Gebiete aus: Im Fichtenwald gelangt viel weniger Niederschlagswasser auf den Boden als in Laubwäldern. Daher wird die Wasserführung der Quellbäche ungleichmäßiger und teilweise überhaupt unterbrochen. Die Lichtarmut der Fichtenbestände verursacht eine deutliche Verminderung der Pflanzenerzeugung in den Bächen. Aus den Fichtenrohhumusschichten werden bestimmte Stoffe in das Quellwasser eingeschwemmt, die für manche Bachtiere giftig sind.

Es kann hier nicht weiter auf diese betrüblichen Folgen einer falsch verstandenen Kulturtechnik eingegangen werden, aber jeder Naturfreund und einsichtige Mensch sollte an seinem Platz mithelfen, unsere Gewässer gesund zu erhalten.

Die Pflanzenwelt

Bau und Leben der Wasserpflanzen

Ein Abschnitt dieses Buches soll trotz seiner vorwiegend zoologischen Blickrichtung der Pflanzenwelt der Kleingewässer gewidmet sein, da gerade in solch engen Lebensräumen die wechselseitigen Beziehungen so innig sind, daß Kenntnis und Verständigung erst einer Zusammenschau aller beteiligten Lebewesen entspringen können. Freilich werden wir in diesem Tierbuch nur eine recht begrenzte Auswahl vorführen können, eine Tatsache, die den Verfasser immer wieder vor schwierige Entscheidungen stellte. Die notwendige Folge wird sein, daß der Benutzer oft die eine oder andere ihm gerade interessante Art vermissen wird. Versucht wurde jedoch, gerade die Vielfalt der Lebensräume und der ihnen zugeordneten Formen herauszustellen; wir wollten lieber aus der großen Zahl sich ähnlich verhaltender Uferpflanzen die eine oder andere vernachlässigen, dafür aber auch die nur selten berücksichtigten Arten der spezielleren Kleingewässer hereinnehmen, der Salztümpel etwa oder der Hochmoor-Schlenken, der periodisch austrocknenden Lachen oder der Quellbäche. Eine wesentliche Erschwerung der Auswahl bedeutete weiterhin der Umstand, daß gerade für die Pflanzenwelt kaum irgend stichhaltige Grenzen zwischen den Bewohnern größerer und kleinerer Gewässer zu ziehen sind.

Da wir in diesem Buche nur mit bloßem Auge untersuchbare Formen bringen wollen, wurden nur Blütenpflanzen, einige Farnartige und einige wenige Moose aufgenommen. Diese Beschränkung ermöglicht uns eine positive Antwort auf die gern einleitend gestellte Frage, ob es sich hier um ursprüngliche Wasserbewohner oder um „ins Wasser gegangene" Landpflanzen handle. Wie immer die Entscheidung bei niederen Pflanzen oder in verschiedenen Stämmen des Tierreiches getroffen werden mag, für die hier behandelten Pflanzen ist sie völlig eindeutig: Ein morphologischer Vergleich selbst der stärkst abgeleiteten Formen lehrt uns mit aller wünschbaren Sicherheit, daß die Verwandten aller dieser Arten auf dem Lande zu suchen sind, daß es sich also um mehr oder minder stark veränderte Landpflanzen handelt, die sich dem Leben an oder im Wasser angepaßt haben (eine allbekannte Parallele finden wir im Tierreich bei den Insekten). Freilich ist stellenweise dieser Weg ins Wasser schon sehr frühzeitig in der Stammesgeschichte beschritten worden, so daß wir heute große Einheiten, ja ganze Familien als „typische Wasserpflanzen-Gruppen" bezeichnen können. Hierzu rechnen wir etwa die Binsen- und die Seggen-Gewächse (Juncaceae und Cyperaceae, die allerdings daneben eine Reihe von Rasen- und sogar Felsenpflanzen ausgebildet haben), die Rohr- und Igelkolben-Gewächse und manche andere. Besonders bemerkenswert ist jene Gruppe von Familien, die der Systematiker als „Alismatidae" bezeichnet und der wir den ganzen Kanon der Wasserpflanzen von den Froschbißgewächsen über die Laichkräuter bis zu den Nixenkräutern und zum Seegras zuzählen; überdies haben sie möglicherweise

Verwandtschaftsbeziehungen zu den Seerosengewächsen, die ihrerseits einen hydrophytischen Ast der sehr alten Pflanzengruppe der Magnoliidae bilden. Anpassung ans Wasser stellt also keineswegs stets eine in jüngster Zeit erworbene Eigenschaft einer Pflanzenart oder kleinen Pflanzengruppe dar, sondern kann auch ein uralter, in zahllose Verzweigungen und Verwandlungen hinüber vererbter Charakter sein.

Wenn wir einleitend die allgemeinen Eigenschaften, die gemeinsamen Charaktere der Wasserpflanzen betrachten wollen, so werden wir zweckmäßig, um den Weg der Pflanze ins Wasser zu verfolgen, von bestimmten Landpflanzen-Typen ausgehen, und zwar von jenen feuchtigkeitsliebenden Schattenpflanzen, die man mit einem zusammenfassenden Fremdwort als H y g r o - p h y t e n bezeichnet.

Jede Gefäßpflanze ist darauf angewiesen, daß sie durch einen stetigen Wasserstrom von den Wurzeln her bis in die feinsten Verzweigungen mit den nötigen mineralischen Nährstoffen versehen wird; die hierfür nötige Strömung wird durch die Verdunstung erzeugt (Transpirationsstrom). Während in heißen, trockenen Klimaten die Verdunstung leicht zu hoch wird (und die Pflanzen sich durch Wasserspeicher, Schleimgewebe, Haarüberzüge, Blattrückbildung u. a. dagegen zu schützen haben), besteht in feuchter oder nasser Umgebung die Gefahr, daß die Verdunstung und damit der Transpirationsstrom zum Erliegen kommen. Alle Gestaltmerkmale der Hygrophyten lassen sich aus dieser Situation erklären: Es werden zur Vergrößerung der verdunstenden Oberfläche große und zarte oder möglichst fein zerteilte Blattspreiten ausgebildet, ihre Hautschicht ist dünn und durchlässig, ihre Haarbekleidung stark vermindert, die verdunstenden Spaltöffnungen über die Blattoberfläche emporgehoben. Vielfach wird sogar ein aktives System zur Wasserausscheidung und damit Durchströmung geschaffen, indem an geeigneten Stellen, wie etwa den Blattspitzen, Wasserspalten und Wasserdrüsen (Hydathoden = Wasserwege), Wassertropfen ausgepreßt werden.

Bei den Pflanzen, die darüber hinaus völlig dem Leben im Wasser angepaßt sind (H y d r o p h y t e n), den eigentlichen Wasserpflanzen also, können wir die biologischen Probleme um fünf Kernpunkte gruppieren:

1. Innerhalb des Wassers benötigt der Pflanzenkörper weit w e n i g e r F e s t i g u n g s g e w e b e als auf dem Lande. Den meisten Wasserpflanzen fehlt daher jede Spur von Verholzung; ebensowenig ist sekundäres Dickenwachstum vorhanden. Ein gewisser Auftrieb, der die Pflanzen im Wasser aufrecht stellt, wird oft durch den Einbau von Luftkammern geschaffen: In den Stengeln solcher Arten lassen sternförmig gebaute Zellen lufterfüllte Interzellular-Räume frei (Aerenchym = Luftgewebe). Werden die Pflanzen überhaupt mechanisch beansprucht, so nicht auf Biegung, sondern, in fließendem Wasser, auf Zug; wir finden daher keine randlichen Festigungsgewebe, sondern höchstens einen Zentralstrang, der die nötige Zugfestigkeit gewährleistet. Die Wurzeln endlich dienen lediglich der Verankerung, sofern sie nicht überhaupt zurückgebildet sind.

2. Da das Wasser hier im Sinne des Wortes „im Überfluß" vorhanden ist, bedarf der W a s s e r h a u s h a l t dieser Pflanzen nur g e r i n g e r R e g u - l i e r u n g. Wir finden vielfach keinerlei ausgedehnte Wurzelsysteme, ja oft überhaupt keine Wurzeln; wasserleitende Gefäße sind kaum oder gar nicht ausgebildet; es fehlen das Oberflächenhäutchen, das sonst die Verdunstung etwas hemmt, und ebenso die Spaltöffnungen (die, bezeichnenderweise, an der O b e r fläche der Schwimmblätter wieder vorhanden sind). Von einer Transpiration kann kaum mehr gesprochen werden, und der Wassertransport wird, soweit erforderlich, höchstens durch Wasserspalten, wie oben besprochen, aktiv gefördert.

3. Die A u f n a h m e d e r m i n e r a l i s c h e n N ä h r s t o f f e muß daher in anderer Art erfolgen. Die im Wasser gelösten Salze werden hier nicht nur durch die Wurzeln aufgenommen (sofern überhaupt solche vorhanden sind), sondern durch die ganze Pflanze, vor allem durch die Blätter. Auch hierfür bewähren sich die Oberflächen-Vergrößerung, vor allem die feine und feinste Zerteilung (die Nährsalze finden sich im Wasser ja oft nur in ganz geringer Konzentration!), die zarte, dünne Textur, das fehlende Oberflächenhäutchen, die feine Hautschicht. Es ist vielleicht auch kennzeichnend, daß eine Reihe von solchen wurzellosen, in nährstoffarmen Gewässern lebenden Arten ihre Ernährung durch den Fang von Tieren ergänzt.

4. Die Pflanze benötigt zu ihrer Ernährung aber nicht nur Salze, sondern vor allem Kohlendioxid (das sie in Zucker und Stärke umwandelt, „assimiliert"): So bietet der im Wasser erschwerte G a s a u s t a u s c h m i t d e r A t m o s p h ä r e neue Probleme. Allerdings findet ein relativ bedeutender Anteil von Kohlendioxid im Wasser gelöst, so daß die Pflanze auch diesen wichtigsten Nahrungsstoff durch die Blattoberfläche aufnehmen kann. Es ist charakteristisch, daß bei den Landpflanzen die das assimilierende Blattgrün enthaltenden Chlorophyllkörner erst in den inneren Schichten des Blattes zu finden sind, bei unseren Wasserpflanzen dagegen schon in den äußersten: eben an den Eintrittsstellen des Kohlendioxids. Aber auch eine weitere Kohlendioxid-Quelle wird verwendet, nämlich das oft im Wasser in reicher Menge gelöste Kalzium-Hydrogenkarbonat; ihm wird von der Pflanze ein Teil seines Kohlendioxids entrissen, wobei der verbleibende Rest in Form weißer Kalkkrusten abgelagert wird, wie sie vor allem auf den älteren Blättern vieler Wasserpflanzen zu finden sind.

5. Weit schlechter sind dagegen die A t m u n g s b e d i n g u n g e n unserer Hydrophyten, da der hierzu nötige Sauerstoff im Wasser nur verhältnismäßig schlecht löslich ist. Hier bieten die oben besprochenen Interzellular-Räume Abhilfe, die Luftspeicher der Aerenchyme, die die Pflanze durchlüften und eine gewisse Atmungsreserve bewahren. Immerhin sind aus dieser ungünstigen Situation heraus die meist flachliegenden Wurzeln der Sumpf- und Uferpflanzen zu erklären (vgl. etwa die Weiden), die in größeren Tiefen nicht mehr genügend Sauerstoff finden. Vergleichsweise sei darauf hingewiesen, daß in den schlecht durchlüfteten Mangrove-Sümpfen der Tropen manche Pflanzen nach oben, aus dem Schlamm heraus in die freie Luft Seitenwurzeln trei-

ben, von denen man vermutet, daß sie der Pflanze die nötige Atemluft zuzuführen vermögen.

Man darf jedoch aus diesen Ausführungen nicht schließen, daß die Wasserpflanzen einförmig gebaut seien. Dies ist schon deshalb unmöglich, weil sich die ökologischen Verhältnisse vom Ufer her bis zum Tiefwasser fortlaufend ändern und in jeder Zone nur ganz bestimmte Formtypen lebensfähig sind. Wir können bei den S u m p f p f l a n z e n (Helophyten) beginnen, bei denen nur die Wurzelorgane und vielleicht noch die alleruntersten Sproßteile vom Wasser bedeckt werden: Dies sind beinahe noch echte Landpflanzen, vielfach hygrophilen Charakters (wie eingangs besprochen), oft aber auch bis zu einem gewissen Maße Trockenheit ertragend, da sie ja einem gelegentlichen Austrocknen ihres Biotops gewachsen sein müssen. Weiter seeeinwärts schließen sich die a m p h i b i s c h e n Formen an, bei denen ein beträchtlicher Teil der Pflanze ständig untergetaucht im Wasser lebt, die blütentragenden Sproßteile hingegen weit aus dem Wasser ragen, wie wir dies von der Teichbinse, dem Pfeilkraut u. a. kennen. Von solchen Typen führen uns lückenlose Übergänge weiter zu den S c h w i m m b l a t t - P f l a n z e n, die die nächste Zone gegen das Tiefwasser hin besiedeln. Bei ihnen schwimmen alle oder ein Teil ihrer Blätter flach auf dem Wasserspiegel, so daß die betreffende Blattoberseite gleichsam noch dem Lande, die Unterseite bereits dem Wasser angehört; auch bei diesen Formen werden die Blüten zuallermeist noch auf den Wasserspiegel oder über ihn hinaus gehoben. Die am stärksten abgeleiteten, am weitesten ins Wasser vordringenden Typen endlich sind die untergetauchten (s u b m e r s e n) Pflanzen, bei denen das gesamte Individuum unter Wasser lebt; auch hier schickt aber doch eine Reihe wenigstens ihre Blüten noch an die Oberfläche empor, während andere selbst darauf verzichtet haben.

Diesen Verschiedenheiten der Umwelt ist in ganz besonderem Maße die B l a t t f o r m angepaßt. Man wird, dem eben Besprochenen gemäß, im wesentlichen drei Typen unterscheiden können: Überwasser-, Schwimm- und Unterwasser-Blätter. Die erstgenannten entsprechen mehr oder minder denen unserer Landpflanzen; auf die letzten treffen all die Kriterien zu, die wir bei der Besprechung des Lebens im Wasser erarbeitet haben. Die Schwimmblätter endlich nehmen eine recht eigenartige Mittelstellung ein: ihre Oberseite ist, wenn man so sagen darf, „Landpflanzen-ähnlich", mit Spaltöffnungen und einem dicken, wasserabstoßenden Oberflächen-Häutchen versehen, die Unterseite spaltöffnungslos, meist mit starken Rippen oder ähnlichen Versteifungen ausgestattet, um dem Wellenschlag gewachsen zu sein.

Besonders interessant sind die Fälle, bei denen an einem Individuum mehrere solche Blattypen vertreten sind; dies trifft bei einer Reihe von amphibischen Formen und bei vielen Schwimmblatt-Pflanzen zu. Als Beispiele seien hier der Wasser-Hahnenfuß (mit haarfein zerteilten Unterwasser- und efeuähnlichen Schwimmblattern, oft mit Mittelformen, also gröber geschnittenen Unterwasser- und tiefer geschlitzten Efeublättern in der Übergangszone), dann der Froschlöffel (mit grasartigen oder bandförmigen Erstlingsblättern im Wasser, mit gestielten, ei- bis herzförmigen Folgeblättern über dem Wasser) oder die Teichrose (mit zwar im Umriß gleichen, jedoch sehr zarten und dünnen, „salatartigen" Blättern unter Wasser und groben, fast lederigen Schwimmblättern) genannt. Diese Erscheinung einer differenten Beblätterung in den verschiedenen Etagen der Pflanze bezeichnet man als H e t e r o p h y l - l i e. In einem gewissen Ausmaß ist sie fast stets vorhanden; so finden wir beim Tannwedel, Wasserstern u.v.a. im Wasser dünne, zarte, oft schmalere, außerhalb oder auf seiner Oberfläche festere, oft breitere, sonst aber ziemlich gleichgestaltete Blätter. Man hat für diesen schwächeren Grad der Verschiedenheit das Wort Heteroblastie geprägt.

Vergleichbar verhalten sich manche schwimmende, nichtwurzelnde Pflanzen, bei denen keine Gliederung in untere und obere Sproßabschnitte möglich ist, dafür aber eine gewisse Differenzierung innerhalb jedes einzelnen Sproßabschnittes durchgeführt wird. Bei dem bekanntesten Objekt, dem Wasser-Schwimmfarn, stehen die Blätter in Dreierquirlen; zwei Blätter eines jeden Quirls breiten sich als Schwimmblätter an der Wasseroberfläche aus, während das dritte, fein zerteilt, als echtes Unterwasser-Blatt ins Wasser eintaucht (A n i s o p h y l l i e).

Es ist weiters zu bedenken, daß besonders die ufernahen Pflanzen sehr bedeutenden Schwankungen des Wasserstandes ausgesetzt sind, Schwankungen, die von völliger Austrocknung des Standortes bis zur restlosen Untertauchung der Individuen reichen können. Für solche Pflanzen ist eine große Anpassungsfähigkeit an verschiedenartige Umgebungen eine Naturnotwendigkeit, eine möglichst starke P l a s t i z i t ä t aller ihrer Organe, vor allem aber wieder ihrer Blätter: ein und dieselbe Pflanze muß imstande sein, je nach dem sie umgebenden Medium verschiedenartige Wuchs- und Blattformen auszubilden. Man unterscheidet demgemäß L a n d f o r m e n (meist klein und gedrungen, oft sogar zwergig, in allen Teilen reduziert, Blätter gröber und weniger geteilt, randliche Festigungsgewebe), U n t e r w a s s e r f o r m e n (meist länger gestreckt, zarter, Blätter feiner zerteilt, dünner, weicher und hinfälliger, verminderte Festigungsgewebe), a m p h i b i s c h e F o r m e n (untere Sproßabschnitte den letzteren, obere den ersteren ähnlich), wobei allerdings nicht alle Arten in jeder dieser drei Formen aufzutreten imstande sind. Von besonderem Interesse sind jene Arten, die F l i e ß w a s s e r - F o r m e n ausbilden können; sie zeichnen sich durch zurückgebildete Blattspreiten, daher oft band- oder fadenartige Blätter mit zentralem Festigungsgewebe, und meist reduzierte Blütenorgane aus. Insgesamt nennt man solche Pflanzen, die zu derartigen Gestaltveränderungen bei wechselndem Milieu fähig sind, A m p h i p h y t e n.

Wie zweckmäßig diese einzelnen Formen ihrer Umgebung angepaßt sind, erhellt am besten daraus, daß die Blätter einzelner Wasserpflanzen, die ganz verschiedenen Verwandtschaftskreisen entstammen, sich oft äußerlich, teilweise sogar auch anatomisch, zum Verwechseln ähneln (eine Erscheinung, die bei unseren Landpflanzen lange nicht so verbreitet ist). Bekannt ist das Beispiel der Schwimmblätter vom Froschbiß, der Seekanne und den See- und Teichrosen, die in ihrer Form, ihrer Struktur, auch in manchen Details des

Innenbaus so sehr übereinstimmen, daß sie manchmal, isoliert, auch den Fachbotaniker vor Schwierigkeiten stellen. Untergetauchte Formen des Strandlings und einiger Binsen-Arten gleichen den Brachsenkräutern ebenfalls so sehr, daß es genauer Untersuchung bedarf, um ihre wahre Natur zu erkennen. Endlich stimmen die bandartigen Fließwasser-Blätter mancher in keiner Weise miteinander verwandten Arten ähnlich überein; es seien hier nur das Pfeilkraut, die Teichbinse, wenn man will, auch einige Laichkraut-Arten genannt. Solche Erscheinungen bezeichnet man als K o n v e r g e n z e n ; da die entsprechenden Unter- und Fließwasserformen überdies meist steril sind, also keine Blüten ausbilden (an denen man sie leicht unterscheiden könnte), bedarf es enger Vertrautheit mit den Gestaltmöglichkeiten der Arten, um solche Formen sicher ansprechen zu lernen.

Wie eben erwähnt, wird durch die Ungunst der Verhältnisse den Wasserpflanzen sehr oft die Möglichkeit der Blütenbildung genommen; ihre Samenproduktion ist daher in vielen Fällen stark behindert. Diesem Nachteil wird durch die Erleichterungen begegnet, die in dieser Umwelt der v e g e t a t i v e n   V e r m e h r u n g zur Verfügung stehen. Während zu Lande vegetative Abkömmlinge (Setzlinge, Wurzelschosse, Ausläufer, Brutknospen usw.) immer erst festwurzeln müssen, um selbständig lebensfähig zu sein, genügt im Wasser ein einfaches Abgliedern von Bruchstücken, ein Zerfall in kleinere Teile, um lebensfähige Jungexemplare zu haben. Nur daraus ist es erklärbar, daß sich einige Wasserpflanzen, zum Teil in historischer oder sogar erst in jüngster Zeit, große Räume, ja ganze Kontinente erobern konnten, obwohl ursprünglich in den neuen Raum nur Pflanzen des einen Geschlechtes eingebracht worden waren (Wasserpest, Krebsschere u. a.) und somit eine normale sexuelle Fortpflanzung überhaupt unmöglich war. In solchen Fällen stellen also gewissermaßen die gesamten Individuen, die heute den Bereich bevölkern, nur eine einzige große Pflanze dar, die in unzählig viele Teilstücke zerspalten wurde.

Auch für die winterliche Überdauerung können sich die Wasserpflanzen nicht immer auf ihre Samenproduktion verlassen, da diese in ungünstigen Jahren oder aus anderen Gründen völlig unterbleiben kann. Viele solche Arten bilden daher im Herbst W i n t e r k n o s p e n (Turionen oder Hibernakeln) aus, ein kurzes, gestauchtes Achsenstück mit dichtgedrängten Niederblättern, die sich wie Knospenschuppen um den Jungtrieb ballen, dicht gepfropft mit Stärke, die als Nahrungsreserve dient. Solche Knospen sinken im Herbst zu Grund und entwickeln sich erst im Frühjahr durch Streckung zu neuen Pflanzen.

Selbstverständlich dienen diese Turionen ebenso wie die oben behandelten Sproß-Bruchstücke auch zur V e r b r e i t u n g der Wasserpflanzen auf weitere Strecken hin, sei es durch Verschwemmung, sei es durch Wassertiere, sei es endlich durch Vögel. Dem Wassertransport sind auch oft die Samen besonders angepaßt, die infolge ihres leichten Gewichtes oder aber durch spezielle Einrichtungen, wie aufgeblasene Häute, lange Fortsätze, Schleimhüllen u.ä. schwimmfähig sind und so vom Wasser auf weite Entfernungen hin verfrachtet werden können. Andererseits haften verschleimende oder rauhe Früchte und Samen leicht an Wasservögeln fest, die nach ihrem Flug mit großer Wahrscheinlichkeit wieder auf Sümpfe oder Gewässer niedergehen und so die Verbreitungseinheiten unmittelbar in eine geeignete Umwelt bringen.

Diesen offensichtlich sehr gut funktionierenden Verbreitungsmethoden dürfte es zu danken sein, daß die meisten Wasserpflanzen über ein sehr großes A r e a l hin gefunden werden (wobei sie jedoch innerhalb dieses Gebietes manchmal nur sehr zerstreut und selten auftreten). So kommt es, daß nicht nur z. B. die Oasen der Sahara oder die Sümpfchen des Hohen Atlas den mitteleuropäischen Besucher mitten in fremdester Umwelt in eine heimische, vertraute Wasserflora stellen, sondern daß sich selbst in fernsten Erdteilen die Sumpf- und Wasserflora zum Teil aus denselben Elementen rekrutiert; es sei hier nur auf Froschlöffel, Rohrkolben, Wasserfalle, Brunnenkresse, Hornblatt und verschiedene Laichkräuter verwiesen. Allgemein kann man sagen, daß in Pflanzengruppen, die wenig Wasserpflanzen enthalten (wie etwa die Compositen), die einzelnen Erdteile jeweils ihre eigenen Arten oder sogar Gattungen besitzen, daß dagegen die einzelnen Arten typischer Wasserpflanzen-Familien (Cyperaceae, Potamogetonaceae, Hydrocharitaceae u. a.) zu einem sehr beträchtlichen Teil über zwei und mehr Kontinente hin verstreut sind.

Die ö k o l o g i s c h e n und s o z i o l o g i s c h e n Verhältnisse unserer Wasserpflanzen, also ihre Umweltbedingungen und die Vergesellschaftung der einzelnen Arten, hätten wir gerne in ähnlicher Aufteilung und Gliederung besprochen, wie sie für die Tierwelt vorgenommen wurde — zumal ja auch für die Pflanzen die Unterschiede zwischen stehendem und fließendem Wasser, die verschiedene Gewässer-Größe und Wassertiefe, die Stetigkeit oder Periodizität der Wasserbedeckung von Bedeutung sind. Jedoch ist die Vegetation gerade der Kleingewässer so offenkundig primär von zwei hier noch nicht genannten Faktoren abhängig, nämlich vom N ä h r s t o f f - und H u m u s - G e h a l t, daß wir es doch für erforderlich halten mußten, für die Pflanzenwelt eine Einteilung nach diesen Gegebenheiten vorzunehmen.

Die bräunliche oder tiefbraune Farbe der d y s t r o p h e n Gewässer- (Braunwasserseen) weist auch den oberflächlichen Betrachter auf den Reichtum an (in kalkarmem Wasser) gelösten Humusstoffen hin. Dies ist vor allem in den Moorseen und -weihern der Fall; an ihren Rändern, teilweise in schwimmenden Moosdecken finden wir die charakteristischen Torfmoose (*Sphagnum*-Arten) als Verlander. Die übrigen Gewässer enthalten nur wenig gelöste Humussubstanz, ihr Wasser ist klar, blau oder grau bis grünlich („Klarwasserseen"). Ein großer Teil von ihnen ist durch Nährstoff-Reichtum ausgezeichnet (e u t r o p h e Gewässer); mächtige Schlammschichten am Grund, dichte Planktonmassen im „Schweb" und breite Verlandungsgürtel aus Röhricht und Schwimmblattpflanzen zeigen diesen Reichtum an. Manche Gebirgsseen, aber auch viele Gewässer in stärker atlantischen, regenreichen Gebieten sind dagegen nährstoff- und humusarm (o l i g o t r o p h e Gewässer), arm wie meist auch die sie umgebenden Böden; auch ihnen sind besondere, interessante Pflanzengesellschaften zu eigen, unter deren Arten einige mit untergetauchten Blattrosetten (Brachsenkraut, Strandling, Lobelie) sehr bemerkenswert sind.

Die Hauptmenge unserer wichtigeren Arten entstammt freilich nährstoffreichen, also eutrophen Gewässern; mit ihrer Besprechung soll daher begonnen werden.

Die Gesellschaften der Wasserpflanzen

I. Klasse der Laichkraut-Gesellschaften

a) In stehenden Gewässern

Die eigentlichen Wasserpflanzen-Gesellschaften der **nährstoffreichen stehenden Gewässer** gehören im soziologischen System alle der **Klasse der Laichkraut-Gesellschaften** (LEMNO-POTAMETEA)[1]) an. Sie schließt die amphibischen Elemente der Gewässerränder aus und umfaßt dementsprechend nur wassereinwärts hausende, untergetauchte oder schwimmende Formen. Ihre schönste Ausbildung stellen die Seerosen-Gesellschaften (Nymphaeion) dar, die sich, mehr oder minder deutlich ausgeprägt, in den Buchten aller unserer Weiher und Teiche finden und dort die Verlandung einleiten (Tafel 1 und 2). Vor allem auffällig sind hier einige Schwimmblatt-Pflanzen mit größeren oder kleineren „Seerosen-Blättern": eben die weiße See- und die gelbe Teichrose *(Nymphaea alba* und *Nuphar lutea),* dann die Seekanne *(Nymphoides peltata)* mit ihren gelben Enzian-Blüten, und der im Gegensatz zu den vorgenannten freischwimmende, nicht im Grund verwurzelte Froschbiß *(Hydrocharis morsus-ranae).* Viereckig rautenförmige Schwimmblätter besitzt die Wassernuß *(Trapa natans),* efeuartige der Wasser-Hahnenfuß *(Ranunculus aquatilis),* die beide heterophyll sind (die feinzerteilten Organe an den untergetauchten Achsen der Wassernuß sind jedoch Wurzeln, die in den Achsen kleiner Schuppenblätter stehen). Endlich seien noch die elliptischen, ledrigen Schwimmblätter des Wasser-Knöterichs *(Polygonum amphibium)* und des Schwimmenden Laichkrauts *(Potamogeton natans)* benannt, die sich wiederum etwas ähneln, so daß man die Pflanzen weit leichter an ihren leuchtend-rosa bzw. unscheinbar-braunen Blütenständen unterscheiden wird.

Auch einige völlig untergetaucht lebende, nur mit ihren Blütenähren aus dem Wasser ragende Arten rechnen wir dieser Gesellschaft zu, so vor allem die beiden Tausendblatt-Arten *(Myriophyllum spicatum* und *verticillatum),* die ihren Namen von der zierlich-kammförmigen Fiederung ihrer unverkennbaren Unterwasser-Blätter bekommen haben. Ein anderes breitblätteriges Laichkraut *(Potamogeton lucens)* besitzt nicht wie die vorhin genannte Art ledrige, sondern zarte, brüchig-glasige Blätter und weist sich hierdurch als Unterwasser-Pflanze aus. Während diese Arten im tiefen Schlamm wurzeln, verankert sich das wurzellose Hornblatt *(Ceratophyllum demersum)* nur vorübergehend mit seinen etwas abweichend gestalteten Sproß-Erstlingen im Grund, um dann später in Bruchstücken frei im Wasser zu schwimmen.

Freischwimmend sind auch die Arten der Froschbiß-Gesellschaften (Hydrocharition), etwa die Krebsschere *(Stratiotes aloides),* deren Blattspitzen sommers aus dem Wasser ragen und der anisophylle Schwimmfarn *(Salvinia natans);* ebenso die winzig-kleinen, aber dafür meist um so zahlreicheren Wasserlinsen (die „große": *Spirodela polyrrhiza,* die kleinere *Lemna minor* und die zwerghafte,

---

[1]) Eine immer wieder gleichartig auftretende, gesetzmäßig erscheinende Vereinigung bestimmter Pflanzen in einem bestimmten Biotop wird als Gesellschaft (Assoziation) bezeichnet; ähnliche, ökologisch zusammenpassende Gesellschaften werden dann zu Verbänden, Ordnungen und Klassen zusammengefaßt.

völlig wurzellose *Wolffia arrhiza,* die als die kleinste Blütenpflanze der Erde gilt), die oft den Tümpel mit einer dichten, grünen Decke überziehen (Wasserlinsen-Gesellschaften, Lemnion minoris). Wer diese winzigen, in all ihren Teilen stärkst reduzierten, hefeartig sprossenden Pflänzchen betrachtet, wird kaum auf die Idee kommen, entfernte Verwandte des Aronstabes vor sich zu haben. Etwas stärker gegliedert ist die oft untergetaucht lebende Dreifurchige Wasserlinse *(Lemna trisulca),* mit ihr gern vergesellschaftet und, oberflächlich betrachtet, ihr einigermaßen ähnlich ein Wasser-Lebermoos *(Riccia fluitans),* leicht kenntlich durch seine streng gabelige, „dichotome" Verzweigung.

Ähnliche, jedoch weniger reiche Gesellschaften leben, völlig untergetaucht, am Grunde flacher Weiher und Teiche; da ihnen vor allem eine Anzahl kleinerer Laichkraut-Arten zugehört, werden sie als G e s e l l s c h a f t e n d e r k l e i n e n L a i c h k r ä u t e r (P a r v o - P o t a m i o n — Tafel 3) bezeichnet. Zwei von diesen *Potamogeton*-Arten besitzen noch etwas breitere, eiförmige bzw. länglich-linealische Blätter, natürlich zart und einigermaßen durchscheinend, nämlich das Durchwachsene *(P. perfoliatus)* und das Krause Laichkraut *(P. crispus);* auch das glasartigbrüchige, scharf gezähnte Nixenkraut *(Najas marina)* macht noch einen etwas stattlicheren Eindruck. Alle anderen Arten dieser Gesellschaft hingegen besitzen grasartige oder fast fadenförmig feine Blätter, wie sie für solche Unterwasser-Pflanzen besonders typisch sind. Aus ihrer Reihe haben wir das Kammförmige Laichkraut *(Potamogeton pectinatus)* abgebildet, dessen Name sich auf eben diese feinen, wie die Zähne eines Kammes nebeneinander gelegten Blätter bezieht, und eine nahe Verwandte, den Teichfaden *(Zannichellia palustris),* dessen Blüten nicht in einer Ähre, sondern einzeln oder trugdoldig stehen. Weite Strecken des Grundes sind von den meist übelriechenden „Watten" der Armleuchter-Algen bedeckt, von denen die Rauhe Armleuchteralge *(Chara aspera)* besonders charakteristisch für unsere Gesellschaft ist.

In Gewässern, die im Vergleich zu den bisher besprochenen etwas weniger nährstoffreich sind, finden wir eine ähnliche Vergesellschaftung, die wiederum dem Nymphaeion zugerechnet wird. Da sie meist durch ein schön rosa blühendes Primelgewächs mit kammförmig zerteilten Blättern, die Wasserfeder *(Hottonia palustris)* ausgezeichnet ist — übrigens die einzige europäische Wasserpflanze, die wir unter den *Primulaceae* kennen —, sprechen wir hier von einer W a s s e r f e d e r - G e s e l l s c h a f t (R a n u n c u l o - H o t t o n i e t u m p a l u s t r i s). Ähnliche, aber noch stärker zerschlitzte Blätter besitzt der hier gern auftretende, jedoch dem Hydrocharition zugeteilte, Südliche Wasserschlauch *(Utricularia australis),* eine fleischfressende Pflanze (Insektivore), bei der einzelne der kleinen Blattzipfel in schlauchartige Tierfallen umgebildet sind.

Infolge aktiver Wasserausscheidung aus den Blasenwänden herrscht im Innern der „Schläuche" stets ein gewisser Unterdruck. Stößt ein Insekt gegen die Mündungsklappe der Blase, so öffnet sie sich nach innen und das Opfer wird mit einer kleinen Menge Wasser blaseneinwärts geschwemmt, um dort alsbald durch eiweißlösende Fermente verdaut zu werden. Völlig anders ist der Mechanismus bei einer weiteren insektenfressenden Sippe, der Wasserfalle *(Aldrovanda vesiculosa),* die gelegentlich in der Wasserfeder-Gesellschaft aufgefunden wird, jedoch allgemein sehr selten ist. Bei dieser ebenfalls nur mit den (ganz selten entwickelten) unscheinbar-weißen Blüten aus dem Wasser ragenden, völlig untergetauchten und wurzellosen Pflanze sind die Blattspreiten in „Klappfallen" umgewandelt, die (ähnlich wie bei der bekannten Venus-Fliegenfalle, einer nordamerikanischen Sumpfpflanze) auf einen Berührungsreiz hin die beiden Blatthälften zusammenklappen und so das berührende Insekt einklemmen und verzehren.

b) In fließenden Gewässern

Wenn wir nun noch einen weiteren, sehr charakteristischen Verband unserer LEMNO-POTAMETEA kennenlernen wollen, so müssen wir einen kurzen Abstecher aus unseren stehenden Gewässern heraus in n ä h r s t o f f r e i c h e (aber nicht verschmutzte) F l i e ß w a s s e r machen; in ein schnell fließendes Bächlein etwa, das den Zu- oder Abfluß unseres Weihers bildet. Auch hier herrschen, von der Wasserbewegung abgesehen, recht ähnliche ökologische Verhältnisse; deshalb finden wir auch hier die Laichkräuter wieder in reicher Zahl (so das schon genannte Durchwachsene Laichkraut, von hier nicht abgebildeten das Fluß-Laichkraut, *Potamogeton nodosus*, und das Dichte Laichkraut, *P. densus*), deshalb rechnen wir auch diesen Verband, die G e s e l l s c h a f t e n d e s F l u t e n d e n H a h n e n f u ß e s (R a n u n c u l i o n f l u i t a n t i s — Taf. 4) zur Klasse der Laichkraut-Gesellschaften. Charakterart ist, wie schon der Name sagt, der Flutende Hahnenfuß *(Ranunculus fluitans)*, der sich von seinen im stehenden oder langsam fließenden Wasser wachsenden Verwandten durch seine dem raschen Wasserlauf angemessenen längeren und stärkeren Blattzipfel unterscheidet. Begleitet ist er meist von einem schönen, großen Wassermoos, dem Fieber-Quellmoos *(Fontinalis antipyretica)*, das ebenfalls, der Örtlichkeit angepaßt, langgestreckte, robuste Sprosse bildet. Langsameren Wasserlauf bevorzugt die Wasserpest *(Elodea canadensis)*, der ihre unglaubliche ungeschlechtliche Vermehrungskraft (durch Sproß-Bruchstücke! — männliche Blüten sind in Deutschland überhaupt noch nie beobachtet worden!) zu ihrem unschönen Namen verhalf. Sie wurde erst um 1850 herum von ihrer nordamerikanischen Heimat her in Europa eingeschleppt und hat sich hier in kurzer Zeit so ungeheuerlich verbreitet, daß sie Schleusen verstopfte und die Schiffahrt behinderte. Heute scheint sich jedoch ein gewisses natürliches Gleichgewicht eingestellt zu haben, das die allenthalben häufige Pflanze wenigstens meistenorts in erträglichen Schranken hält.

II. O r d n u n g d e r Q u e l l f l u r - G e s e l l s c h a f t e n

Nahe den Quellen dieser kleinen Bäche, im kalten, klaren Wasser, finden wir eine ziemlich nährstoff- und daher auch verhältnismäßig artenarme Vegetation, die aber (den sehr besonderen ökologischen Verhältnissen angemessen) recht eigenständig ist und deshalb einer eigenen O r d n u n g d e r Q u e l l f l u r - G e s e l l s c h a f t e n (MONTIO-CARDAMINETALIA) zugerechnet wird; sie sei an dieser Stelle eingeschaltet. Es ist verständlich, daß solche Assoziationen vor allem in den Alpen und den Mittelgebirgen häufiger und gut ausgebildet sind. Neben einer Reihe sehr typischer Moose (aus den Gattungen *Philonotis*, *Cratoneuron* und *Brachythecium*) wachsen hier an nicht abgebildeten Arten einige kleine Weidenröschen *(Epilobium alsinifolium* und *nutans)*, der Stern-Steinbrech *(Saxifraga stellaris)*, die Sumpf-Miere *(Stellaria alsine)* und, vor allem in den Mittelgebirgen, das gegenständige Milzkraut *(Chrysosplenium oppositifolium)*. Ebendort ist ein unscheinbares Portulakgewächs zu Hause, das Quellkraut *(Montia fontana)*, das die Quellgräben in dichten Beständen füllt und dessen lateinischen Namen zur Ordnungs-Benennung dient. Häufiger und allgemeiner verbreitet ist das Bittere Schaumkraut *(Cardamine amara* — zweiter Teilname!), von dessen weißen Kreuzblüten sich die tiefvioletten Staubbeutel in schönem Kontrast abzeichnen. Diese beiden letztgenannten (ebenfalls auf Taf. 4 abgebildeten) Arten werden zwei Gesellschaften zugeordnet, bei denen lateinische und deutsche Bezeichnung stark auseinandergehen: das Quellkraut ist charakteristisch für die B a c h - M o n t i e n - F l u r (M o n t i o - B r y c t u m s c h l e i c h e r i — nach einem kleinen Quellmoos), die freieres, sonnigeres Gelände liebt, während das Schaumkraut besonders typisch für die an schattigen Waldquellen vorherrschende M i l z k r a u t - F l u r (C a r d a m i n e t u m a m a r a e) ist.

III. Ordnung der Röhrichte und Großseggen-Wiesen

a) Röhrichte fließender Gewässer

Nach dieser kurzen Abschweifung kehren wir zu unseren eutrophen Gewässern zurück, von denen wir bislang nur jene Arten behandelt haben, die dem Leben im offenen, freien Wasser angepaßt sind; es waren ausschließlich untergetauchte oder schwimmende Pflanzen, die höchstens bei einer Austrocknung ihres Biotops in die schwierige Lage kommen, Landformen zu bilden. Als nächste große Gruppe seien nun die Arten der Ufer und Ränder besprochen, die auf der einen Seite noch weit in das flache Uferwasser, in den seichten Bach vorzudringen, ja selbst untergetauchte oder schwimmende Formen auszubilden vermögen, die aber auf der anderen Seite als echt amphibische Gewächse sich landwärts ausdehnen und im nur mehr durchnäßten, nicht mehr wasserbedeckten Boden Fuß fassen können. Die sehr verschiedenartigen Gesellschaften dieser Uferzonen nährstoffreicher Gewässer faßt man in der Ordnung der Röhrichte und Großseggen-Wiesen (PHRAGMITETALIA) zusammen.

Da wir auf unserer Taf. 4 die Pflanzen der Bäche und Quellen zusammengefaßt haben, so wollen wir hier mit den fließenden Gewässern beginnen und einige typische Arten unserer Bäche bringen, die (wiewohl oft noch mit Arten des Ranunculetum fluitantis gemischt im Wasser flutend) ihre eigentliche Heimat in den Gesellschaften des Bachrandes, den Bach-Röhrichten (Glycerio-Sparganion) haben. Hierher rechnen wir etwa die Brunnenkresse *(Nasturtium officinale)*, die sich von dem ähnlichen und auch ähnlich schmeckenden Bitteren Schaumkraut durch gelbe, nicht violette Staubbeutel leicht unterscheiden läßt. Dicke, glänzende Blätter und blaue Ehrenpreis-Blüten trägt die Bachbunge *(Veronica beccabunga)*; weiße Doldenblüten, die man allerdings nur zu Gesicht bekommt, wenn die Pflanze nicht im Wasser flutet, sondern am Uferrand in die Höhe wuchert, die Bach-Berle *(Berula erecta)*. An nicht abgebildeten Arten seien als charakteristisch die beiden namengebenden Arten, der Flutende Schwaden *(Glyceria fluitans*, ein schlankes, schmales Gras) und der Übersehene Igelkolben *(Sparganium neglectum*, ein Verwandter des auf Taf. 6 abgebildeten Ästigen Igelkolbens) angeführt; einige weitere Ehrenpreis- und Doldenblütler-Arten, die Flügel-Braunwurz *(Scrophularia umbrosa)*, das Flügel-Hartheu *(Hypericum tetrapterum)* und manche andere mischen das farbige Bild.

b) Röhrichte stehender Gewässer

Nun aber kehren wir zu unseren stehenden Gewässern zurück und wollen uns hier den Übergang vom freien Wasser zum Land, die Verlandung, betrachten, die von den Arten und Gesellschaften der PHRAGMITETALIA in schöner Aufeinanderfolge (Sukzession) vollzogen wird (Taf. 5 und 6). Wenn wir, von der Teichmitte kommend, den Gürtel der Schwimmblatt-Gewächse (die Seerosen-Gesellschaft) durchquert haben, so stellen sich als erste amphibische Formen die Teichbinse *(Schoenoplectus lacustris)* und das Schilfrohr *(Phragmites australis)* ein, die wegen ihrer Wichtigkeit und Stetigkeit auch zur Namensgebung dieser Gesellschaft gedient haben: Sie sind die Charakterarten der Teich-Röhrichte (Phragmition), die sich von den meist bedeutend niedrigeren Bach-Röhrichten durch die kraftvollen, oft mehr als mannshohen Gestalten seiner häufigeren Arten unterscheiden. In auffallender Weise kehren die Schilfblätter des Rohres und die glatten, nackten Rundstengel der Binse auch bei vielen anderen Arten des Schilfgürtels wieder, die letzteren etwa beim Teich-Schachtelhalm *(Equisetum fluviatile*, eine der wenigen Gefäß-Sporenpflanzen dieser Gesellschaften), bei dem oft sogar die spärliche Verästelung der Gipfelglieder unterbleibt, oder bei den nackten Schäften der rosenblütigen Schwanenblume *(Butomus umbellatus).* Schilfähnliche Blätter besitzt vor allem der Rohrkolben *(Typha angustifolia,* mit schmaleren Blättern und von den männlichen Bluten abgesetztem Kolben; nicht abgebildet eine andere, ebenso häufige Art, *T. latifolia,* mit breiteren Blättern und unmittelbar aneinandergrenzenden männlichen und weiblichen Blütenstand), der für den oberflächlichen Beobachter erst in späterer Jahreszeit leicht erkenntlich wird, wenn er seine großen, braunen „Christkolben" in den Himmel reckt; dann der unscheinbare, entfernt verwandte Ästige Igelkolben *(Sparganium erectum)* mit seinen eigenartig übereinander stehenden Blütenkugeln; weiters der oft verkannte, heilkräftige Kalmus *(Acorus calamus),* der nicht nur durch seitlich entspringende, grüne Blütenkolben, sondern auch schon durch den würzigen Duft seiner ein wenig gerunzelten Blätter unterscheidbar ist, und endlich die Wasser-Schwertlilie *(Iris pseudacorus)* mit ihren prächtigen, weithin leuchtenden, gelben Iris-Blüten.

Überhaupt beherbergt dieser nur von ferne öd wirkende Schilfgürtel eine Reihe schönblühender Gewächse. Neben der ebengenannten mag vor allem auf die weißen oder rötlichen Dreierblüten des Pfeilkrautes *(Sagittaria sagittifolia),* dessen Name sich auf die wunderbar geformten Pfeilblätter bezieht, oder des Froschlöffels *(Alisma plantago-aquatica)* hingewiesen sein; auch die schon oben genannte Schwanenblume *(Butomus umbellatus)* ist durch ihre rosenroten Blütendolden eine Zierde unserer Teichränder. Nicht vergessen soll der Zungenblätterige Hahnenfuß *(Ranunculus lingua)* sein, dessen dottergelb glänzende Blüten zu den größten und ansehnlichsten seiner Gattung gehören. Zwei weitere Arten verdienen durch ihre Heterophyllie (bzw. Heteroblastie) unser Interesse: ein Doldenblütler mit unter Wasser hahnenfußartig fein zerschlitzten, darüber normal schierlingsartig geschnittenen Blättern und mit reichen, weißen Blütendolden (Wasserfenchel, *Oenanthe aquatica)* und die Sonderlingsgestalt des Tannwedels *(Hippuris vulgaris),* dessen Blätter in reichen Quirlen um die gemeinsame Sproßachse stehen — unter Wasser schlaff und hängend, darüber steif und abstehend. Manche vor allem der schönblütigen Arten werden vielfach einer besonderen, vielleicht etwas weniger aquatischen Gesellschaft, dem W a s s e r - s c h w a d e n - R ö h r i c h t (G l y c e r i e t u m m a x i m a e) zugerechnet, das seinen Namen nach einem stattlichen, schilfähnlichen Gras, dem Süßschwaden, trägt.

c) Großseggen-Wiesen

In Richtung auf das trockene Land hin schließen sich an diese Röhrichte meist große, nasse Streuwiesen an, die vor allem aus hochwüchsigen Seggen-Arten *(Carex)* zusammengesetzt sind; sie werden, immer noch im Rahmen der PHRAGMITETALIA, als V e r b a n d d e r G r o ß s e g g e n - W i e s e n (M a g n o a r i c i o n e l a t a e) zusammengefaßt. Besonders auffällig sind hier die zumindest in nasseren Zeiten allseits vom Wasser umspülten, hohen und kräftigen Horste („Bülten") der Steifen Segge *(Carex elata),* die eine besondere Zone bilden und deshalb als eigene Gesellschaft, die S t e i f s e g g e n - W i e s e (C a r i c e t u m e l a t a e), bezeichnet werden: ein Kuriosum insofern, als diese „Gesellschaft" vielfach einzig aus dieser einen Art gebildet wird, also, wenn man so sagen will, einen „Einart-Verband" darstellt. Allerdings finden sich am Fuß der dichten Bülten, knapp überm Wasser, kleine Moose *(Fissidens* u. a.), auch manche Pilze, die man strenggenommen in die Artenliste dieser Gesellschaft einzufügen hätte.

Vor allem am Rande nährstoffärmerer Gewässer werden solche Seggenwiesen von der Schnabelsegge *(Carex rostrata)* beherrscht, einem durch seine aufgeblasenkugeligen Scheinfrüchte leicht kenntlichen Sauergras; man spricht demgemäß von der S c h n a b e l s e g g e n - G e s e l l s c h a f t (C a r i c e t u m r o s t r a t a e). Hier findet man häufig ein amphibisches Primelgewächs, den Strauß-Gilbweiderich *(Lysimachia thyrsiflora)*, mit unscheinbar kleinen, jedoch zu dichten, gestielten Trauben vereinigten, gelben Blüten. Zeichnen sich solche nährstoffärmere Teiche, etwas einseitig, durch höheren Kalkgehalt aus (für solche Gewässer ist in der Schwimmblatt-Zone eine auffallend kleinblütige Rasse der weißen Seerose besonders kennzeichnend), so finden wir am Rande nicht selten Bestände eines mit fast sägeartig scharfzähnigen Blättern ausgerüsteten Sauergrases, des Schneidriets *(Cladium mariscus)*, das ebenfalls eine eigene Gesellschaft des Magnocaricions zu formen imstande ist (nicht abgebildet).

IV. O r d n u n g d e r k a l k a r m e n F l a c h m o o r - G e s e l l s c h a f t e n

Dieser Darstellung etwas stärker oligotropher Verlandungstypen seien noch einige Arten angeschlossen, die strenggenommen auch nichts in unserem Rahmen eutropher Gewässer zu suchen haben: sie besitzen vielmehr ihr Optimum in mäßig reichen bis nährstoffarmen, s a u r e n, schlammig bis torfigen, also mehr oder minder dystrophen Gewässern. Da sie sich aber in ihren Verlandungseigenschaften den bisher besprochenen Arten analog verhalten und vielfach auch in solche Gesellschaften übergreifen, sei die Hereinnahme des Fieberklees *(Menyanthes trifoliata)*, eines Enziangewächses mit wechselständigen, dreizähligen Blättern und zottig-weißen Blüten, und des Blutauges *(Potentilla palustris)*, eines dunkelrot blühenden Fingerkraut-Verwandten, verstattet. Wie wir noch sehen werden, entstehen solche Biotope oft durch Versäuerung kalkreicher, aber nährstoffarmer Gewässer, wie wir sie eben geschildert hatten; kennzeichnend für eine solche Sukzession etwa vom Schneidriet-Rasen her ist die (hier nicht abgebildete) Fadensegge *(Carex lasiocarpa)*. Alle drei genannten Arten reiht die strenge Soziologie in eine O r d n u n g d e r k a l k a r m e n F l a c h m o o r - G e s e l l s c h a f t e n (SCHEUCHZERIO-CARICETALIA FUSCAE) ein, obwohl sie der Pflanzengeograph als typische Zwischenmoor-Besiedler bezeichnen wird: Die Natur bequemt sich nicht immer dem Schema.

Wenn wir nun, zurückschauend, den Vorgang der Verlandung eines eutrophen Gewässers zusammenfassen wollen, so erkennen wir eine deutliche Zonierung, beginnend bei den untergetauchten, bodenbedeckenden Characeen, übergehend zum Laichkraut- und Schwimmblattpflanzen-Gürtel und weiterreichend zum Röhricht- und Großseggen-Gürtel. Unter ihnen lagern sich, ebenfalls gegürtelt, entsprechende Sedimente ab, beginnend mit einem „organogenen" Schlamm, den man als Mudde bezeichnet (bei gleichzeitiger reichlicher Kalkablagerung als weiße Seekreide) und der landeinwärts in Schilftorf und Seggentorf übergeht. Die Wassertiefe verringert sich infolge dieser Ablagerungen mehr und mehr, die Gürtel rücken konzentrisch zur Mitte vor, und das Gewässer verlandet. In den Endstadien stellen sich auf den durch weitere Verlandung des Großseggen-Gürtels entstandenen Flachmooren die ersten Bäume ein, Weiden und Faulbäume, gefolgt von Erlen: der Erlen-Bruchwald ist das vorläufige Endstadium der natürlichen Verlandung.

Damit sind wir am Ende unserer Besprechung der Gesellschaften mehr oder minder e u t r o p h e r Gewässer angelangt. Die nun weiter zu behandelnden Pflanzen sind Bürger speziellerer Biotope, die zu allermeist d y s t r o p h e n oder o l i g o t r o -

phen Charakter tragen; ihre beste Ausbildung finden die entsprechenden Assoziationen in größerer Nähe der Meeresküsten, in atlantischen und subatlantischen, allgemein in regenreichen Klimaten, manchmal auch in den Gebirgen. Insgesamt sind aber alle diese Gesellschaften in Mitteleuropa weniger gut ausgebildet und weit weniger häufig als die bisher besprochenen, so daß sie meist geringe Beachtung finden; gleichwohl sind gerade diese Arten Pflanzen der Kleingewässer im engsten Sinn und ihre Aufnahme in dieses Buch erschien uns deswegen von besonderer Wichtigkeit (Taf. 7 und 8)

Vorweggenommen sei ein sehr spezieller Biotop, der zwar in Küstennähe häufig und verbreitet, im Binnenland aber selten und fast ausschließlich auf Salinengelände und ihre Umgebung beschränkt ist: die kleinen Salztümpel und Solbäche z. B. in den mitteldeutschen Salzgebieten. Aus ihrer (armen) Flora haben wir zwei stets untergetaucht wachsende Arten abgebildet, den Salzwasser-Hahnenfuß *(Ranunculus baudotii)*, eine dem Wasser-Hahnenfuß ähnliche, aber kleinblütige und reichfrüchtige Sippe, und die Salde *(Ruppia maritima)*, ein Laichkrautgewächs mit langgestielten Früchtchen. Sie hat einem eigenen Verband d e r M e e r s a l d e n - G e s e l l s c h a f t e n (R u p p i o n m a r i t i m a e) ihren Namen gegeben.

V. Ordnung der Zwergbinsen-Gesellschaften

Weitere für den Botaniker hochinteressante Biotope stellen die p e r i o d i s c h e n G e w ä s s e r dar, etwa Fischteiche, die alljährlich oder alle paar Jahre abgelassen werden und dann längere Zeit trocken liegen — oder kleine, flache Tümpel, die sommersüber auszutrocknen pflegen. Auf den nackten, meist schlickigen Böden solcher Kleingewässer gedeiht regelmäßig eine Anzahl Pflanzen, die der O r d n u n g d e r Z w e r g b i n s e n - G e s e l l s c h a f t e n (CYPERETALIA FUSCI) zugerechnet werden und sich als „S c h l a m m l i n g s - G e s e l l s c h a f t e n" zusammenfassen lassen. Der deutsche Name dieser Pflanzenvereine stammt vom Teich-Schlammling *(Limosella aquatica)*, einem kleinen, unscheinbaren Rachenblütler mit spateligen, langgestielten Blättern und winzigen, weißen Blüten. Klein und unscheinbar sind auch alle anderen hier zu findenden Arten, etwa der Sumpfquendel *(Lythrum portula)*, der freilich nichts von der Schönheit seines Vetters, des stattlichen, leuchtendrot blühenden Blutweiderichs, aufzuweisen hat — oder eine der ziemlich seltenen Tännel-*(Elatine-)*Arten, die einer sonst in Europa durch keine andere Gattung vertretenen, eigenen Familie angehören. Von anderen, hier nicht abgebildeten Arten mögen etwa das Büchsenkraut *(Lindernia procumbens,* Rachenblütler), ein zierliches Gras *(Coleanthus subtilis)* und manche Sauergräser und Binsen *(Schoenoplectus supinus, Cyperus michelianus)* Erwähnung finden; eine solche Binse, die einjährige Eiförmige Sumpfbinse *(Eleocharis ovata)*, ist im lateinischen Namen mancher dieser Gesellschaften vertreten (E l e o c h a r i t o - C a r i c e t u m b o h e m i c a e, E l e o c h a r i t o - L i n d e r n i e t u m).

VI. Ordnung der Wasserpflanzen- und Ufer-Gesellschaften nährstoffarmer Gewässer

Die Pflanzengesellschaften ausgesprochen n ä h r s t o f f a r m e r s t e h e n d e r G e w ä s s e r, wie sie in den westlichen und nördlichen Gebieten Europas am häufigsten sind, werden in der *O r d n u n g d e r W a s s e r p f l a n z e n - u n d U f e r - G e s e l l s c h a f t e n n ä h r s t o f f a r m e r G e w ä s s e r* (LITTORELLETALIA) — an diesem Beispiel mag man erkennen, worin der Vorteil der lateinischen

Bezeichnungen liegt — zusammengefaßt. Die ersten beiden hier zu nennenden Vereine sind an nicht nur nährstoff-, sondern auch humusarme Orte gebunden, sind also besonders charakteristisch für o l i g o t r o p h e Gewässer. Auf sandigem, schlammfreiem Grunde finden sich hier im klaren Wasser eigenartige Rosettenpflanzen zusammen, so die merkwürdige Wasser-Lobelie *(Lobelia dortmanna)*, die ihre bleichen Blütentrauben an langen Stielen aus dem Wasser hebt — eine entfernte Verwandte unserer Glockenblumen mit nicht glockiger, sondern zweilippiger Blüte, und daneben das Brachsenkraut *(Isoëtes lacustris)*, eine ganz fremdartige Form der Gefäß-Sporenpflanzen, die ihre Sporenbehälter am Grunde ihrer Binsenblätter birgt. Nach diesen beiden ist diese Assoziation als L o b e l i e n - G e s e l l s c h a f t (I s o ë t o - L o b e l i e t u m) bezeichnet, die vielfach durch stark konvergente Rosettenformen aus anderen Verwandtschaftskreisen (etwa der Niedrigen Simse, *Juncus bulbosus*, oder des Strandlings) bereichert wird. Auch in stillen Gebirgsseen der Alpen, des Schwarzwalds, der Vogesen (die auf sauren, kalkarmen Gesteinen ruhen) finden sich solche Arten zusammen, freilich ohne die Wasser-Lobelie, die, subtropischen Verwandtschaftskreisen entstammend, am engsten an das ausgeglichene Klima des euatlantischen Bereiches gebunden ist.

Verbreiteter und häufiger finden sich die Strandlings-Gesellschaften *(Littorello-Eleocharitetum acicularis* u. a.). Sie sind nach einer kleinen, einhäusigen Wegerichart mit langgestielten männlichen und kurzgestielten weiblichen Blüten benannt. Freilich wird man bei den vielfach untergetauchten, ans Brachsenkraut erinnernden Formen dieses Strandlings *(Littorella uniflora)* meist vergebens nach Blüten suchen. Gleichsam getarnt bergen sich zwischen diesen engstehenden Pflänzchen die borstlich beblätterten Rosetten der Nadeligen Sumpfbinse *(Eleocharis acicularis)* oder die kleinen Rasen des Pillenfarnes *(Pilularia globulifera)*, bei dem nur die bischofsstabartig eingebogenen jungen Blätter die Farnkraut-Verwandtschaft erkennen lassen, wenn man nicht die kleinen, am Fuße angehefteten, kugeligen „Sporenfrüchte" näher untersucht. Ein zarter, gelbblühender Hahnenfuß aus dem Kreise des Brennenden Hahnenfußes, der aus jedem Blattknoten neue Wurzeln treibt *(Ranunculus reptans)*, bringt ein klein wenig Farbe in diese trübgrünen Räschen; im euatlantischen Bereich mischen die anderwärts sehr seltenen Froschlöffel-Arten *Luronium natans* und *Baldellia ranunculoides* weiße und rötliche Tupfen darunter (nicht abgebildet).

Einige weitere Gesellschaften der LITTORELLETALIA gehören dagegen zwar nährstoffarmen, aber humusreichen (also d y s t r o p h e n) Gewässern an, sind also vor allem in Torfstichen, Mooraugen und ähnlichen Kleingewässern zu finden. Die wieder einmal typisch atlantische, also bei uns vor allem in Nordwestdeutschland häufigere G e s e l l s c h a f t d e r V i e l s t e n g e l i g e n S u m p f b i n s e (E l e o c h a r e t u m m u l t i c a u l i s) nimmt eine gewisse Übergangsstellung ein, insofern wir ihre Arten sowohl in humusärmeren, schlickigen Tümpeln mit stark wechselndem Wasserstand als auch in flachen Torfstichen finden. Aus ihrem verhältnismäßig reichen Artenbestand seien als charakteristisch das Sumpf-Hartheu *(Hypericum elodes)* mit seinen ungewohnt weichen, oft fast filzig behaarten Blättern und armblütigen Inflorenszenzen sowie die Flutende Binse *(Iscelpis fluitans)* genannt, die durch ihre ästige Verzweigung sehr von unseren anderen heimischen Arten abweicht. An weiteren, nicht abgebildeten Formen sei auf den schon oben erwähnten Schwimmenden Froschlöffel *(Luronium natans)*, auf ein dem *Potamogeton natans* ähnliches, jedoch mit schlankeren Schwimmblättern versehenes Laichkraut *(P. polygonifolius)* und eine kleine, untergetaucht lebende Sellerie-Art *(Apium inundatum* — natürlich wieder mit fein zerschlitzten Blättern) verwiesen. Die namengebende Vielstengelige Sumpfbinse ist eine stattliche, der Eiförmigen Sumpfbinse ähnliche, aber ausdauernde und mit sich weit hinziehenden Rhizomen ausgestattete Form.

VII. Verbände der Moortümpel-Gesellschaften und Moorsimsen-Rasen

Im mittleren Europa weiter verbreitet sind jene typischen Besiedler unserer Moorgräben, die wir in der Gesellschaft des Kleinen Igelkolbens (Sparganietum minimi) zusammenfassen. Der Kleine Igelkolben *(Sparganium minimum)* selbst hebt sich meist nicht wie sein Verwandter, der Ästige Igelkolben, mit kräftigem Stengel aus dem Wasser heraus, sondern flutet mit langen, oft schön regelmäßig nebeneinander gelegten Blattbändern im Wasser. Unter ihnen wuchern die dichten Watten des Mittleren Wasserschlauchs *(Utricularia intermedia)*, eines neuen Insektenfressers, der freilich mit denselben Methoden wie sein größerer Verwandter arbeitet; nur sind bei ihm die Fangschläuche an eigenen Sprossen aufgereiht, während die Blätter selbst schlauchlos sind. Diese und ähnliche Wasserschlauch-Arten haben dem Verband der Moortümpel-Gesellschaften seinen Namen gegeben (Sphagno-Utricularion).

Anders ist der Fangapparat des Sonnentaus gebaut, von dem wir hier wenigstens eine kleinere Art, den Mittleren Sonnentau *(Drosera intermedia)* darstellen wollen. Die Oberseite des (bei dieser Art verkehrt-eiförmigen) Blattes ist dicht mit weißen und kurzen, sein Rand mit langen, roten Drüsenhaaren besetzt, die einen honigduftenden, klebrigen Schleim ausscheiden. Berührt ein Insekt das Blatt, so krümmen sich auf diesen Reiz hin die Rand-Tentakeln nach innen, halten die Beute fest und ersticken sie im Schleim. Durch daraufhin ausgeschiedene Verdauungsfermente werden die Eiweißstoffe des Tieres gelöst und aufgenommen.

Der Mittlere Sonnentau ist eine Charakterpflanze der Moorsimsen-Rasen (Rhynchosporion albae), die allerdings mit den Moortümpelgesellschaften oft so eng verzahnt sind, daß die heute übliche Zuteilung zu zwei weit getrennten Ordnungen etwas unnatürlich erscheint. Die Bezeichnung „Rasen" ist hier auch nicht sonderlich glücklich gewählt, da einerseits die Pflanzen nicht in dichtem Schluß stehen, sondern vereinzelt, durch freie Flächen Bodens oder Wassers voneinander getrennt; andererseits sind vor allem die Schlenken in nasseren Jahreszeiten weitgehend von Wasser bedeckt, in dem Wasserformen von Torfmoos-Arten schwimmen. Auf abgeplaggten, vegetationsarmen, stark durchnäßten oder überhaupt überschwemmten Torfböden vermögen höchstens die manchmal dicht stehenden, unscheinbar weiß oder braun blühenden Moorsimsen *(Rhynchospora alba* und *fusca,* nach letzterer die Gesellschaft benannt) entfernt an einen Rasen zu erinnern. Eine recht auffallende Figur macht, gerne mit dem Mittleren Sonnentau vermischt, der kleine Sumpf-Bärlapp *(Lycopodiella inundata)*, wieder einmal eine Art der sonst im Bereich der Wasserflora so seltenen Gefäß-Sporenpflanzen und gleichzeitig der einzige ins Wasser gehende Bärlapp unseres Kontinents. Auch diese Assoziation finden wir besonders schön in atlantischeren Bereichen, jedoch ist sie auch in den (allerdings ebenfalls subatlantisch getönten) Mooren des Alpenvorlandes nicht selten.

Ein ganz spezielles Kleingewässer bilden die Hochmoor-Schlenken, deren Entstehung wir abschließend besprechen werden. Sie sind von Wasserformen einiger Torfmoos-*(Sphagnum-)*Arten, vor allem *S. cuspidatum,* beherrscht (Sphagno-Utricularion), die vielfach in dichten, grünen Watten die wasserbestandenen Vertiefungen auskleiden; seltener ist auch hier der Torfboden nackt. Von den Rändern her drängt gegen die Mitte eine verlandungstüchtige Segge vor, die Schlammsegge *(Carex limosa)*, die von der einigermaßen festen Basis der Mutterpflanze lange Ausläufer gegen den trügerischen Grund der Schlenkenmitte vorschickt. Zwischen ihnen halten sich kleine Trupps der Blumenbinse *(Scheuchzeria palustris)*, eines merkwürdigen Pflänzchens, das systematisch recht allein steht und nur entfernte Beziehungen zu den Simsen einerseits, den Froschlöffelgewächsen andererseits hat. Dieser S c h l a m m - s e g g e n - R a s e n (Caricetum limosae) wird heute wiederum den Moorsimsen-Rasen zugerechnet; wir werden ihn überall dort antreffen, wo wir Hochmoore mit ihrem Wechsel von Schlenken und Bülten finden.

Wir wollen nun noch kurz betrachten, wie ein solches Hochmoor entsteht, zumal wir einige der möglichen Initialstadien bereits kennengelernt haben. So wird im Voralpenraum meist der Weg eingeschlagen, der vom kalkreichen, aber nährstoffarmen Teich zum Schneidriet- und zum Fadenseggen-Rasen führt, in denen sich auffallend frühzeitig Torfmoose anzusiedeln beginnen. Unter ihrer Einwirkung versäuert das Wasser rasch und stark; an seiner Oberfläche schwimmend vermehren sich die Torfmoose, verfestigen sich zu kompakten Rasen, die weit in den See hineinreichen und lange vom festen Grund durch eine Wasserschicht getrennt bleiben („Schwingrasen"): dystrophe Gewässer verlanden von oben nach unten, nicht wie die eutrophen von unten nach oben. In sehr niederschlagsreichen Klimaten siedeln sich die Torfmoose auch an der Oberfläche von Sümpfen und Flachmooren, auf den Böden von Brüchen und Wäldern an. Die ständig durchnäßten unteren Moor-Partien versäuern und ersticken, während sie, weiterwachsend, ihre Oberfläche höher und höher wölben; das „uhrglasartig" gewölbte H o c h m o o r verfügt, getrennt von seinem nährstoffreicheren Untergrund, nur mehr über Regen und Flugstaub als Nahrungsquellen, so daß nur eine ganz spezielle Flora auf diesen neuentstandenen, nährstoffarmen und stark versäuerten Biotopen fortzukommen vermag. Ungleichmäßiges Wachstum einzelner Torfmoos-Komplexe führt zu einem Wechselspiel zwischen schnellwüchsigen Bülten und dazwischen eingesenkten, vernäßten Schlenken; während die Bülten absterbend, oberflächlich zerstört, zu Schlenken eingeebnet werden, verlanden die kurzlebigen Schlenken und bauen neue Bülten auf.

Diese Kurzlebigkeit aber — und hier schließt sich der Ring all der von uns betrachteten Biotope — ist letzten Endes zumindest in geologischer Sicht eine gemeinsame Eigenschaft aller Gewässer; jede Vegetation bringt Ansätze zur Verlandung mit sich oder dient ihrem weiteren Fortschreiten; jede Wasserfläche trägt ihren Todeskeim bereits in sich.

Vom Schutz der heimischen Wasser- und Sumpfpflanzen

Da sich unter den eigentlichen Wasserpflanzen nur verhältnismäßig wenige durch schöne, große Blüten auszeichnen, wird ihnen im allgemeinen nicht in solchem Maße nachgestellt, daß sie durch das Gesetz geschützt werden müßten. Eine Ausnahme hiervon bilden freilich die See- und Teichrosen (*Nymphaea* und *Nuphar*), die durch sinnloses Räubern vielfach selten geworden, in einigen Gegenden sogar völlig ausgerottet worden sind: Sie sind nun unter die „vollkommen geschützten Pflanzenarten" eingereiht, von denen nicht ein einziges Stück von seinem Standort entfernt oder auch nur beschädigt werden darf. So können wir hoffen, daß uns diese prächtige Zierde unserer Gewässer erhalten bleibt — wenn sich jedermann diesem Gebote fügt.

Eine größere Zahl von geschützten Pflanzenarten finden wir dagegen in den Röhrichten und Großseggen-Wiesen, einige auch in den von uns besprochenen Flachmoor-Gesellschaften. Völligen Schutz genießen hier vor allem die Orchideen, seien es farbenprächtige wie die Knabenkräuter (*Dactylorhiza incarnata* und *Orchis palustris*) oder die Weiße Sumpfwurz *(Epipactis palustris)*, seien es unscheinbar grünblühende wie Glanz- und Weichwurz (*Liparis* und *Hammarbya*); das gleiche gilt für die wenigen, leuchtend blau blühenden Enzian-Arten, die in diesen feuchten bis nassen Biotopen beheimatet sind oder zumindest in sie einzudringen vermögen, wie Lungen- und Schlauch-Enzian (*Gentiana pneumonanthe* und *utriculosa*), für die braun-gemusterten Glocken der Schachblume *(Fritillaria meleagris)* und die rosenroten Blütenstände der Sumpf-Gladiole *(Gladiolus palustris)*. Nur in Bayern ist auch die blaublühende Sibirische Schwertlilie *(Iris sibirica)* unter vollkommenen Schutz gestellt; sonst ist wenigstens das gewerbsmäßige Sammeln dieser und der gelben Sumpf-Schwertlilie *(Iris pseudacorus)* — ebenso wie der Sonnentau-Arten *(Drosera)* — gesetzlich verboten.

Wenn auch die Schäden, die durch mutwilliges und gedankenloses Abreißen, besonders aber durch gewerbsmäßiges Sammeln solcher einzelner Arten entstehen, schmerzlich und in manchen Fällen geradezu erschreckend sind, so muß doch abschließend darauf hingewiesen werden, daß Umwelts-Veränderungen (Kultivierung, Drainage, Flußregulierung, Einleiten von Abwässern u. a.) weit schlimmere Feinde der natürlichen Vegetation darstellen. Gerade die Pflanzenwelt der Kleingewässer ist von solchen Eingriffen besonders bedroht, da sie sich bei der Begrenztheit des Biotops kaum je in angrenzende Gebiete hinüberzuretten vermag. Aus diesem Grund ist es außerordentlich zu begrüßen, wenn solche Örtlichkeiten als Ganzes unter Naturschutz gestellt werden, wobei dann jede Veränderung des Lebensraumes gesetzlich verboten ist; freilich dürfen hierbei die Grenzen nicht zu eng gezogen werden, da naturgemäß auch in der Nachbarschaft vorgenommene Eingriffe das zu schützende Gebiet in Mitleidenschaft ziehen.

Tafelteil

Tafel 1

1. **Weiße Seerose.** *Nymphaea alba* L. (Seerosengewächse, Nymphaeaceae)

   Wurzelstock lang und dick, kriechend. Schwimmblätter langgestielt, lederig, rundlich, am Grunde tief gebuchtet. Blüten einzeln, groß und auffällig, mit 4 grünen Kelch- und vielen, spiralig gestellten, weißen Blütenblättern, die allmählich in die zahlreichen Staubblätter übergehen; flache Narbenscheibe auf kugeliger Frucht. — VII—IX. — Zerstreut, in stehenden Gewässern mit schlammigem Boden, durch fast ganz Europa. G e s c h ü t z t

2. **Gelbe Teichrose.** *Nuphar lutea* (L.) Sm. (Seerosengewächse, Nymphaeaceae)

   Blätter mehr eiförmig, mit zahlreicheren Nerven als bei voriger Art. Blüten mit 5 auffälligen, gelben Kelchblättern und zahlreichen, weit kleineren Blütenblättern. Narbe in der Mitte vertieft. — VI—IX. — Häufig in stehenden oder sehr langsam fließenden Gewässern mit schlammigem Grund, von Europa durch das mittlere Asien bis Sibirien

3. **Wasser-Hahnenfuß.** *Ranunculus aquatilis* L. (Hahnenfußgewächse, Ranunculaceae)

   Am bis 2 m langen, untergetauchten Stengel zahlreiche, fein zerteilte Unterwasser-Blätter und rundlich-nierenförmige, 3—5lappige Schwimmblätter. Blüten ziemlich groß, mit 5 weißen gelb-genagelten Nektarblättern und zahlreichen Staubblättern; Frucht aus vielen Einzelfrüchten bestehend. — V—VIII. — Ziemlich häufig in stehenden oder langsam fließendem (vielfach kalkarmem) Wasser, unter Einschluß nahe verwandter Sippen fast weltweit verbreitet

4. **Rauhes Hornblatt.** *Ceratophyllum demersum* L. (Hornblattgewächse, Ceratophyllaceae)

   Bis 1 m lange, wurzellose Unterwasserpflanze mit quirlig stehenden, 4zipfligen, starren und etwas bestachelten Blättern. Blüten eingeschlechtig, unauffällig, selten entwickelt; Bestäubung erfolgt unter Wasser. Vermehrung meist ungeschlechtlich. Winterknospen! — VI—IX. — Ziemlich häufig in stehenden, nährstoffreichen Gewässern (im Gebirge selten), fast kosmopolitisch

5. **Ähriges Tausendblatt.** *Myriophyllum spicatum* L. (Seebeerengewächse, Haloragaceae)

   Unterwasserpflanze mit verzweigten Stengeln, mit 4zähligen Quirlen kammförmig gefiederter Blätter. Blütenähren aus dem Wasser ragend, mit quirlständigen, unscheinbaren, einhäusigen Blüten in den Achseln kleiner, weitgehend ungeteilter Tragblätter. — VI—VIII. — Recht häufig und verbreitet in stehenden, meist kalk- und nährstoffreichen Gewässern, fast kosmopolitisch (fehlt Südamerika, Australien)

6. **Quirlblütiges Tausendblatt.** *Myriophyllum verticillatum* L. (Seebeerengewächse, Haloragaceae)

   Blattquirle meist 5—6zählig, Blüten in den Achseln größerer, ebenfalls kammförmig gefiederter Tragblätter. Winterknospen! — VI—IX. — Ziemlich verbreitet in stehenden oder langsam fließenden, meist kalkarmen, aber nährstoffreichen Gewässern (bes. im Flachland) der gemäßigten Zonen der Nord-Halbkugel

Tafel 1

7. Wassernuß. *Trapa natans* L. (Wassernußgewächse, Trapaceae)

Einjährige Pflanze mit langen, schuppig beblätterten Stengeln (aus den Blattachseln gefiederte, grüne Wurzeln entspringend) und schwimmenden Rosetten lederiger, rautenförmiger Blätter. In den Achseln der aufgeblasenen Blattstiele vereinzelt kleine, weiße, 4zählige Blüten. Meist 4stachelige, braune Steinfrucht, mit eßbarem Kern. — VII—IX. — Sehr zerstreut, aber gesellig, in stehenden (meist kalkarmen) Gewässern, vielerorts im Aussterben; fast über die ganze Alte Welt zerstreut, in N-Amerika und Australien eingebürgert

8. Seekanne. *Nymphoides peltata* (Gmelin) O. Kuntze (Bitterkleegewächse Menyanthaceae)

Wurzelstock lang-kriechend, Stengel mit wechselständigen, seerosen-ähnlichen (aber kleineren), fast kreisrunden Schwimmblättern. Blüten in Doldenrispen aus dem Wasser ragend, mit 5teiligem Kelch und goldgelber, am Rand gewimperter Krone. Staubblätter 5, Fruchtkapsel eiförmig, unter Wasser reifend; Vermehrung meist ungeschlechtlich. — VII—IX. — Sehr zerstreut, aber stellenweise häufig, in stehenden oder langsam fließenden Gewässern, den Gebirgen nahezu fehlend. Von Süd- und Mitteleuropa durch das gemäßigte Asien bis Japan

Tafel 2

1. Wasser-Knöterich. *Polygonum amphibium* L. (Knöterichgewächse, Polygonaceae)

Wurzelstock kriechend; Wasserform mit langgestielten, lederig-glatten, elliptischen Schwimmblättern; Blätter der Landform kürzer gestielt, schmäler, weichhaarig. Blattstiele eine tütenförmige Nebenblatt-Scheide durchbrechend. Blüten in endständiger Scheintraube, rosenrot, meist 2häusig. — VI—IX. — Nicht selten in stehenden und langsam fließenden Gewässern, auch auf nassen Wiesen, in den Alpen bis über 2000 m. Nördl. gemäßigte Zone, Ostindien, Südafrika, Mexiko

2. Schwimmendes Laichkraut. *Potamogeton natans* L. (Laichkrautgewächse, Potamogetonaceae)

Kriechender Wurzelstock; Unterwasser-Blätter schmal-lineal, hinfällig, Schwimmblätter lederig-glatt, eiförmig-lanzettlich, am Grund des Stieles mit langem Blatthäutchen. Blütenähre mit unverdicktem Stiel, Einzelblüte zwittrig, ohne Blütenhülle, mit 4 Staubblättern und 4 Früchtchen. Windbestäubung. — V bis VIII. — Recht häufig in stehenden oder langsam fließenden Gewässern, bis über 2000 m ansteigend. In den gemäßigten und subtropischen Zonen beider Halbkugeln

3. Glänzendes Laichkraut. *Potamogeton lucens* L. (Laichkrautgewächse, Potamogetonaceae)

Sprosse bis 3 m lang, mit zahlreichen, großen, elliptischen, brüchig-glasigen Unterwasser-Blättern. Stiel der Blütenähre oben deutlich verdickt. — VI—VIII. — Verbreitet in stehenden oder langsam fließenden Gewässern, auf schlammigem Grund, in den gemäßigten Zonen der nördlichen Halbkugel

4. Froschbiß. *Hydrocharis morsus-ranae* L. (Froschbißgewächse, Hydrocharitaceae)
Schwimmpflanze mit rosettig gehäuften, langgestielten, rundlich-herzförmigen Blättern (am Blattstiel-Grund 2 große Nebenblätter); aus den Achseln Läufer treibend. Blüten einhäusig, männliche zu dreien, weibliche einzeln; aus 3 Kelch- und 3 weißen Kronblättern, 12 Staubblättern bzw. 6griffligem, unterständigem Fruchtknoten bestehend. Winterknospen! — V—VIII. — Zerstreut in ruhigen Buchten meist kalkarmer Gewässer, von Europa bis Sibirien.

5. Krebsschere. *Stratiotes aloides* L. (Froschbißgewächse, Hydrocharitaceae)
Im Sommer freischwimmende, winters im Schlamm sitzende Rosettenpflanze mit breit-linealen, stachelig gesägten Schwertblättern (mit Ausläufern). In den Blattachseln langgestielte, 2häusige Blütenstände mit froschbiß-ähnlichen Blüten. Vermehrung hauptsächlich ungeschlechtlich (vielerorts nur Pflanzen des einen Geschlechts!). — V—VIII. — Zerstreut, aber gesellig, von Mitteleuropa bis Westsibirien

6. Teichlinse. *Spirodela polyrrhiza* (L.) Schleiden (Wasserlinsengewächse, Lemnaceae)
Schwimmpflanze mit zwergigen, blattartigen Sprossen, etwa $1/2$ cm im Durchmesser, rundlich bis eiförmig, unterseits mit Wurzelbüschel. Blütenstand einhäusig, höchst unscheinbar, aus einigen nackten, von einer gemeinsamen Scheide umgebenen Blütchen bestehend. Vermehrung fast nur ungeschlechtlich. Überwinterung am Grund. — V—IX. — Zerstreut bis selten in Teichen und Tümpeln, fast nur in der Ebene, kosmopolitisch

7. Zwerglinse. *Wolffia arrhiza* (L.) Wimmer (Wasserlinsengewächse, Lemnaceae)
Wurzellos, Sprosse nur 1—1,5 mm groß, in Mitteleuropa nicht blühend. — Sehr selten, aber gesellig, im Rheingebiet, in Sachsen und Schlesien; allgemeine Verbreitung fast kosmopolitisch-subtropisch

8. Kleine Wasserlinse. *Lemna minor* L. (Wasserlinsengewächse, Lemnaceae)
Sprosse 2—3 mm groß, flach, nur mit 1 Wurzel auf der Unterseite. — V—IX. — Häufig in stehenden Gewässern bis 1800 m Höhe, weltweit verbreitet

9. Dreifurchige Wasserlinse. *Lemna trisulca* L. (Wasserlinsengewächse, Lemnaceae)
Etwas untergetaucht, nur zur Blütezeit schwimmend, mit oft kreuzförmig stehenden, zusammenhängenden, lanzettlichen Sprossen, diese bis 1 cm lang, mit 1 Wurzel auf der Unterseite. — V—VI. — Zerstreut, besonders in der Ebene, und fast weltweit verbreitet

10. Schwimmfarn. *Salvinia natans* (L.) All. (Schwimmfarngewächse, Salviniaceae)
Einjährige Schwimmpflanze mit bis 20 cm langem Stengel und Blattquirlen aus je 2 Schwimm- und einem stark zerteilten, wurzelähnlichen Wasserblatt. An ihrer Basis Sporenfrüchte mit Makro- bzw. Mikrosporen. — VIII—X. — Sehr zerstreut (oft jahrelang ausbleibend) in meist kalkreichen Gewässern, von Westeuropa bis Japan. Bei uns im Oberrhein-Gebiet etwas häufiger.

11. Wasser-Lebermoos. *Riccia fluitans* L. (Ricciengewächse, eine Familie der Lebermoose, Ricciaceae)
Freischwimmendes, blaßgrünes Moos, ohne Wurzelhärchen, bis 5 cm lang, zweigabelig verzweigt. Sporenbildung nur bei der Landform. — Sehr verbreitet und oft massenhaft, jedoch nur in den Ebenen, kosmopolitisch.

Tafel 2

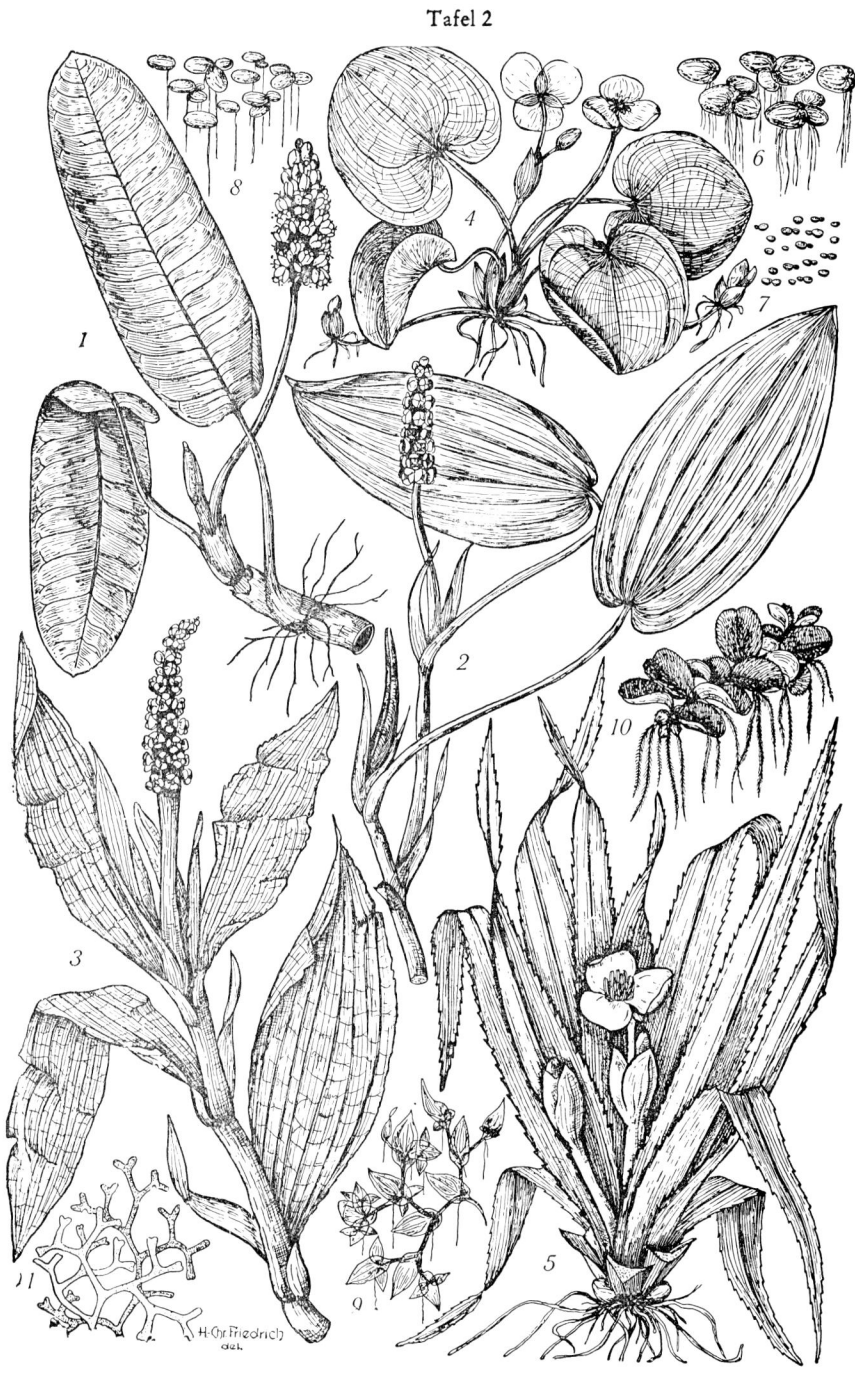

Tafel 3

12. Krauses Laichkraut. *Potamogeton crispus* L. (Laichkrautgewächse, Potamogetonaceae)
    Oft rötlich überlaufene Unterwasserpflanze mit 4kantigem Stengel und l ä n g -
    l i c h - l i n e a l e n , am Rande fein gesägten und wellig-gekrausten, halbstengelumfassenden Blättern. Sonst ähnlich dem Schwimmenden Laichkraut (T. 2, Fig. 2). — VI—VIII. — Verbreitet in stehenden Gewässern mit schlammigem Grund, fast kosmopolitisch.

13. Durchwachsenes Laichkraut. *Potamogeton perfoliatus* L. (Laichkrautgewächse, Potamogetonaceae)
    Oft stark verzweigter Sproß mit wechselständigen, e i f ö r m i g e n , rauh ge zähnelten, aber nicht gekrausten, stengelumfassenden Blättern. Blatthäutchen hinfällig. — VI—VIII. — Verbreitet in stehenden oder langsam fließenden Gewässern, in den Alpen bis 1900 m ansteigend; gemäßigte Zone der Nordhalbkugel, Australien

14. Kammförmiges Laichkraut. *Potamogeton pectinatus* L. (Laichkrautgewächse, Potamogetonaceae)
    Stengel mehrfach gabelig verzweigt, dünn und zart; Blätter sehr schmal, fast fadenförmig, meist lang zugespitzt, mit 3—5 cm langer, grüner Blattscheide. Ährenstiel dünn, etwa 5 cm lang, mit 3—4 voneinander getrennten Blütenwirteln. — VI—VIII. — Ziemlich verbreitet in stehenden oder langsam fließendem Wasser, ohne besondere Ansprüche; fast kosmopolitisch

15. Teichfaden. *Zannichellia palustris* L. (Teichfadengewächse, Zannichelliaceae)
    Dichtrasige Unterwasserpflanze mit spiralig gewundenen Wurzeln; Blätter schmal-lineal, bis 10 cm lang, mit stengelumfassenden Nebenblättern. Blüten einhäusig, männliche nackt mit 1 Staubblatt, weibliche mit Blütenhülle und 4 gestielter Fruchtknoten. Frucht halbmondförmig, am Rücken gezähnelt. — V bis IX. — Zerstreut in stehenden oder langsam fließenden, nährstoffreichen Gewässern, oft auch in etwas salzhaltigem Wasser; nicht in den Gebirgen. Fast kosmopolitisch

16. Großes Nixenkraut. *Najas marina* L. (Nixenkrautgewächse, Najadaceae)
    Einjährige Unterwasserpflanze mit gabelig verzweigtem, stacheligem Stengel. Blatter lineal, stachelig gezähnt, brüchig, meist in Dreierquirlen. Blüten unscheinbar, zweihäusig, blattachselständig. Bestäubung unter Wasser. — VI—IX. Ziemlich selten, aber gesellig, in stehenden, meist kalkhaltigen Gewässern, fast kosmopolitisch

17. Rauhe Armleuchteralge. *Chara aspera* (Deth.) Willd. (Armleuchter-Algen, Characeae)
    Bis 20 cm hohe Unterwasserpflanze, mit farblosen Fasern im Grund verankert. Achsen gegliedert, an den Knoten quirlig stehende Seitenachsen. Zweihäusig, weibliche Fortpflanzungsorgane (Oogonien) von schraubigen Hüllfäden umgeben un l mit einem „Krönchen" bedeckt, männliche (Antheridien) kugelig. — Recht verbreitet und gesellig in kalk- und nährstoffreichem, oft auch salzigem Wasser, fast kosmopolitisch

18. Wasserfeder. *Hottonia palustris* L. (Primelgewächse, Primulaceae)
    Fast meterlange Stengel mit quirlartig gehäuften, kammförmig gefiederten Blättern. Blütentraube zwischen den obersten, rosettigen Blättern entspringend, mit 5zähligen zartrosa gefärbten Blüten, Fruchtkapsel unter Wasser reifend. — V—VII. — Zerstreut, in den Gebirgen fehlend, in stehenden Gewässern, vom gemäßigten Europa bis Westsibirien

Tafel 3

19. Südlicher Wasserschlauch. *Utricularia australis* R. Br. (Wasserschlauchgewächse, Lentibulariaceae)

Freischwimmender, zweizeilig beblätterter Sproß mit fein zerteilten Blättern, deren Zipfel teilweise in Fangschläuche umgewandelt sind. Blütentraube bis zu 12blütig, aus dem Wasser ragend; Krone zweilippig, mit flacher Unterlippe, blaßgelb. Staubblätter 2. Winterknospen! — VI—VIII. — Verbreitet in warmen, nährstoffreichen, stehenden Gewässern, nicht hoch ansteigend, besonders im atlantischen und mediterranen Bereich Europas

20. Wasserfalle. *Aldrovanda vesiculosa* L. (Sonnentaugewächse, Droseraceae)

Freischwimmende, sehr brüchige Stengel mit dicht quirlständigen Blättern, deren Spreiten zu Klappfallen umgebildet sind. Blüten bei uns sehr selten entwickelt, endständig, 5zählig, grünlichweiß. — VI—VIII. — Sehr selten in flachen, warmen, kalkfreien und ziemlich nährstoffarmen Weihern, in großen Sprüngen über die Erde verstreut

Tafel 4

1. Flutender Hahnenfuß. *Ranunculus fluitans* Lam. (Hahnenfußgewächse, Ranunculaceae)

Untergetaucht flutende, bis 6 m lange, runde Stengel; Blätter (untere langgestielt, obere sitzend) in langgestreckte, kräftige, pfriemliche Zipfel zerteilt. Blüten bis 2 cm groß, mit grünen, kleineren Blütenblättern und 5—12 ansehnlichen, weißen Honigblättern, Staubblätter und Einzelfrüchtchen zahlreich. — VI—VIII. — Zerstreut in Flüssen und Bächen, meist auf kiesigem Boden, in West- und Mitteleuropa

2. Kanadische Wasserpest. *Elodea canadensis* Michx. (Froschbißgewächse, Hydrocharitaceae)

Unterwasserpflanze mit bis 3 m langen, verzweigten Stengeln; Blätter länglich, fein gezähnt, in Dreierquirlen. Blüten selten entwickelt (in Mitteleuropa nur weibliche, diese langgestielt, schwimmend, mit 3 grünen Kelch- und 3 weißen Kronblättern), Vermehrung ausschließlich vegetativ. — V—VIII. — Häufig und gesellig in meist langsam fließenden Gewässern, einheimisch in Nordamerika, eingebürgert in Europa, Indien und Australien

3. Fieber-Quellmoos. *Fontinalis antipyretica* L. (Bachmoose, Fontinalaceae)

Büschelig flutende Unterwasserpflanze, Stengel (bis 50 cm lang) mit dreizeilig stehenden, kleinen, scharf gekielten Blättchen. Sporenkapseln der zweihäusigen Pflanze in den kurzen Seitentrieben fast eingesenkt. — Sehr häufig und verbreitet in Quellen und Bächen, auch am Grunde der Seen, in den Alpen bis über die Waldgrenze steigend; im gemäßigten Europa

4. Bachbunge. *Veronica beccabunga* L. (Rachenblütler, Scrophulariaceae)

Wurzelstock kriechend, runde Stengel mit gegenständigen, etwas fetten, eiförmigen Blättern. Blüten in lockeren, achselbürtigen Trauben, mit 4 Kelchblättern und 4 azurblauen Kronzipfeln; Staubblätter 2, reife Kapsel herzförmig. — V—VIII. — Verbreitet häufig an Bächen und Quellen, oft auf kalkreichen Schlammböden, in den Alpen bis über 2000 m steigend; von Europa durch West- und Nordasien bis Japan, Nordafrika

Tafel 4

5. Berle. *Berula erecta* (Hudson) Coville (Doldenblütler, Apiaceae)

   Halb untergetauchte Pflanze mit dünnem Wurzelstock und bis 1 m langen, hohlen Stengeln; Blätter wechselständig, gefiedert, grob gesägt. Blüten in zusammengesetzten, 10—20strahligen Dolden mit lanzettlichen, teilweise gefiederten Hüll- und Hüllchen-Blättern. — VI—VIII. — Ziemlich verbreitet (den Gebirgen jedoch fast fehlend) und gesellig in Quellen und Bächen, auf nährstoff- und kalkreichen Böden, von Europa bis Zentralasien und Nordamerika

6. Frühlings-Wasserstern. *Callitriche palustris* L. (Wassersterngewächse, Callitrichaceae)

   Ausdauernde, untergetauchte oder Schwimmblatt-Pflanzen mit bis 35 cm langen Stengeln. Wasserblätter lineal, Schwimmblätte, rosettig gehäuft, spatelig. Blüten in den Blattachseln, sehr unscheinbar, eingeschlechtig und einhäusig. Frucht klein, oval, berandet. — IV—X. — Zerstreut in meist langsam fließenden oder stehenden, nährstoffreichen Gewässern, in den gemäßigten Zonen der Nordhalbkugel

7. Brunnenkresse. *Nasturtium officinale* R. Br. (Kreuzblütler, Brassicaceae)

   Stengel rund, hohl, bis 1 m hoch; Blätter wechselständig, gefiedert, untere gestielt, 1—3zählig, obere 5—9zählig, geöhrt, bitter. Blüten klein und weiß, in bis 50blütiger Traube, mit je 4 Kelch- und Kronblättern, 2 kürzeren und 4 längeren Staubblättern mit gelben Staubbeuteln. Frucht schotenförmig. — V bis VIII. — Verbreitet und häufig in klarem, kühlem, meist fließendem Wasser bis gegen 2000 m, kosmopolitisch

8. Bitteres Schaumkraut. *Cardamine amara* L. (Kreuzblütler, Brassicaceae)

   Stengel kantig, markerfüllt, Blätter kurz gestielt, 5—11zählig gefiedert. Blüten etwas größer als bei der vorigen Art, in bis 20blütiger Traube, Staubbeutel purpurviolett. Ähnlich bitter schmeckend, aber härter. — IV—VII. — Verbreitet und häufig in Quellfluren, auf sickernassen, nährstoffreichen Böden, von Europa über Klein- bis Zentralasien

9. Bach-Quellkraut. *Montia fontana* L. (Portulakgewächse, Portulacaceae)

   Meist ausdauernde, aber zarte, rasig wachsende Pflanze; Stengel bis 30 cm lang, niederliegend, mit gegenständigen, spateligen Blättern. Blüten einzeln oder in kleinen Rispen, blattachselständig. Kelch zweispaltig, Kronblätter 5, weiß, Staubblätter 3; Frucht einfächerig, mit glänzend-schwarzen Samen. — VI bis VIII. — Zerstreut, aber stellenweise häufig auf nassen, kalkfreien, aber nährstoffreichen Böden, vor allem in Quellfluren bis in die alpine Region. Europa

Tafel 5

1. Kalmus. *Acorus calamus* L. (Aronstabgewächse, Araceae)

   Starker, kriechender Wurzelstock; Laubblätter schwertförmig, am Grund rötlich, am Rande gewellt. Blütenkolben bis 8 cm lang, scheinbar seitenständig, da von langem Hüllblatt überragt. Einzelblüten unscheinbar, zwitterig, 6zählig; Frucht bei uns nie reifend. Vermehrung daher ungeschlechtlich. Aromatisch riechend, Heilmittel. — VI—VII. — Zerstreut an meist stehenden, nährstoffreichen Gewässern, vor allem im Tiefland; heimisch in Ostasien, von dort aus in geschichtlicher Zeit durch Kultur weit verbreitet und eingebürgert

2. Froschlöffel. *Alisma plantago-aquatica* L. (Froschlöffelgewächse, Alismataceae)

   Wurzelstock knollig verdickt; Blätter alle in grundständiger Rosette, erste bandförmig, spätere langgestielt, eiförmig bis lanzettlich. Blütenstand rispig, in Stockwerke gegliedert. Blüten weiß oder rosa, mit 3 Kelchblättern, 3 Kronblättern, 6 Staubblättern und etwa 15—30 Einzelfrüchtchen. — VI—VIII. — Sehr verbreitet im seichten Wasser schlammiger Buchten, in Sümpfen und Gräben; kosmopolitisch

3. Pfeilkraut. *Sagittaria sagittifolia* L. (Froschlöffelgewächse, Alismataceae)

   Ausdauernde Pflanze, die mit stärkereichen, am Ende unterirdischer Ausläufer gebildeten Knollen überwintert. Erstlingsblätter bandförmig, spätere langgestielt, pfeilförmig, aus dem Wasser ragend. Blütenschaft dreikantig, mit quirlig stehenden, einhäusigen Blüten, untere weiblich, obere männlich; diese dreizählig, weiß, mit vielen Staubblättern bzw. Einzelfrüchtchen. — VI bis VIII. — Zerstreut im Seichtwasser stehender oder langsam fließender, schlammiger Gewässer, im gemäßigten Eurasien

4. Schwanenblume. *Butomus umbellatus* L. (Schwanenblumengewächse, Butomaceae)

   Wurzelstock kurz, mit grundständiger Rosette bis 1 m langer, linealisch-dreikantiger Blätter. Blütenschaft blattlos, mit 15—50blütiger Scheindolde; Blüten rötlich-weiß, mit je 3 Kelch- und Kronblättern, 9 Staubblättern und einem 6fächerigen Fruchtknoten. — VI—VIII. — Nur stellenweise häufig, an schlammigen Ufern meist stehender, nährstoffreicher Gewässer, im gemäßigten Eurasien

5. Wasser-Schwertlilie. *Iris pseudacorus* L. (Schwertliliengewächse, Iridaceae)

   Kräftiger Wurzelstock mit schwertförmigen Laubblättern. Stengel mehrblütig. Einzelblüten gelb, geruchlos, aus 3 äußeren, gebogenen, dunkel gezeichneten und 3 inneren, aufrechten und schmäleren Blütenhüllblättern, 3 Staubblättern und einem unterständigen Fruchtknoten bestehend, mit 3 blumenblattartigen Narben. — V—VI. — Ziemlich häufig in Gräben und Sümpfen, von Europa bis Nordafrika zum Kaukasus

6. Zungenblättriger Hahnenfuß. *Ranunculus lingua* L. (Hahnenfußgewächse, Ranunculaceae)

   Ausdauernde, bis 1½ m hohe Staude mit schmallanzettlichen, ganzrandigen Blättern. Blüte 3—4 cm groß, goldgelb, mit 5 Kron- und 5 Honig-Blättern, zahlreichen Staubgefäßen und geschnäbelten Fruchtknoten. — VI—VIII. — Zerstreut auf zeitweise überschwemmten, nährstoffreichen Böden am Rande von Seen und Teichen, von Europa bis Sibirien

Tafel 5

7. Tannwedel. *Hippuris vulgaris* L. (Tannwedelgewächse, Hippuridaceae)

Je nach dem Standort bis zu 2 m lange, unverzweigte, hohle, aus dem Wasser ragende Triebe; Blätter zu 6—12 quirlständig, linealisch. Blüten unscheinbar, einzeln in den Blattachseln, ohne Hülle (mit nur 1, auf dem unterständigen Fruchtknoten sitzendem Staubblatt). — V—VIII. — Verbreitet und gesellig in meist stehenden una kalkreichen Gewässern, fast weltweit (jedoch lückenhaft) verbreitet

8. Wasserfenchel. *Oenanthe aquatica* (L.) Poiret (Doldenblütler, Apiaceae)

Halb untergetauchte, bis 2 m hohe, hohle und gerillte Stengel; Unterwasserblätter (wenn vorhanden) fein zerteilt, Luftblätter mehrfach fiederteilig mit im Umriß eiförmigen Abschnitten Blüten in 8—12strahligen, zusammengesetzten Dolden, weiß; Hülle meist fehlend, Hüllchenblätter pfriemlich. — VI bis VIII. — Zerstreut in seichten, stehenden Gewässern, auf schlammigen Grund, in den Gebirgen selten; von Europa bis Westasien

Tafel 6

21. **Teich-Binse.** *Schoenoplectus lacustris* (L.) Palla (Sauergräser, Cyperaceae)
Wurzelstock kurz; Stengel bis 3 m hoch, steif aufrecht, stielrund, markgefüllt, am Grund mit langen Blattscheiden (Fließwasserformen mit flutenden, bandartig-langen Blättern). Blüten in mehreren, scheinbar seitenständigen, büschelig gehäuften Ährchen; Einzelblüte mit Tragblatt, 6 borstlichen Blütenhüllblättern, 3 Staubfäden und einem 3narbigen Fruchtknoten. — VI—X. — Sehr häufig und gesellig am Rand von Seen und Teichen, fast kosmopolitisch

22. **Schilfrohr.** *Phragmites australis* (Cav.) Steudel (Süßgräser, Poaceae)
Reich verzweigter Wurzelstock mit zahlreichen Halmen. Stengel verholzend, bis 4 m hoch, knotig. Blätter lanzettlich, zugespitzt, am Übergang zur Blattscheide mit Haarkrone (statt eines Blatthäutchens). Blütenrispe bis über 40 cm lang, mit 3—8blütigen Ährchen und lang-weißhaarigen Ährchenachsen. Frucht mit Flughaaren. Vermehrung jedoch meist vegetativ. — VII—IX. — Überall verbreitet, an den Ufern stehender oder langsam fließender Gewässer, vereinzelt bis über 1800 m; kosmopolitisch

23. **Schmalblättriger Rohrkolben.** *Typha angustifolia* L. (Rohrkolbengewächse, Typhaceae)
Dicker, kriechender Wurzelstock. Blätter zweizeilig, schmal, etwa 1 cm breit, aber bis 2 m lang. Blüten einhäusig, männliche in einem schmalen, lockeren, oberen Kolben, weiblicher Kolben etwas tiefer, dick und kompakt, bräunlich. Einzelblüten unscheinbar, von Haaren umgeben, nur aus 3 Staubblättern bzw. einem gestielten Fruchtknoten bestehend. Windbestäubung. — VI—VII. — Zerstreut, stellenweise häufig, am Rande stehender oder langsam fließender Gewässer, mehr im Flachland. Von Europa bis Westasien und in Nordamerika

24. **Ästiger Igelkolben.** *Sparganium erectum* L. (Igelkolbengewächse, Sparganiaceae)
Kriechende, ausläufertreibende Grundachse mit bis 60 cm hohen Stengeln; diese ästig, auch an den Seitenästen Blütenstände tragend. Blätter linealisch, gekielt. Bluten einhäusig, in dichten Kugeln, untere Köpfchen weiblich, obere männlich. Einzelblüten mit 3 Blütenhüllblättern und 3 Staubfäden bzw. 1 Fruchtknoten. Windbestäubung. — VII—IX. — Verbreitet an schlammigen Ufern stehender oder langsam fließender Gewässer, in der gemäßigten Zone der gesamten Alten Welt

25. **Teich-Schachtelhalm.** *Equisetum fluviatile* L. (Schachtelhalmgewächse, Equisetaceae)
Grundachse lang-kriechend; Sprosse bis 2 m hoch, glatt, seicht gerillt, aus einzelnen Gliedern bestehend, mit verwachsenen, 15—20zähnigen Blattscheiden, manchmal mit (am Grund der Scheiden entspringenden) quirlständigen Seitenästen. Sporenähre endständig, stumpf, aus zahlreichen schildförmigen Trägern bestehend. — VI—VII. — Nicht selten, oft gesellig, am Rand von Seen und Teichen, bis 2400 m ansteigend. Von Europa bis Nordasien und Nordamerika

26. **Steife Segge.** *Carex elata* All. (Sauergräser, Cyperaceae)
Graugrüne, in dichten Bülten wachsende Pflanze mit scharf dreikantigen, rauhen, bis 1 m hohen Stengeln. Grundständige Scheiden netzig zerfasernd. 1—2 endständige männliche, und meist 3 weibliche Ährchen. Tragblätter schwarzbraun mit grünlichem Mittelnerv, weibl. Blüte 2narbig; Fruchtschlauch ungeschnäbelt, nervig. — IV—V. — Sehr häufig am Rande von Seen und Weihern, durch fast ganz Europa und von Algier bis zum Kaukasus verbreitet

Tafel 6

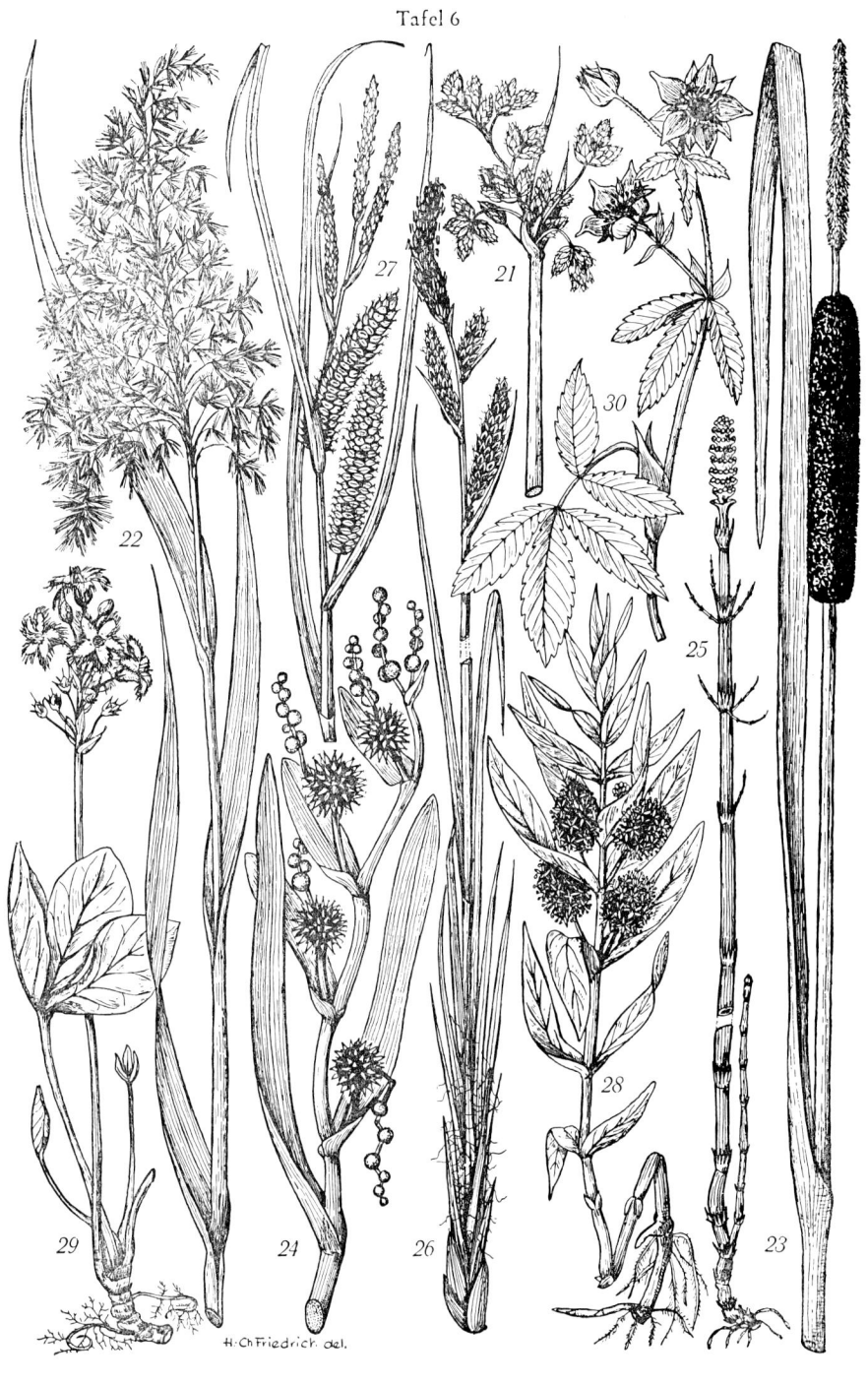

27. Schnabel-Segge. *Carex rostrata* Stokes (Sauergräser, Cyperaceae)
Mehr rasig wachsend, Stengel glatt, Blätter graugrün. 2—3 endständige männliche, 2—3 gestielte, dichtblütige weibliche Ährchen; Tragblätter rotbraun, mit grünem Kiel, Fruchtschläuche kugelig aufgeblasen, gelbgrün, 3narbig, plötzlich in einen 2zähnigen Schnabel zusammengezogen, waagrecht abstehend. — V bis VI. — Häufig und verbreitet an Ufern stehender und langsam fließender Gewässer, von Europa bis Zentralasien und bis Nordamerika

28. Strauß-Gilbweiderich. *Lysimachia thyrsiflora* L. (Primelgewächse, Primulaceae)
Aufrechte, bis 60 cm hohe, unverzweigte Stengel mit kreuzweise gegenständigen, lanzettlichen Blättern. Dichte, gestielte Blütentrauben in den Achseln der mittleren Stengelblätter. Einzelblüten goldgelb, 5zählig, Kapsel kugelig. — V—VII. — Zerstreut, aber gesellig, am Rand von Seen und Teichen, in der gemäßigten Zone Europas, Asiens und Nordamerikas

29. Fieberklee. *Menyanthes trifoliata* L. (Bitterkleegewächse, Menyanthaceae)
Lang-kriechende Grundachse mit grundständig-wechselständigen, langgestielten, 3zähligen Blättern. Endständige, dichte Blütentraube mit 5zähligen Blüten, Kronblätter weiß bis rosenrot, innen gebärtet. Narbe 2spaltig, Kapsel rundlich. — V—VII. — Häufig, nur stellenweise seltener, in der Verlandungszone von Seen und Weihern, durch ganz Europa und das gemäßigte Asien bis ins nördliche Nordamerika

30. Blutauge. *Potentilla palustris* (L.) Scop. (Rosengewächse, Rosaceae)
Dicker kriechender Wurzelstock mit mehreren, fiederig beblätterten Stengeln. Einzelblättchen je 5 oder 7, grob gezähnt, oft rötlich überlaufen, Nebenblätter schwärzlich. Blüten in Trugdolden, mit je 5 trübpurpurnen Kelch- und (etwas kleineren) Kronblättern, etwa 20 Staub- und zahlreichen Fruchtblättern. — VI—VII. — Zerstreut, aber nicht selten in Flach- und Zwischenmooren, auf der Nordhalbkugel zirkumpolar verbreitet

Tafel 7

31. Salzwasser-Hahnenfuß. *Ranunculus baudotii* Godron (Hahnenfußgewächse, Ranunculaceae)
Stengel bis 1,5 m lang, mit stark zerteilten, etwas steifzipfeligen Unterwasser- und meist dreilappigen, etwas gekerbten Schwimmblättern. Blüten langgestielt, mit 5 weißen, am Grund gelben Honigblättern, Staubblätter von den Griffeln überragt. — V—VIII. — Zerstreut in meist salzhaltigen Gewässern, vor allem in Küstennähe, aber auch in Salztriften des Binnenlandes, sprunghaft über Europa verbreitet

32. Salde. *Ruppia maritima* L. (Saldengewächse, Ruppiaceae)
Zarte Unterwasserpflanze, an den Stengelknoten wurzelnd. Blätter schmallinealisch, am Grunde scheidig, zweizeilig. Blütenähre achselständig, 2blütig; Einzelblüte mit 2 Staubblättern und 4 getrennten Fruchtknoten, Früchtchen langgestielt, Pollen schwimmend. — VI—IX. — Häufig in salzhaltigen Gewässern in Küstennähe, im Binnenland nur an Salzstellen. Küsten Kosmopolit

33. Schlammling. *Limosella aquatica* L. (Rachenblütler, Scrophulariaceae)
Einjährige Pflanze mit einer Rosette linealisch-spateliger, ganzrandiger Blätter, Ausläufer treibend. In den Blattachseln gestielte, einzelstehende, blaßrötliche Blüten; Kelch und Krone 5zählig, Staubblätter 4. — VII—VIII. — Zerstreut und ziemlich selten an flachen Ufern, besonders auf den nackten Schlammböden von Teichen und Tümpeln, fast über die ganze Erde verbreitet

Tafel 7

34. Sumpfquendel. *Lythrum portula* (L.) D. A. Webb (Weiderichgewächse, Lythraceae)
    Einjährig, mit niederliegenden, rötlichen, an den Knoten wurzelnden Stengeln. Blätter gegenständig, kurz gestielt, spatelig, mit 2 kleinen Nebenblättchen. Blüten achselständig, unauffällig, kurz gestielt, meist 6zählig. Kronblätter weißlich oder rosa, oft fehlend, Frucht kugelig. — VI—XI. — Verbreitet, nur stellenweise selten, auf zeitweilig überschwemmten, meist kalkfreien Böden; durch ganz Europa, besonders im atlantischen Gebiet

35. Sechsmänniger Tännel. *Elatine hexandra* (Lap.) DC. Tännelgewächse, Elatinaceae)
    Zarte, dichtrasige, meist einjährige Pflanze mit kriechenden, an den Knoten wurzelnden Sprossen. Blätter gegenständig, kurz gestielt; Blüten achselständig, mit 3 Kelch- und 3 rötlichen Kronblättern sowie 6 Staubblättern. Fruchtkapsel rundlich, dreiklappig. — VI—IX. — Zerstreut und unbeständig am Rand von Teichen und Tümpeln, auf schlammigen, meist kalkfreien Böden, im subatlantischen Europa

36. Wasser-Lobelie. *Lobelia dortmanna* L. (Lobeliengewächse, Lobeliaceae)
    Ausdauernd mit untergetauchter, grundständiger Rosette linealisch-starrer Blatter und bis 70 cm hohem, fast nacktem Stengel Blütentraube locker, aus dem Wasser ragend, mit 5lappigem Kelch und zweilappiger, blaßvioletter Krone, 5 röhrig verwachsenen Staubbeuteln und unterständigem, 2fächerigem Fruchtknoten. — VII—VIII. — Ziemlich verbreitet, jedoch nur in küstennahen Gebieten, in der Randzone nährstoffarmer, klarer Gewässer; im Bereich des Atlantischen Ozeans und seiner Nebenmeere

37. Brachsenkraut. *Isoëtes lacustris* L. (Brachsenkrautgewächse, Isoëtaceae)
    Untergetauchte Sporenpflanze mit rosettig stehenden, linealischen, bis etwa 20 cm langen Blättern. Makrosporangien in den deutlich ausgebildeten Blattscheiden der äußeren, Mikrosporangien in denen der inneren Blätter. — VII bis IX. — Selten, aber gesellig an meist sandigen Ufern nährstoffarmer Weiher und Seen, in Europa und Nordamerika

38. Strandling. *Littorella uniflora* (L.) Aschers (Wegerichgewächse, Plantaginaceae)
    Grundständige Blattrosette mit bis 10 cm langen, schmallinealen Blättern. Männliche Blüten in den Blattachsen einzeln, langgestielt, weibliche Blüten zu meist zweien am Grunde sitzend. Krone weißlich, meist vierspaltig, mit ca. 4 Staubblättern bzw. oberständigem Fruchtknoten. — VI—IX. — Zerstreut, aber gesellig, an schlammigen, zeitweilig überschwemmten Ufern, in Nord- und Mitteleuropa

39. Wurzelnder Hahnenfuß. *Ranunculus reptans* L. (Hahnenfußgewächse, Ranunculaceae)
    Rasig wachsend mit niederliegenden, fadenförmigen, an den Knoten wurzelnden Stengeln; Blätter pfriemlich-spatelig. Blüten endständig, 3—5 mm breit, fettglänzend gelb. Früchtchen oval, kurz geschnäbelt. — VI—X. — Stellenweise auf sandig-kiesigen, zeitweise überschwemmten Böden, besonders im mittleren und nördlichen Europa

40. Nadelige Sumpfbinse. *Eleocharis acicularis* (L.) R. & Sch. (Sauergräser, Cyperaceae)
    Dichtrasige, bis 10 cm hohe Pflanze, Ausläufer treibend. Stengel zart, mit endständigem Blütenährchen. Blüten mit 2—4 borstigen Blütenhüllblättern, 3 Staubblättern und 3narbigem Fruchtknoten; Frucht fein gerillt. — VI—X. — Zerstreut und oft übersehen auf meist kalkfreien, feuchten Sand- und Schlammböden am Rande periodischer Gewässer, fast kosmopolitisch

41. Pillenfarn. *Pilularia globulifera* L. (Kleefarngewächse, Marsileaceae)
Farnpflanze mit weithin kriechenden Stengeln, an denen zahlreiche, wenige cm hohe, binsenartige Blätter sitzen. Am Blattgrund erbsengroße Sporenfrüchte. — VII—IX. — Sehr zerstreut, aber meist gesellig, auf zeitweise überschwemmten, kalkarmen Schlammböden, von Westeuropa bis Mittel- und Südrußland, atlantisch

Tafel 8

42. Sumpf-Hartheu. *Hypericum elodes* L. (Hartheugewächse, Hypericaceae)
Pflanze ausdauernd, flaumig bis fast filzig behaart; Stengel aufsteigend, gefurcht, mit rundlich-eiförmigen, halbstengelumfassenden, durchscheinend-punktierten Blättern. Blütenrispen mit gelben, 5zähligen Blüten; Staubblätter zu je 5 in 3 Bundeln verwachsen, Griffel 3. — VI—VIII. — Stellenweise am Rand von Teichen und Tümpeln, im westlichen Europa

43. Flutende Binse. *Isolepis fluitans* (L.) R. Br. (Sauergräser, Cyperaceae)
Ausdauernd, mit niederliegenden oder flutenden, beblätterten und oberwärts ästigen Stengeln. Blätter sehr schmal, Ährchen langgestielt, rundlich, grünlich, 3—5blütig. Blüte nackt, mit stumpfem Tragblatt, 3 Staubblättern und 2narbigem Fruchtknoten. — VI—IX. — Im atlantischen Bereich nicht selten in nährstoffarmen Weihern und Tümpeln, durch die ozeanischen Gebiete der Alten Welt weit verbreitet

44. Kleiner Igelkolben. *Sparganium minimum* Wallr. (Igelkolbengewächse, Sparganiaceae)
Blätter 5—50 cm lang, 2—8 mm breit, beiderseits flach, aufrecht oder (meist) im Wasser flutend. Jeder Blütenkopf in den Achseln eines Hochblatts, weibliche 2—3, männlich nur 1. VI—VIII. — Zerstreut in Torfstichen und Tümpeln, auf schlammig-sandigen Böden, vor allem in den atlantischen und subatlantischen Bereichen der nördlichen Halbkugel

45. Mittlerer Wasserschlauch. *Utricularia intermedia* Hayne (Wasserschlauchgewächse, Lentibulariaceae)
Wurzellose, aber mit bleichen Schlammsprossen im Boden verankerte Pflanze, nur an den blattgrünfreien Sprossen mit Fangschläuchen. Grüne Sprosse mit stark zerteilten Blättern. Blütentraube 2—5blütig, Blüte blaßgelb. — VI bis IX. — Ziemlich selten in Torfstichen und Tümpeln in kalkarmem Wasser, durch die nördliche Halbkugel verstreut

46. Mittlerer Sonnentau. *Drosera intermedia* Hayne (Sonnentaugewächse, Droseraceae)
Ausdauernde Pflanze mit grundständiger Rosette verkehrteiförmiger, stumpfer Blätter, die auf der Oberseite mit weißen, kurzen Drüsen, am Rand mit langen roten Tentakeln besetzt sind (Insektenfresser!). Blüten in Scheintrauben an bogig aufsteigendem Schaft, 5zählig, weiß; Staubblätter 5, Frucht einfächerig, oberständig. — VII—VIII. — Zerstreut in Zwischen- und Hochmooren, auf zeitweise überschwemmten, nackten Torfböden und in Schwingrasen, in Europa (besonders im atlantischen Gebiet) und im östlichen Nordamerika

47. Sumpf-Bärlapp. *Lycopodiella inundata* (L.) Holub (Bärlappgewächse, Lycopodiaceae)
Unfruchtbare Sprosse bis 20 cm lang, kriechend, mit vielen Wurzeln befestigt, dicht beblättert mit linealisch-pfriemlichen, nadelartigen Blättern. Fruchtbare Sprosse aufrecht, bis 10 cm hoch, mit ungestielter Sporenähre und in den

Achseln kleiner Tragblätter stehenden Sporangien. — VIII—X. — Ziemlich verbreitet und gesellig auf Schwingrasen und offenen Torfböden, in den Alpen bis über 2000 m steigend; in Nord- und Mitteleuropa, Nordamerika und Japan

48. Blumenbinse. *Scheuchzeria palustris* L. (Blumenbinsengewächse, Scheuchzeriaceae)

Ausdauernde Pflanze mit bis 20 cm hohem zweizeilig beblättertem, etwas verzweigtem Stengel. Blätter rinnig, dunkelgrün, am Grund scheidig. Blüten in armer, lockerer Traube, mit 6 grünlichen Blütenhüllblättern, 6 Staubblättern und 3 Fruchtblättern. Früchtchen getrennt. — V—VII. — Zerstreut, aber gesellig in Hoch- und Zwischenmooren, auf schlammigen Torfböden und Schwingrasen, in den Alpen bis 1800 m steigend; in der nördlichen gemäßigten Zone

49. Schlamm-Segge. *Carex limosa* L. (Sauergräser, Cyperaceae)

Stengel Ausläufer treibend, bis 40 cm hoch, dreikantig, oben rauh, am Grund mit Scheiden besetzt. Blätter schmal, meist gefaltet. Männliches Ährchen endständig, dünn, die 1—2 weiblichen gestielt, dicker, hängend. Tragblätter rotbraun, stachelspitzig, länger als die dreinarbigen Schläuche. — IV—VI. — Zerstreut, aber meist gesellig, in Schwingrasen und Hochmoor-Schlenken der nördlichen gemäßigten Zone

50. Schlenken-Torfmoos. *Sphagnum cuspidatum* Ehrh. (Torfmoosgewächse, Sphagnaceae)

Dunkel- bis hellgrünes Moos mit langen, zugespitzten Stammblättern und meist sichelförmig gekrümmten Ästen; Astblätter lanzettlich, am Rande oft eingerollt. Sporenkapseln an der Spitze von stark verkürzten Seitenästen, kugelig. Verbreitet und häufig in den Schlenken der Hochmoore, zirkumpolar, vorwiegend im atlantischen Bereich.

Tafel 8

Die Tierwelt

Süßwasserschwämme (Spongillidae)

Unsere Süßwasserschwämme gehören sämtlich zur Familie Spongillidae, die ihrerseits zu der im Meere weitverbreiteten Ordnung der Hornkieselschwämme zählt. In erwachsenem Zustand sind sie zu keiner Ortsbewegung mehr fähig, sondern sitzen in stehenden oder langsam fließenden Gewässern auf irgendeiner Unterlage, wie Steinen, Muschelschalen oder Blättern und Stengeln von Wasserpflanzen fest. In Seen gehen sie oft bis in größere Tiefen hinab, meiden dagegen Tümpel. Ausgesprochene Eigenformen sind bei diesen Tieren nicht wahrzunehmen. Ein und dieselbe Art kann je nach den Umweltbedingungen recht verschieden aussehen. Im allgemeinen handelt es sich um flachhöckerige Krusten oder, wenn zweigartige Auswüchse entwickelt werden, um geweih- bis strauchförmige Gebilde. Die Farbe ist gelblichweiß bis braunrötlich. Belichtete Stücke zeigen häufig grüne Färbung. Diese stammt von einzelligen Algen (Pleurococcen), die sich im Schwamm angesiedelt haben. Sie werden von ihm z. T. verdaut und sind ihm außerdem durch die Erzeugung von Sauerstoff während ihrer Assimilationsprozesse nützlich. Sehr kennzeichnend ist der etwas unangenehme, jodähnliche Geruch lebender Schwämme. Am Körper selbst ist zunächst eine Außenhaut zu unterscheiden, die, von stärkeren Fasern des Skelettsystems gestützt, die innere Hauptmasse des Weichkörpers dachartig umgibt und so zwischen dieser und der Oberfläche einen durch die Skelettzüge gegliederten Hohlraum schafft. Das Skelett besteht aus einachsigen, beiderseits zugespitzten Kieselsäurenadeln, die sich zu Bündeln aneinanderlegen und in verschiedenen Winkeln abstützen können. Sie sind durch einen hornartigen Stoff, das Spongin, verkittet. Auf der Oberfläche liegen regellos zahlreiche kleine Poren verstreut, von denen feine Kanäle in bläschenartige Hohlräume im Körperinnern führen. Von diesen gehen etwas stärkere Röhren ab, die sich wiederholt mit benachbarten gleicher Art vereinigen und schließlich durch ein auch mit freiem Auge sichtbares Loch (Osculum) auf der Oberfläche münden. Die erwähnten hohlkugelförmigen Kammern sind von Kragengeißelzellen ausgekleidet, deren Geißelflächen durch dauernde rhythmische Schwingungen einen ständigen Wasserstrom durch das Kanalsystem des Schwammkörpers treiben. Diesem Wasserstrom werden die winzigen im Wasser schwebenden Nahrungsteilchen, der Atemsauerstoff sowie die Kieselsäure zum Skelettaufbau entnommen und andererseits Abfallprodukte des Stoffwechsels beigegeben. Die Nahrung tritt von den Kragengeißelzellen in bewegliche Wanderzellen (Amöbocyten) über, in denen die Verdauung stattfindet. Nervenfasern und Sinnesorgane fehlen den Schwämmen völlig. Sie sind getrenntgeschlechtlich; allerdings sind männliche und weibliche Tiere äußerlich nicht zu unterscheiden. Die Samenzellen entstehen hauptsächlich im Frühsommer an der Schwammoberfläche und werden von hier ins Wasser entleert. Mit dem eingestrudelten Wasserstrom gelangen sie zu den Eiern, die im weiblichen Schwamm in der Nähe der Geißelkammern gebildet werden. Aus den befruchteten Eiern entwickelt sich eine bewimperte, kugelförmige Larve, die höchstens 12 Stunden frei umherschwimmt, um sich dann festzusetzen. Bis zum Herbst wächst sie meist zu einem kleinen Schwammkörper von etwa 3 bis höchstens 20 mm Durchmesser heran.

Ungünstige Zeiten, besonders die Wintermonate, überstehen unsere Schwämme als eigenartige, kugelförmige Dauerkeime (Gemmulae). Während das übrige Schwammgewebe rückgebildet wird, scharen

Abb. 16. Gemmulae des Süßwasserschwammes *Ephydatia* sp. (schematisiert)

sich an mehreren Stellen undifferenzierte Wanderzellen (Amöbocyten) zu dichten Haufen. Sie werden von einer Wand, die aus 1 oder 2 Chitinschichten und einer Lage Skelettnadeln aufgebaut ist, beutelartig umhüllt, aus der sie im Frühjahr auskriechen und in wenigen Tagen einen neuen Schwammkörper aufbauen (Abb. 16).

Nesseltiere (Hydrozoa)

Gleich den Schwämmen gehen auch die Nesseltiere unserer Binnengewässer stammesgeschichtlich auf Formen des Meeres zurück. Dort leben heute noch ihre zahlreichen Verwandten. Im Süßwasser kennen wir nur 10 Gattungen mit fünfzehn Arten. Unsere S ü ß w a s s e r p o l y p e n bevorzugen pflanzenreiche Gewässer, kommen aber sowohl in stehenden als auch fließenden vor, in kalten und warmen Quellen, in Seen bis zu über 300 m Tiefe, ja sogar in Brackwasser. In der Ruhe sitzen sie mit dem zu einer Fußscheibe verbreiterten Ende ihres schlauchförmigen Körpers auf irgendeiner Unterlage fest; das andere Ende mit der von 4—20 Tentakeln umstellten Mundöffnung ragt frei in das Wasser. Besonders kennzeichnend sind die Nesselkapseln, die, zu Batterien vereint, auf den Tentakeln, weit weniger zahlreich auch am übrigen Körper stehen. Sie dienen zum Beutefang, als Abwehrwaffen und als Hilfsmittel zur Fortbewegung. Die Nesselkapseln sind mit Flüssigkeit gefüllt und mit einem Deckel verschlossen, der aufspringt, wenn eine auf der Außenseite hervorragende, steife Borste berührt wird. Dann stülpt sich der hohle Faden, in den sich die Kapselwände verlängern und der vorher im Kapselinnern aufgerollt gelegen hatte, handschuhfingerartig um und schnellt hervor. 4 Arten von Nesselkapseln sind zu unterscheiden. Die Durchschlagskapseln (Penetranten) besitzen einen Faden, der in seinem unteren Teil mit 3 dolchscharfen Stacheln und 3 Reihen kleinerer Dornen besetzt ist. Sie durchstoßen die Körperbedeckung der Beutetiere, so daß die ätzende und lähmende Flüssigkeit des Kapselhohlraumes in deren Gewebe einzudringen vermag. Die glatten Fäden der Wickelkapseln (Volventen) umschlingen Borsten und Beine der Beute. Die Haftkapseln (Glutinanten), von denen es zwei verschieden große Formen gibt, kleben mit ihren eigenen Tentakeln bei der Fortbewegung vorübergehend fest. Körper und Fangarme können sich plötzlich zusammenziehen und nach allen Richtungen drehen. Die Ortsbewegung erfolgt meist nach Art der Spannerraupen. Die Hydren sind sehr gefräßig und packen, wenn sie hungrig sind, jede bewegliche Beute, die in den Bereich ihrer Fangarme gerät, sogar wenn sie nicht unbeträchtlich größer als sie selbst sein sollte. Ihre dehnbare Körperwand nimmt dann die Gestalt der verschluckten Beute an. Als solche kommen vornehmlich kleine Krebse, Würmer, Insektenlarven, Wassermilben, ja sogar frisch geschlüpfte Fischchen in Frage. Die Verdauung erfolgt z. T. durch ausgeschiedene Fermente im Körperhohlraum, z. T. in den Körperzellen selbst. Unverdauliche Reste werden durch den Mund ausgestoßen. Die Hydren können aber auch sehr lange hungern. Am häufigsten vermehren sie sich durch Knospen, die sich an den Körperwänden entwickeln und später ablösen. Zu bestimmten Jahreszeiten kommt es auch zu geschlechtlicher Fortpflanzung. Die Hoden bilden sich als kleine Pusteln dicht unter dem Tentakelkranz, die gestielten Eier weiter unten am Körper. Die Samenzellen werden durch Platzen der Hoden in das Wasser entleert. Es kommen Zwitter und getrennt geschlechtliche Formen vor. Aus dem befruchteten Ei schlüpft keine Larve, sondern eine kleine fertige Hydra. Ganz unglaublich ist die Regenerationsfähigkeit der Süßwasserpolypen. Noch Gewebeteilchen von $1/5$, ja bei ganz jungen Tieren $1/9$ mm Durchmesser vermögen sich wieder zu vollständigen Hydren zu entwickeln.

Der Keulenpolyp *Cordylophora caspia* war ursprünglich ein Bewohner des Meeres, wo wir auch seine gesamte Verwandtschaft, die Familie der Clavidae, finden. Sicherlich hat dieses Nesseltier erst vor verhältnismäßig kurzer Zeit begonnen, in das Süßwasser einzuwandern. Vor etwa 150 Jahren hat man es zum ersten Mal in Hafenbuchten und Flußmündungen der europäischen Küste festgestellt. Heute treffen wir den Keulenpolypen aber bereits weit im Binnenland, in Flüssen, reinen Süßwasserseen usw.

Während sich bei Hydra die Knospen nach einiger Zeit vom Muttertier lösen und selbständig werden, bleiben sie bei *Cordylophora caspia* dauernd mit diesem in Verbindung. So entstehen schließlich reichverzweigte Kolonien mit aufstrebenden Zweigen und einem sich dem Untergrund anschmiegenden, meist schwärzlichen Wurzelgeflecht. Der Einzelpolyp hat keulenförmige Gestalt. Die Mundöffnung liegt auf einer Vorwölbung. An deren unterem Ende beginnt ein Kranz von gewöhnlich über 20 Tentakeln. *Cordylophora caspia* ist getrenntgeschlechtlich; es gibt also männliche und weibliche Kolonien. Zur Fortpflanzungszeit entstehen unterhalb der Freßpolypen birnenförmige Blasen (Gonophoren), in denen die Geschlechtszellen gebildet werden. Aus dem befruchteten Ei entwickelt sich eine bewimperte Larve (Planula), die nur 24 Stunden lang frei umherschwimmt, sich dann festsetzt und zu einer neuen Kolonie heranwächst. Den Winter überdauern nur die Wurzelgeflechte, während die Zweige absterben.

Moostierchen (Bryozoa)

Bei weitem die meisten Moostierchenarten sind Meeresbewohner. Aus dem Süßwasser Mitteleuropas kennen wir nur etwa 10 Arten, die allerdings in den verschiedensten Gewässern vorkommen: in Weihern und Bächen, in Seen bis zu großen Tiefen (über 200 m), in Brack- und Moorwasser, ja sogar in Wasserrohren. Nur besonders kalkhaltiges Wasser scheinen sie zu meiden. Sie bilden keine systematische Einheit.

Unsere heimischen Moostierchen leben stets in der Form von Kolonien aus vielen Hunderten ja Tausenden von Einzeltieren. Die Kolonien haben recht verschiedene

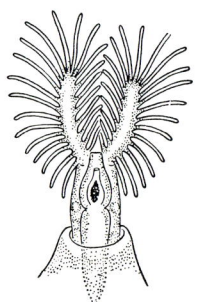

Abb. 17
Einzeltier einer Moostierchenkolonie (schematisiert)

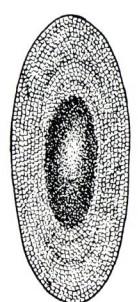

Abb. 18
Statoblasten von *Plumatella fruticosa*
(40×)

Größe und Gestalt. Sie können fein verzweigten Ranken oder kugeligen Klumpen gleichen, nur wenige Zentimeter oder gar, bei besonders günstigen Bedingungen, viele Dezimeter Durchmesser erreichen. Sie sitzen auf irgendeiner Unterlage fest. Bei jedem

Einzeltier ist der im wesentlichen aus dem Darmkanal bestehende Weichkörper und sein Gehäuse, in dem er durch einen Gewebestrang (Funiculus) festgehalten wird, zu unterscheiden. Bei einigen Arten bestehen die Gehäusewände aus dunkelbraunem, ziemlich festem Chitin, bei anderen ist dieses sehr wasserreich, gelblichweiß und von gallertartiger Beschaffenheit. Das schönste und auffälligste Organ der Moostierchen ist ihre Tentakelkrone. Die hohlen, bewimperten Tentakel sind in zahlreichen Doppelreihen auf einem kreis- oder hufeisenförmigen Trägerorgan angeordnet. In Ruhe ragt es aus der Gehäuseöffnung hervor und kann sich nach allen Seiten biegen; bei Gefahr wird es durch starke Muskeln ruckartig zurückgezogen (Abb. 17). Durch dauernde gleichsinnige Schwingungen strudeln die Tentakeln die Nahrung herbei: Grün-, Joch- und Kieselalgen, kleinste Planktontierchen, Detritus. Die Moostierchen sind Zwitter. Die Samenzellen werden meist am Funiculus gebildet, die Eier an der Innenseite der Gehäusewand. Bei der Mehrzahl unserer einheimischen Arten wird das Ei in der Leibeshöhle befruchtet und entwickelt sich dann in einer besonderen Eikammer zu einer mit einem Flimmermantel bekleideten, weißlichen Larve. Bei entsprechender Reife und einer Größe von etwa 1—2 mm gelangt diese in das freie Wasser und schwimmt dort wenige Stunden umher. Dann setzt sie sich, meist nicht weit von der Mutterkolonie entfernt, fest; der Mantel öffnet sich und gibt die beiden ersten Individuen der neuen Kolonie frei. Das weitere Wachstum erfolgt dann durch Knospung, die bei den einzelnen Arten zu verschiedener, aber jeweils gesetzmäßiger Verzweigung führt. Im Herbst ist noch eine 3. Vermehrungsart zu beobachten. Am

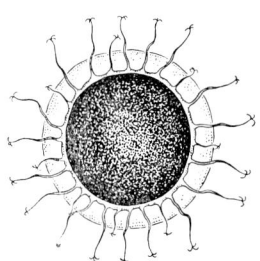

Abb. 19. Statoblast von *Cristatella mucedo* (50×)

Funiculus bilden sich in dieser Jahreszeit Überwinterungskeime (Statoblasten, auch als Flottoblasten bezeichnet). Diese dunkelbraunen, ei- bis kugelförmigen Kapseln bestehen aus zwei harten Chitinschalen, die keimfähiges Zellgewebe einschließen. Manche Statoblasten besitzen einen Ring lufthaltiger Zellen, der es ihnen ermöglicht, an der Wasseroberfläche zu treiben (Abb. 18); andere sind mit Häkchen zur Festhaftung an der Unterlage versehen (Abb. 19). Im Frühjahr springen die Schalen auf, und die junge Kolonie kriecht heraus.

Tafel 9

1. Süßwasserschwämme (Spongillidae) (S. 106)

51. **Süßwasserschwamm.** *Spongilla lacustris* (L.)
Häufigster einheimischer Süßwasserschwamm. Bis mehrere dm große Kolonien. Bestimmung der Arten nur durch mikroskopische Untersuchung der Gemmulae und Skelettnadeln möglich

2. Nesseltiere (Hydrozoa) (S. 107)

52. **Süßwasserpolyp.** *Hydra* sp.
An Wasserpflanzen. Etwa 10 mm lang (Fangarme nicht mitgerechnet). Bestimmung der Arten vorzugsweise nach den Nesselkapseln, nur Spezialisten möglich.

53. **Süßwassermeduse.** *Craspedacusta sowerbyi* Lank.
In stehenden Gewässern; frei schwebend. Vor allem in Warmwasserbecken von Gewächshäusern, aber auch im Freien. Schirmdurchmesser 0,6 bis ca. 20 mm. 8 bis ca. 400 lange Fangarme, je nach Alter und Umweltbedingungen. Die Meduse entsteht als Geschlechtsform durch Knospung an einem nur 0,5 bis 2 mm großen, tentakellosen Polypen, der früher als *Microhydra ryderi* Lank. bezeichnet wurde. Er kommt als Einzeltier oder in Gestalt kleiner Stöckchen vor.

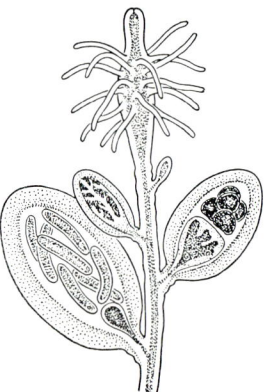

Abb. 20. Teil einer Kolonie von *Cordylophora lacustris*. 1 Nährpolyp 4 Gonophoren (Fortpflanzungspolypen) (schematisiert, 15×)

54. **Keulenpolyp.** *Cordylophora caspia* (Pall.)
Im Brackwasser der norddeutschen Küsten, selten in reinem Süßwasser. Verzweigte Kolonien mit Fang- und Fortpflanzungsköpfchen und wurzelartiger Verzweigung auf der Unterlage. Bis 10 cm hoch

3. Moostierchen (Bryozoa) (S. 108)

55. *Cristatella mucedo* Cuv.
Kolonie, in klaren, stehenden Gewässern. Gallertartig durchscheinend. Meist 2 bis 3 cm, selten größer, bis zu 30 cm. Statoblasten linsenförmig, mit Randhaken

56. *Plumatella fruticosa* Allm.
Kolonie. Auf Schwimmblättern und Wasserpflanzen in stehenden und langsam fließenden Gewässern. Man beachte die gesetzmäßige Verzweigung der Chitinröhren! Bis ca. 10 cm groß. Statoblasten oval, meist mit, seltener ohne Schwimmring

Tafel 9

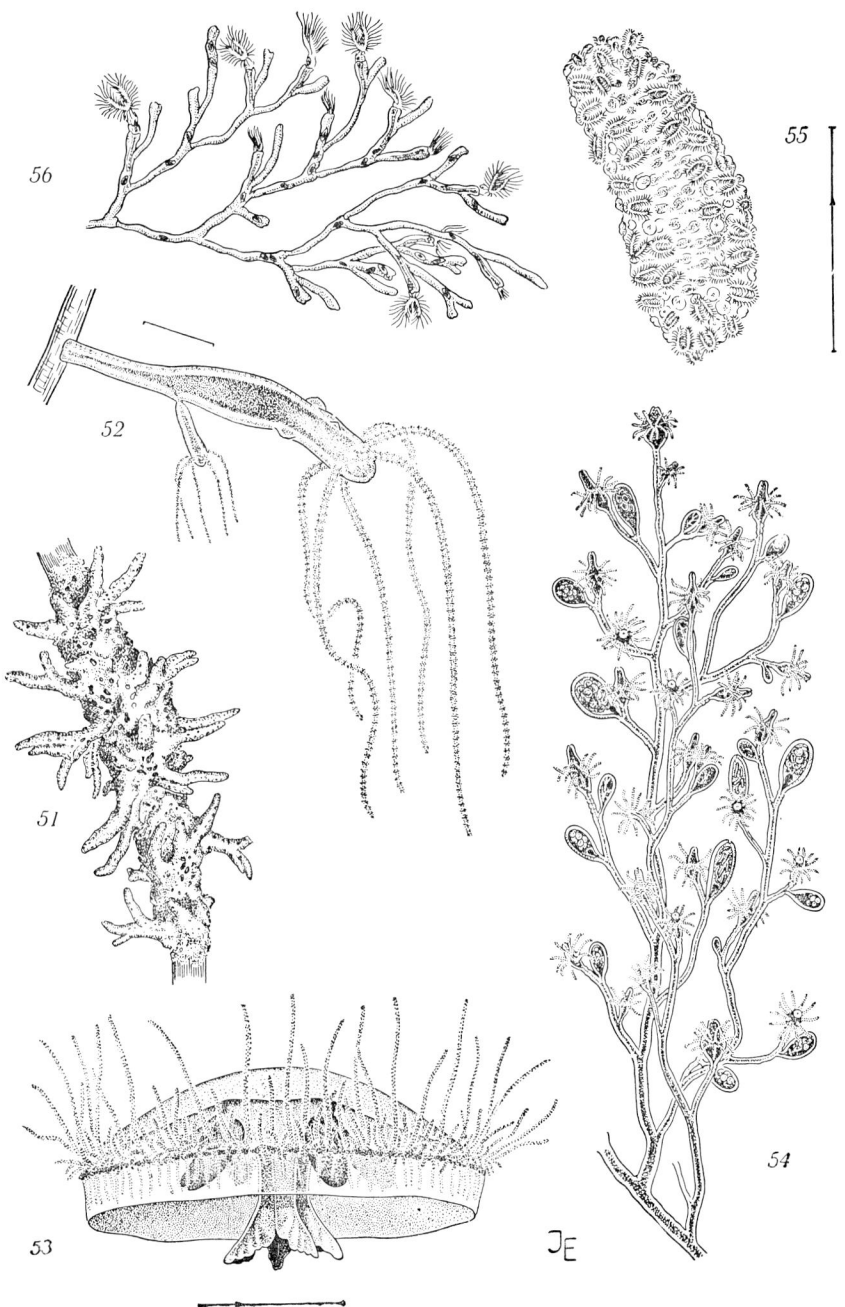

Strudelwürmer (Turbellaria)

Die Strudelwürmer verdanken ihren Namen dem dichten Wimperkleid, das ihren ganzen Körper bedeckt. Es dient außer zur Fortbewegung auch zum Herbeistrudeln frischen Atemwassers. Kleine Formen schwimmen frei durch das Wasser; die größeren gleiten schneckenartig auf ihrer Bauchseite über die Unterlage hin, wobei sie häufig eine Schleimspur hinterlassen. In der Haut fast aller Strudelwürmer sind zahlreiche längliche Sekretkörper (Rhabditen) eingelagert, die ausgestoßen werden können und im Wasser schleimig aufquellen. Sie werden als Angriffs- und Verteidigungswaffen, zur Einhüllung der Beutetiere mit Schleim und zur Bildung von Schutzhüllen beim Trockenfallen des Wohngewässers verwandt. In unseren Gewässern kommen hauptsächlich 2 Gruppen von Strudelwürmern vor, die Neorhabdocoelen und die Tricladen, die so verschieden sind, daß sie eine getrennte Besprechung erfordern.

Die Neorhabdocoelen haben einen stabförmigen, blindgeschlossenen Darm und gewöhnlich 2 Augen. Die Körpergestalt kann je nach Art band-, blatt- oder fadenförmig sein. Auch Färbung und Zeichnung wechseln sehr; sie werden vielfach durch symbiontische Algen bestimmt. Die meisten Arten sind Raubtiere. Alle sind zwittrig. Die Jungtiere bringen nach Selbstbefruchtung gewöhnlich mehrere Generationen von Jungen hervor, die sich in der Gebärmutter entwickeln und sich dann durch deren Wand und die Körperhaut der Mutter hindurch ins Freie bohren. Das Elterntier erleidet hierdurch keinen Schaden und erzeugt, sobald es voll erwachsen ist, dickschalige Eier, die erst nach seinem Tode frei werden. Die Neorhabdocoelen bevorzugen stehende pflanzenreiche Gewässer mit wärmeren Wassertemperaturen (Tümpel, Weiher, Pflanzengürtel der Seen) und sind besonders im Sommer anzutreffen. Die weit über 100 heimischen Arten sind zum großen Teil sehr, viele sogar mikroskopisch klein. Ihre Bestimmung, die sich hauptsächlich nach inneren Merkmalen richtet, ist so schwierig, daß sie nur einem gut eingearbeiteten Spezialisten möglich ist.

Die Tricladen sind durchweg größere Formen von flacher Gestalt und meist dunkler (grauer, brauner, schwarzer) oder schmutzig-weißer Farbe. Ihr Darm ist in 3 Äste gegabelt, die ihrerseits bis bisweilen miteinander vereinigende Seitenzweige besitzen. Sie nähren sich hauptsächlich von lebenden und toten Tieren. Die Beute wird mit Hilfe zweier am Vorderende liegender Geruchsorgane (Flimmergruben), aufgespürt und mit dem zähen Schleim der Rhabditen umhüllt. Dann stößt der Rüssel, der sonst in einer langen rückwärtsgerichteten Scheide liegt, mehrmals vor und läßt Verdauungssekrete austreten. Die weitgehend aufgelösten Gewebe des Beutetieres werden aufgesaugt. Monate- und jahrelange Hungerzeiten werden ausgehalten. Die Tricladen sind Zwitter, und bei der Paarung tritt jeder Partner als Männchen und als Weibchen in Tätigkeit. Die Eier werden zu Kokons vereinigt abgelegt, die durch Platzen der Körperwand der Mutter ins Freie gelangen. Diese rundlichen, hartwandigen, dunkelgefärbten Kokons werden bei manchen Arten einfach in das Wasser fallengelassen, bei anderen mit Stielchen an Steinen, Wasserpflanzen usw. befestigt (Abb. 21). Die Entwicklung ist direkt; es treten also keine Larven auf. Vermehrung durch Querteilung ist häufig. Ganz unglaublich weit ist die Regenerationsfähigkeit entwickelt; selbst der tausendste Teil der Tiere kann sich wieder zu einem vollständigen Individuum ergänzen. Die Tricladen bevorzugen kühleres, bewegtes Wasser (Quellen, Bäche, Brandungszone der Seen). Sie sind meist lichtscheu. Daher findet man sie vor allem auf der Unterseite von Steinen, Ästen und Schwimmblättern der Wasserpflanzen.

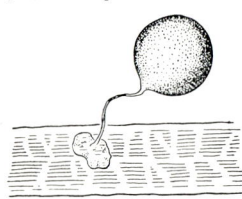

Abb. 21. Eikokon von *Dugesia lugubris* (10×)

Saitenwürmer (Nematomorpha)

Aus den Binnengewässern Europas sind bisher etwa 70 schwer voneinander unterscheidbare Saitenwurmarten, die sich auf 2 Familien verteilen, bekannt geworden. Man trifft diese Würmer in Weihern und Seen ebenso wie in Tümpeln und Fließgewässern. Ihre Ernährung ist uns vorläufig noch völlig rätselhaft, besitzt doch unser „Wasserkalb" weder Mund noch After; auch scheint seine Haut für Nahrungsstoffe undurchlässig zu sein. Bei einer verwandten Gattung wurde zwar ein Mund nachgewiesen, doch auch dieser Wurm nimmt offenbar im erwachsenen Zustand keine Nahrung mehr auf.

Zur Paarung finden sich Männchen und Weibchen zu oft viel-verschlungenen Knäueln zusammen. Jedes Weibchen legt viele Tausende von Eiern, vereint zu bandförmigen, weißlichen Laichmassen ab. Aus diesen schlüpfen winzige Larven mit einem rüsselartigen Vorderende, das mit 3 Stiletten und Dornenkränzen bewehrt ist. Sie bohren sich in Wasserinsekten ein, werden von diesen vielleicht auch durch den Mund aufgenommen. In bestimmten Wirtsarten, wie z. B. Gelbrandkäfern und einigen Libellenlarven, entwickeln sie sich während etwa 6 Wochen zum fertigen Wurm. Dann verlassen sie ihren Wirt, den sie inzwischen meist bis auf Darm- und Tracheensystem völlig ausgefressen haben. In anderen Wirten, wie Eintagsfliegen- und Köcherfliegenlarven, können sie sich nicht fertig entwickeln, encystieren sich daher in deren Leibeshöhle und gelangen so in die Vollinsekten. Werden nun diese von Landraubinsekten, etwa Laufkäfern gefressen, so vollenden die Wurmlarven in diesen ihre Entwicklung. Junglarven schließlich, die nach einiger Zeit noch in kein Wasser gelangt sind, encystieren sich an Grashalmen usw. am Uferrand. Geht das Wasser des Baches oder Tümpels zurück, so können diese Cysten von pflanzenfressenden Landinsekten, z. B. von Heuschrecken, aufgenommen werden, in denen dann der Saitenwurm heranwächst. Wie aber gelangen diese Parasiten der Landinsekten in das Wasser zurück, in dem schließlich die Eiablage erfolgen kann? Die bisherigen Beobachtungen haben ergeben, daß die Wirtstiere in einem bestimmten Stadium der Infektion von selbst Gewässer aufsuchen, weshalb ist noch ungeklärt, und dort wandern die Würmer dann in ihr Element aus.

Wenigborster (Oligochaeta)

Die meisten Arten der Wenigborster unter den Würmern, zu denen als bekanntester Vertreter der „Regenwurm" gehört, leben auf dem Land, eine geringere Zahl im Süßwasser, einige wenige im Meer. Aber bei vielen Land- und Süßwasserformen ist die Zuordnung zum einen oder anderen Lebensraum nicht schwer zu entscheiden, besonders bei den Schlammbewohnern. Die oft ganz durchsichtigen Arten der Binnengewässer sind im allgemeinen kleiner als ihre Verwandten im Erdboden. Einige bauen sich Röhren im Schlamm oder auf Steinen und Wasserpflanzen, andere bewegen sich kriechend, etliche schwimmen schlängelnd. Die Nahrung besteht aus Zerfallstoffen von Pflanzen- und Tierleichen, z. T. auch aus Algen und kleinsten Tieren. Neben allgemeiner Hautatmung spielt der Darm durch Aufnahme von Wasser eine große Rolle beim Gasaustausch. Alle Arten sind Zwitter. Bei der Paarung legen sich die beiden Partner in umgekehrter Richtung aneinander und bringen die Zonen der Geschlechtsorgane, jene gürtel- oder sattelartigen, drüsenreichen Segmente der vorderen Körperhälfte in gegenseitige, enge Berührung. Unter dem Schutz einer dicken, von diesen Geschlechtspartien ausgeschiedenen Schleimhülle, wird der Samen ausgetauscht. Die Eier werden zu Kokons vereinigt abgelegt, die zunächst den Wurmkörper gürtelartig umgeben und sich, wenn die Würmer nach beendeter Paarung herauskriechen, beiderseits zusammenschließen. Die verschieden geformten, oft durchsichtigen Kokons besitzen Chitinwände. Man findet sie auf dem Gewässerboden oder an Wasserpflanzen angeheftet. Entwicklung direkt. Regenerationsfähigkeit groß. Dementsprechend kommt auch ungeschlechtliche Fortpflanzung sehr häufig vor. Bei dieser entsteht zwischen 2 Körpersegmenten eine Teilungszone. In ihrer vorderen Hälfte entwickelt sich das neue Hinterende des vorderen Tieres; in der hinteren Hälfte des Teilungsgewebes bildet sich das Vorderende des hinteren Individuums. Da häufig weitere Teilschritte folgen, ehe sich die ersten beiden Tiere getrennt haben, kommt es zur Kettenbildung.

Tafel 10
Strudelwürmer (Turbellaria) (S. 112)
a) Rhabdocoela

57. *Mesostoma ehrenbergi* (Focke). (Familie Typhloplanidae)
    Im Pflanzengürtel stehender Gewässer. Blattartig, durchsichtig. Lg. bis 15 nm

b) Tricladida

58. *Dendrocoelum lacteum* (O. F. M.). (Familie Dendrocoelidae)
    In stehenden und fließenden Gewässern. Milchweiß; Darm schillert oft rötlichbraun oder schwarzgrau durch. Kopfende abgestutzt, mit beweglichen Seitenlappen. 2 schwarze Augen, dem Vorderrand genähert, ihr gegenseitiger Abstand größer als der Abstand von jedem Auge zum entsprechenden Körperrand. Lg. bis 26 mm, Br. bis 6 mm
59. *Polycelis nigra* (O. F. M.). (Familie Planariidae)
    In stehenden und fließenden Gewässern. Farbe sehr verschieden, grau, braun, schwarz, grünlich, rotbraun, gelb. Kopf abgestutzt, in der Mitte etwas vorgewölbt. Zahlreiche kleine Augen an den Rändern des Vorderendes. Lg. bis 12 mm, Br. bis 1,5 mm
60. *Polycelis felina* (Daly.). (Familie Planariidae)
    In Quellen und Bächen mit gleichmäßig niedriger Temperatur. Farbe wie Nr. 59. Kopf mit 2 pfriemenartigen Tentakeln. Zahlreiche Randaugen. Lg. bis 18 mm, Br. bis 2 mm

Abb. 22
Augenstellung von *Polycelis sp.*

61. *Crenobia alpina* (Dana). (Familie Planariidae)
    Im Mittelgebirge und nördlich davon kaltstenotherm, im Alpengebiet eurytherm, meidet saure Gewässer. Meist schiefergrau, auch schwarz (besonders im Hochgebirge), seltener braun, rötlich, grünlich, weiß oder gefleckt. Kopf quer abgestutzt, mit 2 beweglichen, etwa 1 mm langen ausstreckbaren Tentakeln. 2 Augen, weit vom Stirnrand entfernt. Lg. bis 16 mm, Br. bis 5 mm
62. *Planaria torva* (O. F. M.). (Familie Planariidae)
    In stehenden und langsam fließenden Gewässern, braun bis schwarz. Vorderende abgerundet, Stirnrand mit stumpfen Ecken, in die Seitenränder übergehend. Seitenlappen des Kopfes nicht abgesetzt. 2 Augen, in großen pigmentlosen Höfen, vom Stirnrand ziemlich weit entfernt. Lg. bis 20 mm
63. *Dugesia lugubris* (O. Schm.). (Familie Planariidae)
    In stehenden und langsam fließenden Gewässern. Ziemlich unempfindlich gegen Temperaturänderungen und organische Verunreinigungen. Meist tiefschwarz, bisweilen graubraun. Kopfende gerundet, etwas verbreitert, wechselt seine Form. 2 Augen, vor der breitesten Stelle des Kopfes. Lg. bis 20 mm, Br. bis 4 mm
64. *Dugesia gonocephala* (Dug.). (Familie Planariidae)
    In saubereren fließenden Gewässern. Braun, grau, schwärzlich, bisweilen dunklere Längsstreifen. Kopf dreieckig, mit seitlichen beweglichen Öhrchen. 2 Augen, vor der breitesten Stelle des Kopfes. Ihr gegenseitiger Abstand etwa gleich dem Abstand jedes Auges zum entsprechenden Kopfrand. Lg. bis 25 mm, Br. bis 6 mm

Tafel 10

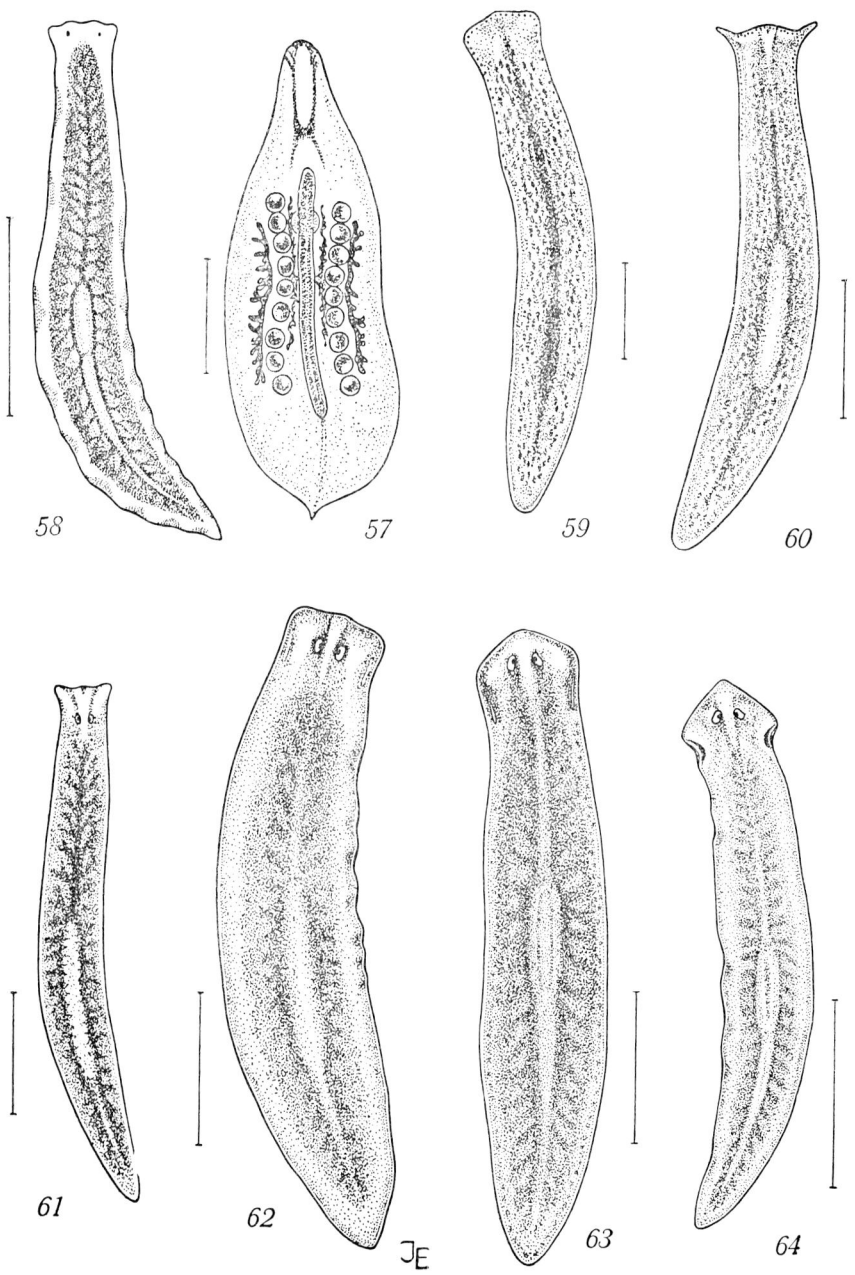

Tafel 11

1. Saitenwürmer (Nematomorpha) (S. 113)

65. Wasserkalb. *Gordius aquaticus* L. (Familie Gordiidae)
 Ähnlich einem sehr starken Roßhaar. Gelb, braun oder schwärzlich. Lg. bis 80 cm

2. Wenigborster (Oligochaeta) (S. 113)

66. *Chaetogaster diaphanus* (Gruithuisen). (Familie Naididae)
 An Wasserpflanzen und im Schlamm stehender und fließender Gewässer, auch im Brackwasser. Durchsichtig, wasserhell. Borsten nur auf der Bauchseite, 14 bis 15 Segmente. Tierketten, bis 15 mm lang. Raubtier. Mehrere schwer unterscheidbare Arten der Gattung

67. *Stylaria lacustris* (L.). (Familie Naididae)
 An Wasserpflanzen und im Schlamm hauptsächlich stehender Gewässer, auch in schwach-salzhaltigen. Sehr durchsichtig. Farbe nach Aufenthaltsort und Jahreszeit verschieden, Vorderkörper gelb bis bräunlich, übriger Körper mit schwarzen Ringen. Stets Augenflecke. Tierketten bis 18 mm lang. Schwimmt sehr gut

68. *Nais variabilis* (Piguet). (Familie Naididae)
 An Wasserpflanzen und im Schlamm stehender Gewässer, auch brackiger. Hellgrau. Augenflecke. Tierketten bis 8 mm lang. Nahrung: Algen. Schwimmt gut. Mehrere, schwer unterscheidbare Arten der Gattung

69. *Pachydrilus* sp. (Familie Enchytraeidae)
 In der Uferzone, auch salziger und stark verschmutzter Gewässer. Gelblich bis rotbraun. 3—8 Borsten je Bündel. Lg. 10—20 mm

70. Schlammröhrenwurm. *Tubifex* sp. (Familie Tubificidae)
 Im Schlamm- und Sandboden stehender und fließender, auch verschmutzter Gewässer. Wohnt in senkrechten, mit Schleim ausgekitteten Röhren, in denen das Vorderende des Tieres steckt, während das herausragende Hinterende ständig pendelnde Atembewegungen ausführt. Rot bis rötlichgelb. Häufigste Art *Tubifex tubifex*; Lg. bis 85 mm. Mit Haarborsten. Mehrere verwandte Arten. Nahrung: Organische Schlammteilchen. Meist in großen Kolonien, z. B. im Hamburger Hafen bis zu 97 200 auf 0,1 qm Bodenfläche.

71. *Limnodrilus hoffmeisteri* Clap. (Familie Tubificidae)
 Lebensweise wie bei Tubifex. Oft mit diesem vergesellschaftet. Ohne Haarborsten. Kräftig rot bis braunrot; bei unseren häufigsten L.-Arten ist das letzte Körperdrittel gelblich gefärbt. Lg. bis 50 mm

72. *Lumbriculus variegatus* (Müll.). (Familie Lumbriculidae)
 Zwischen Wasserpflanzen oder im Grund stehender Gewässer, vorzugsweise in Waldtümpeln. Rot bis braun, i r i s i e r t g r ü n l i c h , Lg. 40 bis 100 mm, Dicke 1—1,5 mm. „Regenwurm"-ähnlich. Baut keine Schlammröhren. Oft mit dem Vorderkörper im Schlamm eingegraben; dann ragt das Hinterende unbeweglich hervor.

73. *Eiseniella tetraëdra tetraëdra* (Savigny). (Familie Lumbricidae)
 In der Uferzone von Gewässern. Sienabraun, seltener gelb- bis rotbraun. Lg. 30 bis 50 mm, Dicke 2—4 mm. Mittel und Hinterkörper v i e r k a n t i g

Tafel 11

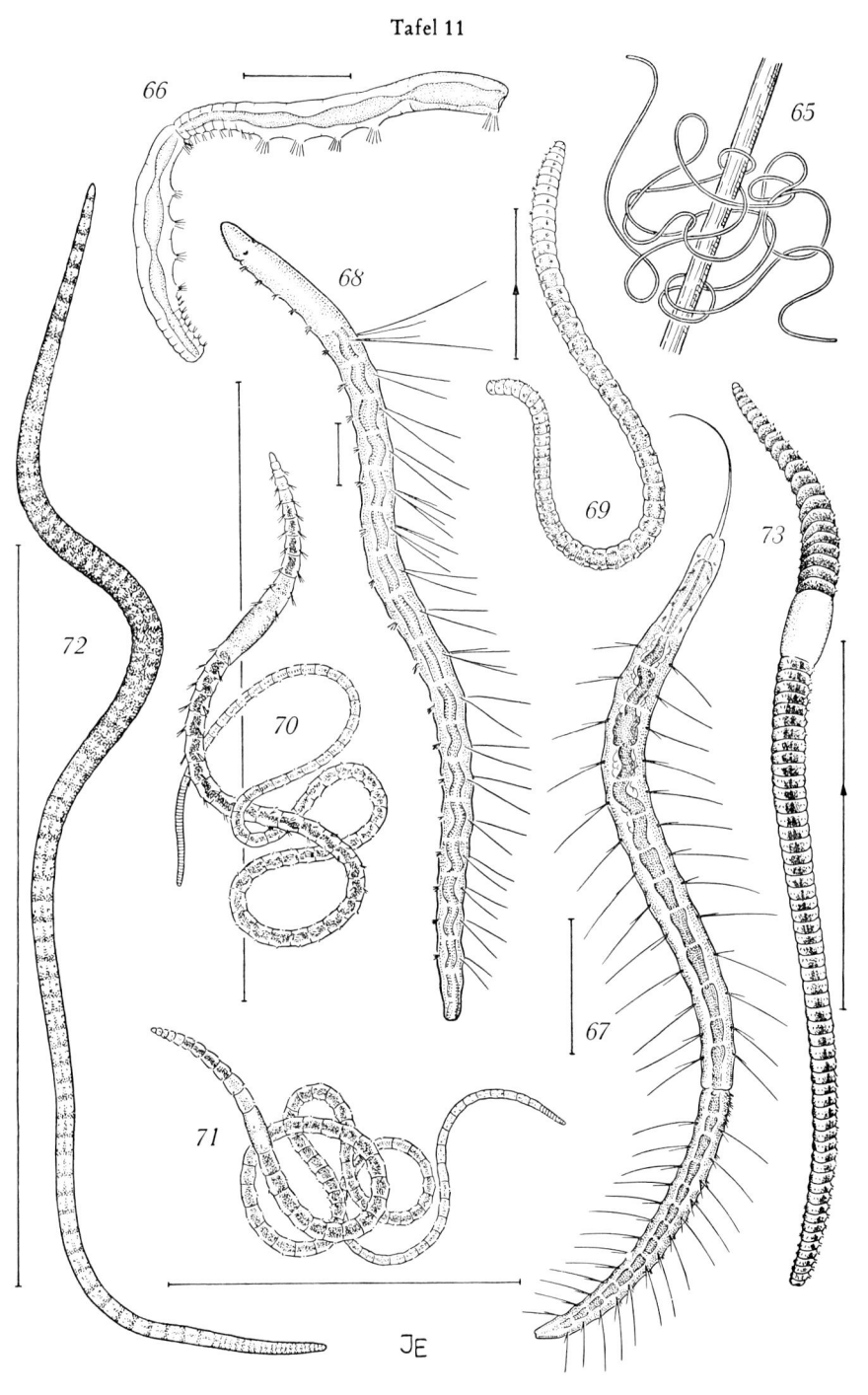

Egel (Hirudinea)

Zur mitteleuropäischen Tierwelt zählen neben einem seltenen Landegel und etwa 10 ausschließlich an Fischen schmarotzenden Meeresarten rund 25 Süßwasseregel. Sie leben in recht verschiedenen Gewässern: Seen, Weihern, Bächen und Gräben; nur reißendes und mooriges Wasser wird im allgemeinen gemieden. Bevorzugte Lebensräume sind pflanzenreiche, seichte Gewässer. Über einen halben Meter Tiefe gehen unsere Egel nur selten hinaus. Fast alle sind ziemlich lichtscheu und sitzen in Ruhe unter Steinen, in Ritzen von Ästen, zwischen Pflanzenblättern usw., es sei denn, arger Hunger treibe sie hervor. Auf lockerem Schlamm und feinem Sand, wo sie keinen rechten Halt für ihre Saugnäpfe finden, sucht man sie meist vergeblich, ausgenommen die Kiefer- und Schlundegel, die sich auch hier wohlfühlen. Die kalte Jahreszeit überdauern unsere einheimischen Formen gewöhnlich in einem Starrezustand, eingegraben in den Schlamm.

Dank der reich entwickelten Körpermuskulatur sind alle Egel außerordentlich beweglich. Bei der gewöhnlichen „egel"- oder spannerraupenartigen Bewegungsweise wird zunächst der Mundsaugnapf von der Unterlage gelöst und der Körper weit vorgestreckt. Dann heftet sich der vordere Saugnapf fest, der hintere läßt los und wird unter gleichzeitiger Hochwölbung des Körpers dicht an den Mundsaugnapf herangeholt. Hierauf wiederholt sich der Vorgang. Die Fisch- und Kieferegel können auch sehr behend schwimmen. Außerdem hat man bei vielen Arten noch mehrere andere eigentümliche Bewegungsweisen festgestellt, die der Beschaffung von Atemwasser, der Brutpflege und dem Suchen der Beute dienen. Alle Egel nähren sich ausschließlich von tierischen Stoffen. Es sind jedoch 2 große Gruppen zu unterscheiden: Die Schlund- und z. T. die Kieferegel (*Haemopis*) sind Raubtiere, die alle möglichen kleineren Tiere hinabschlingen oder Stücke aus ihnen herausreißen. Die übrigen saugen als zeitweilige Außenparasiten aus ihren Wirten, meist wechselwarmen Wirbeltieren, Blut. Der Darm dieser Sauger besitzt zahlreiche Blindsäcke zur Speicherung des Blutes und außerdem drüsenartige Anhänge mit Mikroorganismen, welche die Blutnahrung aufschließen helfen. Vollgefressene Egel können lange, weit über ein Jahr, hungern. Die Atmung erfolgt durch die Haut. Sehr häufig, oft täglich wird die Körperhaut abgestoßen, besonders nach reichlicher Nahrungsaufnahme und in schlechtem, sauerstoffarmem Wasser. Alle unsere Egel sind Zwitter. Die Begattung kann gegen- oder auch einseitig sein. Die Eier werden in Kokons abgelegt (Abb. 23). In der Familie der Platten- oder Knorpelegel herrscht Brutpflege, die allerdings bei den einzelnen Arten recht unterschiedlich ausgebildet ist. Manche heften ihre Eikapseln an Wasserpflanzen. Über ihnen sitzt die Mutter mit hochgewölbtem Körper und führt zeitweise ganz bestimmte Atembewegungen aus, um dem Gelege stets frisches sauerstoffreiches Wasser zuzuführen. Bei anderen Arten wie *Helobdella stagnalis* werden die Eier an der Unterseite des Muttertieres festgeklebt und dort bis zum Schlüpfen der Jungen umhergetragen. Diese saugen sich für etliche

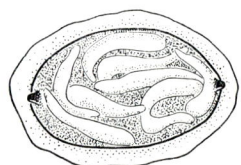

Abb. 23
Kokon von *Erpobdella octoculata* mit nahezu schlupfreifen Jungtieren (6×)

Wochen am Bauch der Mutter fest. Bei der genannten Art sowie bei *Glossiphonia heteroclita* besitzen die Saugnäpfe der Jungtiere Ausbuchtungen, die genau zu entsprechenden Hautpapillen der Mutter passen und so eine recht feste Anheftung der Jungen gewährleisten. Ungeschlechtliche Vermehrung ist bei dieser Tiergruppe unbekannt. Das Regenerationsvermögen ist im Gegensatz zu den Wenigborstern sehr gering. Leicht werden Egel, festgesaugt an Schiffsplanken, Floßstämmen, Treibholz, Wasserpflanzen, in andere Gewässer verschleppt, die Blutsauger natürlich besonders häufig auch am Körper ihrer Wirte.

Tafel 12

Egel (S. 118)

1. Rüsselegel (Rhynchobdellidae)

74. Gemeiner Fischegel. *Piscicola geometra* (L.). (Familie Fischegel, Piscicolidae)

Schmarotzt an Fischen verschiedenster Art (Weißfische, Hecht, Barsch u. a.). In Ruhestellung wird der Körper schräg ins Wasser vorgestreckt. Grünlichbraun gescheckt. Lg. bis 10 cm, immer etwa 20mal so lang wie breit, drehrund. Schwimmt gut. Augenstellung → Abb. 24. Häufig

75. *Hemiclepsis marginata* (O. F. Müller). (Familie Plattenegel, Glossiphoniidae)

In stehenden und fließenden Gewässern. Saugt Blut an Fischen, Lurchen. Rücken grünlich- bis rötlichbraun mit Längs- und Querreihen gelber Flecken. 4 Längsreihen niedriger Warzen. In Ruhe Lg. 25 bis 30 mm, Br. 4 bis 5 mm. Lebhaft. Brutpflege. Augenstellung → Abb. 25. Zerstreut

76. *Haementeria costata* (Fr. Müller). (Familie Plattenegel, Glossiphoniidae)

In pflanzenreichen Gewässern. Saugt an der Sumpfschildkröte, sicher auch an anderen Wirbeltieren, Näheres unbekannt; befällt auch den Menschen. Körper fühlt sich fest an. Blaugrün bis dunkelbraun mit hell- bis dunkelbrauner Rückenmittellinie, die durch schwärzliche Strecken unterbrochen ist. 7 Längsreihen kleiner, oft grüner Warzen. Dunkle Flecken an den Körperrändern. Lg. 20 bis 70 mm, Br. 6—25 mm. Brutpflege. Augenstellung → Abb. 26. Selten

77. Großer Schneckenegel. *Glossiphonia complanata* (L.). (Familie Plattenegel, Glossiphoniidae)

In stehenden und fließenden Gewässern. Saugt an Schnecken, Würmern, Insektenlarven. Körper knorpelig fest. Farbe sehr verschieden, meist bunt, grün bis braun. 2 dunkle Längsbänder. 6 Längsreihen gelblicher Warzen, die jeweils auf jedem 3. Körperring liegen. Lg. 10 bis 30 mm, Br. 4 bis 10 mm. Schwimmt nicht. Brutpflege. Augenstellung → Abb. 27. Augen bisweilen z. T. miteinander verschmolzen. Häufig

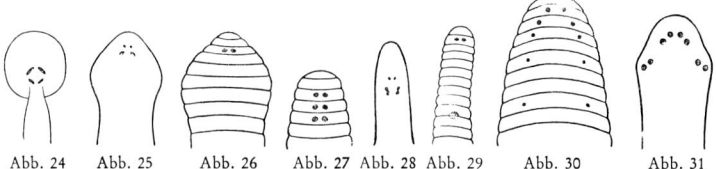

Abb. 24   Abb. 25   Abb. 26   Abb. 27 Abb. 28 Abb. 29   Abb. 30   Abb. 31
Augenstellung von 24 *Piscicola geometra*, 25 *Hemiclepsis marginata*, 26 *Haementeria costata*, 27 *Glossiphonia complanata*, 28 *Glossiphonia heteroclita*, 29 *Helobdella stagnalis*, 30 *Hirudo medicinalis*, 31 *Erpobdella octoculata*

78. Kleiner Schneckenegel. *Glossiphonia heteroclita* (L.). (Familie Plattenegel, Glossiphoniidae)

In stehenden und fließenden Gewässern. Saugt an Schnecken. Körper glatt, ohne Papillen. Hellgelb bis grauweiß, nie bunt, bisweilen mit verstreuten schwarzen Punkten. Lg. bis 9,5 mm, Br. bis 5 mm. Brutpflege. Schwimmt nicht. Augenstellung → Abb. 28. Häufig

79. Zweiäugiger Plattegel. *Helobdella stagnalis* L. (Familie Plattenegel, Glossiphoniidae)

In stehenden und fließenden Gewässern. Saugt an Schnecken und Würmern. Ohne Papillen und Zeichnung. Oft fast farblos, durchscheinend, bisweilen grau oder rötlich. Zwischen dem 10. und 11. Ring dunkle Rückenplatte. Lg. 5 bis 10 mm, Br. 3—5 mm. Brutpflege. Augenstellung → Abb. 29. Häufig

2. Kieferegel (Gnathobdellae)

80. Medizinischer Blutegel. *Hirudo medicinalis* L. (Familie Hirudidae)

Vorwiegend in moorigen Weihern und Seen. Jungtiere nähren sich von wirbellosen Tieren, später von Fischen und Lurchen, die Erwachsenen saugen an Säugetieren einschließlich dem Menschen. Rücken dunkelgrünlich mit 6 rotgelben oder braunen, meist von schwarzen Flecken unterbrochenen Längsbändern. Bauch gelbgrünlich mit unregelmäßigen schwarzen Flecken. Lg. 10—15 cm, Br. 1 bis 1,5 cm. Augenstellung → Abb. 30. Zerstreut

81. Pferdeegel. *Haemopis sanguisuga* (L.) (Familie Hirudidae)

In stehenden und fließenden Gewässern. V e r s c h l i n g t kleinere Wassertiere aller Art (Würmer, Insektenlarven usw.). Rücken meist braun, grau bis schwarzbraun mit dunkleren Flecken. Bauch gelbgrau mit unregelmäßigen schwarzen Flecken. Größe und Augenstellung wie bei 80. Schwimmt gut. Häufig

3. Schlundegel (Pharyngobdellae)

82. Rollegel. *Erpobdella octoculata* (L.) (Familie Erpobdellidae)

In stehenden und fließenden Gewässern. Frißt Kleintiere verschiedenster Art, Farbe sehr verschieden, meist braun mit helleren Fleckchen. Lg. bis 60 mm, Br. bis 8 mm. Augenstellung → Abb. 31. Rollt sich zusammen. Häufig

Tafel 12

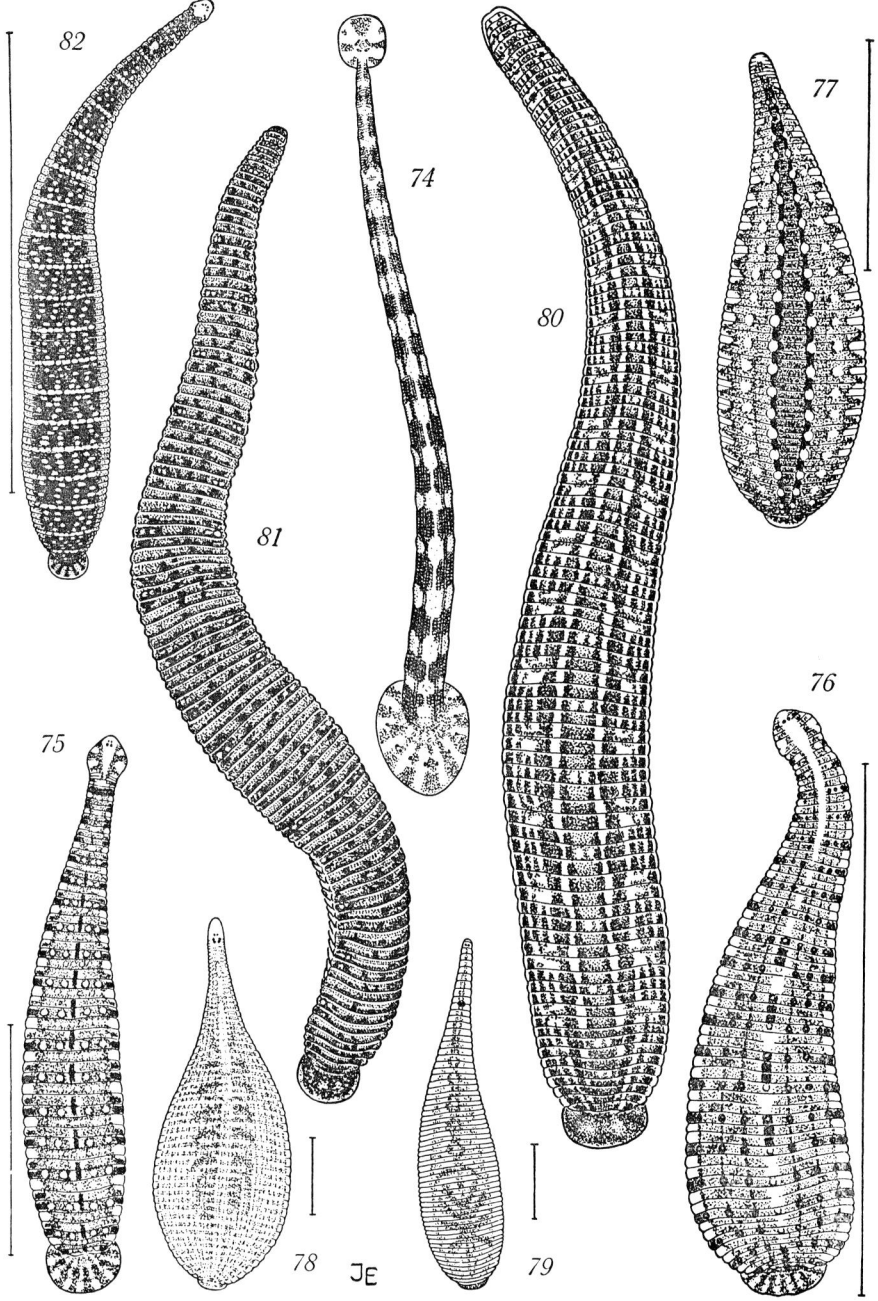

Großblattfüßer oder Kiemenfüßer (Euphyllopoda)

Die Auffindung eines Vertreters dieser stammesgeschichtlich uralten Krebsgruppe wird für den Naturfreund stets ein besonderer Glücksfall sein. Die Kiemenfüßer leben ausschließlich in Binnengewässern, von der Arktis bis zu den Tropen, einige auch in Salzsümpfen und -seen, jedoch keiner im Meer. In Mitteleuropa wurden bisher 13 Arten festgestellt, von denen die meisten zwar weit verbreitet, zugleich aber auch recht selten sind. Alle bewohnen flache Tümpel, die nach kurzer Zeit der Wasserführung austrocknen oder ausfrieren. Die Panzerung ihres Körpers läßt zwanglos 3 Gruppen unterscheiden: Die Anostraca haben keine Schale, die Notostraca einen großen, unpaaren Rückenschild, die Conchostraca eine zweiklappige, muschelartige Schale. Die letztgenannte Gruppe ist in Deutschland so selten, daß wir sie nicht besprechen wollen. Die Anostraca schwimmen mit der Bauchseite nach oben frei im Wasser. Ihre 11 Paar flachen, blattförmigen Beine dienen nicht nur als Bewegungsorgane, sondern auch als Kiemen und filtrieren zudem die Nahrungsteilchen, Detritus und Algen, aus dem Wasser, um sie dem Mund zuzuführen.

Die Notostraken schwimmen bald auf dem Rücken, bald auf dem Bauch, dann wieder kriechen sie auf dem Schlammgrund umher. Oft sind sie jedoch nahezu völlig eingegraben. Das Hauptbewegungsorgan ist das mit langen Geißeln ausgerüstete 1. Beinpaar. Sie sind Raubtiere, deren Beute hauptsächlich aus den verschiedensten Larven von Wasserinsekten und Würmern besteht.

Bei den Anostraca treten meist Männchen und Weibchen in etwa gleicher Anzahl auf; bei den Notostraca werden Männchen oft jahrelang nicht gefunden, und die Fortpflanzung erfolgt dann rein parthenogenetisch. Die Eier aller Großblattfüßer sind derbschalig und vertragen monate- ja jahrelanges Eintrocknen und Ausfrieren. Bei einigen Arten glaubt man sogar, daß dies die Voraussetzung zur Entwicklung der Eier ist. Diese werden von den Weibchen in besonderen Brutbehältern tage- oder auch wochenlang umhergetragen und dann in den Schlamm abgeworfen. Aus den Eiern schlüpfen Naupliuslarven, die sich sehr schnell entwickeln und sofort nach Erlangung der Geschlechtsreife zur Fortpflanzung schreiten.

Wasserflöhe (Cladocera)

Die Wasserflöhe sind fast ausschließlich auf das Süßwasser beschränkt; nur 2 Gattungen sind aus dem Meer bekannt geworden. Von den etwa 80 mitteleuropäischen Arten sind die meisten sehr weit verbreitet; manche werden am besten als Kosmopoliten bezeichnet. Diese Kleinkrebse besiedeln in ihren verschiedenen Arten alle stehenden Binnengewässer, vom Tümpel bis zum tiefen See. Allerdings sind die einzelnen Formen jeweils für ganz bestimmte Lebensräume typisch und fast stets nur diesen eigen. Die größte Artenfülle an Wasserflöhen weist der pflanzenreiche Ufergürtel von Weihern oder Seen auf.

Die hüpfende, flohähnliche Bewegungsweise dieser Krebschen kommt durch die ruckartigen Schläge der beiden großen, zweiästigen Antennen zustande. Jeder nach rückwärts gerichtete Schlag dieser mächtigen Ruder treibt den Körper ein Stückchen nach schräg oben vorwärts. In den Pausen zwischen den Schlägen sinkt er jeweils nach unten. So ergibt sich eine Zickzacklinie der Fortbewegung. Je nach der Gewalt der Ruderschläge und der Länge der Pausen kann diese schräg nach oben oder unten oder auch waagerecht verlaufen. Einige Arten, wie z. B. die Schlammbewohner, haben von dieser Grundform abweichende Bewegungsarten entwickelt, auf die wir aber hier nicht näher eingehen können.

Die Brustbeine dienen fast ausschließlich dem Nahrungserwerb. 2 Typen sind zu unterscheiden: Die schlanken, borstenbewehrten Beine der Raubwasserflöhe, zu denen z. B. *Polyphemus pediculus* zählt, stellen einen Fangkorb dar, mit dem die Beutetiere, in der Hauptsache kleinere Wasserflöhe und Hüpferlinge, gepackt und dann von den Kiefern zerkleinert werden. Dagegen sind die Brustbeine der Mehrzahl unserer Wasserflöhe blattartig abgeflacht und wenigstens z. T. mit mächtigen, kammförmigen Haarsäumen besetzt. Die Beine jeder Körperseite werden außerordentlich schnell abwechselnd vom Körper weg nach außen gestreckt und wieder an den Rumpf hin gebeugt. Zusammen mit Teilen der Bauchwand, der Schale und des Hinterleibes bilden sie einen Apparat, durch den das Wasser angesaugt, gefiltert und wieder abgeleitet, und zugleich die ausgesiebte Nahrung — einzellige Algen, Bakterien und Detritus — der Mundöffnung zugeleitet wird. Besondere Anhangsgebilde der Blattfüße, die Kiemensäckchen, dienen der Atmung. Im übrigen erfolgt der Gaswechsel durch alle dünnhäutigen Körperstellen und durch die Wände des Enddarms, der sich, abgesehen von der Zeit der Kotabgabe, rhythmisch mit Wasser vollpumpt und wieder entleert.

Alle Wasserflöhe legen zweierlei Eier. Viele Generationen hindurch können bei einer bestimmten Art nur Weibchen auftreten, die unbefruchtete Eier erzeugen. Diese Jungfern-(Sommer- oder Subitan-)eier sind dünnschalig und meist recht dotterarm. Vom Eileiter gelangen sie in den Brutraum, der bei manchen Arten durch eine sackartige Einstülpung der Rückenhaut, bei anderen einfach durch den Raum zwischen Rücken und Schale gebildet wird. Hier entwickeln sich die Jungferneier in kürzester Frist — oft innerhalb von zwei Tagen — zu kleinen, aber völlig fertigen Jungtieren. Durch einen Riß in den Brutraumwänden oder durch einen Spalt zwischen Schale und Rücken, der durch Vorbeugung des Hinterleibs entsteht, verlassen sie ihre Mutter. Nach wenigen, gewöhnlich nur 3 Häutungen sind sie bereits geschlechtsreif. Die Zahl der Jungferneier je Gelege schwankt nach Art, Alter und Ernährungszustand des Tieres in bestimmten Grenzen, ist aber meist verhältnismäßig groß, bei *Daphnia pulex* z. B. 40 und mehr. Plötzlich beginnen die Jungfernweibchen andere Eier zu legen, z. T. solche, aus denen Männchen entstehen, z. T. Dauereier, die von diesen Männchen befruchtet werden müssen, wenn sie nicht zugrunde gehen sollen. Diese Dauer-(Winter- oder Latenz-)eier sind dotterreich und stets von einer mehrhülligen, derben Schale umgeben. Nach der Befruchtung machen sie im Brutraum nur einige wenige Teilungsschritte durch. Dann treten sie in ein Ruhestadium von je nach der Jahreszeit mehreren Tagen, Wochen oder Monaten ein, währenddessen sie Trockenheit und Frost vertragen. Diese Ruhepause wird aber auch bei Fortdauer günstiger Bedingungen eingehalten. Die Raubwasserflöhe und einige andere Arten (der Gattung *Sida*) entlassen ihre Dauereier ohne weiteres in das Wasser. Bei den übrigen Arten sind die Dauereier durch besonders gestaltete, oft mit Anhängen versehene, sattelartige Schalenteile (Ephippien; Abb. 32), die sich mit ihnen loslösen, doppelt geschützt. Aus den Dauereiern schlüpfen stets wieder nur Weibchen, die ohne Befruchtung durch Jungferneier neue Generationen weiterer Jungfernweibchen erzeugen. Es besteht also ein Wechsel zwischen ein- und zweigeschlechtlicher Vermehrung. Mit der Entwicklung von Dauereiern schließt jeweils

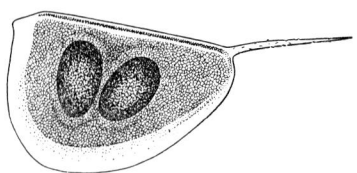

Abb. 32. Dauerei (Ephippie) von *Daphnia pulex* (20×)

ein Fortpflanzungszyklus ab. Die allermeisten Wasserflöhe überwintern im Dauereistadium. Die Anzahl der durch Jungfernzeugung entstehenden Generationen sowie

Dauer und Zahl der Fortpflanzungszyklen während eines Jahres sind artverschieden, weitgehend erblich festgelegt und sehr von den Bedingungen des jeweils typischen Lebensraumes abhängig. Die Dauereier und Ephippien erleichtern selbstverständlich die Möglichkeit der Verschleppung durch Wassergeflügel aller Art usw. sehr.

Tafel 13

1. Großblattfüßer (Euphyllopoda) (S. 122)

a) Notostraca

83. Kiemenfuß. *Triops cancriformis* L. (Familie Triopsidae)

In seichten, lehmigen Tümpeln. April bis Mitte November. Braun. Gesamtlänge bis 10 cm. S. 106. (Der nah verwandte und sehr ähnliche Schuppenschwanz, *Lepidurus apus* hat kürzere Geißeln am 1. Brustfuß, und sein letztes Hinterleibsegment läuft in ein zungenformiges Blättchen aus. In seichten Waldtümpeln, März bis April.)

b) Anostraca

84. Echter Kiemenfuß. *Branchipus schäfferi* Fischer. (Familie Branchipodidae)

In besonnten, lehmigen Tümpeln. Mai bis September. Weißlich, bisweilen schwach rötlich oder grünlich. Lg. 11,5 mm. Oft mit *Triops cancriformis* vergesellschaftet. S. 106

85. Salzkrebschen. *Artemia salina* L. (Familie Artemiidae)

In salzigen Binnengewässern. Ganzjährig. Rötlich. Lg. 8—11 mm. Die Abb. zeigt ein ♀ von oben

2. Wasserflöhe (Cladocera) (S. 122)

86. Kahnfahrer. *Scapholeberis mucronata* (O. F. M.). ♀ (Familie Daphnidae)

In der Uferzone stehender Gewässer. Lg. ♀ etwa 1,0 mm, ♂ 0,5—0,7 mm. Schwimmt mit dem Rücken nach unten dicht unter der Wasseroberfläche. h. In Mitteleuropa 3 Arten der Gattung

87. Tümpelwasserfloh. *Moina rectirostris* (Leydig) ♀. (Familie Daphnidae)

Vorwiegend in Tümpeln mit Schlammboden und trübem Wasser. Weißgrau. Lg. ♀ 1,0—1,6 mm. ♂ 0,8—1,0 mm. h. In Deutschland 4 Arten der Gattung

Tafel 13

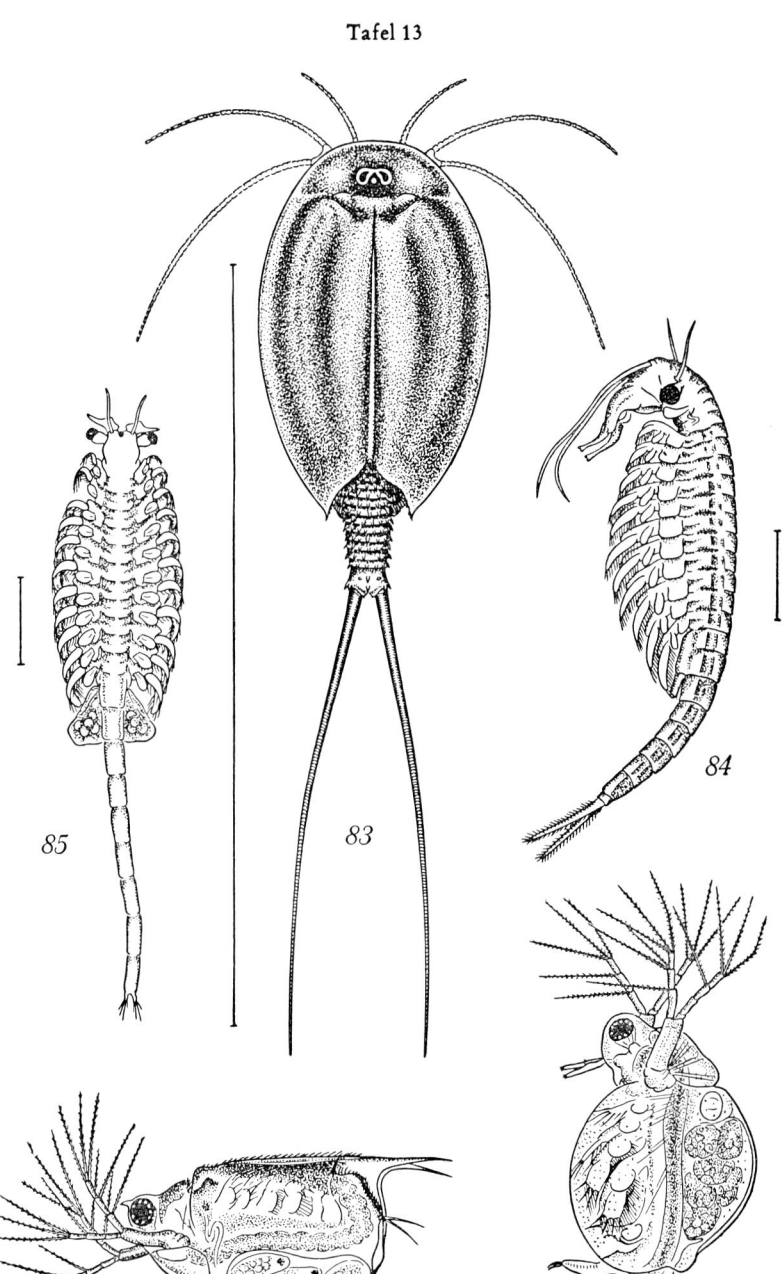

Ruderfüßer oder Hüpferlinge (Copepoda)

Das Schwergewicht der Verbreitung dieser Krebsordnung liegt im Meer. In den mitteleuropäischen Binnengewässern leben etwa ein Dutzend Familien mit etwas über 100 Arten. Darunter sind etliche stark umgebildete parasitische Arten, die ausschließlich an Fischen schmarotzen. Sie sind in diesem Buch nicht berücksichtigt.

Überall, wo wir in den heimischen Gewässern Wasserflöhe antreffen, finden wir auch Ruderfußkrebse; darüber hinaus aber noch, häufig mit Muschelkrebsen vergesellschaftet, in Wasserlöchern hohler Baumstümpfe und ähnlichen Kleinstgewässern.

Nach allgemeinem Vorkommen, Bewegungsweise und Ernährung sind 3 verschiedene Gruppen zu unterscheiden, die sich im großen und ganzen mit den 3 erwähnten Familien decken.

Die bekanntesten heimischen Vertreter der „Schweber" stellt die Gattung *Diaptomus*. Die körperlangen, seitlich ausgebreiteten 1. Antennen wirken wie eine mächtige Balancierstange, die den Körper ruhig schwebend im Wasser hält und das Absinken sehr verlangsamt. Von Zeit zu Zeit führen die Tiere einen außerordentlich raschen Sprung aus. Hierzu werden die Antennen unter Verminderung ihres Blutdruckes schlaff an den Körper angelegt, die 5 Brustbeinpaare nacheinander, beim letzten beginnend, ruckartig nach hinten geschlagen und dann alle zugleich wieder nach vorn bewegt. Außerdem können diese „Schweber" auch in waagerechten, flachen Kurven durch das Wasser gleiten, wobei die 2. Antennen und die Oberkiefertaster den Antrieb liefern. Sie bewohnen die Freiwasserzone von See und Weiher. Als echte „Filtrierer" sieben sie mit dem dichten Borstenbesatz ihrer Mundgliedmaßen die Nahrung, kleinste Planktonorganismen, besonders Kieselalgen, aus dem Wasser. Hierbei schwingen die Mundwerkzeuge rund 1000mal in der Minute hin und her und erzeugen durch diese rasende Bewegung Wasserwirbel, die ständig frisches und nahrungsreiches Wasser herbeiführen.

Die *Cyclops*-Arten sind richtige „Schwimmer". Die ruckartige Bewegung, mit der sie kurze Bögen im Wasser beschreiben, verlieh der ganzen Ordnung den Namen Hüpferlinge. Der bevorzugte Lebensraum der *Cyclopiden* ist der Pflanzengürtel stehender Gewässer.

Dagegen lebt die 3. Gruppe, die *Harpacticiden* mit der Hauptgattung *Canthocampus*, hauptsächlich auf dem Schlammgrund. Dort schlängeln sich diese Krebschen durch seitliche Krümmung ihres Körpers, die durch die Brustbeine unterstützt wird, langsam vorwärts. Die Schwimmer und die Schlängler nähren sich nach unseren bisherigen Kenntnissen vorzugsweise von bereits in Zersetzung befindlichen organischen Stoffen, die sie mit ihren Mundwerkzeugen ergreifen und zerkleinern.

Die Vermehrung aller 3 Gruppen erfolgt ausschließlich durch befruchtete Eier. Bei der Begattung klammert sich das Männchen am Hinterleib oder an der Schwanzgabel des Weibchens fest. Hierzu bedient es sich seiner Antennen und des rechten Beines des letzten Beinpaares. Diese Gliedmaßen sind nämlich zu Greiforganen ausgebildet. Dann holt das Männchen mit dem zangenartigen rechten Bein des 5. Beinpaares aus seinem Samenleiter eine längliche Spermatophore heraus — in solchen Samenträgern sind nämlich die Samenzellen eingeschlossen — und heftet diese in der Nähe der weiblichen Geschlechtsöffnung an. Die Eier werden beim Austritt aus dem Eileiter befruchtet und vom Weibchen noch einige Zeit in den aus erhärtetem Schleim bestehenden Eisäckchen umhergetragen. Auch bei den Ruderfüßern gibt es Subitaneier, die sich sofort nach ihrer Ablage entwickeln, und Dauereier, die vorher eine Ruhepause durchmachen, in der sie auch das Eintrocknen vertragen. Die *Cyclopiden* und *Harpacticiden* können beim Eintritt ungünstiger Lebensbedingungen aus besonderen

Hautdrüsen einen Schleimmantel ausscheiden. Zusammen mit Schlammteilchen bilden sich so richtige Cysten, in denen diese Krebschen längere Trocken- und Frostzeiten überstehen können. Diese Fähigkeit hat ihnen auch die Besiedelung besonders kleiner Wasseransammlungen ermöglicht. Aus den Eiern schlüpfen freibewegliche Larven, Nauplius genannt. Sie besitzen zunächst nur 3 Paar, den 1. und 2. Antennen sowie den Oberkiefern entsprechende Mundgliedmaßen. Im Laufe mehrerer Häutungen — 12 wurden schon gezählt — deren zeitliche Folge in hohem Maße von der Wassertemperatur abhängt, werden die restlichen Gliedmaßen und die endgültige Körperform herausgebildet.

Muschelkrebse (Ostracoda)

Weit über 1000 Arten von Muschelkrebsen leben im Meer, nur etwa 100 im Süßwasser Nord- und Mitteleuropas. Hier gibt es allerdings wohl kaum einen Gewässertyp, in dem die winzigen Krebschen mit der muschelartigen, zweiklappigen Schale fehlen. Die Mehrzahl der Arten findet sich zweifellos in pflanzenreichen Weihern. Aber bestimmte Formen sind auch für Tümpel, Quellen, Grund- und Höhlengewässer, für Kleinstgewässer aller Art, ja sogar für Salzgewässer und rasch fließende Bäche kennzeichnend. Die meisten Muschelkrebse sind Bodenbewohner. Sie kriechen und klettern auf dem Grund der Gewässer und dem Gewirr der Wasserpflanzen umher. Die Kletterformen besitzen an den 2 Antennen Spinndrüsen, mit deren Sekret sie sich auf glatten Blättern usw. festheften können. Einige Arten wühlen sich geradezu durch den Schlamm, viele können auch wenigstens kürzere Strecken recht gut schwimmend zurücklegen. Als Schwimmorgane dienen die beiden Antennenpaare. Das 1. Paar schlägt sehr schnell rückwärts, das 2. Paar bauchwärts nach hinten, und die resultierende Kraft aus diesen beiden entgegengesetzten Bewegungen treibt das Tier in gerader Linie voran. Verwesende Stoffe, meistens abgefallene Blätter und Tierleichen bilden die Hauptnahrung der Muschelkrebse. Über die Fortpflanzung wissen wir im einzelnen noch recht mangelhaft Bescheid. Bei manchen Arten treten stets Männchen und Weibchen auf, andere vermehren sich durch Jungfernzeugung. Alle legen Eier ab, und zwar einzeln oder zu kleinen Gelegen vereinigt. Die doppelschaligen Eier machen vor Beginn der Keimentwicklung erst eine Ruheperiode durch. Die ausschlüpfende Larve hat bereits eine zweiklappige Schale, aber nur 3 der späteren 7 Gliedmaßenpaare. Sie häutet sich unter ständigem Wachstum und entsprechender Gestaltsänderung bis zur Geschlechtsreife mehrmals. Bei einer genau untersuchten Art wurden 9 Häutungen festgestellt. Erstaunlich ist die Widerstandsfähigkeit der Muschelkrebse. Bei vielen Arten vermögen nicht nur die Eier, sondern auch die Larven und erwachsenen Tiere, die dann ihre Schale zusammenschließen, außerordentlich lange Zeiten in ihren ausgetrockneten oder ausgefrorenen Wohngewässern ohne Schaden auszuharren. Gewisse Arten treten in erwachsenem Zustand nur im Frühjahr, andere ausschließlich im Sommer und wieder andere während des ganzen Jahres auf, so daß man von Frühjahrs-, Sommer- und Dauerformen spricht.

Wasserasseln (Isopoda)

Im Meer leben zahlreiche Arten von Wasserasseln; in den heimischen Gewässern kommt lediglich die Gattung *Asellus* mit 3 Arten vor. Unser *Asellus aquaticus* stellt keine großen Ansprüche an die Beschaffenheit seines Wohngewässers. Es darf nur keine zu heftige Strömungsgeschwindigkeit aufweisen und muß verwesende Stoffe, die den Tieren als Nahrung dienen, enthalten. Wo diese Bedingungen erfüllt sind, sieht man die Tiere häufig auf dem Boden kriechen oder langsam an Wasserpflanzen hinaufklettern. Sie können aber auch ganz behend schwimmen. Bei der Paarung setzt sich das bedeutend größere Männchen etwa 8 Tage lang auf dem Rücken des Weibchens fest. Zur eigentlichen Begattung legen sich die beiden Partner mit den Bauchseiten aneinander. Während des ganzen Jahres sind trächtige Weibchen anzutreffen. Ihre 4 vorderen Brustbeinpaare haben breite, bogenförmige Lamellen, die sich gegenseitig teilweise überdecken und so unter dem Bauch des Tieres einen abgeschlossenen Raum schaffen. In diesen Brutsack werden die Eier abgelegt, und die Jungen, die beim Schlüpfen aus dem Ei nur 3 Gliedmaßenpaare aufweisen, so lange mitgeführt, bis sie außer der geringeren Körpergröße den erwachsenen Tieren gleichen. Hierzu werden je nach der Höhe der Wassertemperatur 3 bis 6 Wochen benötigt. Gewöhnlich bringt ein Weibchen nach einer Paarung etwa 50 Eier zur Entwicklung. Es kann während seines Lebens wiederholt trächtig werden.

Verletzte Bein- und Fühlerglieder stoßen die Wasserasseln häufig ab und regenerieren sie in kürzester Frist.

Flohkrebse (Amphipoda)

Die Heimat der Flohkrebse ist das Meer, das sie mit zahlreichen Arten in allen Zonen und Tiefen bewohnen. Die wichtigste Familie unserer Binnengewässer ist die der *Gammariden* mit zahlreichen Gattungen. Unsere Flohkrebse besiedeln so ziemlich alle Gewässerarten; nur dürfen Sauerstoff- und Kalkgehalt nicht zu gering sein. Allerdings gehen sie selten über 2 m Wassertiefe hinab. Häufig halten sie sich unter hohlaufliegenden Steinen usw. auf. Ihre Bewegungen sind sehr lebhaft. Beim Schwimmen wird der Hinterleib abwechselnd nach vorn gegen die Bauchseite eingeschlagen und mit großer Kraft wieder gestreckt. Oft sieht man die Tiere in Seitenlage auf dem Boden rutschen, wobei die Brustbeine den Körper ziehen und schieben, während ihn der sich krümmende Hinterleib nach vorn stemmt. Die Hauptnahrung bilden lebende und verwesende Pflanzen, Detritus und Aas. Vor der Begattung klammert sich das beträchtlich größere Männchen etwa 8 Tage lang auf dem Rücken des Weibchens fest. Dieses besitzt am 2. und 4. Brustsegment jederseits breite Lamellen, die sich zwar gegeneinander neigen, aber nur mit ihren Randborsten zusammenstoßen. So wird auf der Bauchseite des Muttertieres ein vorn und hinten offenes Rohr gebildet, in dem die Eier abgelegt und befruchtet werden. Die Eizahl schwankt nach Alter, Ernährungszustand und Wohngewässer der Tiere zwischen rund 20 und über 100. Die Weibchen können während ihres Lebens 5- bis 10mal trächtig werden. Die aus den Eiern geschlüpften Jungen sind bereits fast völlig entwickelt. Bis zur Geschlechtsreife machen sie etwa 10 Häutungen durch, später während des Sommers alle 5 bis 7 Tage, im Winter viel seltener. Die Fortpflanzung erfolgt das ganze Jahr hindurch. Die Entwicklungszeit der Jungen beträgt im Sommer 2 bis 3 Wochen, im Winter dauert sie länger. In günstigen Gewässern kommt es oft zur Massenentwicklung: Mehr als 400 Stück/m² sind schon gezählt worden. Wichtige Forellennahrung.

Tafel 14
Wasserflöhe (Cladocera) (Fortsetzung)

88. Gemeiner Wasserfloh. *Daphnia pulex* (de Geer). ♀ (Familie Daphnidae) In Tümpeln, kleineren und mittleren stehenden Gewässern. Durchsichtig, grünlich, gelblich oder rötlich. Lg. ♀ 3—4 mm, ♂ 1,0—1,5 mm. h. In Deutschland 6 Arten der Gattung

Tafel 14

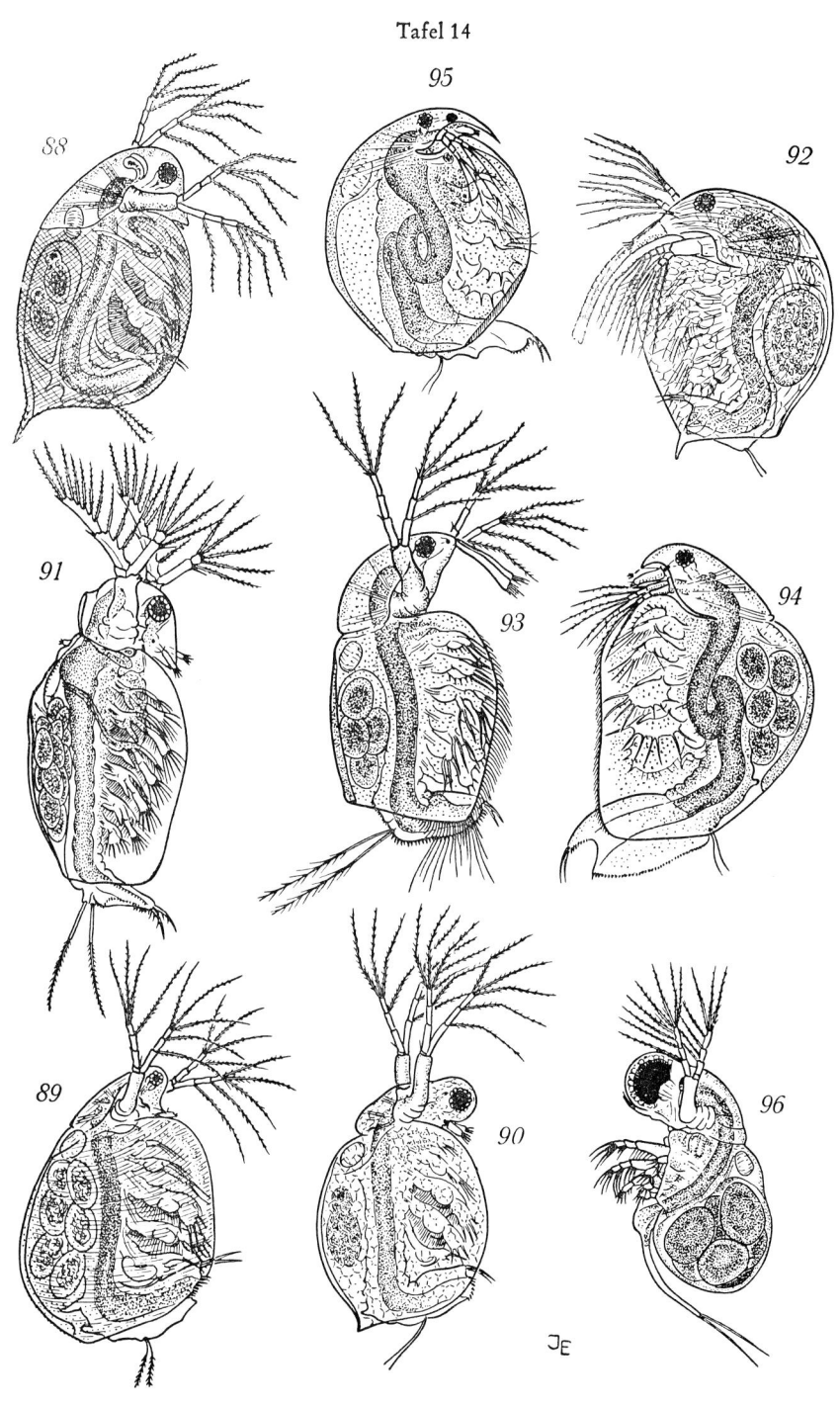

89. Plattköpfchen. *Simocephalus vetulus* (O. F. M.) ♀ (Familie Daphnidae)
    Im Ufergürtel pflanzenreicher Gewässer. Farbe ♀ dunkelgrün oder braun. Lg. ♀ 2—3 mm, ♂ 1 mm. Schwimmt schnell, oft mit dem Rücken nach unten, meist nicht hüpfend; heftet sich an Pflanzen an. h. In Deutschland 4 Arten der Gattung

90. Wabenwasserfloh. *Ceriodaphnia quadrangula* (O. F. M.) ♀ (Familie Daphnidae)
    In Weihern und Seen, Freiwasserform. Lg. ♀ 0,6—0,8 mm, ♂ etwa 0,6 mm. h. In Deutschland 6 Arten der Gattung

91. Kristallwasserfloh. *Sida cristallina* (O. F. M.) ♀ (Familie Sididae)
    Im Uferbereich stehender Gewässer zwischen den Pflanzen. Sehr durchsichtig. Lg. ♀ 3—4 mm, ♂ 2 mm. Heftet sich mit seinem Nackenhaftorgan an Wasserpflanzen an; schwimmt schnell. Nur 1 Art. h

92. Rüsselkrebschen. *Bosmina longirostris* (O. F. M.) ♀ (Familie Bosminidae)
    Im freien Wasser der Uferzone von Weihern und Seen, auch im Plankton. Lg. ♀ 0,4—0,6 mm, ♂ 0,4 mm. h. In Deutschland 2 Arten der Gattung

93. *Acantholeberis curvirostris* (O. F. M.) ♀ (Familie Macrothricidae)
    Vorwiegend in Moorgewässern. Grünlich, grüngelb. Lg. ♀ 1,0—1,7 mm, ♂ 0,7 mm. Nur 1 Art. z

94. *Eurycercus lamellatus* (O. F. M.) ♀ (Familie Chydoridae)
    In der Pflanzenregion von Weihern und Seen. Bauch fast gerade! Lg. ♀ bis 6 mm, ♂ bis 1,3 mm. Schwimmt gut, heftet sich an Pflanzen an. h. In Deutschland 2 Arten der Gattung

95. Linsenkrebs. *Chydorus sphaericus* (O. F. M.) ♀ (Familie Chydoridae)
    In nahezu allen stehenden Gewässern. Häufigster Wasserfloh. Farbe sehr verschieden. Lg. ♀ 0,3—0,5 mm, ♂ 0,2—0,4 mm. In Deutschland 7 Arten der Gattung.

96. Kleiner Raubwasserfloh. *Polyphemus pediculus* L. ♀ (Familie Polyphemidae)
    In der Uferregion von Weihern und Seen, seltener im Plankton, auch in Moorgewässern. Lg. ♀ 1,4—1,6 mm, ♂ 0,9 mm. Nur 1 Art. z.

Tafel 15

1. Ruderfüßer (Hüpferlinge, Copepoda) (S. 126)

97. *Diaptomus* sp. ♀ (Familie Diaptomidae)
    Zahlreiche Arten, die heute z. T. als selbständige Gattungen aufgefaßt werden. Bewohner des freien Wasserraumes in Weihern und Seen. 1. Fühler mit 24 bis 25 Gliedern. ♀ n u r 1 E i e r s ä c k c h e n. Lg. der häufigsten Arten: ♀ etwa 2—4 mm, ♂ 2—3 mm

98. Hüpferling. *Cyclops* sp. ♀ (Familie Cyclopidae)
    Zahlreiche Arten. Färbung artverschieden. Meist im Pflanzengürtel stehender Gewässer. 1. Fühler mit 8—17 Gliedern. ♀ m i t 2 E i e r s ä c k c h e n. Lg. der häufigsten Arten: ♀ etwa 2—3 mm, ♂ 1,5 mm. Jedoch auch kleinere Arten

Tafel 15

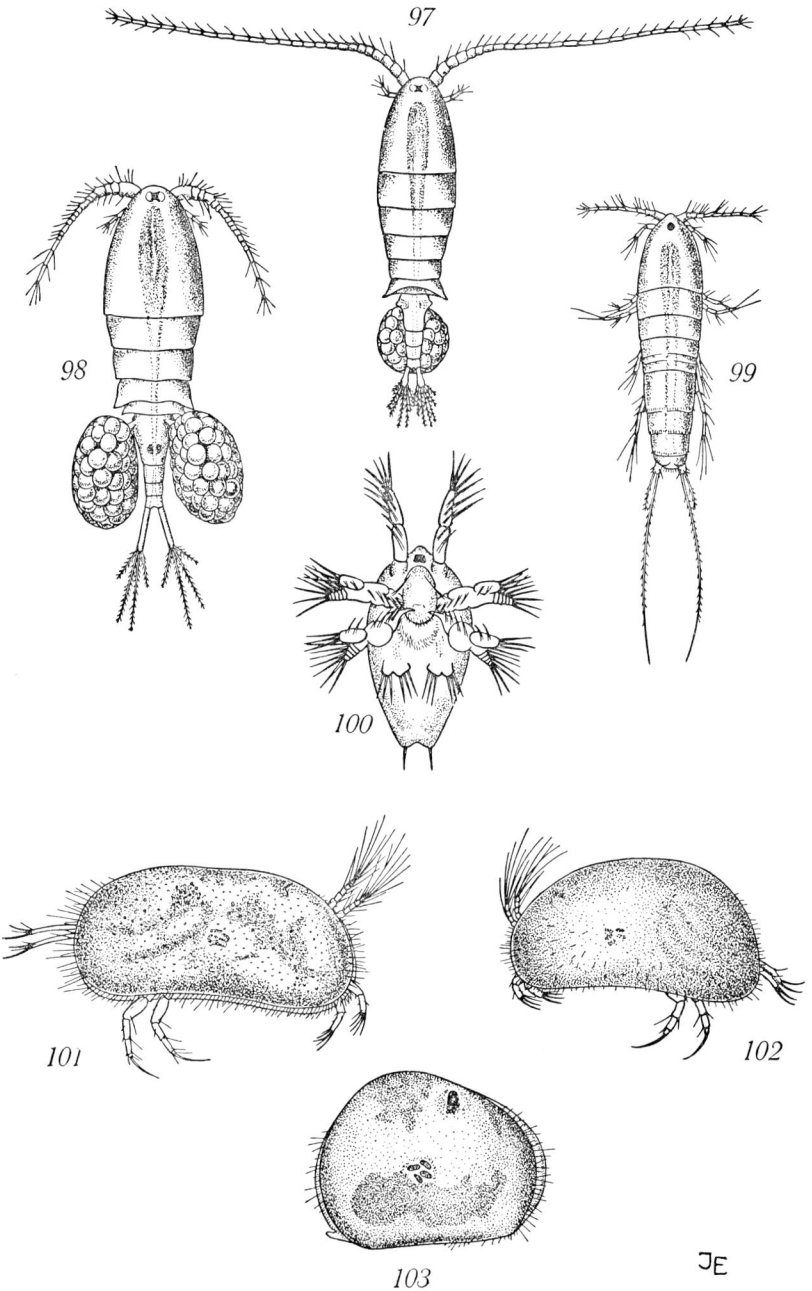

99. *Canthocamptus* sp. ♀ (Familie Canthocamptidae)
   Zahlreiche einander recht ähnliche Gattungen und Arten. Lg. der häufigsten Arten: ♀ etwa 0,6—0,8 mm, ♂ 0,4—0,6 mm

100. Nauplius-Larve der Ruderfüßer S. 127

2. Muschelkrebse (Ostracoda) (S. 127)

Die Bestimmung der zahlreichen heimischen Muschelkrebse richtet sich in 1. Linie nach der Gestalt der Beborstung der Gliedmaßen, ist äußerst schwierig und nur gut eingearbeiteten Spezialisten möglich. Nähere Diagnosen zu geben, ist daher hier zwecklos. Man muß sich mit der Feststellung, daß man einen Muschelkrebs vor sich hat, begnügen. Hier sind, lediglich als Beispiele, 3 der häufigsten Arten abgebildet:

101. *Herpetocypris reptans* (Baird)

102. *Candona candida* (O. F. M.)

103. *Notodromas monacha* (O. F. M.)

Tafel 16

Wasserasseln (Isopoda) (S. 127)

104. Wasserassel. *Asellus aquaticus* (L.). (Familie Asellidae)
   Lebensweise S. 111. Schmutzig-graubraun, bisweilen leicht violett, mit helleren Flecken. Augen vorhanden, deutlich pigmentiert. Lg. ♀ 8 mm, ♂ 12 mm

105. Höhlenassel. *Asellus cavaticus* Schiödte. (Familie Asellidae)
   In Brunnen, Höhlen, Grundwasser. Weißlich, durchscheinend. Lg. 5—8 mm. Augenlos

2. Flohkrebse (Amphipoda) (S. 128)

106. Flohkrebs. *Rivulogammarus pulex* (L.) (Familie Gammaridae)
   In fließenden Gewässern. Weißlich, grünlich, gelblich. Lg. ♂ bis 20 mm, ♀ etwa 15 mm

107. Flußflohkrebs. *Rivulogammarus roeselii* (Gervais). (Familie Gammaridae)
   In stehenden (besonders an Seeufern unter Steinen) und fließenden Gewässern. Graubraun bis gelbbraun. Lg. ♂ bis 20 mm, ♀ kleiner

108. Höhlenflohkrebs. *Niphargus puteanus* (Koch). (Familie Gammaridae)
   In Brunnen, Quellen, Höhlen, Grundwasser. Weißlich, durchscheinend. Lg. ♂ bis 30 mm, ♀ 10—18 mm. In Deutschland mehrere Arten der Gattung. Die Niphargen sind Nachkommen von Meeresformen, die über das Grundwasser in die Oberflächengewässer einwandern.

Tafel 16

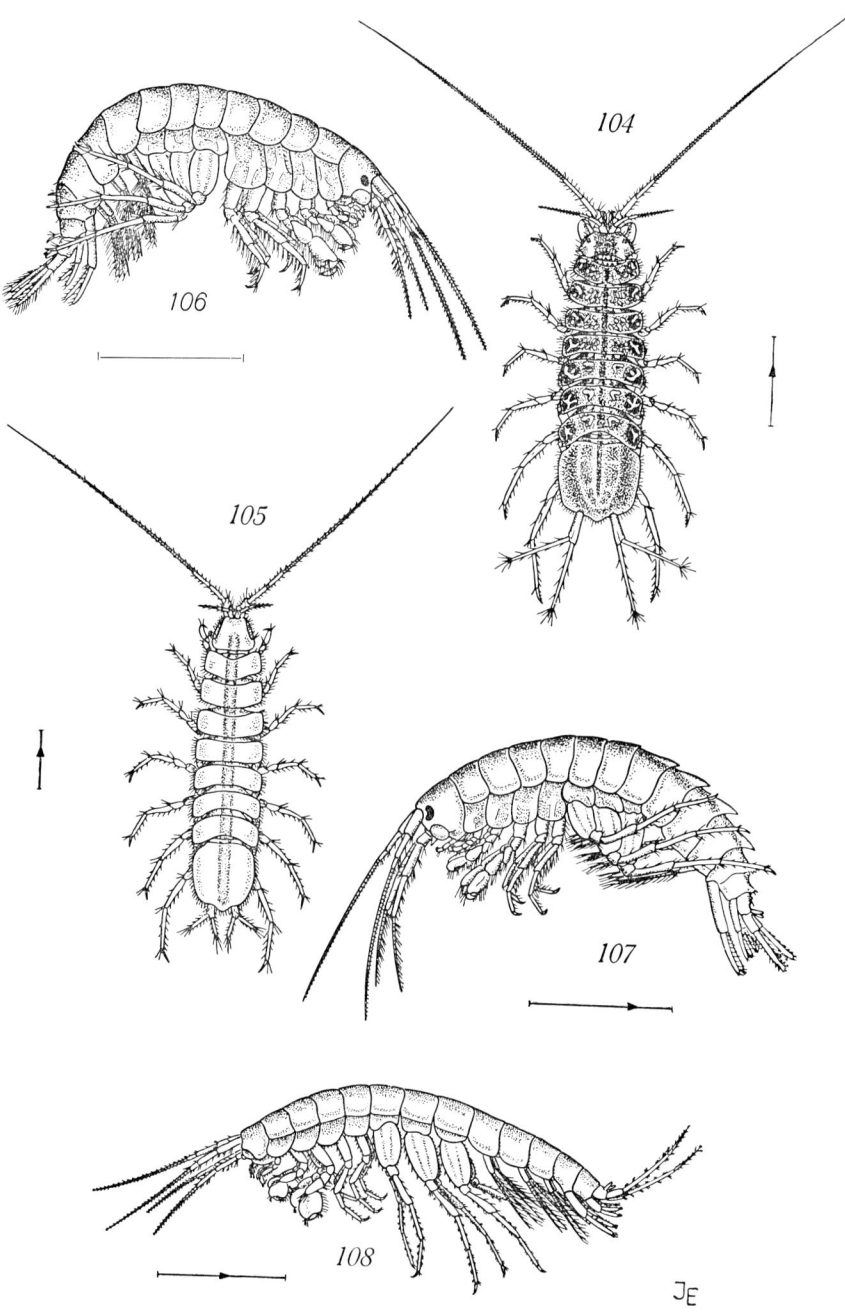

Flußkrebse (Potamobiidae)

Die überwiegende Mehrzahl der zehnfüßigen Krebse (Decapoda) lebt im Meer. In den mitteleuropäischen Binnengewässern sind nur je 2 Arten der Gattungen *Astacus* und *Austropotamobius* heimisch, zu denen noch der nahe verwandte und sehr ähnliche, aus Nordamerika eingeführte *Orconectes limosus* kommt sowie die Wollhandkrabbe *(Eriocheir sinensis)*, die aus Ostasien eingeschleppt worden ist und in kurzer Frist alle großen, nach der Nord- und Ostsee entwässernden Ströme besiedelt hat. Wir wollen hier lediglich einen kurzen Blick auf die Lebensweise der Flußkrebse werfen. Von ihnen sind in Deutschland allerdings nur *Astacus astacus* und — im Süden — *Austropotamobius torrentium* verbreitet, wogegen *Austropotamobius pallipes* und *Astacus leptodactylus* höchstens noch die Grenzgebiete erreichen. Die Unterscheidung dieser einander sehr ähnlichen Arten ist nicht allzu leicht; am leichtesten ist sie bei erwachsenen Männchen. Sie richtet sich hauptsächlich nach Ausmaß und Gestalt des Brustpanzers und des Stirnstachels. *Astacus leptodactylus* zieht im allgemeinen stehende Gewässer, die anderen 3 Arten fließende vor. Doch ist für das Vorkommen unserer Flußkrebse in den verschiedenen Gewässern nicht deren Strömungsgeschwindigkeit entscheidend, sondern die Tatsache, ob geeignete Schlupfwinkel, wie überhängende Uferböschungen, hohlaufliegende Steine usw., vorhanden sind oder nicht. Als echte Dämmerungs- und Nachttiere halten sie sich nämlich tagsüber gern in solchen Verstecken auf. Gewöhnlich kriechen oder „schreiten" sie unter Verwendung der Brustbeinpaare 2—4 langsam auf dem Gewässergrund dahin. Bei Störungen schwimmen sie stoßartig und rückwärts, wozu sich der Hinterleib blitzschnell und kraftvoll nach vorn gegen den Bauch einschlägt. Sie sind Allesfresser. Die Nahrung wird hauptsächlich bei Dunkelheit aufgenommen und besteht aus lebenden Würmern, Wasserinsekten, Schnecken, Muscheln, Lurchen, gelegentlich auch aus Fischen. Aas jeglicher Art und bisweilen selbst aus Wasserpflanzen. Die Beute wird mit den großen Scheren des 1. Brustbeinpaares ergriffen, mit den kleineren des 2. und 3. Paares zerschnitten und schließlich durch die 3 Paar Kieferfüße den Mundwerkzeugen zugeführt.

Normalerweise paart sich der Flußkrebs im späten Oktober und November. Bei der Begattung packt das Männchen das Weibchen mit den großen Scheren und wirft es gewaltsam auf den Rücken. Dann setzt es seine Samenflüssigkeit auf die Brust des Weibchens ab, formt aus der Samenmasse mit Hilfe der Begattungswerkzeugen umgeformten zwei ersten Beinpaare des Hinterleibes etwa 1 cm lange Würstchen und klebt diese in der Nähe der Geschlechtsöffnungen des Weibchens sowie auf dessen Schwanzfächer an. Wenige Tage später legt das Weibchen die Eier ab, wobei es sich auf den Rücken dreht, den Hinterleib nach vorn krümmt und so mit seinem Körper einen kammerartigen Raum bildet. Die befruchteten Eier werden an den Hinterleibsgliedmaßen angeheftet und an diesen ein halbes Jahr mit herumgetragen; so lange dauert nämlich die Keimentwicklung. Im nächsten Mai oder Juni schlüpfen die Jungen. Sie haben einen kugelartig aufgetriebenen Vorderkörper und einen sehr dünnen Hinterleib, im allgemeinen aber schon den Körperbau der Alttiere. Bis zur 1. Häutung, nach ungefähr 10 Tagen, klammern sie sich mit ihren Scheren noch am Hinterleib der Mutter fest und werden erst dann selbständig.

Die Eizahl schwankt je nach Art und Alter der Tiere zwischen 10 und mehreren 100. Zur völligen Entwicklung gelangt aber selten mehr als ein Drittel der Eier. Unser Flußkrebs häutet sich im 1. Lebensjahr 8mal, im 2. 5mal, im 3. 3mal, nach Erreichung der Geschlechtsreife im 4. nur noch einmal jährlich. Bei der Häutung entsteht zunächst ein Querriß zwischen Kopfbrustteil und Hinterleib. Die Panzer dieser beiden Körperhälften werden je als Ganzes abgestreift und später aufgefressen. Die Erhärtung der

Tafel 17

neuen Körperhaut dauert rund 8 Tage. Währenddessen ist der weichhäutige „Butterkrebs" besonders gefährdet; er kann nicht fressen und verläßt seinen Unterschlupf niemals freiwillig.

Da unsere heimischen Krebsbestände durch die Krebspest, deren Erreger der zu den *Saprolegniaceen* gehörende Pilz *Aphanomyces astaci* ist, um die Jahrhundertwende schwer gezehntet worden waren, wurde damals der oben erwähnte nordamerikanische *Orconectes limosus* bei uns eingebürgert. Er ist gegen diese Seuche immun. Die Männchen dieser Art haben am Grunde des 2. Gliedes des 3. Brustbeines einen Haken, der der Gattung *Astacus* fehlt.

Wasserspinne (*Argyroneta aquatica*)

Von allen bekannten Spinnenarten kann nur die Wasserspinne ihr ganzes Leben im Wasser zubringen. Trotzdem ist sie in ihrem Körperbau in erstaunlich geringem Maß an diesen Lebensraum angepaßt. Erst genaue Untersuchungen haben gezeigt, daß ihr Tracheensystem feiner verzweigt und ihr Spinnapparat vollkommener ausgebildet ist als bei allen anderen Spinnenarten. Schließlich hat sie ein besonders dichtes Haarkleid, das aus zwei Schichten ungleich langer, gefiederter Haare besteht. Sie kommt in stehenden Gewässern verschiedenster Art vor, bevorzugt aber in vielen Gegenden Moorweiher, Torfstiche und Gräben. Während der warmen Jahreszeit streckt sie oft ihren Hinterleib weit über die Wasserfläche hinaus, um frische Luft in ihr Tracheensystem aufzunehmen. Mit ihren Spinnfäden webt sie unter Wasser glockenförmige Netze, die meist durch besondere Halteetaue an Wasserpflanzen befestigt und mit Luft gefüllt sind. Die Luft wird in Form von einzelnen Blasen, die den Hinterleib des Tieres silberglänzend umhüllen, von der Oberfläche geholt. Dazu streckt die Spinne nur das Hinterleibsende mit den Spinnwarzen über das Oberflächenhäutchen hinaus und grenzt mit den kreuzweise über Rücken und Bauch abgeknickt gehaltenen Beinen des 4. Beinpaares eine kleine Luftmenge ab. Diese wird, wenn sich das Tier dann ruckartig mit dem 3. Beinpaar von der Oberfläche abstößt, mit in die Tiefe gerissen. Es gibt mehrere Arten von Glocken. Am häufigsten findet man Ernährungs- und Sommerglocken, in denen die Wasserspinne wohnt, ihre Beute frißt, und in der sich auch die Paarung abspielt. Die Nahrung der Wasserspinne besteht, je nach ihrem Alter, aus Kleinkrebsen, Wasserasseln und Larven verschiedener Wasserinsekten. Die Spinne trägt das Beutetier fast immer in ihre Wohnglocke, überträufelt es dort mit einem eiweißlösenden Sekret ihrer Verdauungsdrüsen und saugt den so gebildeten Nahrungsbrei auf. Zur Häutung, welche die Wasserspinne während ihres Lebens wiederholt durchmacht, baut sie meist eigene, besonders dichte Häutungsglocken. Die paarungsreifen Männchen weben kleine, längliche Spermaglocken, die ein quer zu ihrer Längsachse etwa in ihrer Mitte befestigtes Gespinstband haben. Auf dieses Band setzt das Männchen seine Samenflüssigkeit ab, tupft sie von dort mit den Palpen auf und begibt sich dann auf die Suche nach einem Weibchen. Nach der Begattung in der Wohnglocke des Weibchens webt dieses gewöhnlich eine Eiglocke, die meist nur wenig unterhalb des Wasserspiegels angelegt wird. Sie ist in 2 Räume eingeteilt. Im oberen liegen die Eier, 20—100 an der Zahl, im unteren sitzt die Mutter. Sie bewacht ihr Gelege, tarnt die Eiglocke mit Algen und versorgt sie häufig mit frischer Luft. Die Eiablage findet im Hochsommer statt. Die Jungen schlüpfen nach 2—3 Wochen und bleiben hierauf noch etwa einen Monat in ihrer Kinderstube. Wie sie sich während dieser Zeit ernähren, ist unbekannt. Übrigens werden nicht immer besondere Glockennetze gewebt; in vielen Fällen begnügen sich die Wasserspinnen damit, natürliche Hohlräume passender Größe in den Uferwänden, Baumstämmen usw. mit Gespinst auszukleiden. Die Überwinterung erfolgt teils frei im Wasser, wobei die den Hinterleib umgebende Luftblase als physiologische Kieme dient, teils in eigens gebauten Überwinterungsglocken. Schließlich, was vorzugsweise für jüngere Tiere zu gelten scheint, auch in leeren Gehäusen von Wasserschnecken. Diese treiben, von den Spinnen mit Gewebe ausgelegt und mit Luft gefüllt, an der Wasseroberfläche und können dort auch ohne Schaden für ihre Bewohner einfrieren.

Wassermilben (Hydracarina)

Die Wassermilben sind vom Land in das Wasser eingewandert, und zwar zum überwiegenden Teil — mehr als 30 Familien mit zahlreichen Arten — in die Binnengewässer. Dort haben sie — mit Ausnahme stark verschmutzter Gewässer, rasch austrocknenden Lachen und pflanzenfreier Brandungsufer — nahezu alle Lebensräume besiedelt. Viele Arten können als Charakterformen bestimmter Gewässertypen gelten. Merkwürdigerweise sind sie in ihrem Körperbau — die Erwachsenen sind sofort an dem ungegliederten Leib und den 4 Beinpaaren zu erkennen — nur unbedeutend an das Wasserleben angepaßt. Sie haben z. B. keine Kiemen entwickelt. Entprechend der Lebensweise sind auch die Beine verschieden gestaltet. Die der Bachbewohner haben meist große Klauen und steife Borsten zum Festklammern; die Beine der freischwimmenden Stillwasserformen sind wenigstens z. T. mit dichten Säumen feiner Schwimmhaare besetzt; Bodenarten haben typische Kriechbeine. Alle Wassermilben sind Raubtiere. Die Beute besteht hauptsächlich aus Kleinkrebsen verschiedenster Art (Muschelkrebse, Wasserflöhe, Hüpferlinge) und weichhäutigen Larven von Wasserinsekten, wie von Zuckmücken, Eintagsfliegen u. a. Sie wird mit den Palpen, gegliederten Anhängen der Mundgliedmaßen, gepackt, mit den Freßwerkzeugen angestochen und ausgesaugt. Nur der flüssige Inhalt des Beutetieres wird von der Milbe aufgenommen; die ausgesaugte Haut läßt sie fallen. Die Wassermilben haben ein Tracheensystem, also ein System verzweigter feinster Röhren, die den Sauerstoff an alle Organe heranbringen. Es öffnet sich nach außen durch 2 Stigmen, die auf dem Mundorgan liegen und in 2 Luftkammern führen. In diese münden die Hauptstämme des Tracheensystems ein. Ihre Enden sind von einer gemeinsamen dünnen Membran umschlossen, durch die der Sauerstoff aus dem Wasser in das Atemsystem diffundiert. Die Wassermilben kommen also nicht zum Luftschöpfen an die Oberfläche. Alle Hydracarinen sind getrenntgeschlechtlich und legen Eier ab, die sie, einzeln oder zu mannigfach geformten Gelegen vereinigt, an Wasserpflanzen oder Steinen befestigen. Die Zahl der roten, gelben und bräunlichen Eier schwankt je nach Art zwischen einem einzigen und nahezu tausend. Die Entwicklung ist sehr verschiedenartig, nicht nur bei den einzelnen Familien, sondern auch von Gattung zu Gattung. In den allermeisten Fällen ist sie zudem noch gar nicht oder nur unvollständig erforscht. Nur wenig läßt sich mit Sicherheit sagen. Gewöhnlich muß die junge Milbe bis zur Geschlechtsreife 6 Entwicklungsstufen durchlaufen. Im Eistadium wird unter der ursprünglichen Eihülle zunächst eine 2. Eihaut gebildet, innerhalb der sich erst der Keimling entwickelt. Die aus dieser Haut auskriechende Junglarve stellt das 1. Larvenstadium dar, das kennzeichnenderweise nur 3 Beinpaare besitzt. Die Junglarve muß sich nun an einem geeigneten Wirtstier, von dessen Blut sie schmarotzt, ansaugen. Die Larven mancher Arten kommen an die Wasseroberfläche und befallen dort Wasserläufer oder Mücken. Andere heften sich an die Larven oder Puppen von Mücken, Eintagsfliegen, Libellen usw. an und wandern bei der Verwandlung von der Larven- bzw. Puppenhaut auf das Vollinsekt über. Wieder andere saugen sich an dauernd im Wasser lebenden Insekten an, z. B. Schwimmkäfern oder Wasserwanzen. Die Schmarotzerstufe kann auch völlig fehlen. Im Normalfall bildet der kleine Parasit jedoch nach einiger Zeit seine Beine zurück und wächst zu einem bewegungslosen sackartigen Gebilde, dem 1. Puppenstadium heran (3. Stufe). Aus diesem entsteht (als 4. Stufe) das 2. Larven- oder Nymphenstadium, das abgesehen von der unvollständigen Ausprägung der Geschlechtsorgane völlig den erwachsenen Milben gleicht und auch schon 4 Beinpaare wieder bewegungsloses 2. Puppenstadium. Aus diesem schlüpft das geschlechtsreife hat. Die Nymphe schwimmt kurze Zeit frei umher und verwandelt sich dann in ein Tier. Die Gesamtentwicklung sowie die Einzelstufen sind sehr verschieden lang. Sowohl Larven als auch Erwachsene werden als Überwinterungsformen beobachtet.

Tafel 18

Spinnentiere (Arachnoidea)

109. 1. Wasserspinne. *Argyroneta aquatica* (Clerck.). (Familie Argyronetidae)
Gesamtfärbung braun. Augenstellung: Abb. 33
Bestachelung des Metatarsus (das nach dem Unterschenkel folgende Fußglied) des 1. Beinpaares:
Abb. 34 Lg. ♀ 8—9 mm, ♂ 10—15 mm. Lebensweise S. 136

Abb. 33. Augenstellung von *Argyroneta aquatica*, von oben. Abb. 34. Metatarsus der Vorderbeine von *Argyroneta aquatica*. 3 Stachelpaare!

2. Wassermilben. *Hydracarina* (S. 137)
Die zahlreichen Arten der heimischen Wassermilben sind für den, der sich nicht sehr eingehend mit dieser außerordentlich schwierigen Gruppe beschäftigt hat, völlig unbestimmbar. Da jedoch die oft schön gefärbten und gezeichneten Tiere dem Naturfreund beim „Tümpeln" immer wieder auffallen, wollen wir den Versuch wagen, wenigstens die allerhäufigsten Gattungen der Wassermilben aus stehenden und langsam fließenden, pflanzenreichen Gewässern vorzustellen. Die Quell- und Bachbewohner müssen wegen ihrer Kleinheit hier von vorneherein unberücksichtigt bleiben. Abbildungen der Gesamtkörperform helfen wenig zur Bestimmung. Wir sind daher hier von der sonst in diesem Naturführer angewandten „Bilderbuchmethode" abgewichen und bringen eine durch Teilbilder erläuterte Bestimmungstabelle, die wir dem liebenswürdigen Entgegenkommen des Altmeisters der Wassermilbenkunde, Herrn Dr. Karl V i e t s , Bremen, verdanken. Lediglich 3 Gattungen sind abgebildet, um eine Vorstellung der Gesamtkörperform zu geben. Die Größe beträgt 1 bis einige mm.

110. *Hydrodroma* sp.

111. *Unionicola* sp.

112. *Arrenurus* sp. ♂

Tafel 18

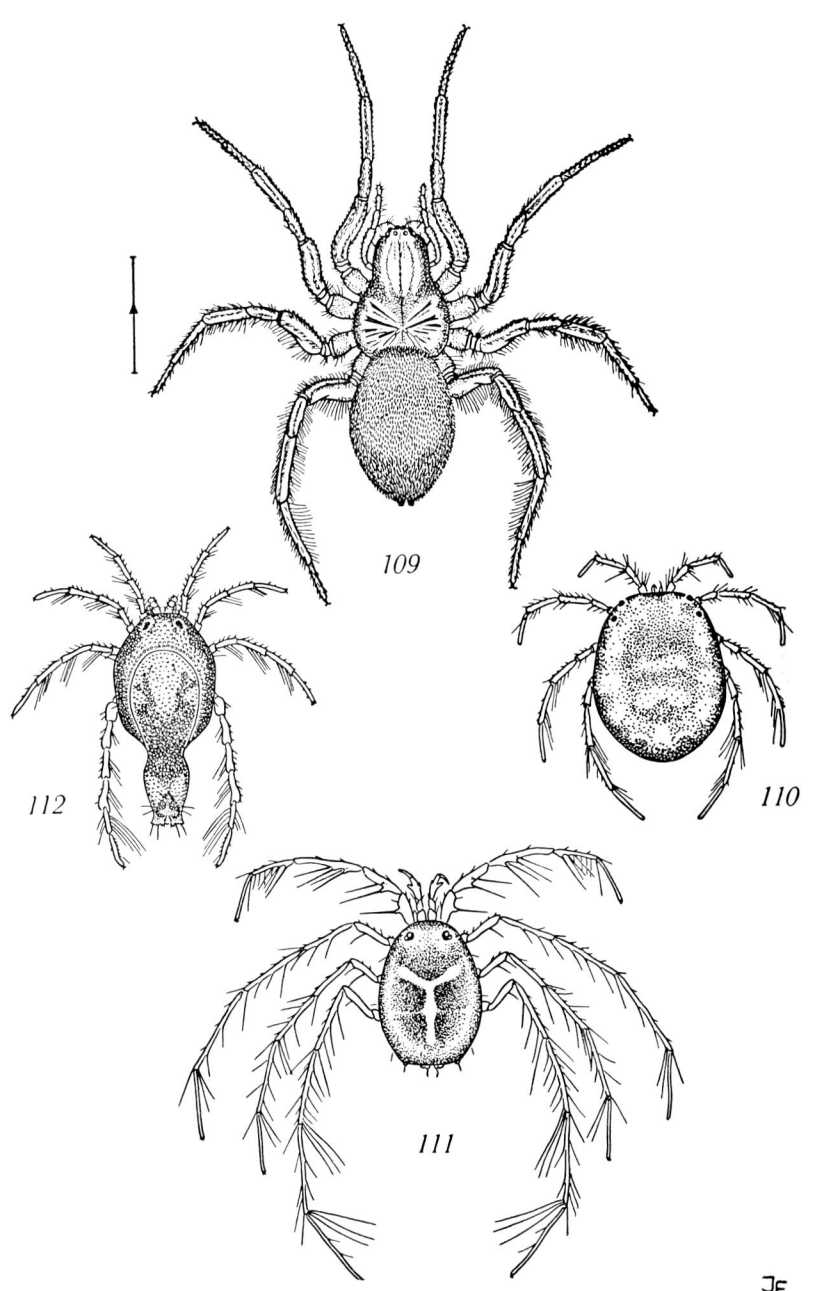

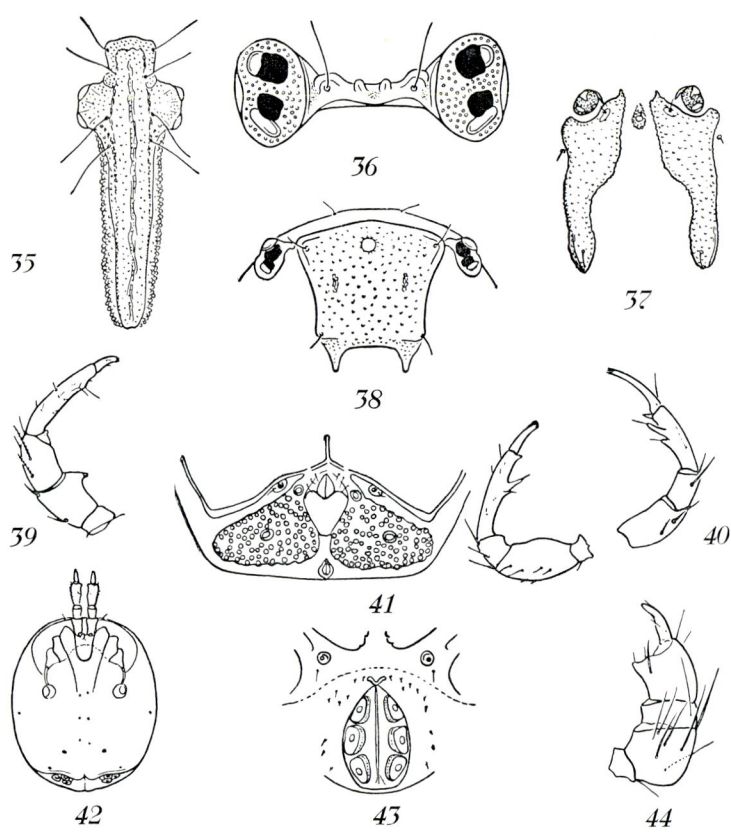

35: *Limnochares aquatica* (L.), Rückenplatte des ♀; 36: *Eylais hamata* Koen., Augenbrille des ♂; 37: *Hydrachna globosa* (de Geer), Rückenplatten und Augen des ♂; 38: *Hydryphantes ruber* (de Geer), dorsales Stirnende mit Rückenschild und Augen des ♂; 39: *Limnesia maculata* (Müll.). Kiefertaster des ♀ in Seitenlage; 40: *Unionicola crassipes* (Müll.), linker Kiefertaster des ♀; 41: *Piona longipalpis* (Krend), Genitalorgan und Kiefertaster des ♂; 42: *Brachypoda versicolor* (Müll.), Bauchseite des ♀; 43: *Mideopsis orbicularis* (Müll.), Genitalorgan des ♀; 44: *Arrenurus integrator* (Müll.), rechter Kiefertaster des ♂

Bemerkung: Die Zeichnungen wurden nach Präparaten von Herrn Dr. K. V i e t s sowie nach Abbildungen in K. V i e t s , Wassermilben in: Dahl, Die Tierwelt Deutschlands, Jena 1936, angefertigt.

Wassermilben aus stehenden und verkrauteten langsam fließenden Gewässern

1	(11)	Körper einfarbig rot, in der Regel größer als 2 mm	2
2	(16)	Körperdecke häutig oder lederartig, nicht hart gepanzert	3
3	(4)	Nicht schwimmend, nur langsam am Boden der Gewässer kriechend, Haut so weich, daß das Tier außerhalb des Wassers bewegungsunfähig zu einem toten Tropfen zusammenfällt *Limnochares*	
4	(3)	Tier ± geschickt schwimmend, außerhalb des Wassers formbeständig bleibend	5
5	(6)	Beim Schwimmen die 4. Beine schleppend getragen, Augen in der Stirnmitte gelegen *Eylais*	
6	(5)	Die 4. Beine beim Schwimmen nicht nachschleppend getragen, Augen an den Stirnseiten befindlich	7
7	(8)	Körper hochgewölbt, kugelig; Farbe meist braunrot; Mundorgan mit längerem, schmalem, abwärts gebogenem Rüsselteil *Hydrachna*	
8	(7)	Körper flacher gewölbt; Mundorgan ohne schmalen Rüsselteil	9
9	(10)	Zappelnd schwimmend; zwischen den Augen mit Chitinplatte; Haut lederartig *Hydryphantes*	
10	(9)	Rasch gleitende Schwimmer, leuchtend rot; Haut dünn; leicht verletzbar; ohne Chitinplatte zwischen den Augen, diese einzeln gelegen *Hydrodroma*	
11	(1)	Körperfarbe meist bunt, selten einfarbig rot; Körper in der Regel nicht größer als 1—2 mm	12
12	(13)	Die 4. Beine ohne Fußkrallen; Seitenaugen voneinander getrennt *Limnesia*	
13	(12)	Die 4. Beine mit Fußkrallen; Seitenaugen miteinander verwachsen	14
14	(15)	Die 1. Beine mit langen, an Höckern befestigten Borsten, Palpen mit abstehenden Zapfen am 4. Glied (auch in Muscheln lebend) *Unionicola*	
15	(14)	Die 1. Beine ohne solche Borsten *Piona*	
16	(2)	Körperdecke hart und spröde	17
17	(20)	Palpen am Ende ohne Zange	18
18	(19)	Körper klein, bis 1/2 mm groß, länglich *Brachypoda*	
19	(18)	Körper etwa 1 mm groß, fast kreisrund, recht flach *Mideopsis*	
20	(17)	Palpen am Ende mit Zangenbildung. Körper der ♀ ± kugelig, oft mit Hinterrandecken; Körper der ♂ mit „Schwanz"-Anhang, Ecken und Fortsätzen am Hinterende *Arrenurus*	

Stein- oder Uferfliegen (Plecoptera)

Mit den Fliegen haben die Steinfliegen nicht mehr zu tun als etwa die Schmetterlinge mit den Käfern. Sie bilden eine eigene Insektenordnung, die in Mitteleuropa etwa 125 Arten umfaßt. Ihre Jugendentwicklung durchlaufen sie im Wasser, und zwar mit wenigen Ausnahmen in fließenden Gewässern. Von den bei oberflächlicher Betrachtung etwas ähnlichen Larven der Eintagsfliegen sind die der Steinfliegen leicht zu unterscheiden: Sie haben 3gliedrige Füße mit je 2 Klauen und s t e t s nur 2 Cerci (lange fadenförmige, gegliederte Anhänge des Hinterleibs), die Eintagsfliegenlarven aber eingliederige Füße mit je 1 Kralle und, von der einzigen heimischen Gattung *Epeorus* abgesehen, 3 Schwanzfäden. Ihr hohes Sauerstoffbedürfnis erklärt die Vorliebe der Larven vieler Steinfliegen für schnellströmende, kalte, klare Bäche. Gegen Verschmutzungen jeglicher Art sind sie äußerst empfindlich. Um Schutz vor Abschwemmung zu finden, aber wohl auch wegen der fast allen Arten eigentümlichen Lichtscheu, halten sie sich gewöhnlich an der Unter- oder Leeseite hohl aufliegender Steine, im Genist oder im Dickicht überfluteter Wasserpflanzen auf. An diesen Stellen kriechen sie meist nur langsam umher; selten entschließen sie sich zum Schwimmen. Hierbei dienen die Beine als Ruder, während der Hinterleib die Schwimmbewegungen durch seitliches Hin- und Herschwingen unterstützt. Die Junglarven aller Arten nähren sich von Detritus. Die Nahrungsauswahl der älteren Larven ermöglicht ihre Einteilung in 3 Gruppen. Die Larven der kleineren Arten (z. B. der Gattung *Nemoura*) leben von Grün- und Kieselalgen sowie den verschiedensten weichen oder angefaulten Pflanzenresten. Die mittelgroßen Formen (wie z. B. der Gattung *Chloroperla*) fressen Kleintiere und pflanzliche Kost gleich gern. Die großen Arten (z. B. die *Perla*-Arten) sind die gefräßigsten Räuber unter den wirbellosen Tieren unserer Fließgewässer. Kein schwächeres Lebewesen, ob Rädertierchen, Kleinkrebs, Wurm oder Insektenlarve, ist vor ihnen sicher. Zur Auffindung der Beute sind die beiden großen Netzaugen von weit geringerer Bedeutung als die 2 langen, schlanken, gegliederten Fühler, die zahlreiche Tasthaare und -borsten sowie merkwürdige, als Geschmacks- oder Geruchsorgane aufgefaßte Kölbchen tragen. Die kleineren Arten begnügen sich mit Hautatmung; die großen haben zusätzlich noch fadenförmige Tracheenkiemen. Diese sind verzweigt oder einfach und sitzen, zu Büscheln vereinigt, bei den einzelnen Gattungen an verschiedenen Körperstellen: den Seitenwänden der Brustabschnitte, zwischen Schwanzfäden und After oder an den Hüften.

Die Dauer der Entwicklung ist erst bei wenigen Arten näher erforscht. Im allgemeinen gilt: Die kleinen Formen brauchen für die Entwicklung vom Ei bis zum geflügelten Vollinsekt etwa ein Jahr, die mittleren 1½ und die großen Arten 2 bis 3 Jahre. Gleichen schon die Junglarven sehr den erwachsenen Tieren, so gilt dies noch in höherem Maße für die älteren Larven, die durch ihre großen, dunklen Flügelscheiden kenntlich sind. Zur Verwandlung klettern sie ans Ufer. Die Haut platzt auf der Rückenseite der Brustabschnitte, und dann werden nach und nach Brust, Kopf und Hinterleib aus der Larvenhaut herausgezogen. Ein Puppenstadium gibt es also bei den Steinfliegen nicht. Mit der Verwandlung sind die Tiere geschlechtsreif geworden. Sie haben verkümmerte Mundwerkzeuge und nehmen keine feste Nahrung zu sich. Während ihres meist nur 4—6wöchigen Lebens zehren sie von den Fettvorräten, die sie als Larven in ihrem Körper aufgespeichert haben. Auch sie halten sich mit Vorliebe in halbdunklen Verstecken auf: an der Unterseite von Blättern, in den Ritzen von Baumborken, unter Brückengeländern. Sie sind recht kümmerliche Flieger und entfernen sich selten weiter als wenige Meter von den Wohngewässern der Larven. Bei Störungen rennen sie oft lieber davon als mit schwerfälligem, lautlosem Flatterflug in geringer Höhe und meist gerader Richtung abzustreichen. Bei der Begattung sitzt das Männchen n e b e n dem Weibchen, umklammert mit den Beinen einer Körperseite dessen Rücken und bringt dann seine Geschlechtsöffnung an die des Weibchens. Nach der Befruchtung trägt das Weibchen seine Eier, die mit klebrigem Sekret zusammengeballt sind, noch eine Zeitlang an der Unterseite seines Hinterleibsendes mit. Dann legt es sie in das Wasser ab. Dazu kriecht es am Ufer umher und taucht seinen Hinterleib in das Wasser. Ein Weibchen kann einige 100 bis ungefähr 2000 Eier erzeugen.

Eintagsfliegen (Ephemeroptera)

Auch die Eintagsfliegen gehören keineswegs zu den Fliegen oder Mücken. Sie bilden eine selbständige Insektenordnung, zu der in Mitteleuropa rund 80 Arten gehören. Ihre Larven leben im Wasser, und zwar sind die einzelnen Arten an recht verschiedene Gewässertypen angepaßt. Dies kommt in Körperbau und Lebensweise deutlich zum Ausdruck. 4 Artengruppen sind nach diesen Gesichtspunkten zu unterscheiden: Die g r a b e n d e n Formen (z. B. *Ephemera*-Arten) leben vorzugsweise in langsam fließenden Gewässern mit lehmigen Ufern und schlammbedecktem Boden sowie in der Uferzone von Seen. Dort graben sie im Gewässergrund oder in der Uferwand hart unter dem Wasserspiegel nach Maulwurfsart Gänge, die natürlich im weichen Schlamm jeweils sofort wieder hinter dem Tier zusammenstürzen. Als Bohrer dienen die dolchartigen Oberkiefer, als Schaufeln die abgeflachten Vorderbeine. In stehenden, pflanzenreichen Gewässern begegnen wir den s c h w i m m e n d e n Eintagsfliegenlarven (z. B. *Cloëon*-Arten). In Ruhe sitzen sie auf Blättern der Wasserpflanzen. Die langen, zumindest einseitig mit dichten Haarsäumen besetzten Schwimmborsten sind ihre wichtigsten Schwimmorgane. Sie werden nämlich zusammen mit den letzten Hinterleibsabschnitten kräftig auf- und abwärts geschlagen und treiben so den Körper vorwärts. Manche Arten dieser Gruppe können auch, gleich vielen Libellenlarven. Wasser in den Enddarm aufnehmen und plötzlich auspressen, so daß die Tiere durch den Rückstoß vorwärtsgeschnellt werden. Schnellströmende Bäche werden von den t o r r e n t i c o l e n Eintagsfliegenlarven bewohnt. Ihr abgeplatteter Körper ist ein Musterbeispiel für die Anpassung von Tieren an ihren Lebensraum. Diese lichtscheuen Larven sitzen fast stets auf der Unterseite von Steinen. Nach Krabbenart können sie auch schnell seitwärts laufen. Zum Schwimmen entschließen sie sich freiwillig wohl nie. Die langen, behaarten Schwanzfäden dienen bei ihnen als zusätzliche Haftorgane. K r i e c h e n d e Larvenformen kommen auf dem Grund recht verschiedenartiger Gewässer vor. Sie sind alle mit einem mehr oder weniger dichten Haarkleid bedeckt, in dem sich soviel Schlamm festsetzt, daß sie oft kaum wahrzunehmen sind.

Die meisten Eintagsfliegenlarven ernähren sich nach unseren heutigen Kenntnissen vom Algenbelag der Steine und Wasserpflanzen sowie von organischen Schlammteilchen. Die Atmung erfolgt durch dünnhäutige Tracheenkiemenblätter, die an beiden Seiten des Hinterleibes sitzen und bei den einzelnen Arten recht verschieden gestaltet sind. Die jüngsten Larven haben noch keine Kiemenblättchen; bei ihnen genügt Hautatmung. Die erwachsenen Larven erkennt man an den schwarzbraunen Flügelscheiden, die schon auf die ersten Hinterleibsabschnitte reichen. Unter der letzten Larvenhaut bildet sich die Körperdecke des geflügelten Insekts aus. Zwischen beiden Hautschichten sammelt sich immer mehr Luft, durch die das Tier schließlich einem Korken gleich an die Wasseroberfläche gehoben wird. Die Verwandlung vollzieht sich fast immer in den Abendstunden, bei manchen Arten auf dem Wasserspiegel, bei anderen an herabhängenden Zweigen oder aus dem Wasser ragenden Pflanzen, welche die Larven erklettert haben. An vorgebildeten Reißlinien platzt die Körperhaut auf. Das Schlüpfen samt der Entfaltung der 4 verhältnismäßig großen Flügel dauert meist nur wenige Sekunden, höchstens eine Minute. Das aus der Larvenhülle schlüpfende Tier ist aber noch nicht das geschlechtsreife Vollinsekt, sondern ein Vorstadium, die Subimago, die sich noch ein letztes Mal häuten muß, bevor das Tier die Geschlechtsreife erlangt. Das Subimagostadium dauert bei den verschiedenen Arten ungleich lange, zwischen einigen Minuten und ungefähr 30 Stunden. Die geschlechtsreifen Eintagsfliegen leben je nach der Art nur wenige Stunden, meist 2 bis 3 Tage, selten, und auch bei diesen Arten nur die Weibchen, 2 bis 3 Wochen. Ihre Beine sind so schwach, daß sie nur noch zum Sitzen, nicht aber zum Laufen taugen. Die verkümmerten Mundwerkzeuge gestatten keine Nahrungsaufnahme. Tagsüber sitzen die Tiere in Verstecken. Erst wenige Stunden vor Sonnenuntergang beginnt das Paarungsspiel. Hierzu finden sich die Männchen, oft in großen Schwärmen, zusammen und steigen, meist etwa an der gleichen Stelle, auf und nieder. Ungefähr in Mannshöhe beginnen die Männchen mit schrägaufgerichtetem Körper und schnellen Flügelschlägen aufzusteigen. In 8 bis 10 m Höhe halten sie inne und sinken mit ausgebreiteten Schwanzborsten und Flügeln langsam nach unten. Sobald ein Weibchen in den Schwarm fliegt, stürzen sich mehrere Männchen darauf. Das schnellste hängt sich mit dem Rücken nach unten und zusammengelegten Flügeln unter das Weibchen und umklammert mit seinen langen Vorderbeinen dessen Brust. Die Begattung ist vollzogen, noch ehe das absinkende Paar den Boden erreicht. Die Partner trennen sich alsbald. Das Männchen stirbt kurz darauf, und das Weibchen beginnt meist sofort mit der Eiablage, die in verschiedener Weise erfolgt. Die Weibchen mancher Arten fliegen dicht über dem Wasserspiegel dahin, tauchen von Zeit zu Zeit ihr Hinterleibsende ein und lassen dabei die Eier ins Wasser fallen. Andere, deren Larven schnell fließende Bäche bewohnen, kriechen an Pflanzen oder Steinen unter den Wasserspiegel hinab und kleben vermutlich ihre Eier an. *Cloëon dipterum* ist lebendgebärend. Die Eizahl je Weibchen schwankt bei den einzelnen Arten zwischen mehreren 100 und einigen 1000 Stück. Die Larvenzeit dauert bei den meisten heimischen Arten etwa ein Jahr.

Tafel 19

Steinfliegen (Plecoptera) (S. 142)

Die Bestimmung der Arten ist nur Spezialisten möglich. Auch die der Gattungen ist in vielen Fällen für den Nichtfachmann schwierig. Die Hauptgattungen sind aufgeführt:

113. Imago von *Nemoura* sp. (Familie Nemouridae)
 Braun. Körperlänge bis 10 mm (o h n e Schwanzfäden)

114. Kurzflügeliges Männchen von *Perla* sp. (Familie Perlidae)
 Braun mit gelben Abzeichen. Körperlänge bis 20 mm (o h n e Schwanzfäden)

115. *Dinocras* sp.-Larve. (Familie Perlidae)
 Mehrere Arten. Meist in größeren Fließgewässern, an Steinen. Erwachsen 16 bis 21 mm lang (o h n e Schwanzfäden), lebhaft bunt gefärbt (schwärzlich, gelb, braungelb). Stark abgeplattet. Am Vorder- und Hinterrand der Brustsegmente jederseits Büschel fadenförmiger Tracheenkiemen, im ganzen also 6 Paar. Bei einigen Arten zusätzliche Tracheenkiemen am Hinterende zwischen den Schwanzfäden. 3. Fußglied viel länger als 1. und 2. zusammen. Raubtiere

Tafel 19

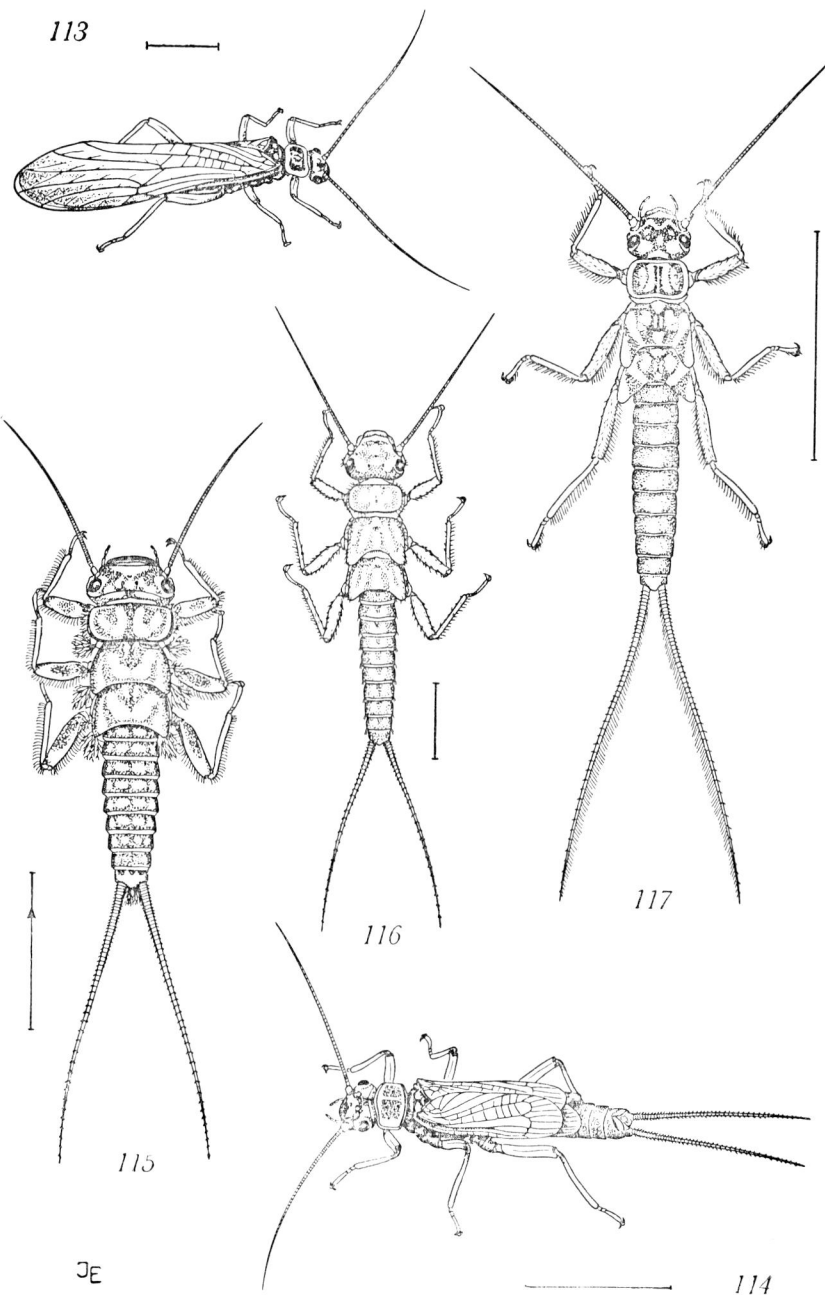

116. *Isoperla* sp.-Larve. (Familie Perlodidae)
   In Bächen und Flüssen. Junglarven an Wasserpflanzen, ältere zur Steinfauna gehörend. Erwachsen etwa 10 mm lang (o h n e Schwanzfäden). Meist bunt gezeichnet. Mäßig abgeflacht. 3. Glied der Kiefertaster kürzer als das 4., letztes etwas schlanker als das vorhergehende. Raubtiere

117. *Perlodes* sp.-Larve. (Familie Perlodidae)
   Mehrere Arten. In Fließgewässern, an Steinen. Erwachsen bis 30 mm lang (o h n e Schwanzfäden). Meist bunt gezeichnet (graubraun — gelb). Nur mäßig abgeflacht. K e i n e Tracheenkiemen. 3. Glied der Unterkiefertaster nicht kürzer als das 4., letztes nicht zugespitzt. 3. Fußglied viel länger als 1. und 2. zusammen. Raubtiere

Tafel 20

Steinfliegen (Plecoptera) (Fortsetzung)

118. *Chloroperla* sp.-Larve. (Familie Chloroperlidae)
   Mehrere Arten. In Bächen, meist zur Steinfauna gehörend. Bis 10 mm lang (o h n e Schwanzfäden), schlank. Gelblich bis rötlichbraun. Beachte die eiförmigen Randlinien der Flügelscheiden! 4. Glied der Unterkiefertaster kolbig dick. 5. bedeutend kleiner, zugespitzt. Borstenwirtel der Schwanzfäden länger als die betreffenden Glieder. Detritusfresser

119. *Brachyptera* sp.-Larve. (Familie Taeniopterygidae)
   Mehrere Arten. In der Uferzone von Bächen. 8—10 mm lang (o h n e Schwanzfäden). Braun mit helleren Abzeichen, unterseits heller. J e d e s F u ß g l i e d l ä n g e r a l s d a s v o r h e r g e h e n d e. Fühler und Schwanzfäden s e h r l a n g, letztere o h n e Borstenwirtel. Glieder der Unterkiefertaster gleich stark. K e i n e Kiemen! Detritusfresser

120. *Taeniopteryx* sp.-Larve. (Familie Taeniopterygidae)
   Wie 119 aber: Hinterleibssegmente 1—7 (T. nebulosa) oder 1—9 (T. schoenemundi u. a.) mit nach rückwärts gerichteten Dornen. Unterseite: 3teilige, fadenförmige, einziehbare Kiemen an der Innenseite jeder Hüfte. Abb. 45

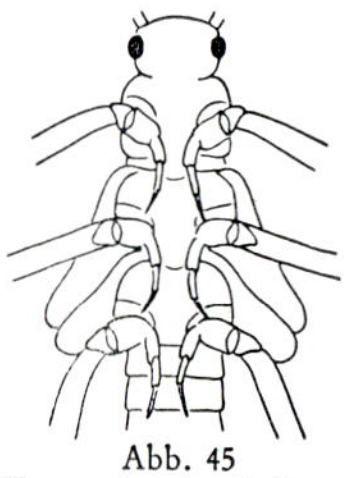

121. *Nemoura* sp.-Larve. (Familie Nemouridae)
   Viele Arten. Sehr anpassungsfähig an verschiedenste Umweltbedingungen; besiedeln alle überhaupt für Steinfliegen geeignete Gewässer, auch kleinste Rinnsale. 6—9 mm lang (o h n e Schwanzfäden), gedrungen, kräftig. Meist dunkelbraun. 2. Fußglied kürzer als das 1., 3. nicht viel länger als 1. und 2. zusammen. 1. Glied des H i n t e r f u ß e s nur etwa ¹/₃ so lang wie 3. Glied. Die nach hinten ausgestreckten Hinterbeine überragen das Hinterleibsende beträchtlich. Die 3 letzten Glieder der Unterkiefertaster untereinander etwa gleich lang. Flügelscheiden stehen schräg von innen nach außen. K e i n e K i e m e n. Detritusfresser

Abb. 45 Unterseite der 3 Brustsegmente von *Taeniopteryx* sp. Kiemenfäden an den Hüften

Nemurella picteti Klp.-Larve (nicht abgebildet). (Familie Nemouridae)
   Wie 121, aber: 1. und 3. Glied des Hinterfußes etwa gleich lang.

Tafel 20

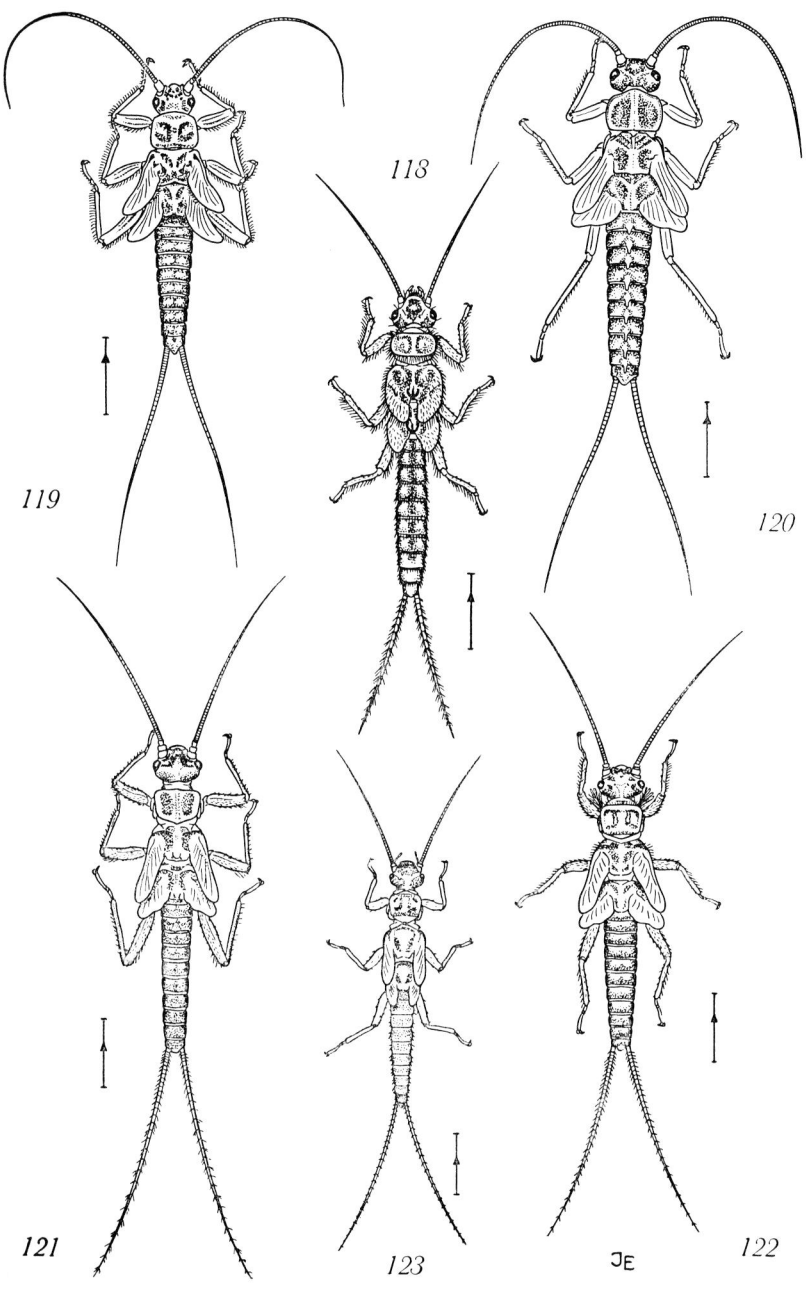

122. *Amphinemura* sp.-Larve. (Familie Nemouridae)
Mehrere Arten. Wie 121, aber: Auf der Unterseite des 1. Brustsegments jederseits 2 Büschel fadenförmiger Tracheenkiemen. Die Zahl der Fäden nimmt mit dem Alter der Larve bis zu 5 im äußeren und 8 im inneren Büschel zu. Abb. 46

Protonemura sp.-Larve. (Familie Nemouridae)
Mehrere Arten. Wie 121, aber: Auf der Unterseite des 1. Brustsegments 2 Büschel mit 3 wurstförmigen Tracheenkiemen. Abb. 47

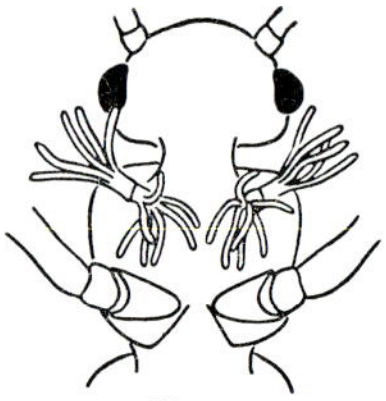

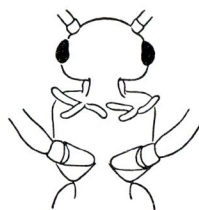

Abb. 46
Unterseite des 1. Brustsegments v. *Amphinemura* sp. mit Kiemenbüscheln.

Abb. 47
Unterseite des 1. Brustsegments v. *Protonemura* sp. mit Kiemenbüscheln

123. *Leuctra* sp.-Larve. (Familie Leuctridae)
Viele Arten. In kleineren Gewässern. 5—8 mm lang (o h n e Schwanzfäden), w u r m f ö r m i g s c h l a n k. Gelblich. 2. Fußglied s e h r kurz. 3. Glied des Vorderfußes mindestens 5mal so lang wie 1. und 2. zusammen. Die nach hinten ausgestreckten Hinterbeine reichen ungefähr bis zum Hinterleibsende. F l ü g e l - s c h e i d e n   p a r a l l e l   z u m   K ö r p e r. Detritusfresser

Tafel 21

E i n t a g s f l i e g e n (E p h e m e r o p t e r a) (S. 149)

124. *Ephemera vulgata* (L.)-Larve. (Familie Ephemeridae)
Gräbt sich in der Uferzone größerer Fließgewässer und Seen U-förmige Wohnröhren in den Grund. Gelblich. 7 Paar Tracheenkiemen, die aus 2ästigen, federförmigen, gefransten Lamellen bestehen und auf dem Rücken des Hinterleibs liegen. Oberkiefer dornartig verlängert, ragen als nach außen gekrümmte Bögen über den Stirnrand hinaus. 1 sehr ähnliche Art *Ephemera danica* (Müll.). Lg. 15—23 mm

125. *Potamanthus luteus* (L.)-Larve. (Familie Potamanthidae)
Unter und an Steinen in größeren Fließgewässern. Gelb mit brauner Zeichnung. 6 Paar Tracheenkiemen, die aus 2ästigen, federförmig gefransten Lamellen bestehen und seitlich vom Hinterleib abstehen. Oberkiefer ragen wesentlich weniger als bei 124 über den Kopfrand vor und enden mit je 1 scharfen Zahn. Lg. 10—12 mm

126. *Epeorus* sp.-Larve. (Familie Heptageniidae)
In klaren, sauerstoffreichen Bächen und kleineren Flüssen. Gelblich mit brauner Zeichnung. Körper stark abgeflacht. A u g e n   l i e g e n   a u f   d e r   K o p f - o b e r s e i t e. 7 Paar seitliche Tracheenkiemen, aus je 1 eiförmigen Blättchen und einem darunterliegenden Fadenbüschel bestehend. N u r   2   S c h w a n z - f ä d e n ! Lg. 10—14 mm

127. *Heptagenia* sp.-Larve. (Familie Heptageniidae)
Mehrere Arten in Fließgewässern, z. T. auch in klaren Seen. Gelblich oder graubraun mit helleren Abzeichen. Körper stark abgeflacht, Augen liegen auf der Kopfoberseite. 7 Paar Tracheenkiemen aus je 1 mehr oder weniger spitzeiförmigen Blättchen mit darunterliegendem Fadenbüschel bestehend. V o r d e r - b r u s t   r e c h t e c k i g ,   i h r e   H i n t e r e c k e n   n i c h t   v e r l ä n - g e r t. Lg. 9—14 mm.

Tafel 21

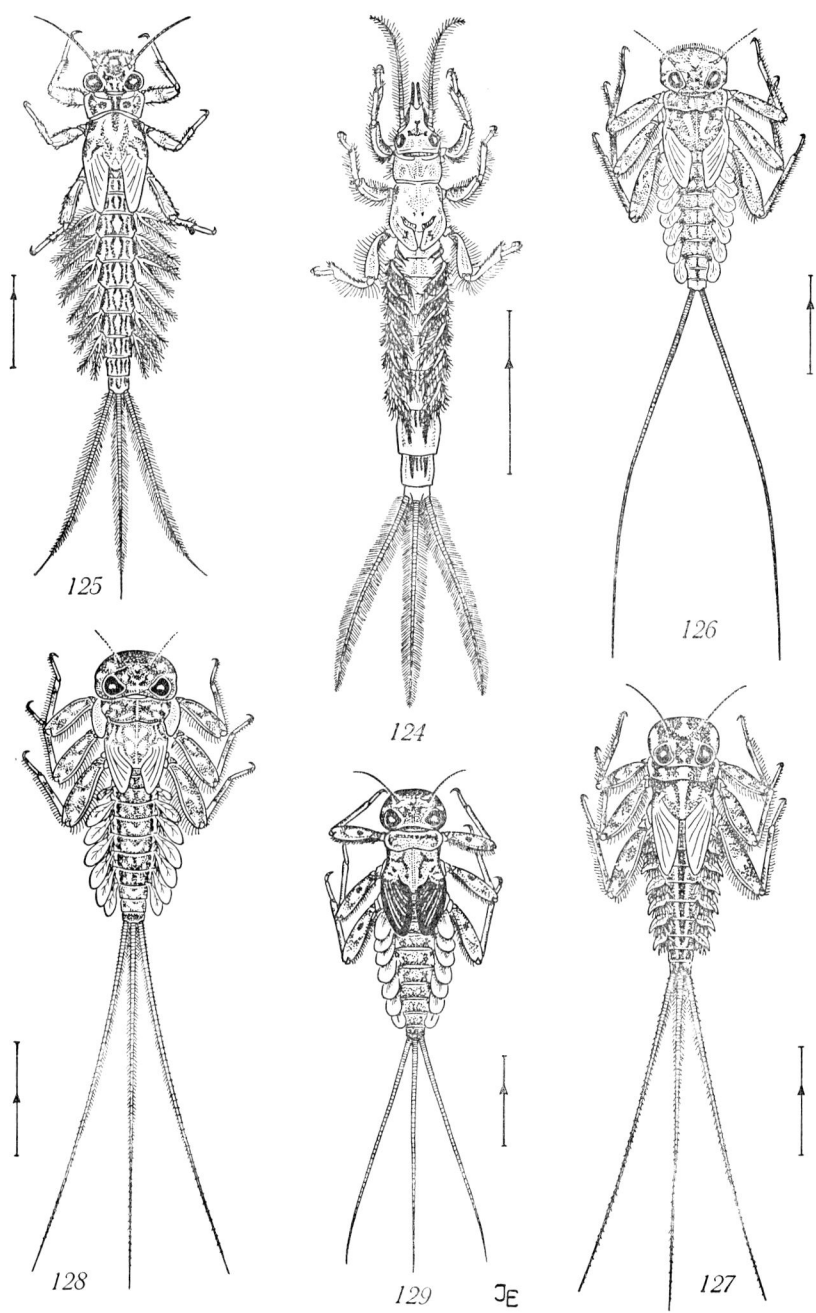

128. *Ecdyonurus* sp.-Larve. (Familie Heptageniidae)
Mehrere Arten in Fließgewässern. Gelbbraun bis schwarz mit helleren Abzeichen. Gestalt und Kiemen wie 127. Kiemenblättchen mehr eiförmig. V o r d e r b r u s t a n i h r e n H i n t e r e c k e n s c h e i b e n a r t i g e n t l a n g d e n S e i t e n d e r M i t t e l b r u s t v e r l ä n g e r t. Lg. 8—15 mm

129. *Rithrogena* sp.-Larve. (Familie Heptageniidae)
Mehrere Arten. In Fließgewässern. Gelblichgrün bis graugrün. Gestalt wie 127. 7 Paar seitliche Tracheenkiemen, aus je einem Blatt mit darunterliegendem Fadenbüschel bestehend. B l ä t t e r d e s 1. P a a r e s s t a r k v e r g r ö ß e r t, b e r ü h r e n s i c h a u f d e r B a u c h s e i t e. Abb. 48. Lg. 8—12 mm

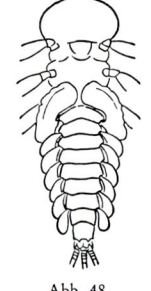

Abb. 48
Unterseite von *Rithrogena* sp.
Beachte das 1. Kiemenpaar!

Tafel 22

Eintagsfliegen (Ephemeroptera) (Fortsetzung)

130. Imago von *Ephemera vulgata* (L.) ♂. (Familie Ephemeridae)
Körperlänge bis 20 mm, Flügellänge bis 17 mm, Schwanzborsten 30—35 mm, weißlich-braun

131. *Ephemerella* sp.-Larve. (Familie Ephemerellidae)
Mehrere Arten. In Fließgewässern, oft zwischen Wasserpflanzen. Gelbbraun. Körper kaum abgeplattet. Augen seitwärts gerichtet. Alle Schwanzfäden beiderseits beborstet. 5 Paar Tracheenkiemen, die auf dem Rücken am Hinterrand des 3. bis 7. Hinterleibssegments angewachsen sind. Die 4 ersten Kiemenpaare sichtbar, das 5. vom 4. bedeckt. Das 5. Kiemenpaar ohne ohrförmige Zipfel an der Basis. Lg. 7—10 mm

132. *Ephemerella krieghoffi* Ulmer-Larve. (Familie Ephemerellidae)
In Fließgewässern. Braun mit helleren Abzeichen. Gestalt etwa wie Nr. 131, aber: Deckplatte des 5. Kiemenpaares am Grund jederseits in 1 ohrförmigen Zipfel ausgezogen. Abb. 49 Lg. 8—10 mm

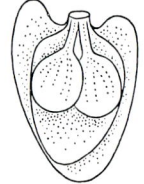

133. *Ephemerella belgica* Lest.-Larve. (Familie Ephemerellidae)
In Fließgewässern, an mit Schlamm und Algenrasen bedeckten Steinen. Körper kurz, breit, stark behaart. Nur die ersten 3 Kiemenpaare sichtbar, das 4. und 5. vom 3. völlig verdeckt. Lg. 6—8 mm

Abb. 49
5. Kieme von *Ephemerella krieghoffi*, von unten gesehen

134. *Caënis* sp.-Larve. (Familie Caënidae)
Mehrere Arten. Am Boden stehender und fließender Gewässer. Gelbbraun. Körper nicht abgeflacht. Augen seitwärts gerichtet. Alle Schwanzfäden beiderseits beborstet, etwa $^1/_2$ so lang wie der Körper. 6 Kiemenpaare am 1. bis 6. Hinterleibssegment, jedoch das 1. sehr klein, stielartig, das 2. eine große 4eckige Platte, die alle folgenden bedeckt. 2. Fühlerglied wenig länger als das 3. Lg. 4—7 mm

Brachycercus harrisella (Curtis). (Familie Caënidae)
Wie *Caenis*, aber: 2. Fühlerglied 3mal so lang wie das 3.

Tafel 22

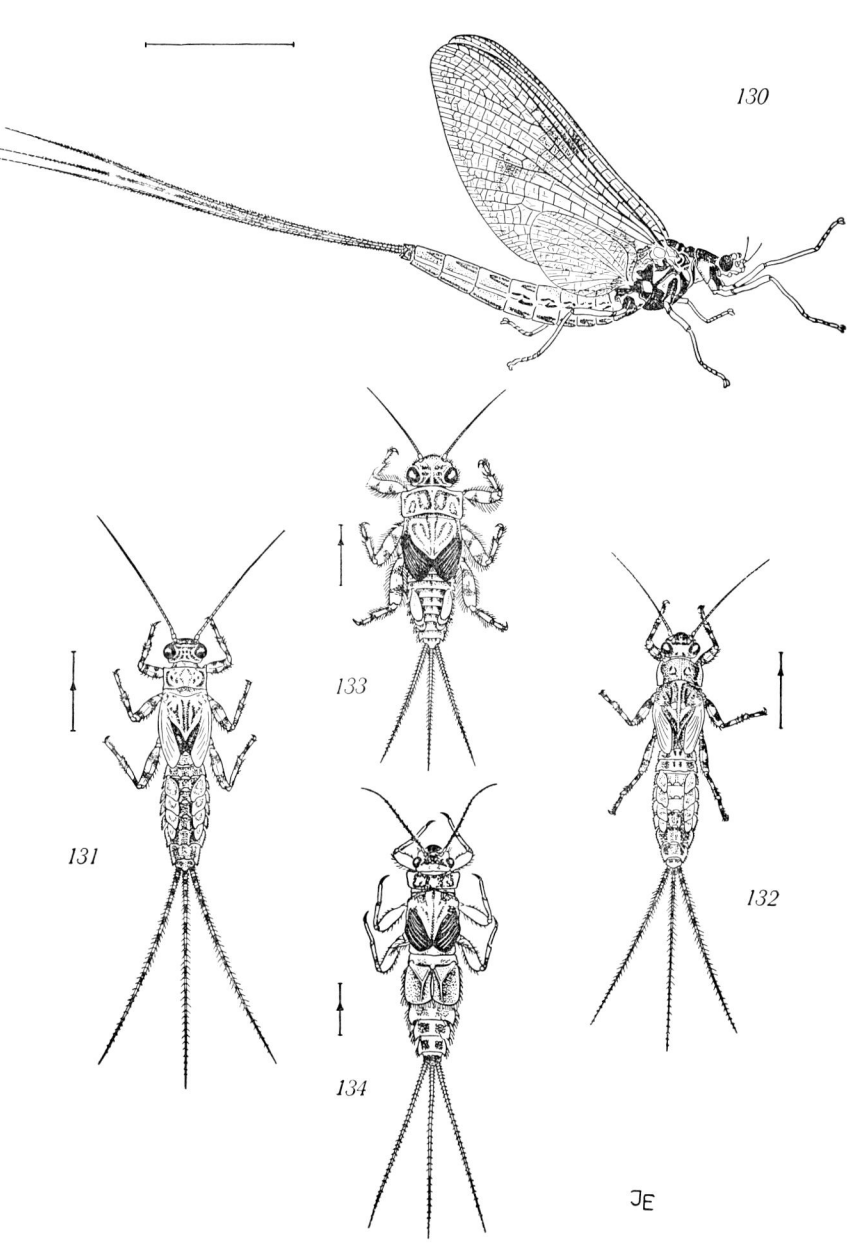

Tafel 23

Eintagsfliegen (Ephemeroptera) (Fortsetzung)

135. *Siphlonurus* sp.-Larve. (Familie Siphlonuridae)
 2 Arten. Vorzugsweise im Pflanzendickicht fließender Gewässer. Bräunlich mit dunkleren Abzeichen. Körper schmal, nicht abgeplattet. D i e l e t z t e n H i n t e r l e i b s s e g m e n t e i n n a c h h i n t e n g e r i c h t e t e S t a c h e l n a u s g e z o g e n. Kopf nach der Art der Heuschrecken senkrecht zur Körperlängsachse gestellt. Die beiden äußeren Schwanzfäden nur an der Innenseite behaart. 7 Paar seitlicher, b r e i t e r Kiemenblätter, die b e i d e n e r s t e n P a a r e v e r d o p p e l t. Lg. 11—13 mm

136. *Cloëon* sp.-Larve. (Familie Baëtidae)
 Mehrere Arten. In stehenden und langsam fließenden Gewässern. Schwimmen gut. Grünlich mit helleren Abzeichen. Gestalt ähnlich Nr. 135, aber: 7 Paar aus ungleichen Teilen bestehende Kiemenblätter, die 6 ersten Paare doppelt, das 7. einfach. Die letzten Hinterleibssegmente n i c h t in Stacheln ausgezogen. Lg. 5—9 mm

137. *Baëtis* sp.-Larve. (Familie Baëtidae)
 Mehrere Arten. In stehenden und fließenden Gewässern. Körper schmal, nicht abgeplattet. Kopf senkrecht zur Längsachse des Körpers gestellt. 7 Paar seitlicher, eiförmiger, am Ende abgerundeter e i n f a c h e r Kiemenblätter. Lg. 5—9,5 mm

138. *Leptophlebia* sp.-Larve. (Familie Leptophlebiidae)
 2 Arten in stehenden und fließenden Gewässern. Gelbbräunlich. Körper sehr schmal. Kopf senkrecht zur Körperlängsachse gestellt. 7 Paar 2teiliger Kiemen, das 1. fadenförmig, die übrigen am Grund blattförmig, in feine Spitzenfäden auslaufend. Lg. 7—12 mm

139. *Habrophlebia* sp.-Larve. (Familie Leptophlebiidae)
 Vorzugsweise in langsam fließenden Gewässern. Braun mit schwärzlichen Abzeichen. Gestalt ähnlich Nr. 138, aber: 7 Paar gleichartiger bäumchenartiger Kiemen. Lg. 5—6 mm

140. *Habroleptoides modesta* (Hagen)-Larve. (Familie Leptophlebiidae)
 In Bächen. Gelbbraun mit dunkleren Abzeichen. Gestalt ähnlich 138, aber: 7 Paar Kiemen, die nur aus 2 am Grund miteinander verschmolzenen Fäden bestehen. Lg. 8—10 mm

Tafel 23

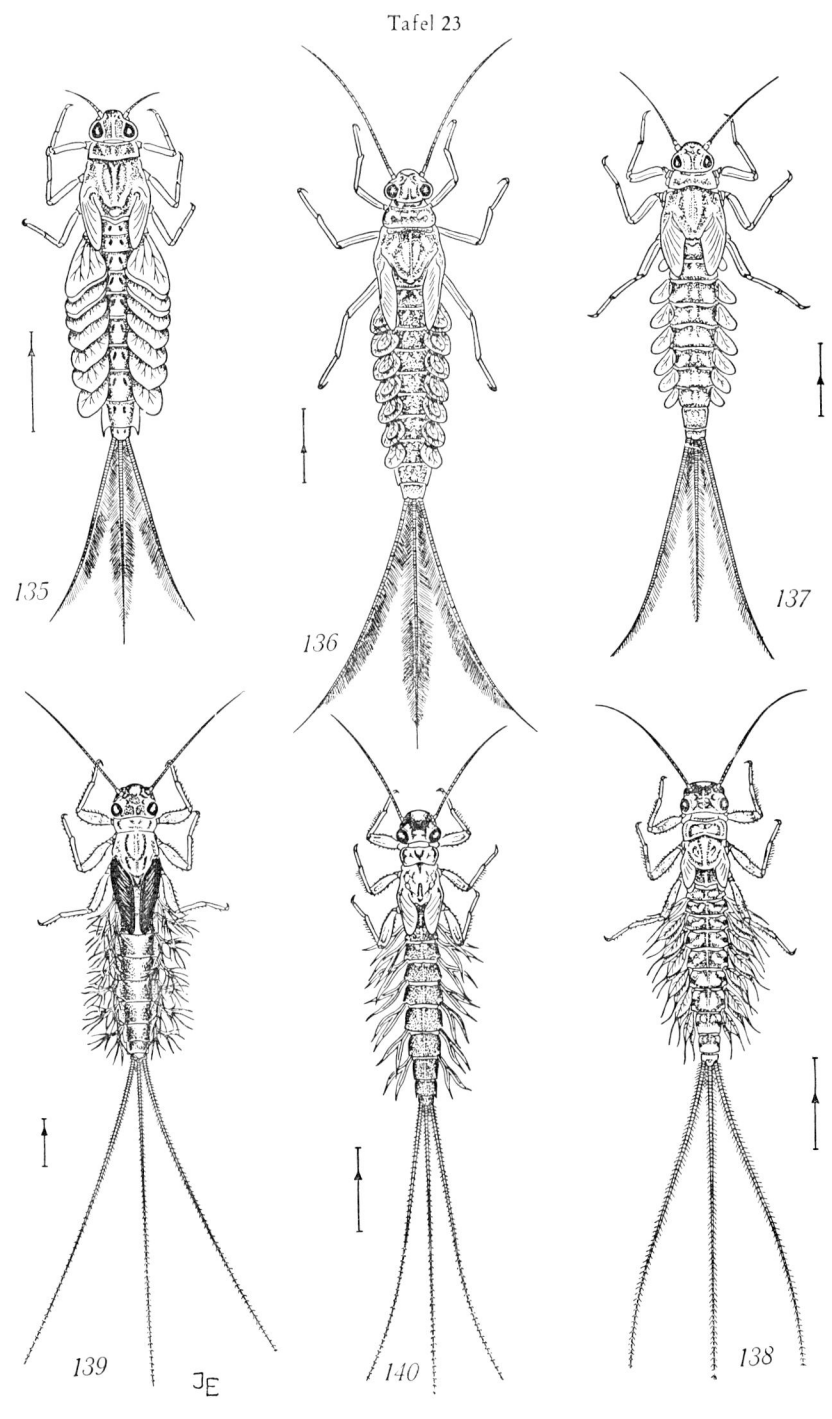

Wasserwanzen

"Wasserwanzen" ist kein systematischer Begriff; diese Bezeichnung faßt vielmehr eine Anzahl von Wanzenfamilien zusammen, die mehr oder weniger an das Leben im Wasser angepaßt, aber nur z. T. näher miteinander verwandt sind. Die Angehörigen dieser Gruppe haben natürlich die Kennzeichen der Ordnung: Sie besitzen eine unvollständige Verwandlung, da das Puppenstadium fehlt; die Mundwerkzeuge bilden zusammen einen Stechrüssel, mit dem die Beute ausgesaugt wird; die Vorderflügel sind nur in ihrem Basalteil chitinisiert, ihr Endteil ist häutig. Wir unterscheiden 2 Gruppen, zu denen jeweils mehrere Familien gehören. Die W a s s e r l ä u f e r leben nahezu ausschließlich auf der Wasseroberfläche, überwintern aber in Verstecken auf dem festen Land. Die Angehörigen der zweiten Gruppe, der W a s s e r w a n - z e n i. e. S., die Skorpionswanzen, Schwimmwanzen, Rückenschwimmer und Ruderwanzen, durchlaufen ihren Lebenszyklus, vom Ei bis zum Vollinsekt, im Wasser. Die einzelnen Familien unterscheiden sich hinsichtlich ihrer Lebensweise so bedeutend, daß wir sie einzeln besprechen müssen:

I. W a s s e r l ä u f e r i. w. S.

1. Familie Wasserläufer i. e. S. (Gerridae)

Die Wasserläufer leben vorzugsweise auf der Oberfläche stehender oder langsam fließender Gewässer. Unter Ausnutzung der Spannung des Oberflächenhäutchens gleiten sie ruckartig dahin, wobei die Beine gleich Auslegern nahezu in ihrer ganzen Länge die Wasseroberfläche berühren. Sie vollführen auch weite Sprünge. Vor Benetzung schützt sie ein dichter, lufthaltiger Haarfilz, der auf der Körperunterseite besonders gut ausgebildet ist. Die Nahrung besteht vorwiegend aus toten oder lebenden Insekten, die auf die Wasseroberfläche gefallen sind. Die Männchen sind meist etwas kleiner als die Weibchen und lassen sich von diesen oft tagelang auf dem Rücken umhertragen. Die Eiablage ist noch nicht bei allen Arten erforscht. Nach unseren bisherigen Kenntnissen werden die Eier der Länge nach dicht unter dem Wasserspiegel an Pflanzenteile usw. angekittet, und zwar mehr oder weniger einzeln. Das Weibchen von *Gerris najas* begibt sich, mit dem Männchen auf dem Rücken, von einer Lufthülle umgeben, bis zu 30 Minuten unter Wasser. Die Eier werden, oft mehrere cm tief, auf einer meist ovalen Fläche verteilt. Es wurden 5 Larvenstadien festgestellt. Während der 2. und 3. Häutung bildet sich merkwürdigerweise der Hinterleib der Larve nahezu völlig zurück. Er entwickelt sich erst wieder bei den folgenden Häutungen. Manche Arten haben nur eine, andere zwei Generationen im Jahr. In Mitteleuropa ist 1 Gattung mit 10 Arten bekannt. — Bei ein und derselben Art kann man Tiere mit normalen sowie mit teilweise oder völlig rückgebildeten Flügeln antreffen.

2. Familie Teichläufer (Hydrometridae)

Die 2 mitteleuropäischen Teichläuferarten leben im Uferbereich und im Pflanzengürtel stehender und langsam fließender Gewässer. Dort kriechen die nadelschlanken Tiere träge dahin. Der Körper wird dabei im Gegensatz zu den *Gerriden* deutlich von der Wasseroberfläche abgehoben. Ihre Beute besteht hauptsächlich aus Wasserinsekten, die zum Luftschöpfen an die Wasseroberfläche kommen, sowie aus Tieren, die auf dieser treiben. Die Paarung findet während des ganzen Frühsommers statt. Ein Weibchen legt mehrmals Eier ab. Die wenigen, sehr langen Eier heftet es an Pflanzenteile, die über den Wasserspiegel aufragen oder auch an Uferpflanzen. Es gibt

5 Larvenstadien und 2 Generationen im Jahr. Die Imagines überwintern am Ufer unter Steinen usw. Bei beiden Arten kommen voll- und kurzflüglige sowie flügellose Formen vor.

3. Familie Stoßwasserläufer (Veliidae)

Uferbuchten fließender Gewässer sind der bevorzugte Lebensraum der beiden heimischen *Velia*-Arten. Dort laufen sie außerordentlich flink, sogar entgegen der Wasserströmung, auf der Oberfläche umher, können aber auch unter den Wasserspiegel tauchen. Ihre Beute besteht aus allerlei Getier, das vom Wasser angetrieben wird. Die Paarung findet im Frühjahr statt. Die Eier werden wahrscheinlich an Uferpflanzen abgelegt. Man hat 5 Larvenstadien gezählt. In Mitteleuropa entwickelt sich nur eine Generation jährlich. Auch im tiefsten Winter kann man die Tiere auf offenen Stellen ihrer Wohngewässer beobachten. Man kennt beide Arten als vollflüglige und flügellose Form. Das gilt auch für die drei *Microvelia*-Arten. Diese winzigen Wasserläufer leben gesellig im Pflanzendickicht der Uferzone unserer Weiher und nähren sich von Kleininsekten, die auf der Wasseroberfläche umgekommen sind. Die Eier werden in Längsreihen an Pflanzenteile angeklebt, die auf dem Wasser schwimmen. Man hat 5 Larvenstadien und 2 bis 3 Generationen je Jahr festgestellt. Die Imagines kann man im Winter auf der Eisfläche antreffen.

4. Familie Mesoveliidae

Diese Familie ist bei uns nur mit einer Art *(Mesovelia furcata)* vertreten, die sich am häufigsten im Uferbereich von Weihern aufhält, wo die Tiere auf Schwimmblättern von Wasserpflanzen oder auf der Wasseroberfläche umherkriechen. Die Paarung findet im Frühsommer statt. Die Eier werden in Wasserpflanzen, wenige Millimeter unter der Wasseroberfläche eingestochen. Man hat 5 Larvenstadien beobachtet. Wahrscheinlich entwickelt sich bei uns jährlich nur eine Generation. Als Nahrung dienen Insekten, die auf der Wasseroberfläche treiben. Überwinterung als Imagines am Ufer unter Pflanzenresten oder im Eizustand. Man findet sowohl flügellose als auch langflüglige Tiere.

5. Familie Naeogeidae (Hebridae)

Die kleinen Hebriden — 3 Arten gibt es in Mitteleuropa — kriechen im Torfmoos, aber auch auf der freien Wasseroberfläche sowie auf Schwimmblättern der Moorweiher umher. Sie saugen Pflanzensäfte. Die Paarung erfolgt im Mai. 5 Larvenstadien. Eine Generation. Über die Eiablage weiß man nur ungenügend Bescheid. Die Imagines überwintern im Torfmoos. Naeogeus pusillus ist nur langflüglig bekannt, die beiden anderen Arten sowohl in der kurz- als auch in der langflügligen Form.

II. Wasserwanzen i. e. S.

1. Familie Skorpionswanzen (Nepidae)

Unsere beiden heimischen Skorpionswanzen, der Wasserskorpion *(Nepa rubra)* und die Stabwanze *(Ranatra linearis)* bevorzugen stehende und langsam fließende Gewässer als Lebensraum. Dort hält sich der Wasserskorpion im äußersten Uferbereich auf; die Stabwanze wagt sich etwas weiter, aber höchst selten einmal über den Pflanzengürtel hinaus. Die schlanken Gehbeine gestatten beiden Arten nur ein recht unbeholfenes Schwimmen. Meist sitzen die Tiere reglos an Wasserpflanzen oder auf dem Boden, und zwar so dicht unter dem Wasserspiegel, daß die langen zweiteiligen, vom Hinterleibsende ausgehenden Atemröhren etwas über die Wasseroberfläche hinausragen. So lauern sie auf Beute, kleine Wassertiere aller Art. Dabei werden die zu Fangbeinen umgestalteten Vorderbeine so nach vorn gehalten, daß der Unterschenkel und der verlängerte Fuß zusammen einen stumpfen Winkel bilden. Ist das Beutetier in dessen Bereich gekommen, so klappt der Fuß messerklingenartig gegen den Unterschenkel; die so eingeklemmte Beute wird an den Kopf herangezogen, mit dem Rüssel angestochen und ausgesaugt. Die Paarung findet im Frühjahr statt. Die verhältnismäßig großen Eier sind bei *Nepa* mit 6 bis 8, bei *Ranatra* mit 2 fadenartigen Luftröhren ausgestattet. *Nepa* legt ihre Eier in weiche oder faulende Pflanzenteile oder in Algenwatten usw. ab; *Ranatra* bohrt sie reihenweise in Pflanzenstengel ein. Im Mai bis Juli schlüpfen die Junglarven, die sich bis zum September in 5 Häutungen zu den Vollinsekten entwickeln. Die Atemröhren der Larven sind sehr kurz und erhalten ihre endgültige Länge erst bei der letzten Häutung. Stabwanzen hat man schon häufig fliegen sehen; ob die Wasserskorpione dazu auch befähigt sind, ist bis heute noch nicht völlig sicher. Beide Arten überwintern als Imagines.

2. Familie Schwimmwanzen (Naucoridae)

Unsere häufige Schwimmwanze *(Naucoris cimicoides)* bewohnt Gewässer aller Art, soweit sie ausdauernd sind, Pflanzen beherbergen und keine stärkere Strömung aufweisen. Der dichte Haarsamt der Körperunterseite und auf dem Rücken des Hinterleibes hält stets eine silbrig glänzende Luftschicht, in welche die Öffnungen des Tracheensystems münden. Zum Luftschöpfen steckt das Tier von Zeit zu Zeit sein Hinterleibsende mit dem letzten Paar Atemlöcher über die Wasseroberfläche. Die kräftigen, mit Schwimmhaaren besetzten Hinterbeine machen es zu einem vorzüglichen Schwimmer. Die muskelstarken Vorderbeine erdolchen die Beute — Wassertiere aller Art bis zur Größe von Jungfischen — und bringen sie an den Rüssel heran. Dessen Stich ist aber auch für den Menschen ziemlich schmerzhaft, da mit ihm das Sekret von Giftdrüsen in die Wunde einfließt. Bei der im April und Mai stattfindenden Paarung sitzt das Männchen auf dem Rücken des Weibchens. Dieses bettet die Eier mit Hilfe seines Legestachels in Pflanzen unterhalb des Wasserspiegels ein. Die Larven schlüpfen nach wenigen Wochen und machen 5 Häutungen durch. Die Imagines überwintern in pflanzenreichen Gewässern. Bisher sind nur Tiere mit wohlausgebildeten Flügeln bekannt geworden.

Zur selben Familie wird auch noch *Aphelocheirus aestivalis* gestellt, obgleich viele Zoologen dies als unberechtigt bezeichnen. Diese Wanzenart lebt hauptsächlich in sauerstoffreichen Fließgewässern mit steinigem oder sandigem Grund. Imagines und Larven sind Bodentiere, die auf dem Gewässergrund dahinlaufen, sich in diesen aber auch mehrere Dezimeter tief eingraben. Während ihres ganzen Lebens kommen sie niemals an die Oberfläche zum Luftholen; sie nehmen den im Wasser gelösten Sauerstoff durch merkwürdig umgestaltete Stigmen auf. Der Atmungsvorgang ist noch nicht völlig geklärt. Die Tiere saugen Wasserinsekten und Kugelmuscheln aus. Während der stundenlang dauernden Paarung sitzt das Männchen auf dem Rücken des Weibchens. Die Eier werden auf Muscheln, Ästen usw. abgelegt. Man hat 5 Larvenstadien festgestellt. Während des ganzen Jahres kann man sowohl Larven als auch Imagines antreffen.

3. Familie Rückenschwimmer (Notonectidae)

Die Rückenschwimmer sind mit 6 Arten in Mitteleuropa weit verbreitet. Sie bevorzugen stehende Gewässer, in denen die obersten Wasserschichten ihren eigentlichen Lebensraum darstellen. Ihr augenfälligstes Kennzeichen ist, daß sie normalerweise den Rücken nach unten drehen. Auf der Bauchseite grenzen nämlich 4 dichte Längsreihen schwarzer Haare, die sich paarweise gegeneinander neigen, 2 Längskanäle ab. Da diese mit Luft gefüllt sind, wird der Schwerpunkt des stets überkompensierten Körpers nach dem Rücken verlagert und die Bauchseite nach oben gekehrt. Gewöhnlich hängen die Tiere ruhig an der Unterseite des Wasserspiegels, wobei die Klauen der Vorder- und Mittelbeine sowie die steifen Haarborsten, die von den Rändern der letzten Hinterleibsabschnitte abstehen, als Stützpunkte dienen. Die Atemluft wird durch 2 Stigmen am Hinterleibsende aufgenommen. Nachdem sie das Tracheensystem des Körpers durchströmt hat, gelangt sie durch die übrigen Stigmen in die eben geschilderten Haarkanäle und erfüllt hier noch hydrostatische Zwecke. Die Rückenschwimmer ernähren sich von verschiedenen Wassertieren, besonders -insekten, auch Fischbrut. Ihre Hauptruderorgane sind die Hinterbeine, deren Unterschenkel und Fußglieder lange Schwimmhaare tragen. Der Stich der Rückenschwimmer ist auch für den Menschen recht schmerzhaft und kann zu örtlichen Entzündungen führen. Die Eier werden je nach Art an Wasserpflanzen geheftet oder in solche eingebohrt. Einige Arten legen sie im Frühjahr ab und überwintern als Imagines; andere laichen erst im Herbst und überdauern die kalte Jahreszeit im Eistadium. Die Larven gleichen den Erwachsenen nahezu vollkommen und machen 5 Häutungen durch. Die *Notonecta*-Arten können vorzüglich fliegen und suchen im Herbst häufig pflanzen- und daher sauerstoffreiche Gewässer auf.

Nahverwandt ist der Zwergrückenschwimmer *(Plea minutissima)*. In seiner Lebensweise ähnelt er den *Notonecta*-Arten sehr. Er soll hauptsächlich Wasserflöhe fressen. Nach der Paarung im Juni bohrt das Weibchen die Eier in Pflanzen ein. Die im Hochsommer schlüpfenden Larven häuten sich 5mal. Die Imagines überwintern.

4. Familie Ruderwanzen oder Wasserzikaden (Corixidae)

Die 41 Arten der europäischen Ruderwanzen besiedeln, häufig in größeren Schwärmen, Gewässer verschiedenster Art; manche sind sogar im Brack- und Salzwasser anzutreffen. Da ihr Körper von einer dünnen Luftschicht umgeben ist, die auf der Bauchseite von feinen Haaren, auf dem Rücken von den Flügeln festgehalten wird, ist er leichter als Wasser. Die Tiere müssen sich daher, um nicht gleich einem Korken an die Oberfläche getrieben zu werden, mit den Klauen ihrer Mittelbeine am Grund oder an Wasserpflanzen festklammern. Da jedoch die größere Luftmenge unter den Flügeln liegt, ist die Körperhaltung normal. Zum Luftschöpfen durchstoßen sie für kurze Augenblicke mit Kopf und Vorderbrust die Wasseroberfläche. Die Luft wird wahrscheinlich durch Stigmen der Vorderbrust aufgenommen. Sie sind vorwiegend Bodenbewohner. Sie nähren sich von einzelligen Algen und Detritus. Ihre Nahrung wirbeln sie mit den schaufelartigen Fußgliedern ihrer Vorderbeine am Grund auf und scharren sie dann zusammen. Außerdem stechen sie Algenfäden an und saugen das Chlorophyll aus. Die Hinterbeine dienen den vorzüglichen Schwimmern als Ruder. Sie fliegen ebenso gut. Mit kräftigen Ruderschlägen schießen sie aus der Tiefe des Wassers heraus, durchbrechen dabei das Oberflächenhäutchen und fliegen fort. Während der Paarungszeit im Frühjahr zirpen die Männchen mancher Arten ziemlich laut. Sie streichen ein Dörnchenfeld der Vorderbeinschenkel über die Kopfkante. Das sehr laute Zirpen von *Micronecta* wird anders erzeugt. Sicher ist dabei die sog. Striegel, eine gewölbte Chitinplatte auf der einen Außenkante des 6. Hinterleibsabschnittes, die mit einer Reihe langer nach hinten gerichteter Chitinstäbchen besetzt ist, beteiligt. Die Eier werden einzeln an Wasserpflanzen angeklebt. Die Larven schlüpfen im Frühsommer und häuten sich 5mal. Bei einigen Arten sollen sich unter günstigen Bedingungen jährlich 2 Generationen entwickeln. Mit Ausnahme der 6 durchweg winzigen *Micronecta*-Arten, die häufig im Uferbereich größerer Seen, aber auch in Tümpeln, Weihern und Bächen gesellig leben, überwintern die Ruderwanzen als Vollinsekten.

Tafel 24

Wasserwanzen

Wasserläufer i. w. S. (S. 154)

141. Wasserläufer. *Gerris* sp. (Familie Gerridae)
    10 Arten. Hauptfarbe braun bis schwarz. Lg. (ohne Beine): Kleine Arten 5 bis 9 mm, große Arten 12—17 mm. Lebensweise S. 154

142. Larve von *Gerris* sp.

143. Teichläufer. *Hydrometra stagnorum* L. (Familie Hydrometridae)
    Kopfteil vor den Augen etwa doppelt so lang wie hinter ihnen. Schwärzlich. Lg. 9—12 mm

    Hydrometra gracilenta Horv. (Familie Hydrometridae)
    Kopfteil vor den Augen nur 1½mal so lang wie hinter ihnen. Meist hellbraun. Lg. 7,5—9 mm.
    Lebensweise beider Arten S. 154

144. Stoßwasserläufer. *Velia caprai* Tamanini (Familie Veliidae)
    Schwarz. Bauchseite orangegelb, an den Seiten meist mit einem durchlaufenden schwarzen Längsband. Lg. 6—7 mm. Die andere mitteleuropäische Art ist

    Velia saulii Tamanini (Familie Veliidae)
    Lebensweise beider Arten S. 155

145. *Microvelia* sp. (Familie Veliidae)
    Hauptfarbe schwarz. Fühler 4gliedrig, 1. Glied kürzer als der Kopf und gerade, 4. Glied am längsten. (Vgl. Velia!) Lg. erwachsen etwa 2 mm. 2 Arten. Lebensweise S. 155

146. *Mesovelia furcata* Muls. Rey. (Familie Mesoveliidae)
    Nur 1 Art. Grünlich-braun, Beine bräunlich-gelb. Lg. 3—3,5 mm. Lebensweise S. 155

147. *Hebrus pusillus* Fall. (Familie Hebridae)
    Schwarz mit rötlichen Verfärbungen an Kopf, Vorderbrust, Bauchseite. Fühler 5 g l i e d r i g , letztes Glied am kürzesten (leichtes Unterscheidungsmerkmal zu Microvelia!). Lg. etwa 2 mm. Lebensweise S. 155

Tafel 24

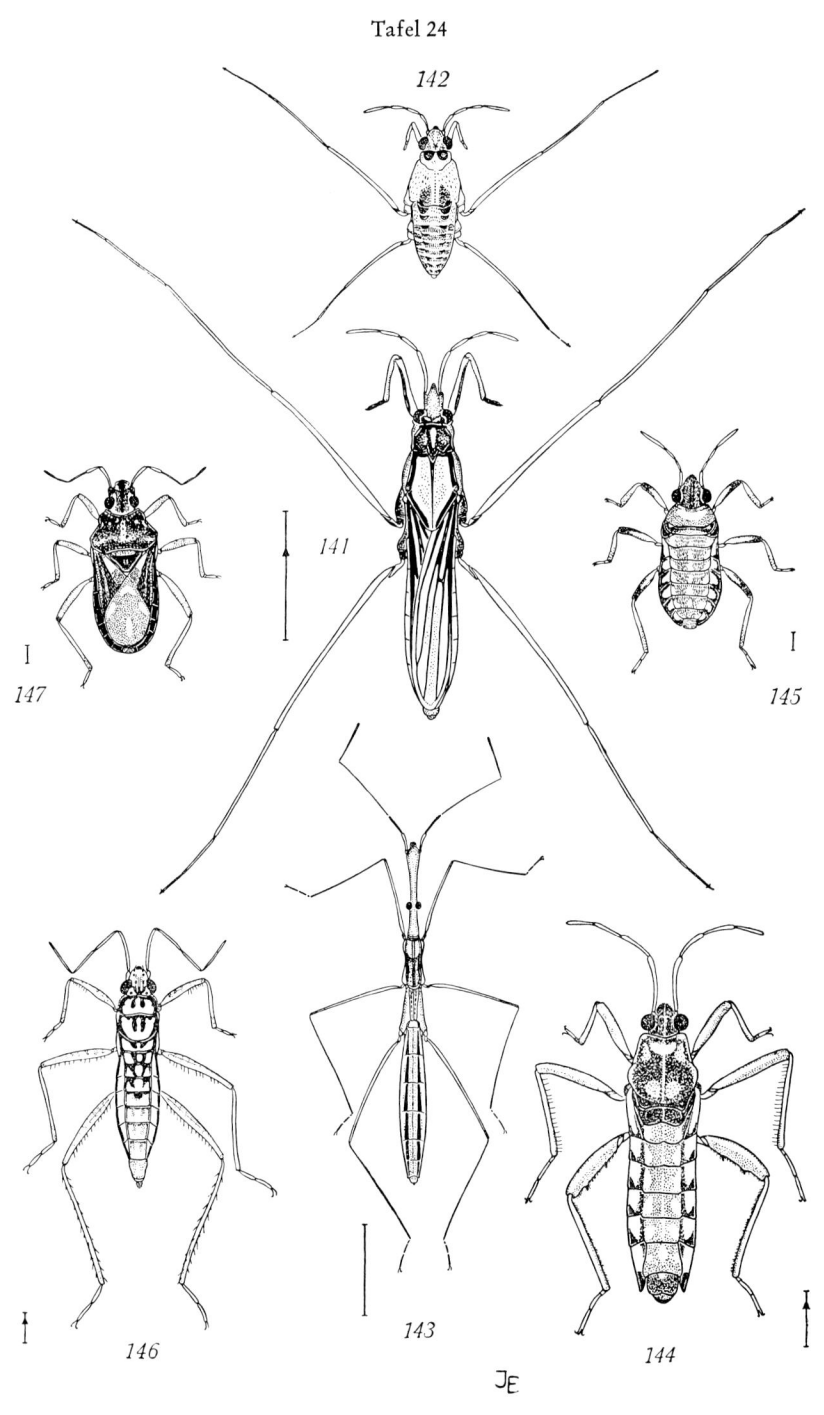

Tafel 25

Wasserwanzen (Fortsetzung)

1. Stabwanze. *Ranatra linearis* L. (Familie Nepidae)
   Lg. 30—40 mm (ohne Atemrohr), Lebensweise S. 155

2. Wasserskorpion. *Nepa rubra* L. (Familie Nepidae)
   Lg. 17—22 mm (ohne Atemrohr), Lebensweise S. 155

3. Ruderwanze, Wasserzikade. *Corixa* sp. (Familie Corixidae)
   Lg. je nach Art 5—15 mm (41 Arten in 8 Gattungen). Zur gleichen Familie gehören die 6 *Micronecta*-Arten, die den *Corixa*-Arten im großen und ganzen senr ähneln, aber nur etwa 2 mm lang sind. Lebensweise S. 157

4. Rückenschwimmer. *Notonecta* sp. (Familie Notonectidae)
   Von oben. 5 Arten in Deutschland, Lg. 13—16 mm, Lebensweise S. 156/157

4a. Rückenschwimmer in Atemstellung

5. Zwergrückenschwimmer. *Plea minutissima* Füssl. (Familie Notonectidae)
   Lg. 2—3 mm, Lebensweise S. 157

6. Schwimmwanze. *Naucoris cimicoides* L. (Familie Naucoridae)
   Lg. 12—16 mm, Lebensweise S. 156

7. *Aphelocheirus aestivalis* F. (Familie Aphelocheiridae)
   Lg. 8,5—10 mm, Lebensweise S. 156

Tafel 25

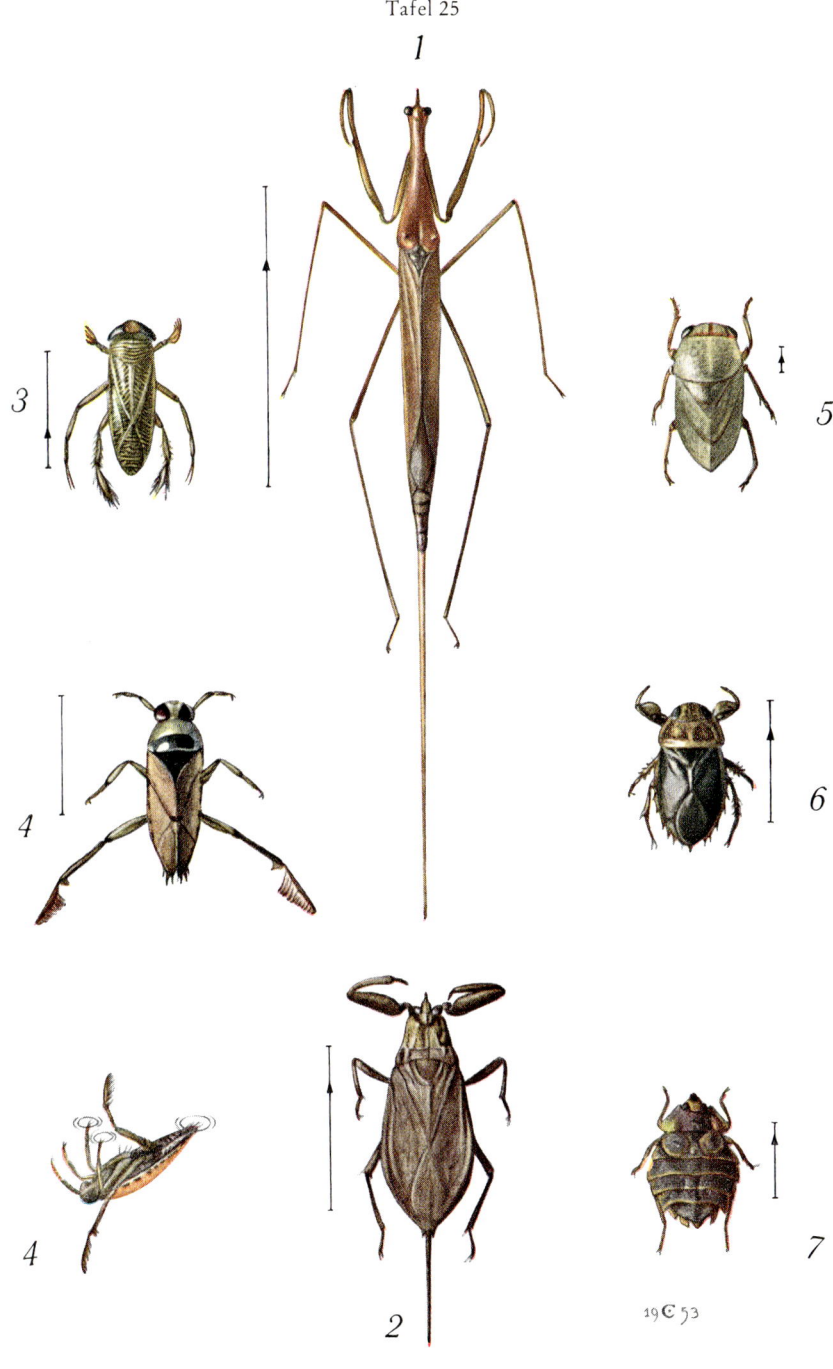

Käfer (Coleoptera)

1. Familie Schwimmkäfer (Dytiscidae)

Man ist heute ziemlich allgemein der Auffassung, daß die Schwimmkäfer von laufkäferähnlichen Vorfahren abstammen. Sie bewohnen in Mitteleuropa mit rund 150 Arten stehende und fließende Gewässer verschiedenster Art. Wie vorzüglich sie an das Wasserleben angepaßt sind, zeigt schon ihre äußere Gestalt: Der abgeflachte Körper hat weder Dornen noch irgendwelche Vorsprünge, die das leichte Durchgleiten des Wassers hindern könnten. Der Hinterrand des Kopfes fügt sich genau in eine Ausbuchtung der Vorderbrust ein, und deren Rückenplatte schließt unmittelbar an die stark chitinisierten Deckflügel an. Nicht einmal die großen Halbkugeln der Facettenaugen springen aus der kahnförmigen Umrißlinie des Körpers hervor. Dieser ist vollständig mit dem öligen, wasserabstoßenden Sekret zahlreicher Hautdrüsen eingefettet. Die Dytisciden gehören zu den besten Schwimmern unter den wirbellosen Süßwassertieren. Die Hinterbeine sind mit ihren breiten, abgeflachten Gliedern und den langen, dicht stehenden Schwimmborsten ausgezeichnete Ruder, die übrigens — ein wichtiger Unterschied zu den für den Laien oft recht ähnlich aussehenden Wasserkäfern i. e. S. (Hydrophilidae) — beim Schwimmen stets g l e i c h z e i t i g nach rückwärts gestoßen werden. Zum Luftschöpfen hängen sich die Schwimmkäfer an der Wasseroberfläche auf, und zwar mit der Hinterleibsspitze und den Hinterbeinen, die nach vorn aufwärts gehalten werden und mit ihren Klauen das Oberflächenhäutchen durchbrechen. Dann biegen sich die letzten Hinterleibsringe etwas nach unten, und durch den nun zwischen ihnen und dem Rand der Deckflügel entstehenden Spalt kann frische Luft in die beiden letzten auf dem Rücken liegenden Stigmen des Tracheensystems einströmen. Aus diesem gelangt die Luft später durch die übrigen, gleichfalls auf dem Rücken angeordneten Stigmen in den Raum zwischen Flügeln und Hinterleib. Dieser Luftvorrat ist für die Hydrostatik der Tiere, die stets bemüht sind, ihr spezifisches Gewicht dem des Wassers anzugleichen, von größter Bedeutung. Im Winter, wenn die Käfer durch eine Eisdecke von der atmosphärischen Luft abgeschlossen sind, wird die Luftmenge unter den Flügeln auch für die Atmung äußerst wichtig. Die Tiere lassen dann in gewissen Zeitabständen die Luft aus dem Atemraum am Hinterleibsende in Blasenform austreten und ziehen sie nach einigen Sekunden wieder ein. Unterdessen dringt Sauerstoff aus dem sauerstoffreicheren Wasser in die sauerstoffärmere Luftblase ein und umgekehrt Kohlendioxyd aus dieser in das Wasser hinaus. Der Sauerstoffbedarf der Käfer ist in dieser Zeit sowieso nicht so groß, weil sie sich in einer Art Ruhestadium befinden.

Alle Schwimmkäfer sind Raubtiere, die ihre aus kleineren Wassertieren aller Art bestehende Beute mit den Vorderbeinen packen und mit den Mundwerkzeugen zerkleinern. Die größten Arten werden sogar Lurchen und Jungfischen gefährlich. Bei den Männchen vieler Dytisciden sind die ersten 3 Fußglieder stark verbreitert und mit besonders gestalteten Haaren oder gestielten Saugnäpfen unterschiedlicher Größe besetzt. Mit ihnen heftet sich das Männchen bei der Paarung auf dem Halsschild des Weibchens fest. Naturgemäß gibt es bei den zahlreichen Arten keine einheitliche Paarungszeit; die großen Formen kann man übrigens vom Frühjahr bis zum Herbst bei der Fortpflanzung beobachten. Bei ihnen paaren sich Männchen und Weibchen wiederholt mit verschiedenen Partnern. Man kennt 3 Typen der Eiablage. Manche Arten legen ihre Eier einzeln oder zu Perlschnüren vereinigt auf der Oberfläche von Wasserpflanzen, mit Vorliebe auch in Blattachseln ab; andere bohren sie mit Hilfe eines Legestachels in Pflanzenteile dicht unter der Wasseroberfläche ein. Die 3. Gruppe bringt ihre Eier außerhalb des Wassers an feuchten Verstecken, wie Baumstümpfen, bewachsenen Steinen usw., in Ufernähe unter. Die Larven sind besonders durch die merkwürdige Gestalt ihrer Mundwerkzeuge gekennzeichnet. Die Oberkiefer (Mandibel) stellen gebogene Dolche dar. Sie sind hohl. In ihnen verläuft je ein Saugkanal, der durch eine besondere allseitig abgedichtete Rinne an der Innenseite der Mandibeln gebildet wird. Diese Kanäle haben im Kopfinnern eine Verbindung mit dem Schlund. Die übrigen Mundwerkzeuge sind verkümmert; die enge Mundspalte ist nach unseren bisherigen Kenntnissen zur Aufnahme von Nahrung ungeeignet. Die Larven sind sehr gefräßige Räuber. Sie durchbohren ihre Beute mit der spitzen Oberkieferzange. Aus dem Mitteldarm fließt durch die Mandibelkanäle eine gelbbraune Flüssigkeit in das Opfer ein. Diese enthält ein Gemisch von Fermenten, die das Beutetier in wenigen Minuten lähmen, töten und seine gesamten inneren Organe zu einem flüssigen Brei auflösen. Die so außerhalb ihres Körpers bereits vorverdaute Nahrung saugt die Larve durch die Oberkieferkanäle ein.

Auch die Larven atmen Luft, die sie an der Wasseroberfläche durch 2 Stigmen des letzten Hinterleibssegments aufnehmen. Ihrer Lebensweise nach unterscheiden wir 4 Gruppen von Schwimmkäferlarven. Die kriechenden Larven leben hauptsächlich in Kleingewässern, Tümpeln und Bächen. Sie können nur schlecht schwimmen und stützen sich zum Atemholen auf den Boden. Die schwimmenden Arten bewohnen mittlere Wasserschichten und halten sich beim Luftschöpfen meist an Wasserpflanzen an. Die schwebenden Formen können sich frei an der Wasseroberfläche aufhängen. Die grabenden Larven schließlich wühlen mit dem Vorderkörper im Schlamm des ganz seichten Gewässers, während ihr Hinterleibsende etwas über den Wasserspiegel hinausragt. Die Entwicklungszeit ist je nach Art verschieden lang. Die erwachsenen Larven klettern an das Ufer und verpuppen sich dort in selbst gegrabenen Erdhöhlen.

Die Schwimmkäfer überwintern als Imagines, Larven oder im Eistadium. Die großen Arten können bis zu 5 Jahre alt werden. Während der Fortpflanzungszeit oder auf der Suche nach Gewässern, die für die Eiablage oder Überwinterung geeignet sind, unternehmen sie häufig weite Überlandflüge. Zu diesen starten sie vom Ufer aus, landen jedoch direkt auf der Wasseroberfläche. Die Lebensweise der meisten kleineren Arten ist noch weitgehend unbekannt. Dasselbe gilt von den Larven, von denen viele überhaupt noch wenig bekannt sind.

2. Familie Wassertreter (Haliplidae)

Diese kleine Käferfamilie umfaßt in Mitteleuropa 18 Arten. Sie besiedeln vorzugsweise pflanzenreiche Gewässer. Die höchstens 4 mm langen und selten mehr als 2 mm breiten Käfer kann auch der Laie leicht an 2 Merkmalen erkennen: Beim Schwimmen bewegen sie ihre sämtlichen langbehaarten Beine, aber nicht gleichzeitig, sondern jedes Bein eines Paares für sich. Auf der Bauchseite sieht man schon bei Lupenvergrößerung, daß die beiden Hinterhüften zu großen Platten verbreitert sind, die in der Mitte zusammenstoßen und seitlich bis zu den Rändern der Deckflügel reichen. Mit diesen sind sie durch einen Vorsprung, der in eine entsprechende Ausbuchtung paßt, verzahnt (Abb. 50). Zwischen Bauchfläche und Hüftplatten befindet sich ein Luftvorrat. Der Atmungsvorgang gleicht dem Schwimmkäfer. Die Haliplidae können jedoch erstaunlich lange unter Wasser bleiben. Sie fressen hauptsächlich Algen. Die Eier werden an oder in Algenfäden abgelegt. Die sehr schlanken Larven ähneln denen der Schwimmkäfer, haben auch entsprechend gestaltete Mundwerkzeuge. Sie bohren mit ihren Oberkiefern Algen-

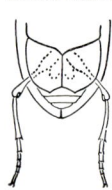

Abb. 50 *Haliplus* sp. von der Bauchseite. Hüftplatte verbreitert!

fäden an und saugen sie aus. Wahrscheinlich vollzieht sich ihre Atmung in erster Linie durch die Haut. Die erwachsenen Larven verpuppen sich am Ufer in Erdlöchern.

3. Familie Wasserkäfer i. e. S. (Hydrophilidae)

Wassertiere. Diese bewohnen vorzugsweise pflanzenreiche Weiher, Tümpel, z. T. auch
Von den rund 150 mitteleuropäischen Wasserkäfern sind nur etwa $^2/_3$ wirkliche Bäche. Das restliche Drittel lebt im Grenzgebiet zwischen Wasser und Land oder völlig auf dem Trockenen. Das gilt vor allem für die große Unterfamilie Sphaeridinae, zu der im überwiegenden Teil Dungkäfer gehören. So sehr sich Hydrophilidae und Dytiscidae bei flüchtiger Betrachtung gleichen, so bedeutend sind die Unterschiede zwischen beiden Familien in der Lebensweise und auch in wichtigen Merkmalen des Körperbaues. So ist z. B. der Rücken der meisten Schwimmkäfer stark abgeflacht, der der Wasserkäfer hochgewölbt. Deren Mittel- und Hinterbeine sind nur spärlich mit Schwimmhaaren besetzt, und beim Schwimmen werden sie nicht gleichzeitig, sondern jedes Bein eines Paares wird für sich bewegt. Die Wasserkäfer sind recht langsame Schwimmer; die kleineren Arten kriechen meistens. Gleich den Dytisciden atmen sie atmosphärische Luft. Die Hauptmenge ihres Luftvorrates tragen sie jedoch an der Unterseite von Brust und Hinterleib, wo sie durch samtartige Haarflächen festgehalten wird; bedeutend weniger Luft wird unter den Flügeln aufbewahrt. Daher sieht man besonders die kleineren Arten auch oft mit nach oben gekehrtem, silbrig glänzendem Bauch umherrudern oder an der Unterseite des Wasserspiegels kriechen. Zum Luftschöpfen kommen sie mit dem Kopf an die Oberfläche. Dann wird auf sehr merkwürdige Weise eine rohrartige Verbindung zwischen der Außenluft und den Stigmen der Vorderbrust, durch die die Luft in das Tracheensystem einströmt, hergestellt. Am Kopf verläuft jederseits eine aus 2 Haarsäumen bestehende Rinne. Die 4 Vorderglieder der Fühler sind löffelförmig ausgehöhlt und bilden zusammen gleichfalls eine Halbrinne, die sich bei entsprechender Biegung der Fühler auf den Kanal der Kopffurche legt und so ein geschlossenes Rohr entstehen läßt. Nach Durchströmung des Tracheensystems gelangt die Luft durch die Stigmen des Hinterleibs auf die Bauch- und Rückenseite. Die erwachsenen Wasserkäfer sind hauptsächlich Pflanzenfresser. Einige Arten legen ihre Eier einzeln im Wasser ab. Die Weibchen der meisten Formen umhüllen sie mit Seidengespinst oder bringen sie in rundlichen, aus Seide gesponnenen Kokons unter. Die Weibchen einiger Arten befestigen die Eikokons an ihren Hinterbeinen und schleppen sie mit sich umher, andere Arten heften sie an Wasserpflanzen an. Oder der Kokon treibt an der Wasseroberfläche und ist in diesen Fällen durch in die Kokonwand eingesponnenes Pflanzenmaterial maskiert. Die Kokons mancher Arten sind mit einem gleichfalls gewobenen kamin- oder bandförmigen Fortsatz ausgestattet. Am bekanntesten ist der „Mast" des Kokons des Großen Kolbenwasserkäfers. Die Eier und Junglarven im Kokon verbrauchen Sauerstoff. Solange der Kokon an der Oberfläche treibt, kann durch seine porösen Wände ständig neuer Sauerstoff ins Innere diffundieren. Wird der Kokon aber, was durch Wellenbewegung usw. leicht vorkommen kann, untergetaucht, so erfolgt die Sauerstoffdiffusion durch den hochragenden „Mast". In völlig untergetauchten Kokons sterben Eier und Larven ab. Der Spinnstoff zur Kokonherstellung stammt aus Nebendrüsen der Geschlechtsorgane. Die Larven leben zum größten Teil nur in ganz seichtem Wasser. Die meisten nehmen durch 2 Stigmen am Körperende Luft auf. Alle sind Raubtiere. Da sie nur unbeholfen schwimmen und ziemlich langsam kriechen können, lauern sie ihrer Beute auf. Diese wird gewöhnlich durch ausgeschiedene Mitteldarmflüssigkeit außerhalb des Körpers verdaut und dann aufgesaugt. Die Oberkiefer der Larven sind jedoch nicht von Ka-

nälen durchbohrt. Es kann also keine wasserdichte Verbindung zwischen Schlund und Nahrungskörper hergestellt werden wie bei den Dytisciden. Daher muß die Beute über das Wasser hinausgehalten werden, oder die Larven legen sich zur Nahrungseinnahme auf die Wasserfläche. Zur Verpuppung graben sich die Larven der meisten Arten am Ufer Erdhöhlen.

Tafel 26

Käfer (Coleoptera)

1. Familie Schwimmkäfer (Dytiscidae) (S. 163)

1. Breitrand. *Dytiscus latissimus* L. ♀

   In größeren Weihern u..d Teichen. Deckflügel mit stark verbreiterten Seitenrändern! Lg. 36—44 mm

2. *Graphoderus cinereus* L. ♀

   In stehenden Gewässern. Lg. 15 mm

3. *Platambus maculatus* L.

   In Gebirgsbächen, am Brandungsufer von Seen. Die schwarzbraunen Längsstreifen auf den Deckflügeln sehr verschieden stark, so daß fast gelbe und nahezu schwarzbraune Tiere vorkommen. Lg. etwa 8 mm

4. Gelbrand. *Dytiscus marginalis* L. ♂

   In Weihern und Teichen. Bauchseite ganz oder fast ganz gelb. Fortsätze der Hüften der Hinterbeine (Unterseite) in eine ganz kurze Spitze ausgezogen. Abb. 51. Lg. 30—35 mm

   Abb. 51
   Hinterhüften des Gelbrands

5. Gaukler. *Cybister laterimarginalis* Deg. ♀

   In Weihern und Teichen. Unterschied zu Dytiscus: Hinterfüße mit nur e i n e r Klaue. Schienen der Hinterbeine sehr kurz und verbreitert, halb so lang wie die Schenkel. Lg. 30—35 mm

6. Furchenschwimmer. *Acilius sulcatus* L. ♂

   In stehenden Gewässern. Ober- und Unterseite sehr dicht und kräftig punktiert. Halsschild 2 schwarze Querbinden. Lg. 16—18 mm

7. Furchenschwimmer. *Acilius sulcatus* L. ♀

   Wie 4, aber: auf den Deckflügeln 3—4 glatte Längsrippen, dazwischen dicht behaart.

2. Familie Taumelkäfer (Gyrinidae) (S. 169)

8. Taumelkäfer. *Gyrinus substriatus* Steph.

   Auf stehenden Gewässern! Oberseite kahl, Flügeldecken mit 11 Punktreihen, von denen die inneren bisweilen ± fehlen. Lg. 5—7 mm. Weitere 9 Arten in Deutschland. Lebensweise S. 169

Tafel 26

3. Familie Wasserkäfer (Hydrophilidae)

9. Großer Kolbenwasserkäfer. *Hydrous piceus* L.
In größeren Weihern und Teichen Lg. 34—47 mm. Lebensweise S. 165. Geschützt!

4. Familie Hakenkäfer (Dryopidae)

Die Hakenkäfer umfassen in Mitteleuropa rund 35, meist schwarz oder braun gefärbte, winzige Arten. Zum überwiegenden Teil bevorzugen sie stärker bewegtes, sauerstoffreiches Wasser (rasch strömende Bäche, Brandungsufer). Mit ihren kräftigen Klauen klammern sie sich an Wasserpflanzen, in Höhlungen von Steinen oder in Rindenritzen von Treibholz fest. Sie sind Pflanzen-, hauptsächlich wohl Algenfresser. Sie können nicht schwimmen, sondern nur sehr langsam kriechen. Hochinteressant ist die Atmung: Nach der außerhalb des Gewässers durchgemachten Puppenruhe kriecht der Käfer unter Wasser. Der Luftvorrat, den er zu dieser Zeit in seinem Tracheensystem und im Haarkleid der Bauchseite besitzt, muß für die gesamte Lebenszeit unter Wasser ausreichen, denn nie kommen die Imagines zum Luftholen an die Oberfläche. Der geringe Luftvorrat muß daher dauernd regeneriert werden. Hierzu massiert der Käfer von Zeit zu Zeit — *Riolus* etwa alle 2 Min., *Elmis* in etwas größeren Abständen — mit den Vorderschenkeln das Haarkleid der Vorderbrust durch 2—6 bürstende Bewegungen. Dies bewirkt, daß aus den Stigmen der Vorderbrust eine größere, aus denen der Hinterbrust und des 1. Hinterleibssegmentes kleinere Luft-("Atem"-)blasen austreten. Die Luftblasen werden nun mit den Schenkeln und Schienen der Vorderbeine etwa eineinhalb Minuten lang durchgeknetet, um den Gasaustausch zwischen ihnen und dem Wasser zu fördern. Das in der verbrauchten Atemluft enthaltene Kohlendioxyd wird gierig vom Wasser aufgenommen, und als Ersatz lädt sich die Luftblase mit neuem Sauerstoff aus dem Wasser auf. Nach erfolgtem Gasaustausch werden die Atemblasen wieder in die Stigmen eingezogen. Dieser verhältnismäßig schwierige Atemvorgang macht es verständlich, daß die Hakenkäfer wegen des dort herrschenden physiologischen Sauerstoffreichtums (s. S. 29 u.) nur in raschfließenden oder kalten Gewässern leben, obgleich sie wegen ihrer großen Trägheit nur wenig Sauerstoff brauchen, also keineswegs polyoxybiont (s. S. 37) sind, wie man lange Zeit angenommen hat. Die Eier werden von den Weibchen mit Hilfe eines langen, vorstreckbaren Legeapparates in Gesteinsritzen und unter die Krusten der Algen- und Moosrasen gelegt. Die meist flachen Larven sind ziemlich stark chitinisiert und bei vielen Arten während des ganzen Jahres an den gleichen Stellen wie die Käfer zu finden. Sie atmen mit Hilfe von Tracheenkiemen. Diese liegen in einer verschließbaren Höhlung des letzten Hinterleibssegments. Sie können abwechselnd herausgestreckt und wieder eingezogen werden.

5. Familie Taumelkäfer (Gyrinidae)

Die Taumelkäfer erkennt auch der Laie schon auf den ersten Blick an ihrer eigentümlichen Bewegungsweise. Rasend schnell schwimmen sie in Kreisen oder Spiralen auf der Oberfläche stehender und von ruhigen Buchten fließender Gewässer umher. Nie streben sie einem Ziel in gerader Linie zu. Dies können sie möglicherweise wie ein flaches, kiel- und steuerloses Ruderboot, dem ihre Körpergestalt im wesentlichen gleicht. Ihre breiten, flachen Mittel- und Hinterbeine tragen an den Schienen und den fächerartig zusammenlegbaren Fußgliedern lange Schwimmhaare. Sie sind wohl die vollendetsten Ruderbeine unserer Wasserinsekten. Der Hauptlebensraum der Taumelkäfer ist die

Wasseroberfläche. Bei schönem Wetter sonnen sie sich gern auf Schwimmblättern und Ufersteinen. In der Dämmerung unternehmen sie oft weite Flüge. Sie können aber auch blitzschnell in die Tiefe tauchen. Dort müssen sie sich allerdings stets mit den langen, dünnen Vorderbeinen an Wasserpflanzen usw. festklammern, um nicht gleich einem Korken an die Oberfläche gerissen zu werden. Mit den Vorderbeinen ergreifen sie auch ihre Beute, die aus lebenden und toten Tieren der Wasseroberfläche besteht. Ob sie unter Wasser Tiere einfangen, ist ungewiß. In Anpassung an ihre Lebensweise auf dem Wasserspiegel sind ihre großen Facettenaugen durch je eine Querfurche in eine obere und eine untere Hälfte geteilt; beide Hälften unterscheiden sich in ihrem anatomischen Bau. Die oberen Augen dienen zum Sehen ü b e r Wasser; die unteren nehmen die Vorgänge i m Wasser wahr. Die Eier werden im Mai und Juni unter Wasser an Wurzeln usw. angeklebt. Im Juni/Juli schlüpfen die schlanken Larven, die gewöhnlich auf dem Boden umherkriechen, aber auch ganz behend zu schwimmen vermögen. Hierbei schwingt ihr Hinterleib auf und nieder. Sie atmen durch Tracheenkiemen, fadenartige, behaarte Anhänge des Hinterleibes. Auch die Larven sind Raubtiere, die ihre Beute, kleinere Wassertiere verschiedener Art, mit den Mandibeln packen, ein zugleich lähmendes und auflösendes Gift über sie ergießen und dann mit den Kiefern zerkleinern. Wahrscheinlich bauen sie sich zur Verpuppung Kokons, die aus erstarrtem Sekret und Fremdkörpern, wie Algenfäden usw., bestehen. Die Imagines überwintern wohl zum größten Teil an Land, unter Steinen, in Blattachseln von Uferpflanzen usw. In Mitteleuropa gibt es 12 Arten.

Tafel 27

Käfer (Coleoptera) (Fortsetzung)

Familie Schwimmkäfer (Dytiscidae) (Fortsetzung) (S. 163)

148. Larve des Gelbrands. *Dytiscus marginalis* L.
 Lg. erwachsen etwa 50—60 mm

149. Kugelschwimmer. *Hyphydrus ovatus* L.
 In stehenden Gewässern. Körper ober- und unterseits fast kugelig gewölbt. Krallen der Hinterbeine sehr ungleich lang. Rostrot, Deckflügel dunkler gezeichnet. Vorder- und Mittelfüße scheinbar 4gliedrig! Lg. 4,5—5 mm

150. *Hygrotus inaequalis* F.
 In stehenden Gewässern. Deckflügel sehr gleichmäßig, dicht punktiert. Rostrot mit schwarzen Flecken, wie die Abb. zeigt. 2 normale Krallen. Vorder- und Mittelfüße scheinbar 4gliedrig. Lg. 3 mm. 2 weitere Arten der Gattung in Deutschland

151. Zwergschwimmer. *Hydroporus palustris* L.
 In stehenden Gewässern. Unterseite schwarz. Oberseite schwarz mit gelben Flecken und Streifen nach Abb. Vorder- und Mittelfüße scheinbar 4gliedrig. Lg. 3,5—4 mm. 31 Arten der Gattung in Deutschland

Tafel 27

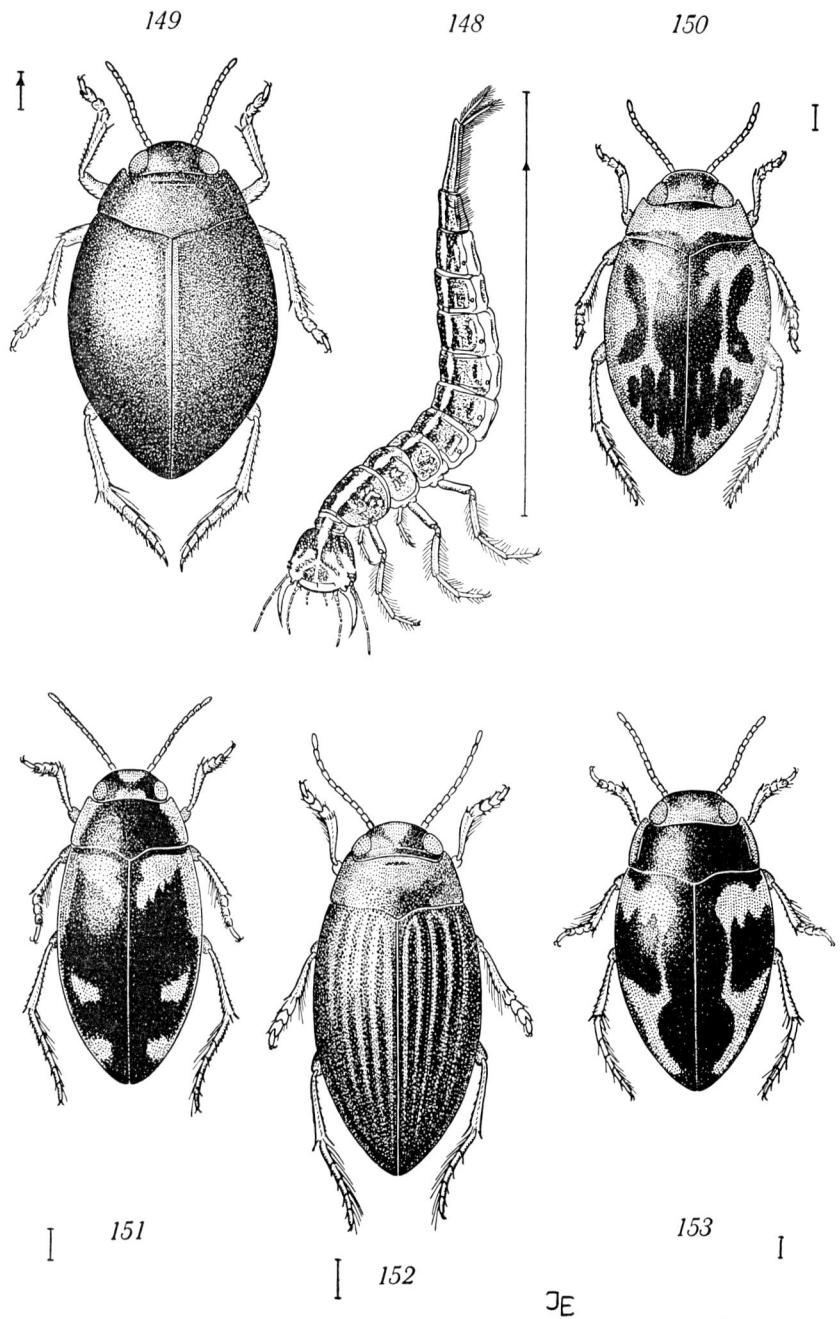

152. *Coelambus impressopunctatus* Schall.
In stehenden Gewässern. Gewölbt. Rostrot. Flügeldecken mit 4 nach hinten verkürzten, durch Doppelpunktreihen gehobenen Längsstreifen; grob, hinten dicht punktiert. Bauchseite schwarz. 2 Seitenflecken am Scheitel, die Basis des Halsschildes in der Mitte schwarz. Längslinien der Flügeldecken schwarz. Normale Klauen. Vorder- und Mittelfüße scheinbar 4gliedrig. Lg. 5 mm

153. *Graptodytes (Hydroporus) pictus* F.
In stehenden Gewässern. Körper gewölbt. Brust und Bauch schwarz, Kopf rotbraun. Halsschild schwarz mit hellerem Vorder- und Hinterrand und gelbrötlichen Seiten. Deckflügel gelbrot mit schwarzen Zeichnungen wie die Abb. zeigt. Vorder- und Mittelfüße scheinbar 4gliedrig. Lg. 2,3 mm

Tafel 28

Käfer (Coleoptera) (Fortsetzung)

1. Familie Schwimmkäfer (Dytiscidae) (Fortsetzung) (S. 163)

154. Schnellschwimmer. *Agabus bipustulatus* L. ♀
In stehenden und Buchten fließender Gewässer. Bevorzugt kaltes, klares Wasser. Glieder der Hinterfüße gerade abgeschnitten. Schwarz, auf dem Scheitel oft 2 rötliche Flecken. Mund, Fühler und Fußenden rostrot. Lg. etwa 10 mm. 26 Arten der Gattung in Deutschland

155. *Bidessus unistriatus* (Schrank) ♀
In stehenden Gewässern. Kenntlich an den 2 Längsfalten, die jederseits von der Basis des Halsschildes auf die Basis der Deckflügel ziehen. Gewölbt. Kopf rotbraun, Halsschild rotgelb, am Hinterrand, oft auch am Vorderrand mit schwarzem Saum. Deckflügel dunkelbraun mit hellerer, unscharfer Zeichnung, punktiert. Lg. 2 mm. 5 Arten der Gattung in Deutschland

156. *Noterus crassicornis* Müll. ♂
In kleinen Weihern, Tümpeln. Körper stark gewölbt, Halsschild und Deckflügel in durchgehendem flachem Bogen gerandet. Rostbraun. Kopf und Halsschild glatt, Deckflügel mit groben, zum größten Teil in Reihen angeordneten Punkten. ♂: 5. Fühlerglied groß, 6. nur wenig schmäler! Lg. 3,5—3,8 mm. 2 Arten der Gattung in Deutschland

157. Grundschwimmer. *Laccophilus minutus* L.
In stehenden Gewässern. Seiten- und Vorderrand des Halsschildes ungerandet. Vorder- und Mittelfüße mit deutlichen 5 Gliedern. Grünlichbraun mit verwaschenen Flecken. Lg. 4,5 mm. 3 Arten der Gattung in Deutschland

2. Familie Wassertreter (Haliplidae)

158. *Haliplus fluviatilis* Aubé
Halsschild trapezförmig, an der Basis am breitesten. Auf den Deckflügeln schwarze Punktstreifen mit unterbrochenen schwärzlichen Linien. Kein strichförmiger, unpunktierter vertiefter Nahtstreifen auf den Deckflügeln. Lg. 2 bis 3 mm. Lebensweise S. 164. 17 Arten der Gattung in Deutschland

Tafel 28

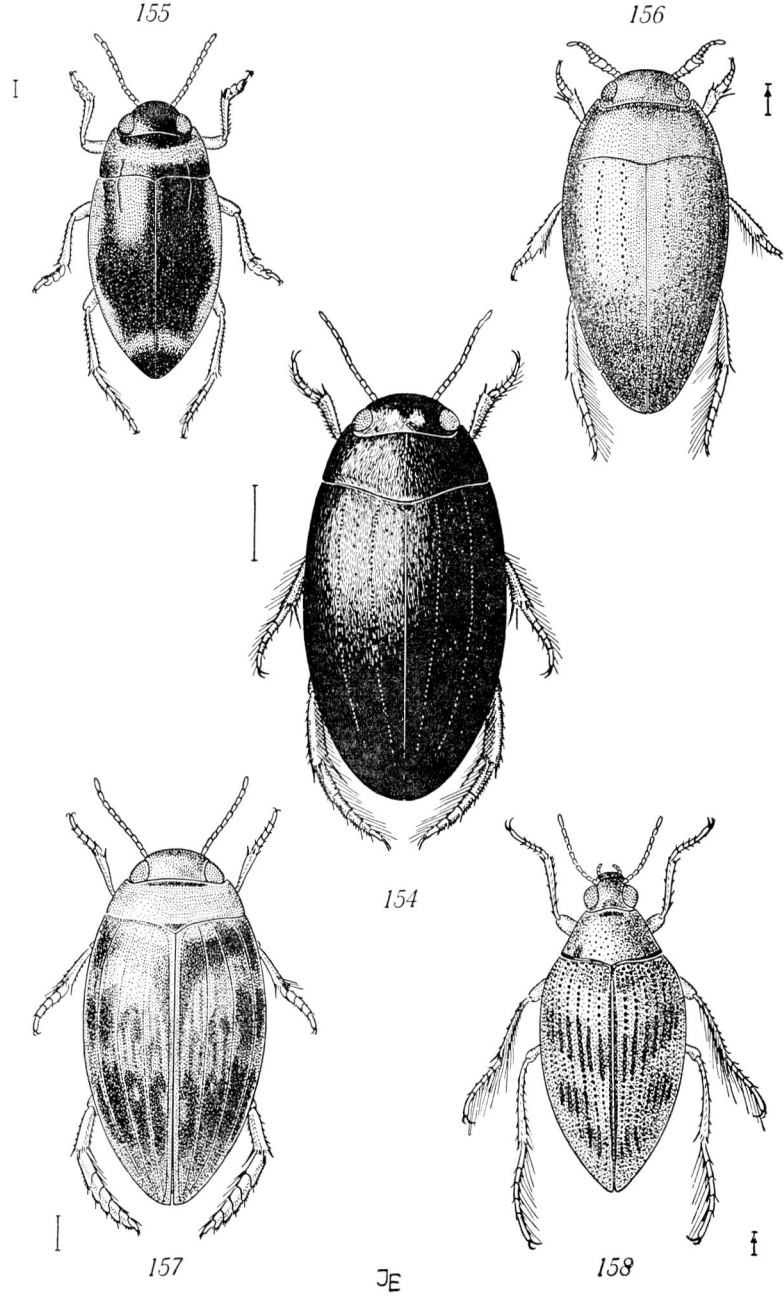

Tafel 29

Käfer (Coleoptera) (Fortsetzung)

Familie Wasserkäfer (Hydrophilidae) (S. 165)

159. Larve des Kolbenwasserkäfers *Hydrous piceus* L.
Schwarzbraun. Lg. erwachsen etwa 70 mm. Geschützt!

160. Stachelwasserkäfer. *Hydrophilus caraboides* L.
In kleinen Weihern und Tümpeln. Schwarz mit schwach grünlichem Schein, Fühlerbasis und Fußglieder rostgelb. Lg. 14—18 mm. 2 Arten der Gattung in Mitteleuropa

161. *Hydrobius fuscipes* L.
In stehenden Gewässern. Schwarz, meist mit schwachem Erzschein. Beine rostrot mit dunklerer Schenkelbasis. Deckflügel mit Punktstreifen. Letztes Glied der Kiefertaster länger als vorletztes. Lg. 6—7,5 mm. Nur 1 Art

162. *Enochrus affinis* Thunbg.
In stehenden Gewässern. Gelbbraun, Kopf schwarz, vor den Augen mit roten Flecken, Beine rostrot, Kiefertaster sehr lang, letztes Glied dunkel und kürzer als das vorletzte. Lg. 3—4 mm. 8 Arten der Gattung in Deutschland

163. *Laccobius bipunctatus* F.
In stehenden und fließenden Gewässern. Fast halbkugelig gewölbt. Gelbbräunlich. Kopf und Halsschildflecken schwarz. Deckflügel dicht gestreift-punktiert, schwarz mit f l a c h e n Zwischenräumen. Lg. etwa 3 mm. 10 Arten der Gattung in Deutschland

164. *Hydraena riparia* Kugel. ♀ (Familie Hydraenidae)
In fließenden Gewässern, meist an Steinen, Wasserpflanzen, Holz. Kiefertaster sehr lang, ihr Endglied länger als das vorletzte. Schwarz (Deckflügel bisweilen bräunlich), Beine und Fußglieder rot, Spitzen der Fußglieder schwärzlich. Auf den Deckflügeln regelmäßige, dichte Punktstreifen. Lg. 2,2—2,4 mm. Zahlreiche Arten

Tafel 29

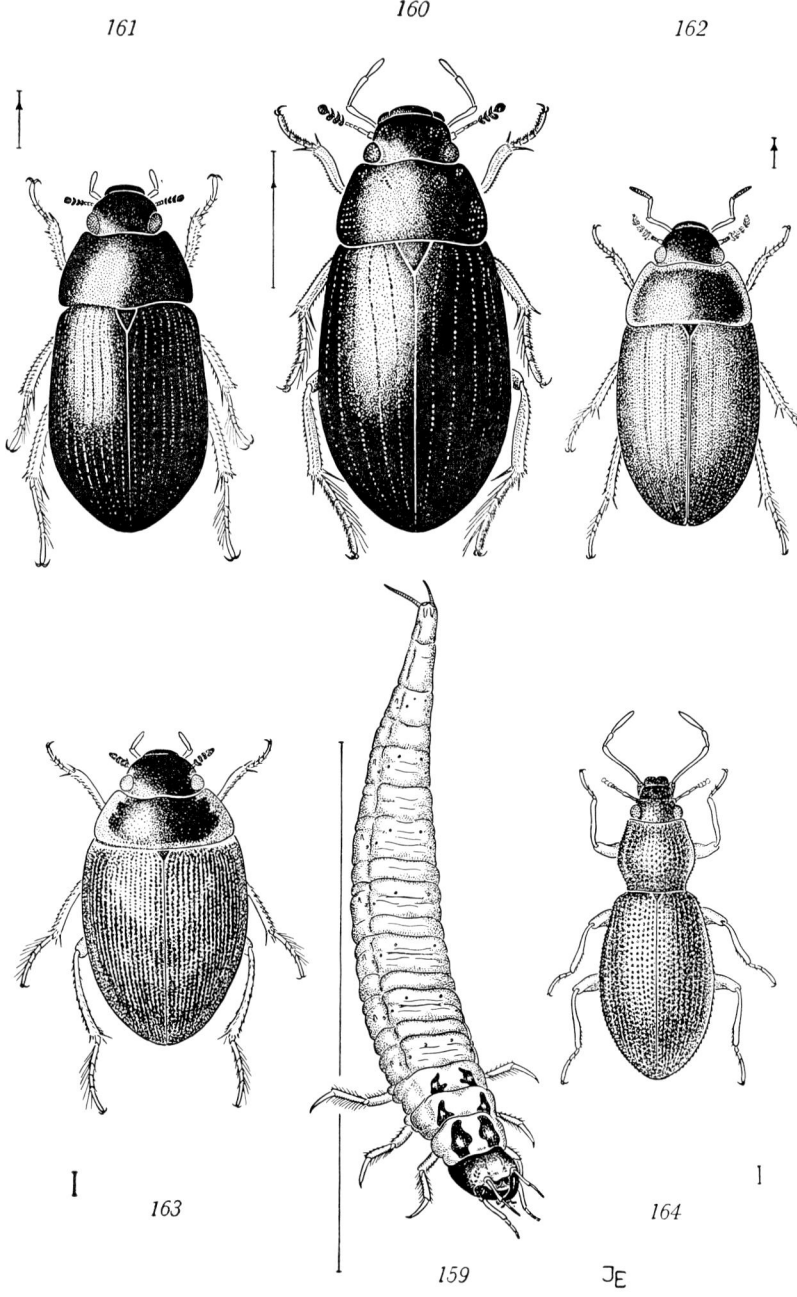

Tafel 30

Käfer (Coleoptera) (Fortsetzung)

1. Familie Hakenkäfer (Dryopidae) (S. 169)

165. *Elmis maugëi* Bed.

In fließenden Gewässern an Steinen und Wasserpflanzen. Fuß 5gliedrig. Klauenglied auffällig lang, keulig, länger als die 4 vorhergehenden zusammen, Klauen groß. Glänzend schwarz, Deckflügel mit Erzglanz. Fühler und Beine ganz oder teilweise braunrot. Körper kahl. Lg. 1,5—2,5 mm. Lebensweise S. 169. 3 Arten der Gattung in Deutschland

166. Larve von *Elmis maugëi* Bed.

Dunkelbraun. Lg. 3—4 mm

167. *Dryops* sp.

In der Uferzone fließender und stehender Gewässer. Halsschild jederseits mit tiefeingeschnittenem, außen scharfkantig begrenztem Längsstreifen. Körper einschließlich Augen dicht behaart. Fußglieder wie 110. Schwarz oder schwarzbraun, die Haare bei manchen Arten gelbgrau. Lg. 4—5 mm. 13 Arten in Deutschland

2. Familie Taumelkäfer (Gyrinidae) (S. 169)

168. Bachtaumelkäfer. *Orectochilus villosus* Müll.

Fließgewässer. Oberseite dicht und fein behaart. Schwarz. Haare grau. Lg 6 mm. Nur 1 Art in Deutschland. Lebensweise S. 169

169. Taumelkäferlarve

Gelblichweiß. Lg. erwachsen etwa 12 mm

3. Familie Rüsselkäfer (Curculionidae)

170. *Litodactylus leucogaster* Marsh.

An Wasserpflanzen, meist Myriophyllum sp., unter Wasser. Körper mit unbenetzbaren Schüppchen bedeckt und stets von Luftschicht umgeben. Atmung wahrscheinlich wie bei den Dryopiden. Können nicht schwimmen. Hellgrün mit dunkelgrünen Flecken. Lg. etwa 2 mm

Tafel 30

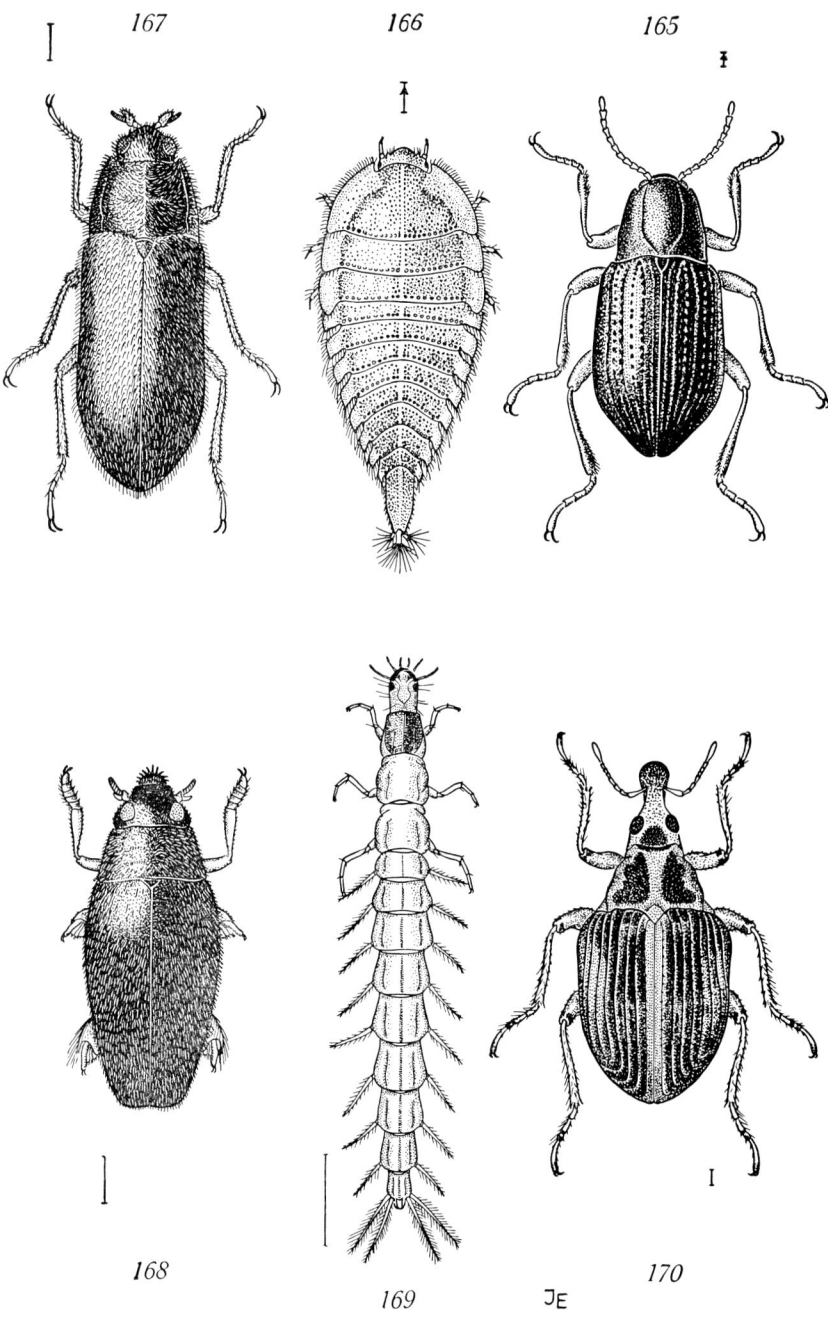

Zweiflügler (Diptera)

Die Zahl der Zweiflügler, deren Larven und Puppen im Wasser leben, ist so außerordentlich groß, daß lediglich die wichtigsten Familien und auch diese nur ganz kurz behandelt werden können.

I. Mücken (Nematocera)

1. Familie Zuckmücken (Chironomidae)

Die Zuckmücken sind wahrscheinlich die artenreichste Insektenfamilie der Binnengewässer. Rund 1000 Arten sind allein in Mitteleuropa bekannt. Es gibt praktisch kein Gewässer, mag es noch so klein, salzig, verschmutzt, schnellströmend oder wie immer sonst beschaffen sein, das nicht mindestens e i n e Zuckmückenart beherbergt. Zudem kommen sie häufig in ungeheurer Zahl vor. Sie machen oft 50, ja über 70% der gesamten Tiefenfauna von Seen aus, und man hat in diesen Fällen schon mehr als 3000 Zuckmückenlarven je Quadratmeter Bodenfläche gezählt. Sie gehören zu den wichtigsten Nährtieren für unsere Fische. So verschieden aber auch die Bedingungen sind, unter denen die einzelnen Arten leben, so sehr gleichen sich diese in ihrer Gestalt. Daher ist die Bestimmung äußerst schwierig und in Deutschland nur einigen wenigen Spezialisten möglich. Auch diese benötigen meist für eine sichere Diagnose Larve, Puppe und Imago der betreffenden Art.

Die Größe schwankt je nach Art und Alter der Larven zwischen 1—2 mm und etwa 2 cm. Die Färbung kann weiß, gelblich, grün, braungrau oder — wenn die Blutflüssigkeit Hämoglobin enthält — hell- bis dunkelrot sein. Die zwei teilweise miteinander verwachsenen Fußstummel am 1. Brustsegment sowie die ähnlich gebauten „Nachschieber" am Körperende ermöglichen der Larve ein langsames Kriechen, das bisweilen spannerraupenartig ist. Der Gasaustausch vollzieht sich in erster Linie durch Hautatmung. Zusätzlich stehen noch die 2 Paar dünnen Schläuche am vorletzten Hinterleibssegment (bei manchen Arten kommt noch ein 3. Paar am drittletzten Segment dazu) im Dienst der Sauerstoffaufnahme, nicht aber die 4 sog. „Analkiemen", ähnliche schlauchartige Gebilde am Körperende. Diese sind für die Erhaltung der richtigen Konzentration der Körpersäfte bedeutungsvoll. Die meisten Zuckmückenlarven leben in den oberen Schlammschichten des Gewässergrundes. Dort bauen sie sich mit dem Sekret ihrer beiden mächtigen Spinndrüsen feine Gespinströhrchen, die gewöhnlich etwa U-förmig gebogen sind und mit je einer Öffnung am Vorder- und Hinterende an der Schlammoberfläche münden. Viele Arten, vor allem die Bewohner fließender Gewässer, stellen recht kunstvolle Gehäuse her, z. B. in Gestalt fünfzipfeliger Kelche (Abb. 174). Andere minieren in den Blättern von Wasserpflanzen. Mit Ausnahme der Vorder- und Hinteröffnungen ihrer Gänge lassen sie dabei die Zellschichten der Blattober- und -unterhaut unbeschädigt. Hierdurch sind die Chironomidengänge leicht von den Fraßgängen der Schilfkäfer (Donacien) zu unterscheiden. Gewisse Zuckmückenlarven kalkreicher Bäche wirken zusammen mit Algen als Gesteinsbildner, da sich zwischen ihren Gespinströhren der Kalk niederschlägt, diese miteinander verbindet und so mit der Zeit Tuffstein entstehen läßt. Sehr viele Chironomidenlarven nähren sich von lebenden und abgestorbenen planktonischen Algen, andere von frischem Pflanzengewebe, manche von morschem Holz. Die Unterfamilie Tanypodinae sind Raubtiere, die keine Röhren weben, sondern frei umherschweifen. Die Puppen entsprechen dem allgemeinen Grundtypus der Mückenpuppen. Das Leben der kleinen, schwärzlichen, bei einigen Arten auch grünen Imagines dient nur der Fortpflanzung. Die Männchen haben dichtgefiederte, die Weibchen fadenförmige Fühler. Die Eier, je nach Art mehrere 100 bis einige 1000 Stück, sind zu gallertartigen Eikugeln vereinigt. Sie werden von den Weibchen meist beim Flug über die Wasseroberfläche regellos abgeworfen. Die Zuckmückenimagines s t e c h e n n i c h t.

2. Familie Gnitzen (Ceratopogonidae)

Die Larven der mit den Zuckmücken nah verwandten Gnitzen leben zum Teil auf dem Land. Die Wasserbewohner unter ihnen kommen in recht verschiedenartigen Gewässern vor. Sie werden bis zu 15 mm lang und halten sich meist zwischen Algen oder auf dem Gewässergrund auf. Durch seitliche Krümmungen ihres schlanken Körpers können sie recht gut schwimmen. Sie sind Raubtiere und fressen hauptsächlich andere Mücken-, besonders Zuckmückenlarven. Die winzigen Imagines sind selten größer als 2 mm. Sie saugen Blut, z. T. von Wirbellosen, und zwar vorwiegend von Insekten, z. T. auch von Warmblütern. Ihr Stich ist für den Menschen sehr schmerzhaft. Während des Hochsommers legen die Weibchen ihre Eier, zu Klumpen vereinigt, auf Algen und andere Wasserpflanzen ab oder in Form 3 bis 4 cm langer Schnüre auf die Wasseroberfläche.

3. Familie Stechmücken (Culicidae)

Von dieser Familie interessieren uns in erster Linie die gewöhnlichen Stechmücken der Gattung *Culex* und die „Malaria"mücken der Gattung *Anopheles*. Als schlimme Quälgeister sind sie allgemein bekannt. Gewöhnlich stechen nur die Weibchen beider Gattungen. Sie müssen Blut saugen, damit ihre Eier reifen können. Sie leben etwa 6 Wochen, die Männchen bedeutend kürzere Zeit. Diese nähren sich nur von Blütennektar und Wasser. An Sommerabenden tanzen ihre Schwärme an den Uferwiesen, und zwar vorzugsweise über irgendwelchen erhöhten Punkten, wie z. B. Baumgruppen, Heustadeln, Bootshütten, gegebenenfalls auch über den Köpfen von Personen, leise summend die Stechmückenschwärme auf und nieder, bisweilen wie auf Kommando seitlich und wieder zurück. In unseren Breiten bestehen die Schwärme ausschließlich aus Männchen, wogegen die Weibchen ruhig auf den Blättern des Ufergebüsches oder des Schilfs sitzen. Sobald ein Weibchen von der Seite in einen Schwarm hineinfliegt, stürzen sich mehrere Männchen darauf. Mit einem von diesen erfolgt die nur wenige Sekunden dauernde Paarung, zu der sich die Tiere meist in das Gras niederlassen. Zur Eiablage setzen sich die Weibchen auf die Wasseroberfläche. Das *Anopheles*-Weibchen legt seine elliptischen Eier einzeln ab. Ihre Wandung hat luftgefüllte Kammern, welche die Eier schwimmend an der Oberfläche halten. Die *Culex*-Weibchen vereinigen ihre 200 bis 300 einseitig zugespitzten, länglichen Eier zu floßartigen Gebilden, den Mückenschiffchen. Die Larven bewohnen die Oberflächenschichten stehender Gewässer. Ihre Oberlippe hat 2 Seitenteile. Diese tragen lange, weiche Borsten und schlagen dauernd von außen nach innen zusammen. So erzeugen sie zwei Wasserwirbel, die unaufhörlich frische Nahrung, Algenzellen usw., herbeiführen. Erstaunlicherweise findet eine Futterauswahl statt; nicht genehme Detritusteilchen fallen zwischen den Mundwerkzeugen hindurch. Die *Anopheles*-Larve kann ihren Kopf um 180° drehen und so die Unterseite des Wasserspiegels abweiden. Am 8. Hinterleibssegment der *Culex*-Larve zweigt die nach oben ziehende Atemröhre ab. Sie trägt an ihrer Spitze die beiden Öffnungen des Tracheensystems, 2 kreisrunde Löcher. Diese sind von 5 dreieckigen Chitinspitzen umstellt, die sich unter Wasser über den Öffnungen kegelartig zusammenschließen, an der Wasseroberfläche aber sofort ausbreiten. Da sich in dem Atemrohr stets Luft befindet, wirkt es auch als Aufhängeapparat. Daher hängt die Larve auch immer mehr oder weniger senkrecht mit dem relativ schweren Kopf herab. Die oft grün gefärbten

Anopheles-Larven gleichen den *Culex*-Larven im großen und ganzen sehr in Körperbau und Lebensweise. Es fehlt ihnen aber das Atemrohr. Die beiden Öffnungen des Tracheensystems befinden sich bei ihnen in einer seichten Vertiefung auf der Rückenseite des 8. Hinterleibssegments. Die Larven liegen daher waagerecht unter dem Wasserspiegel, an dem sie hauptsächlich durch mehrere Gruppen von Haaren aufgehängt sind. Die Larven häuten sich 4mal. Auch die Puppen, die bei beiden Gattungen sehr ähnlich sind, schweben an der Oberfläche. Aber nicht mit dem Kopf nach unten: Ihr mächtiges Kopfbruststück ist an 2 hornartigen Fortsätzen, den oben offenen „Atemhörnern", an der Oberfläche aufgehängt. Die Puppen können sich durch ruckartige Schläge ihres Schwimmfächers am Hinterleibsende behend bewegen, wenngleich sie für gewöhnlich völlig ruhig an der Oberfläche hängen.

Auch die Büschelmücken mit der wichtigsten Art *Chaoborus crystallinus* werden zu den Stechmücken gestellt, obgleich der Rüssel der Imagines bei beiden Geschlechtern zu kurz und schwach ist, um zum Blutsaugen geeignet zu sein. Ein besonderes Kennzeichen ist die Behaarung der Flügel. Das Leben der Imagines ist sehr kurz. Ähnlich wie bei *Culex* werden die Einzeleier zu einem scheibenförmigen Eischiffchen zusammengeklebt. Die Larven leben in Weihern, besonders auch in Hochmoorweihern und in Seen eutrophen Charakters. W e s e n b e r g - L u n d nennt sie die eigentümlichsten aller Mückenlarven. Sie sind so durchsichtig, daß schon bei schwacher Vergrößerung alle Körperorgane durch die Haut zu erkennen sind. Sie haben keine Atemöffnung, sondern begnügen sich mit reiner Hautatmung. Mit den zu Fangwerkzeugen umgebildeten Fühlern packen sie ihre Beute, die hauptsächlich aus Kleinkrebsen besteht. Sie hängen nicht an der Wasseroberfläche, sondern schweben in völlig waagerechter Haltung in verschiedenen Wasserschichten. Hierzu befähigen sie 2 Paar Tracheenblasen, bohnenförmige Auftreibungen der beiden Haupttracheenstämme in der Brust und im drittletzten Hinterleibssegment, die mit Luft gefüllt sind. Sie sind von einem schwarzen Pigmentmantel umhüllt. Die Puppen sind gegenüber denen anderer Stechmücken sofort daran zu erkennen, daß ihr Hinterleib nicht unter das Kopfbruststück eingeschlagen ist, sondern dessen gerade Fortsetzung bildet. Sie schweben jeweils in der Wasserschicht, in der sie im Gleichgewicht sind und kommen erst kurz vor der Verwandlung an die Oberfläche.

Tafel 31

Zweiflügler (Diptera)

Mücken (Nematocera)

1. Familie Zuckmücken (Chironomidae) (S. 178)

171. Zuckmückenlarve
172. Zuckmückenpuppe
173. Zuckmückenimago, ♂
174. Gehäuse der Zuckmückengattung *Rheotanytarsus*

2. Familie Gnitzen (Ceratopogonidae) (S. 179)

175. Larve von *Bezzia* sp.
Weißlichgelb

Tafel 31

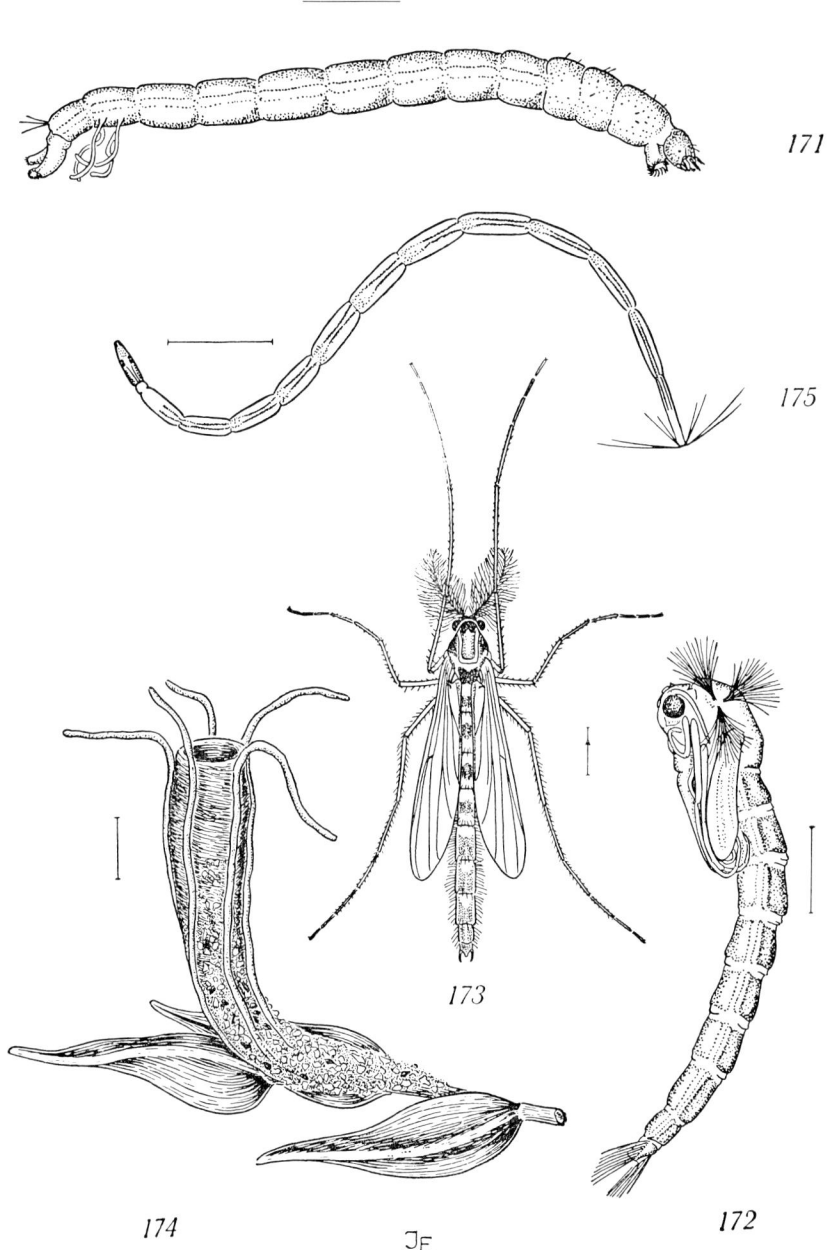

Tafel 32

Zweiflügler (Diptera) (Fortsetzung)

Familie Stechmücken (Culicidae) (S. 179)

176. Larve von *Culex* sp.
     Bräunlich. Lg. etwa 10 mm. Beachte die Aufhängestellung an der Wasseroberfläche!

177. Puppe von *Culex* sp.

178. Larve von *Anopheles* sp. („Malariamücke")
     Grünlich. Lg. etwa 10 mm. Beachte die Aufhängestellung an der Wasseroberfläche!

179. Puppe von *Anopheles* sp.

180. Imago von *Anopheles* sp. ♀
     Vollgesaugt. Flügel gefleckt. In der charakteristischen Ruhestellung! Die Gattungen *Culex* und *Anopheles* sind morphologisch für den Laien schwer zu unterscheiden. Bei Culex bilden in der Ruhestellung Rüssel und Körper einen stumpfen Winkel. Der Rüssel wird gegen die Unterlage gesenkt, der Körper steht parallel zu ihr

181. Larve der Büschelmücke *Corethra plumicornis* F.
     Lg. etwa 12—15 mm. S. 180

182. Puppe von *Chaoborus crystallinus* (de G.)
     Senkrecht im Wasser stehend!

Tafel 32

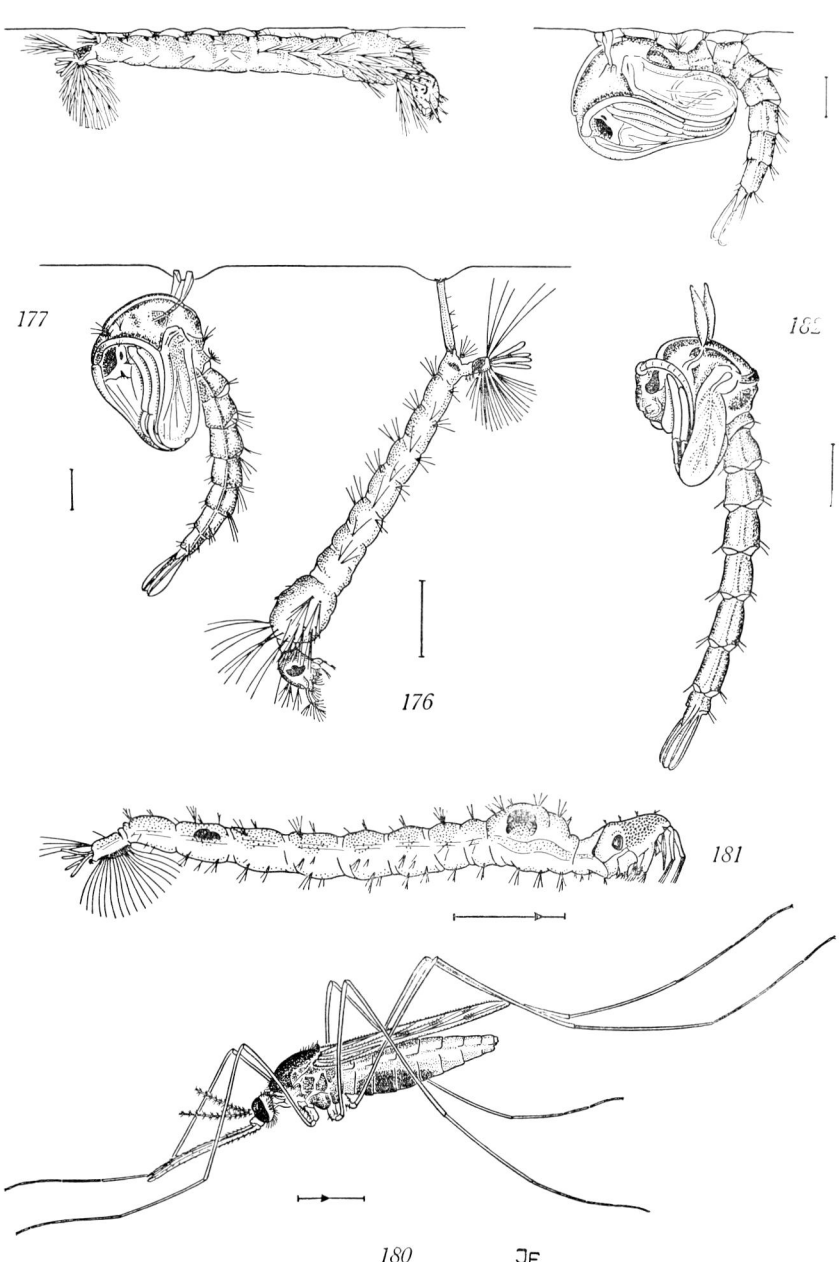

4. Familie Kriebelmücken (Simuliidae)

Die Larven der Kriebelmücken leben ausschließlich in Fließgewässern, wo sie mit der Haftscheibe ihres Hinterleibsendes auf Steinen oder Pflanzen festsitzen. Verlassen sie, was sehr selten geschieht, einmal freiwillig ihren Wohnplatz, so bewegen sie sich spannerraupenartig vorwärts. Dabei befestigen sie abwechselnd die Fußstummel des Vorderendes und die oben genannte Haftscheibe an der Unterlage. Die Oberlippe der Kriebelmückenlarve trägt auf schaftartigen Seitenteilen jederseits einen großen und zwei kleine Fächer aus feinen, teilweise kammförmigen Borsten. Zusammen bilden die Fächer je einen Korb, mit dem die Larve ihre Nahrung, Algenzellen, Detritus usw. aus dem strömenden Wasser filtert. Die erwachsenen Larven spinnen aus dem Sekret ihrer mächtigen Speicheldrüsen tütenförmige Puppengehäuse. Aus der immer der Strömung entgegengewandten Öffnung ragen 2 Büschel weißer Fäden heraus: Die Atemorgane der Puppe, Kutikularkiemen genannt, deren Beschreibung hier zu weit gehen würde. Dank ihrem besonderen Bau funktionieren sie sowohl unter Wasser als auch (bei gelegentlichem Sinken des Wasserspiegels) in der Luft. Beide Geschlechter der winzigen Imagines saugen Blut. Im Gegensatz zu anderen Mücken sind sie bei hellem Sonnenschein am lebhaftesten. Die durch sie verursachten Stichwunden bluten länger als die anderer Mücken. Massenbefall durch Kriebelmücken hat in den Balkanländern und Nordamerika schon wiederholt zu großem Viehsterben geführt. Der Tod der Tiere trat nach zahlreichen Mückenstichen schließlich durch Herzlähmung ein. Auch in Niedersachsen, besonders in der Leineniederung (Neustadt/Rübenberge), fallen immer wieder Rinder den Kriebelmücken zum Opfer.

5. Familie Tastermücken (Dixidae)

Die Larven der Hauptgattung *Dixa* leben in dünnsten Wasserschichten, wie sie sich z. B. auf überrieselten Felsen oder Schwimmblättern von Wasserpflanzen bilden. Sie sind sofort an der stets U-förmigen Krümmung ihres Körpers zu erkennen. Bei der Fortbewegung werden die beiden U-Schenkel abwechselnd vorwärtsgeschoben, während der Mittelteil des U-Bogens, die beiden ersten Hinterleibssegmente, vorangehen. Diese haben auf der Bauchseite Kriechwarzen. Die Atemluft wird durch 2 Stigmen auf dem Rücken des letzten Hinterleibssegmentes aufgenommen. Besondere Strudelorgane des Kopfes wirbeln die Nahrungsteilchen herbei. Die Puppen gleichen dem allgemeinen Mückentypus sehr und treiben meist in Seitenlage an der Wasseroberfläche. Die Imagines saugen kein Blut.

6. Familie Lidmücken (Blepharoceridae)

Die Lidmücken sind in Mitteleuropa durch die Gattung *Liponeura* vertreten. Ihre Larven bewohnen ausschließlich rasch fließende Gebirgsbäche, und zwar sitzen sie fast stets gerade auf den Felsen, über die das Wasser mit größter Wucht hinunterstürzt. Sie heften sich mit den 6 großen Saugnäpfen ihrer Bauchseite so fest, daß man sie oft nur mit Hilfe eines Taschenmessers ablösen kann. Die Saugnäpfe (Abb. 52) gehören zu den vollendetsten Haftapparaten des Tierreichs. Mit ihren kräftigen Oberkiefern weiden die Larven den Kieselalgenbelag der Steine ab. Nach Art der Spannerraupen kriechen sie langsam vorwärts, wobei sie die einzelnen Saugnäpfe abwechselnd lösen und festheften. Der Atmung dienen fadenförmige Tracheenkiemen, die in

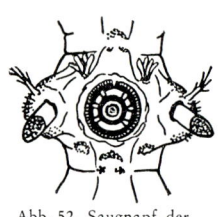

Abb. 52. Saugnapf der *Liponeura*-Larve

Büscheln seitlich der Saugnäpfe stehen (Abb. 52). Die Puppen sitzen an den gleichen Stellen wie die Larven. Ihre flache Unterseite schmiegt sich dem Felsen völlig an. Die hornartigen Fortsätze ihres Vorderendes bestehen aus doppelwandigen Blättern, die als Blutkiemen funktionieren. Die weiblichen Mücken fangen Insekten, hauptsächlich Zuckmücken, und saugen sie aus. Die Männchen leben von Nektar. Die Eier werden hart an der Wasserlinie abgelegt.

7. und 8. Familie Schnaken (Tipulidae) und Stelzmücken (Limoniidae)

Diese beiden Familien gleichen sich mit Ausnahme ihrer Kiefertaster und geringer Unterschiede im Flügelgeäder so sehr, daß sie für den Laien nur schwer zu unterscheiden sind. Dieser erkennt die großen und mittleren Arten sofort an ihren außerordentlich langen Beinen und an der V-förmigen Quernaht auf dem Rücken des Thorax.

Das Leben der Imagines ist sehr kurz. Sie saugen nie Blut, sondern Nektar, meist aus Blüten, in denen er leicht zugänglich ist. Am häufigsten sieht man ihre kleinen Schwärme in der Dämmerung warmer Sommerabende über feuchten Wiesen und an den Ufern der Gewässer tanzen. Manche Arten paaren sich im Fluge, andere sitzen dabei auf festen Unterlagen. Gewöhnlich wenden die beiden Partner die Köpfe nach entgegengesetzten Richtungen. Die Weibchen legen ihre Eier an recht verschiedenen Stellen ab. Viele Arten bohren sie mit einem Legebohrer in Schlamm oder feuchte Erde, andere bringen sie auf Wasserpflanzen unter, wieder andere lassen sie beim Flug ins Wasser fallen.

So sehr sich die Imagines ähneln, so wenig gilt dies für die Larven, die wir auch in recht unterschiedlichen Lebensräumen antreffen. Ein Großteil der Arten bewohnt feuchte Erde, morsches Holz oder gar Blüten. Von den zahlreichen Wassertieren können hier auch nur ein paar der häufigsten Formen vorgestellt werden: Viele *Tipula*-Larven wühlen sich in gewundenen Gängen durch den Schlammgrund seichter Gewässer. Sie fressen organische Bestandteile des Schlammes. Ihr Hinterleib endet mit einer muldenförmigen Einsenkung, die von 6 meist behaarten Chitinspitzen umgeben ist und in ihrer Mitte 2 rundliche Stigmen, die Eingänge des Tracheensystems, aufweist. In seichtem Wasser hängen die Larven häufig mit dieser unbenetzbaren Respirationsschale an der Oberfläche. Unter Wasser neigen sich die genannten Chitinzipfel zusammen und schließen eine kleine Luftblase ein. Dann atmet die Larve durch die Haut, wobei 6 fadenförmige Blutkiemen, die am Außenrand der Respirationsschale stehen, von Bedeutung sind. Zur Verpuppung graben sich die *Tipula*-Larven meist senkrechte Gänge am Ufer.

Der größte Teil der Schlammbewohner unter den Limoniidenlarven gleicht denen der Gattung *Tipula*, nur ist ihre Respirationsschale höchstens von 5, oft nur 4 Fortsätzen umstellt.

Die *Dicranota*-Larven bewohnen den Grund klarer Bäche. Mit ihren 5 Paar warzenartigen, hakenbewehrten Fußstummeln können sie recht behend kriechen. Sie sind Raubtiere, die sich wohl vorwiegend von Würmern (Tubificiden) nähren.

Durch den Wald langer fadenförmiger z. T. gegabelter Tracheenkiemen, die von allen Körpersegmenten ausgehen, gewinnen die *Phalacrocera*-Larven (Fam. Tipulidae) ein ganz abenteuerliches Aussehen. Sie klettern langsam in den Rasen des Quellmooses (*Fontinalis*) umher, dessen Blätter sie abweiden. Ihre von 4 Chitinspitzen umgebene kleine Respirationsschale benützen sie nur sehr selten. Der Kopf kann ganz eingezogen werden. Fortbewegungsorgane fehlen.

9. Familie Faltenmücken (Ptychopteridae)

Die Larven der wichtigsten Gattung *(Ptychoptera)* stecken meist mit ihrem Vorderende etwa senkrecht im Bodenschlamm oder -sand von Tümpeln und Bächen, auch in sehr verschmutzten. Sie wühlen dort nach geeigneten Nahrungsteilchen, hauptsächlich Kieselalgen. Die beiden großen Körpertracheen vereinigen sich am Hinterleibsende zu einem sehr dünnen, biegsamen Tracheenrohr. Es ist nahezu körperlang. Die Larven trachten danach, seine Spitze mit den beiden Stigmen stets an die Wasseroberfläche zu bringen. Je nach dem Wasserstand ziehen sie das Rohr mehr oder weniger weit in den Körper zurück, bei Störungen völlig. Bei vorübergehendem allzu hohem Wasserstand treten die fadenförmigen Tracheenkiemen des letzten Segments in Tätigkeit. Sie genügen jedoch offenbar auf die Dauer nicht; denn die Tiere kriechen alsbald in seichtes Wasser. Hierbei dienen ihnen die Borstenwülste der Segmentgrenzen als Bewegungsorgane.

10. Familie Schmetterlingsmücken (Psychodidae)

Die Imagines der Psychodiden sind nur ein paar Millimeter lang, sehr dicht behaart und ähneln kleinen Schmetterlingen. Ihre Flügel legen sie in der Ruhe dachförmig zusammen. Die eine Hauptgattung ist *Psychoda*. Ihre Larven leben häufig in stark verunreinigten Gewässern, z. B. auch in Kläranlagen. Sie sind Allesfresser. In ihrem sauerstoffarmen Lebensraum sind sie auf die Atmung atmosphärischer Luft angewiesen, die sie durch 2 Stigmen ihres Atemrohres aufnehmen.

Tafel 33

Zweiflügler (Diptera) (Fortsetzung)

1. Familie Kriebelmücken (Simuliidae) (S. 184)

183. Larve der Kriebelmücke *Simulium* sp.
 Bräunlich. Lg. bis 15 mm

184. Puppe der Kriebelmücke *Simulium* sp.
 Bräunlich, vor dem Schlüpfen schwarzbraun. Lg. 6—10 mm

185. Imago der Kriebelmücke *Simulium* sp.
 ♂ samtschwarz, ♀ grau. Lg. 1,5—3 mm. Etwa 15 Arten in Deutschland

2. Familie Tastermücken (Dixidae) (S. 184)

186. Larve der Tastermücke *Dixa* sp.
 Gelblich oder bräunlichgrau mit dunklerem Kopf und Hinterende. Lg. 6 bis 10 mm. 8 Arten in Deutschland

3. Familie Lidmücken (Blepharoceridae) (S. 184)

187. Larve von *Liponeura* sp.
 Oberseite. Diese gewölbt, grau. Unterseite flach, weißlich. Lg. bis 9 mm. 2 Arten in Deutschland

188. Puppe von *Liponeura* sp.
 Oberseite hell- bis dunkelbraun, Unterseite weißlich. Lg. 7—8 mm

Tafel 33

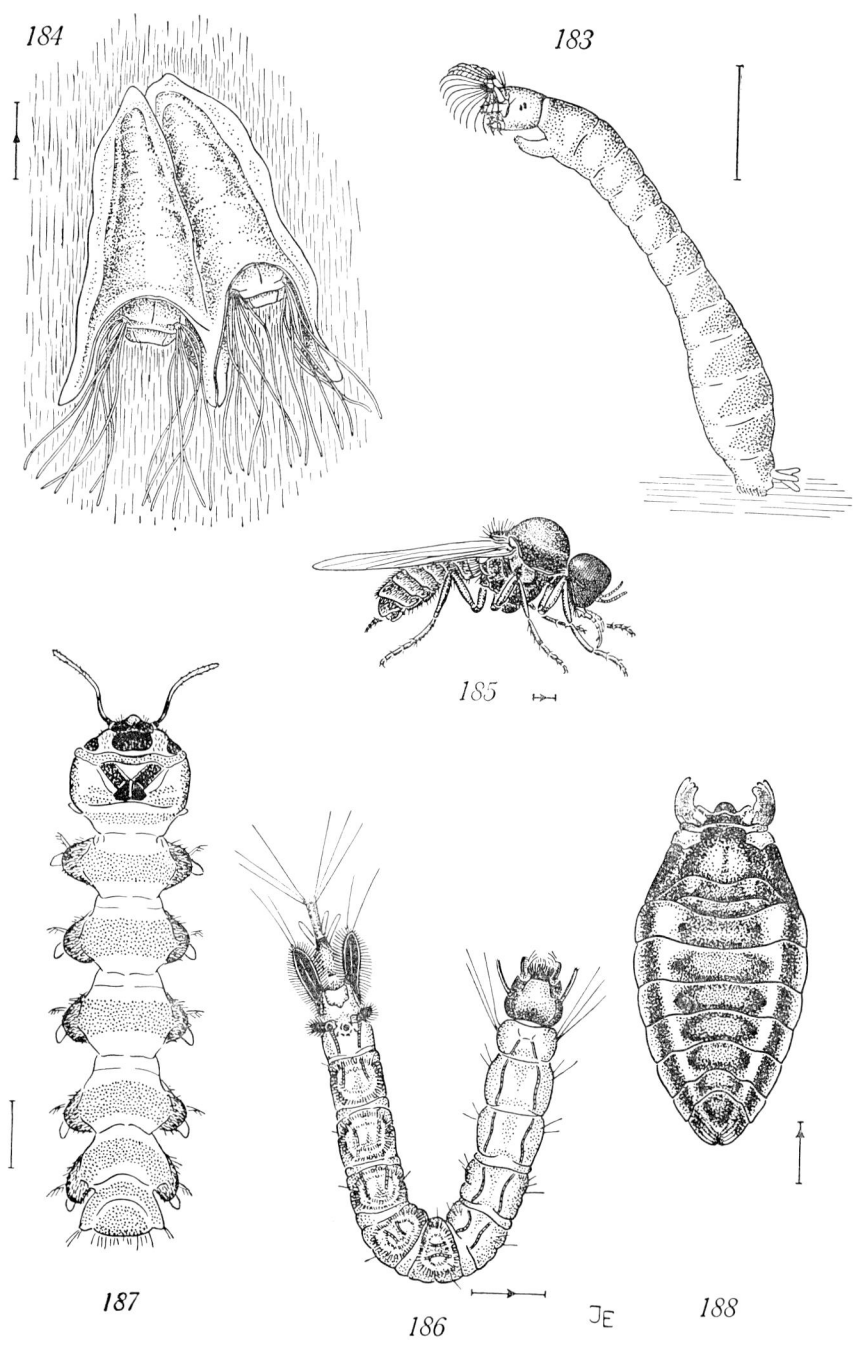

Tafel 34

Zweiflügler (Diptera) (Fortsetzung)

1. Familien Schnaken und Stelzmücken (Tipulidae und Limoniidae) (S. 185)

189. Imago der Bachmücke (Schnake) *Tipula* sp. ♂
    Zahlreiche Arten. Körper hell- oder dunkelbraun. Flügel verschieden gezeichnet. Lg. (ohne Beine): kleinere Arten ♂ etwa 14 mm, ♀ etwa 20 mm, größere Arten ♂ etwa 20—25 mm, ♀ etwa 35 mm

190. Larve von *Tipula* sp.
    Grau oder gelblich, Kopfkapsel und Stigmenplatte dunkelbraun. Ausgestreckt bis etwa 30 mm lang, bis 10 mm dick

191. Larve von *Dicranota* sp.
    Schmutzigweiß, Haare schwarz. Lg. etwa 20 mm. Mehrere Arten. Lebensweise S. 185

192. Larve von *Phalacrocera replicata* (L.)
    Grün oder bräunlich. Lg. etwa 30 mm. Lebensweise S. 185

2. Familie Faltenmücken (Ptychopteridae)

193. Larve von *Ptychoptera* sp.
    Weißgelblich, durchscheinend. Mit ausgestrecktem Atemrohr bis 70 mm lang. Mehrere Arten. Lebensweise S. 186

3. Familie Schmetterlingsmücken (Psychodidae)

194. Larve von *Psychoda* sp.
    Weißgrau. Lg. etwa 1 cm. Mehrere Arten. Lebensweise S. 186

Tafel 34

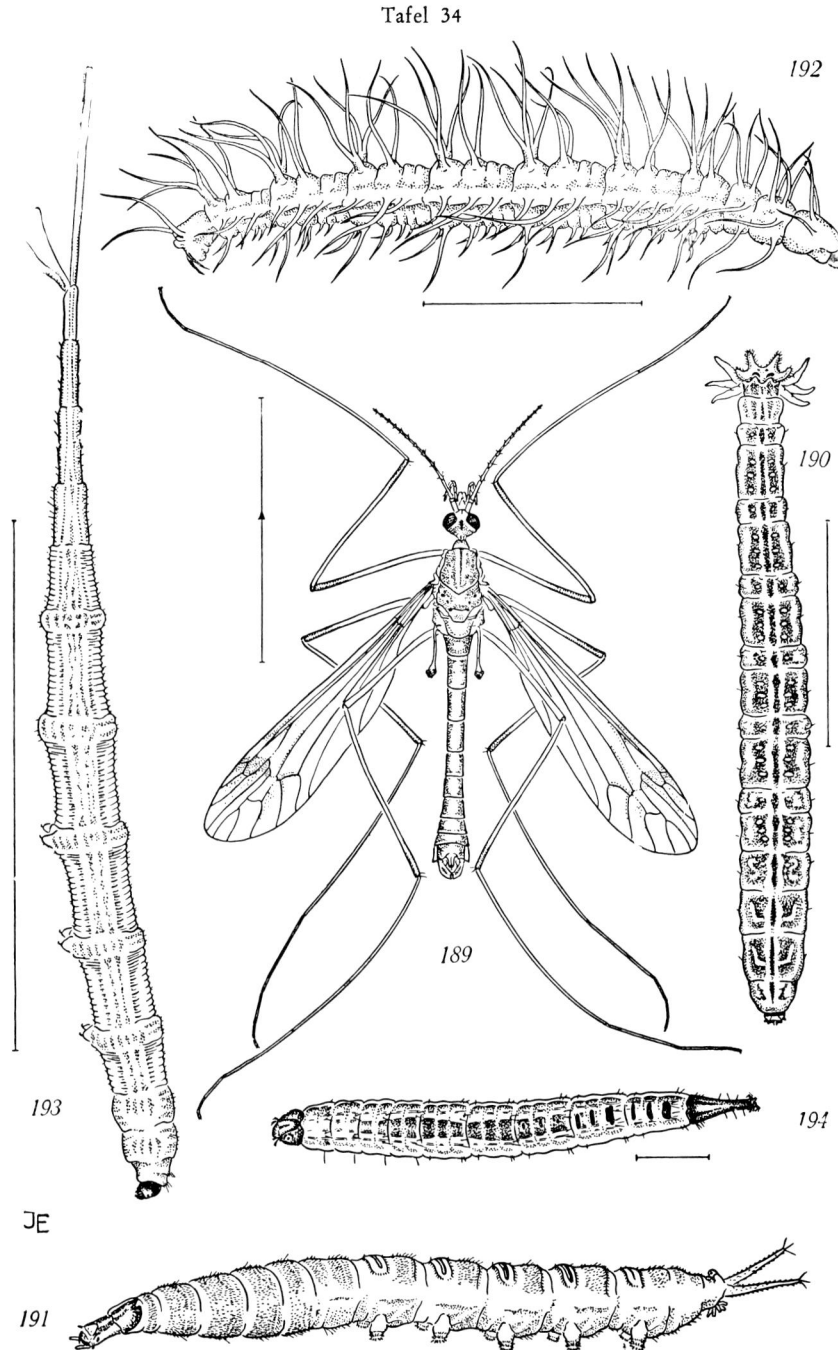

II. Fliegen (Brachycera)

1. Familie Bremsen (Tabanidae)

Die großen, dicken Bremsen sind wohl allgemein bekannt. Die Männchen saugen Nektar, die Weibchen Blut von Warmblütern. Die Entwicklung ist erst für einige Arten näher erforscht. Ein Teil der Larven lebt sicher rein terrestrisch; die meisten bevorzugen das feuchte Ufergebiet der Gewässer; nur wenige sind echte Wassertiere. Diese bewohnen hauptsächlich den Grund der seichten Uferzone oder das Pflanzendickicht an der Oberfläche ruhiger Gewässer. Die Weibchen dieser Arten legen ihre Eier oft in kegelförmigen Klumpen auf die Blätter von Wasserpflanzen. Das 4. bis 10. Segment der Larven zeigt vorn je einen muskulösen Wulst, der eine Anzahl (gewöhnlich 8) dicker Knoten aufweist. Mit diesen sowie dem teleskopartig ausstreckbaren Hinterende stemmen sich die Tiere beim Kriechen gegen die Unterlage. Sie sind Räuber, die allerlei Wassertiere, wie Schnecken und Mückenlarven, fressen. Im allgemeinen liegt Hautatmung vor.

2. Familie Waffenfliegen (Stratiomyiidae)

Die Waffenfliegen, häufig an ihrem schwarzen, gelbgeringelten Hinterleib zu erkennen, sitzen gern auf Uferpflanzen. Nur bei einem kleinen Teil sind die Larven Wasserbewohner. Am bekanntesten sind die der Gattung *Stratiomys*. Man findet sie in Quellbecken, Tümpeln und Weihern, meist im Gewirr dichter Algenwatten. Ihr letztes Hinterleibssegment ist atemrohrartig verlängert und trägt an seinen Enden 2 Stigmen, die Öffnungen der beiden Tracheenstämme. Sie sind von einem Kranz langer, gefiederter Haarborsten umstellt. Diese sind oberseits unbenetzbar und breiten sich, wenn die Larve ruhig am Wasserspiegel hängt, auf diesem aus. Bei Störungen klappen sie blitzschnell zusammen und schließen dabei eine Luftblase ein, die das Tier mit in die Tiefe nimmt. Kehrt es zum Wasserspiegel zurück, so durchbricht diese Luftblase das Oberflächenhäutchen im Augenblick der Berührung. Die kleinen hakenförmigen Oberkiefer sind mit Wimperreihen besetzt und dienen der Nahrungsaufnahme und Bewegung zugleich. Die Larve weidet mit ihnen den Algenbelag der Blätter von Wasserpflanzen ab. Hängt sie an der Oberfläche, so bewegen sich die Kiefer andauernd parallel zueinander in der Körperlängsrichtung. Dabei strudeln sie Nahrungsteilchen zur Mundöffnung und treiben durch die entstehenden Wasserwirbel die Larve ganz langsam voran. Beim Kriechen auf dem Gewässergrund werden die Kiefer in die Unterlage eingehakt und der Körper nachgezogen. Die Puppen schweben waagerecht an der Wasseroberfläche. Sie sind äußerlich von den Larven nicht zu unterscheiden; denn der nur etwa $1/4$ so große Puppenkokon hat sich innerhalb der letzten Larvenhaut gebildet (Tönnchenpuppe).

3. Familie Schwebfliegen (Syrphidae)

Die Familie der Schwebfliegen umfaßt mehrere 1000 Arten. Uns interessiert hier nur die Unterfamilie Eristalinae, deren Imagines bei flüchtiger Betrachtung recht bienenähnlich sind. Besonders im Herbst kann man die plumpen Fliegen häufig auf Blütendolden sitzen oder bei der Ablage ihrer länglich-ovalen, weißen Eier an Faulstoffen aller Art sowie am Ufer ihrer typischen Wohngewässer beobachten. Die Larven der Hauptgattungen *Eristalis* und *Eristalomyia* leben vorzugsweise in stehenden oder schwachströmenden, nährstoffreichen Gewässern, besonders in Abwassergräben, Klärbecken, ja sogar Jauche- und Kloakengruben. Bisweilen findet man sie auch in Brackwasserpfützen und binnenländischen Salzwasserbecken.

Ihre dünne, weißliche, nahezu durchsichtige Haut erlaubt zusammen mit der kräftigen Körpermuskulatur den Larven recht lebhafte krümmende Bewegungen, die durch 7 Paar hakenbewehrte Fußwarzen auf der Bauchseite unterstützt werden. Die Tiere wühlen bisweilen im Schlamm, treiben auch manchmal an der Wasseroberfläche, gewöhnlich kriechen sie jedoch langsam auf dem Grund umher. Fast ohne Unterlaß schlürfen sie dabei den Schlamm ein. Ein feiner Filtermechanismus ihres Schlundes, der nach Aufbau und Wirkungsweise den Barten der Wale vergleichbar ist, hält feste Schlammteilchen zurück, sammelt sie zu kleinen Ballen an und entläßt diese von Zeit zu Zeit nach rückwärts in den Darmkanal. Währenddessen wird der Mund geschlossen, das miteingesaugte Wasser in eine besondere Schlundkammer gepreßt und später durch den Mund wieder ausgestoßen.

Die *Eristalomyia*-Larven können, wie Versuche ergeben haben, lange Zeit ohne atmosphärische Luft leben; der Gasaustausch erfolgt dann sicher durch die Körperoberfläche. Gewöhnlich aber nehmen sie die Außenluft durch die beiden Stigmen am Ende ihres senkrecht zur Wasseroberfläche gestreckten Atemrohres auf. Diese Atemröhre besteht aus drei Teilen, die fernrohrartig ausgezogen und ineinandergeschoben werden können. Die Ausdehnung des Atemrohres wird zweifellos durch den Blutdruck besorgt, das Zusammenziehen durch kräftige Muskeln. So vermag die Larve die Länge ihres Atemrohres jeweils der betreffenden Wasserhöhe anzupassen, natürlich nur bis zu der Grenze, die durch die Höchstlänge des Atemrohres, bei erwachsenen Larven über 10 cm, gegeben ist. Diesem merkwürdigen Organ verdanken die Tiere den deutschen Namen „Rattenschwanzlarven". Im Schlamm vergraben überwintern sie. Im nächsten Frühjahr kriechen sie, zur vollen Größe herangewachsen, zur Verpuppung an Land. Die Körperdecke wird bedeutend verstärkt, die Atemröhre rückgebildet. Dafür entwickeln sich zwei Paar Atemhörner.

Im Innern der Larvenhülle entsteht im Laufe von etwa 14 Tagen die Puppe (Tönnchenpuppe), aus der dann die Fliege schlüpft.

4. Familie Salzseefliegen (Ephydridae)

Längst nicht alle Ephydridenlarven sind Wassertiere. Wir beschäftigen uns hier nur mit den *Ephydra*-Arten, die durch ihre fast unglaubliche Widerstandsfähigkeit gegenüber den verschiedensten und ungünstigsten Lebensbedingungen sehr bemerkenswert sind. Sie bewohnen stets seichte Gewässer. Aber ein und dieselbe Art kann in Süßwassertümpeln, in der Uferzone von Seen, in Brackwasserlachen, Salinenbecken, Salzseen höchster Konzentration und in Thermen bis zu 40° Wassertemperatur vorkommen. Auch Trockenzeiten vermögen die Larven, im Schlamm vergraben, zu überstehen. Mit ihren 8 Paar Fußwarzen kriechen sie recht träge auf dem Boden dahin. Ihre Hauptnahrung besteht aus einzelligen Algen, die, ähnlich wie bei den *Eristalis*- und *Eristalomyia*-Larven, im Schlund durch einen Filterapparat ausgesiebt werden. Die Atemluft nehmen sie durch die Stigmen ihrer gegabelten Atemröhre auf. Durch seitliche Körperkrümmungen können sie auch unbeholfen schwimmen. Zur Verpuppung kriechen die Larven an Land und erklimmen Grashalme oder dergl., an denen sie sich mit der furchenartigen Einschnürung zwischen den 2 letzten Fußwarzenpaaren festhalten. Die Imagines fliegen wenig. Meist sitzen sie am Rand oder auf der Oberfläche des Wohngewässers der Larven. Sie fressen ebenfalls organischen Detritus, Algenzellen usw. Die Eier legen sie einzeln auf dem Wasserspiegel ab.

Tafel 35

Zweiflügler (Diptera) (Fortsetzung)
Fliegen (Brachycera)

1. Familie Bremsen (Tabanidae) (S. 190)

195. Larve von *Tabanus* sp.
Weiß oder blaßgelb. Lg. 30—40 mm. Mehrere Arten

2. Familie Waffenfliegen (Stratiomyiidae) (S. 190)

196. Larve von *Stratiomys* sp.
Graugrün. Lg. 40—50 mm. Mehrere Arten

3. Familie Schwebfliegen (Syrphidae) (S. 190)

197. Rattenschwanzlarve. *Eristalomyia* sp.
Weißgrau. Lg. bis 20 mm, Atemröhre bis 35 mm

198. Imago von *Eristalomyia* sp.
Mehrere Arten. Die meisten schwarz glänzend oder dunkel metallfarben, Hinterleib mit kräftig-gelben Seitenflecken. Flügel glashell, häufig mit braunem Mittelfleck. Lg. je nach Art 10—16 mm

4. Familie Salzseefliegen (Ephydridae) (S. 191)

199. Larve von *Ephydra* sp.
Mehrere Arten. Grau oder gelbbraun. Lg. erwachsen 12—15 mm

200. Puppe von *Ephydra* sp.
Lg. 8—10 mm

Tafel 35

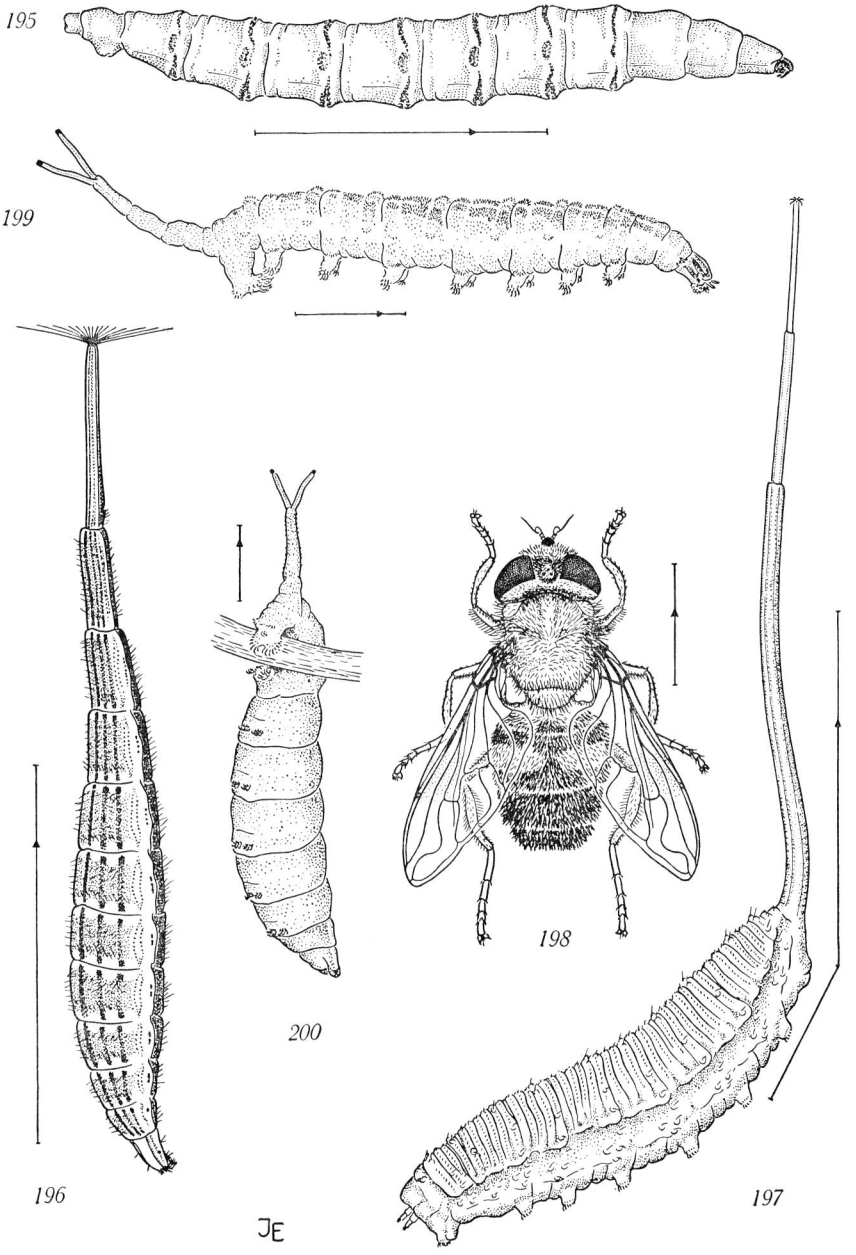

Libellen (Odonata)

In Mitteleuropa kennen wir rund 80 Libellenarten. Sie werden in 2 Unterordnungen eingeteilt: Die K l e i n l i b e l l e n oder Schlankjungfern (Zygoptera), kleine bis mittelgroße Formen, haben einen langen, mehr oder weniger dünnen Hinterleib. Ihre beiden Flügelpaare sind von nahezu gleicher Gestalt und werden in der Ruhehaltung mit den Oberseiten zueinander über dem Rücken zusammengelegt oder schräg nach hinten gestellt. Der Abstand ihrer Augen voneinander ist bedeutend breiter als ein einzelnes Auge, von oben gesehen. Die G r o ß l i b e l l e n oder Drachenfliegen (Anisoptera) umfassen mittelgroße bis große Formen. Ihr Hinterleib ist kräftig. Vorder- und Hinterflügel haben verschiedene Gestalt und werden in Ruhe stets waagerecht ausgebreitet gehalten. Bei 3 der heimischen Familien stoßen die Augen zusammen, bei den Gomphiden ist der Zwischenraum jedenfalls geringer als die Breite eines Auges.

Die Larven unserer Libellen kommen in den verschiedensten Gewässern vor, auch in Torfstichen, Hochgebirgstümpeln und Quellen. Ja, die Larven von *Libellula depressa* überdauern sogar, im Schlamm eingegraben, wochenlanges Eintrocknen ihres Wohngewässers. Die größte Artenzahl weisen wohl pflanzenreiche Weiher auf.

Sämtliche Libellenlarven sind Räuber. Zwischen Wasserpflanzen oder halb im Schlamm vergraben, lauern sie auf Beute oder schleichen sich behutsam an. Die jüngsten Larven fressen Einzeller; später werden Kleinkrebse, Würmer und Wasserinsekten aller Art genommen; die älteren Drachenfliegenlarven packen auch Wasserasseln, Flohkrebse, Kaulquappen und Jungfische. Zum Ergreifen der Beute dient die eigenartig umgestaltete Unterlippe. Sie besteht aus zwei Teilen, dem Submentum, das an der Kehle beweglich ansetzt und sich bis zwischen die Hüften der Vorderbeine erstreckt, und dem Mentum, das mit dem Submentum durch ein Scharniergelenk verbunden und in Ruhe dicht an dieses angedrückt ist. Das Mentum kann plattenförmig flach oder schöpflöffelartig sein; es endet stets mit zwei Seitenlappen, die dolchspitze Endhaken tragen. Da dieses Organ in der Ruhestellung die übrigen Mundteile oder die ganze Kopfunterseite bedeckt, heißt es auch Fangmaske (Abb. 178). Sie wird, sobald ein Beutetier in die richtige Entfernung gekommen ist, plötzlich vorgeschnellt. Die Endhaken bohren sich in das Tier ein, das an die Kiefer herangezogen und von diesen oberflächlich zerstückelt wird. Die Beute wird mit den Augen wahrgenommen.

Das wichtigste Atmungsorgan ist der Enddarm. An seiner Innenwand stehen 6 Doppelreihen von Tracheenkiemen, winzige, weißliche Blättchen. Ihre Zahl ist je nach Art verschieden; es wurden schon bis zu 24 000 gezählt. Das Atemwasser wird durch rhythmische Zusammenziehung und Erweiterung des Enddarms gewechselt. Durch besonders kräftiges Auspressen des aufgenommenen Wassers wird die Larve durch den Rückstoß raketenartig nach vorn getrieben, wobei sie die Beine anlegt. Ein langsames Schwimmen durch seitliche Biegungen des Körpers kommt hauptsächlich bei den Zygopterenlarven vor. Die Beine ermöglichen ein gemächliches Kriechen. Früher wurden irrtümlich auch die 3 schmalen, blattartigen Anhänge am Hinterleibsende der Kleinlibellenlarven als Tracheenkiemen aufgefaßt; sie stellen aber in erster Linie Ruder- und Steuerorgane dar.

In gewissen Abständen häutet sich die Larve und wächst dann jedesmal, solange die neue Körperbedeckung noch weich und dehnbar ist, ein beträchtliches Stück. Die Zahl der Larvenstadien schwankt zwischen 10 und 15; sie ist bei den verschiedenen Arten erblich festgelegt, kann aber innerhalb bestimmter Grenzen durch die ökologischen Bedingungen des Lebensraumes beeinflußt werden. Dies gilt auch für die gesamte Entwicklungszeit der Larven (vom Schlüpfen aus dem Ei bis zur Verwandlung zum Vollinsekt), die zwischen einigen Monaten und etwa 5 Jahren betragen kann. Ein Puppenstadium gibt es bei den Libellen nicht. Ist die Larve völlig erwachsen, so stellt sie die Nahrungsaufnahme ein und kriecht an einem Pflanzenstengel mindestens so weit aus dem Wasser heraus, daß nur noch der Hinterleib von diesem bedeckt wird. Die Darmatmung wird durch die Aufnahme von Luft mit Hilfe der Stigmen der Vorderbrust ersetzt. Schließlich kriecht die Larve, und zwar meist in den frühen Morgenstunden, völlig aus dem Wasser heraus und krallt sich so fest an der Unterlage an, daß später sogar die leere Larvenhaut (Exuvie) dort noch lange haften bleibt. Zwischen der Haut der Larve und der darunterliegenden des Vollinsekts hat sich allmählich eine Luftschicht gebildet. Durch deren Druck platzt die Larvenhaut auf dem Rücken der Mittelbrust in einem Längsriß auf. Aus diesem zwängen sich nach und nach die Brust mit den Flügeln, der Kopf, die Beine und endlich der Hinterleib heraus. Die weißen, aus der Öffnung der Exuvie heraushängenden Fäden sind die ebenfalls gehäuteten Innenwände der Tracheenhauptstämme, die von den Stigmen der Vorderbrust ausgehen. Die Körperhaltung beim Schlüpfakt ist bei den einzelnen Familien verschieden. Die Dauer beträgt zwischen $3/4$ und etwa 2 Stunden. Hierauf vergehen noch weitere 1 bis 2 Stunden, bis Körper und Flügel so weit erhärtet sind, daß die Libelle den ersten Flug wagen kann. Die Körperfarben stellen sich in ihrer endgültigen Pracht gewöhnlich erst nach einigen Tagen, oft nur nach vorheriger Futteraufnahme ein. Die Libellen gehören zu den gewandtesten Flugtieren. Die großen Arten erreichen eine Geschwindigkeit von 15 m/sec. Sie können in der Luft rüttelnd an Ort und Stelle verharren, ja sogar kurze Strecken rückwärts fliegen. Zu ihren wunderbaren Flugkünsten befähigt sie die Möglichkeit, die beiden Flügelpaare abwechselnd zu bewegen. Die Flügelmuskeln greifen nämlich bei ihnen — ein Sonderfall im Insektenreich — direkt an den Flügelwurzeln an, wogegen sie sich gewöhnlich von der Rücken- zur Bauchplatte der Brust spannen, und so die Flügelbewegung nur indirekt durch die Lageveränderung der beiden Platten erreicht wird.

Die Libellen sind Raubtiere, die ihrer Beute — Schmetterlinge, Käfer, Fliegen, Mücken, Wespen, auch kleinere Tiere ihrer Verwandtschaft — nachjagen, sie im Flug ergreifen und, falls sie nicht allzu schwer ist, fliegend zerkleinern und verzehren. Die Männchen verschiedener Großlibellen haben bestimmte Reviere, aus denen sie eingedrungene Männchen derselben Art in oft heftigen Kämpfen zu vertreiben suchen. Besonders die Weibchen vieler Drachenfliegenarten jagen ihrer Beute oft weit entfernt von den Wohngewässern, über Wiesen, in Waldlichtungen usw. nach. Das leicht zu beobachtende Paarungsspiel läuft nach folgendem Schema ab, das allerdings bei einzelnen Arten in der einen oder anderen Phase etwas abgeändert sein kann: Sobald ein reifes Männchen ein Weibchen seiner Art erblickt hat, stürzt es sich darauf. Zunächst packt es das Weibchen mit den Beinen, und dann umklammert es dessen Hinterhaupt (Anisoptera) oder Vorderbrust (Zygoptera) mit den zangenartigen Anhängen seines Hinterleibes. So fliegen die Partner als „Paarungskette" eine kurze Strecke dahin. Unterdessen krümmt das Männchen, ohne dabei das Weibchen loszulassen, sein Hinterleibsende nach vorn an seinen 2. Hinterleibsring und füllt so sein dort liegendes Begattungsorgan mit Samen. Dann streckt es sich wieder gerade. Und nun biegt das Weibchen sein Hinterleibsende nach unten vor und heftet es am männlichen Geschlechtsapparat fest. So fliegen die Tiere als „Paarungsrad" umher, bis die Begattung vollzogen ist. Hierauf verläßt das Männchen sein Weibchen oder begleitet es bei der nun beginnenden Eiablage. Das ist je nach Art verschieden. Die Eier werden in Pflanzenteile ober- oder unterhalb des Wasserspiegels oder in den Schlamm eingebohrt, bei manchen Arten auch einfach während des Fluges in das Wasser abgeworfen. Bei einigen Zygopterenarten geht das Weibchen manchmal ganz unter Wasser. Die Eizahl

schwankt bei den verschiedenen Arten zwischen einigen Hundert und über 1500 Stück.
Die Eier entwickeln sich je nach der Art in 2 bis 5 Wochen. Aus dem Ei schlüpft zunächst eine Vorlarve mit unbeweglichen Gliedmaßen, die sich innerhalb einiger
Sekunden oder höchstens ein paar Minuten zum ersten freien Larvenstadium häutet.

Tafel 36
Libellen (Odonata) (S. 194)

A n m. : Ein großer Teil unserer Libellenlarven kann nur vom Spezialisten bis zur
Art bestimmt werden. Meist sind hierzu genaue morphologische Untersuchungen nötig.
Wir haben hier Vertreter von 9 Gattungen abgebildet, die auch der Laie richtig erkennen kann. Sie stellen zugleich die Grundtypen der 8 heimischen Familien dar.

1. Kleinlibellen (Zygoptera)
Am Hinterleibsende 3 Schwanzblättchen

201. Larve von *Agrion (Calopteryx) splendens* (Harr.) (Familie Agrionidae)
Vorzugsweise in Fließgewässern, zwischen Wasserpflanzen. Lehmgelb mit
schwärzlicher und weißlicher Zeichnung. Entwicklungsdauer 2 Jahre. Überwinterung zweimal als Larve. Lg. 26 + 12 (Schwanzblätter) mm. 1. Fühlerglied
sehr lang und kräftig, länger als die übrigen 6 zusammen. Äußere Schwanzblätter 3kantig, das mittlere kürzer und blattförmig. Höcker auf dem Hinterhaupt hinter den Augen sind stumpf, überragen die Augen nach oben nicht.
Abb. 53

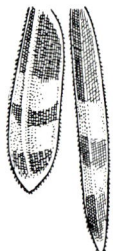
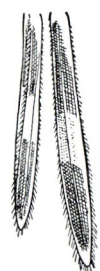
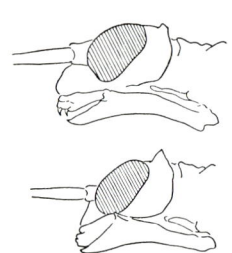

Abb. 53
Schwanzblätter
von *Agrion
splendens*

Abb. 54
Schwanzblätter
von *Agrion
virgo*

Abb. 55. Kopfschema der
Agrion splendens-Larve
Abb. 56 Kopfschema der
Agrion virgo-Larve

Abb. 57a u. b
Schwanzblätter von
Lestes sp. (a) und
Coenagrion sp. (b)

Larve von *A. (C.) virgo* (L.)
Wie vorige, a b e r : Höcker hinter den Augen spitz, überragen die Augen nach
oben. Abb. 54 Mittleres Schwanzblatt länger als bei *A. splendens*.

202. Larve von *Lestes* sp. (Familie Lestidae)
8 Arten der Familie in Mitteleuropa. Vorzugsweise in stehenden Gewässern
aller Art, auch Tümpeln; einige Arten auch in langsam fließenden Gewässern.
Grundfarbe grau- oder gelbbraun. Entwicklungsdauer 8—10 Wochen. Lg. erwachsen je nach Art 10—20 + 8—10 (Schwanzblätter) mm. Alle Schwanzblät-

Tafel 36

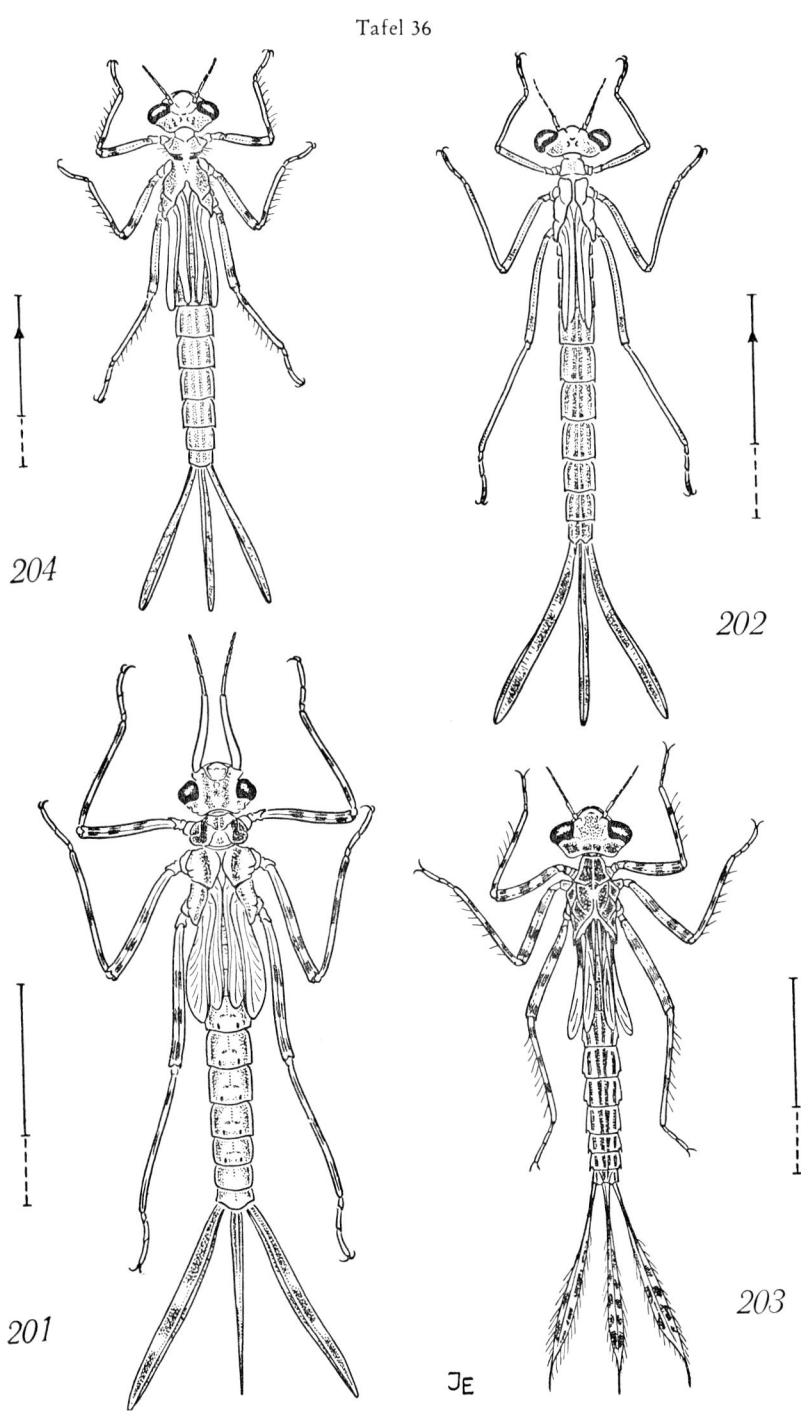

ter gleich, flach, mit **k r ä f t i g e r M i t t e l a d e r , v o n d e r d i e S e i -
t e n a d e r n r e c h t w i n k l i g a b g e h e n u n d u n v e r z w e i g t z u
den Blatträndern führen;** Abb. 57a. Fangmaske mit langem Stiel, der in Ruhelage bis zu den Hüften der Hinterbeine reicht

203. Larve von *Platycnemis pennipes* (Pall.) (Familie Platycnemidae)
    Nur 1 Art. In Weihern, Seen, häufig auf dem Grund oder in langsamen Fließgewässern, zwischen Wasserpflanzen. Larven überwintern. Gelblich oder weißlich mit dunklerer Zeichnung. Lg. erwachsen 19 + 7 mm. **S c h w a n z b l ä t t e r m i t l a n g e r f a d e n f ö r m i g e r S p i t z e .** Diese mehr als 1/4 so lang wie die Schwanzblättchen

204. Larve von *Coenagrion* sp. (Familie Coenagrionidae)
    17 Arten der Familie in Mitteleuropa. Vorzugsweise in stehenden Gewässern, zwischen Wasserpflanzen. Larven überwintern. Grünlich, gelblich oder graubraun, je nach Art. Lg. artverschieden, erwachsen 12—16+6 mm. Schwanzblätter mit rundem Ende oder höchstens kurzer Spitze; **v o n d e n M i t t e l a d e r n g e h e n v e r z w e i g t e S e i t e n a d e r n i n s p i t z e m W i n k e l a b .** Abb. 57b S. 196

Tafel 37

Libellen (O d o n a t a) (Fortsetzung) (S. 194)

2. G r o ß l i b e l l e n (A n i s o p t e r a)
Am Hinterleibsende eine aus 5 Stacheln bestehende Pyramide

205. Larve von *Cordulia aenea* Leach (Familie Libellulidae)
    29 Arten der Familie in Mitteleuropa. In stehenden Gewässern aller Art, auch Tümpeln, sowie langsam fließenden Gewässern, meist am Grund. Entwicklungsdauer artverschieden, 1—3 Jahre, Farbe artverschieden, ebenso Lg., diese 15 bis 30 mm. **F a n g m a s k e h e l m a r t i g g e w ö l b t ,** ihre Seitenlappen **r e g e l m ä ß i g s c h w a c h** gezähnt oder nur wellig gebuchtet. **H i n t e r b e i n e ü b e r r a g e n ,** nach hinten gestreckt, **d a s H i n t e r l e i b s e n d e**

206. Larve von *Cordulegaster* sp. (Familie Cordulegastridae)
    2 Arten der Familie in Mitteleuropa. In Quell- und Bergbächen, bis auf die Augen und die Schwanzpyramide im Grund vergraben. Entwicklungsdauer wahrscheinlich 3—5 Jahre! Bräunlich mit schwarzen Flecken. Lg. über 40 mm. Kopf eckig, Augen sehr klein, **F a n g m a s k e h e l m a r t i g g e w ö l b t ,** der Innenrand ihrer Seitenlappen **s t a r k u n d u n r e g e l m ä ß i g** gezähnt. Körper dicht behaart. Die nach hinten gestreckten Hinterbeine erreichen das Hinterleibsende **n i c h t**

207. Larve von *Onychogomphus forcipatus* (L.) (Familie Gomphidae)
    7 Arten der Familie in Mitteleuropa. In Fließgewässern oder in der Brandungszone von Seen. Im Grund vergraben, so daß nur Kopfoberseite und Schwanzpyramide zu sehen sind. Entwicklungsdauer 3—4 Jahre. Gelbbraun. Erwachsen je nach Art 25—30 mm lang. **F a n g m a s k e f l a c h , r e i c h t i n R u h e s t e l l u n g** nach hinten **n i c h t ü b e r d a s 1 . B e i n p a a r** hinaus. Hinterleib abgeflacht. Körper stark behaart

208. Larve von *Aeschna* sp. (Familie Aeschnidae)
    14 Arten der Familie in Mitteleuropa. Meist im Pflanzendickicht stehender oder langsam fließender Gewässer, z. T. auch auf dem Grund. Entwicklungsdauer je

Tafel 37

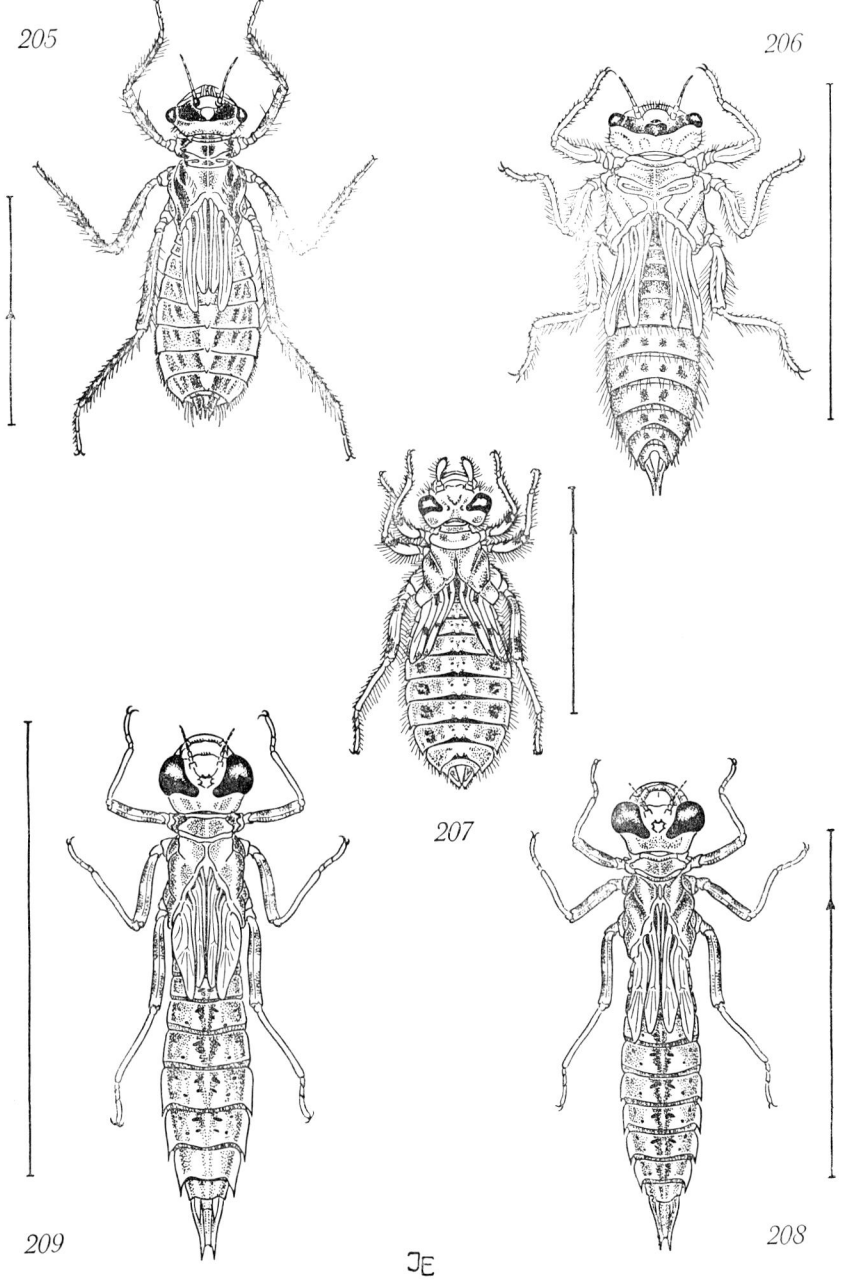

nach Art 1—4 Jahre. Grünlich oder dunkelbraun. **Fangmaske flach, reicht in Ruhestellung** nach hinten **mindestens bis zum 2. Beinpaar.** Augen groß, Körper unbehaart. **4 Hinterleibssegmente (6. mit 9.) mit Seitenstacheln**

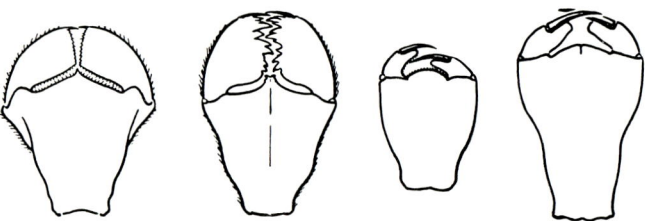

Abb 58 Abb. 59 Abb. 60 Abb. 61
Schema der Fangmaske von einer Libellulide (58), Cordulagasteride (59), Gomphide (60), Aeschnide (61)

209. **Larve der Königslibelle,** *Anax sp.* (Familie Aeschnidae)
Nur in stehenden Gewässern. Entwicklung 1jährig. Grundfarbe grünlich. Erwachsen bis 60 mm lang. Nur **3 Hinterleibssegmente (7. mit 9.) mit Seitenstacheln**

Tafel 38

Libellen (Odonata) (Fortsetzung) (S. 194)

1. *Leucorrhinia pectoralis* (Charp.) ♂ (Familie Libellulidae)
In Torfweihern in der Ebene. Lg. 4,5—5 cm, Spannweite etwa 6,5 cm. Flugzeit: Anfang Mai bis Ende Juli

2. *Sympetrum pedemontanum* (Allioni) ♂ (Familie Libellulidae)
In der Umgebung stehender Gewässer, über nassen Wiesen usw., nicht über freiem Wasser. ♀ Brust graubraun, Hinterleib gelbbraun, Lg. 3—3,5 cm, Spannweite 4,5—5,5 cm. Flugzeit: Mitte Juli bis Anfang Oktober

3. *Cordulegaster boltonii* (Donovan) ♂ (Familie Cordulegastridae)
An Quellen und Bächen. Jagt auf Waldwiesen, Schneisen usw. Lg. 7—8,5 cm Spannweite 9—10,5 cm. Flugzeit Ende Mai bis Ende Juli

4. *Agrion (Calopteryx) splendens* (Harr.) ♂ (Familie Agrionidae)
An fließenden Gewässern. ♀: Körper grünglänzend mit kupferigem Schimmer am Ende, seine Flügel ohne Binden, glasartig durchscheinend mit metallgrünem Geäder. Lg. etwa 5 cm, Spannweite etwa 7 cm. Flugzeit: Mitte Mai bis Mitte September

Nächstverwandt: *Agrion (Calopteryx) virgo* (L.)
♂: Flügel einheitlich dunkelbraun mit blauem Glanz. ♀: Flügel trüb graubraun. Flugzeit: Ende April bis Anfang September

Tafel 38

5. *Cordulia aenea* Leach ♂ (Familie Libellulidae)
An stehenden Gewässern aller Art. Jagd auch an Waldrändern und im Waldinnern, auch in der Dämmerung. Lg. 5—5,5 cm, Spannweite 6,5—7,5 cm. Flugzeit: Anfang Mai bis Anfang August.

Tafel 39

L i b e l l e n (O d o n a t a) (Fortsetzung) (S. 194)

1. *Orthetrum brunneum* (Fonsc.) ♂ (Familie Libellulidae)
Hauptverbreitungsgebiet Mittelmeerländer und Vorderer Orient. In Deutschland nur im Süden in Gebirgsgegenden, über nassen Wiesen, an langsam fließenden Bächen usw., nicht an Torfgewässern. Lg. 4,5 cm, Spannweite 7—7,5 cm. Flugzeit: Anfang Juni bis Anfang August

2. *Ophiogomphus serpentinus* (Charp.) ♀ (Familie Gomphidae)
An Fließgewässern mit sandigem Grund. Lg. 5 cm, Spannweite 6,5—7,5 cm. Flugzeit: Mitte Juni bis Anfang Oktober

3. *Nehalennia speciosa* (Charp.) ♂ (Familie Coenagrionidae)
Auf Hochmooren mit Schwingrasen. Kleinste einheimische Libelle. Lg. 2 bis 2,5 cm, Spannweite etwa 2,5 cm. Flugzeit: Juli/August

4. *Somatochlora flavomaculata* v. d. L. ♀ (Familie Libellulidae)
Über feuchten Wiesen, Sümpfen, an Waldrändern und auf Waldwegen. Nicht an offenem Wasser. An der Stirn 2 gelbe Seitenflecke. Brust metallisch grün glänzend. Hinterleib schwarzgrün mit seitlichen gelben (bei alten Tieren braunen) Flecken. Beim ♀ die gelben Flecke des Hinterleibes bedeutend größer als beim ♂. Lg. 5—5,5 cm, Spannweite 6,5—7 cm. Flugzeit: Ende Mai bis Ende August

5. *Aeschna viridis* Eversm. ♂ (Familie Aeschnidae)
Vorzugsweise an Gewässern, in denen die Krebsschere *(Stratiotes aloides)* wächst, an die das ♀ seine Eier legt. Norddeutschland. Auf der Stirn nur 1 schwarzer Querstrich. ♀: Augen oben olivgrün, unten gelb; Hinterleib rotbraun und grün. Lg. 6,5—7,5 cm, Spannweite 8—9,5 cm. Flugzeit: Anfang Juli bis Ende September

Tafel 39

Tafel 40

Libellen (Odonata) (Fortsetzung) (S. 194)

1. *Aeschna affinis* v. d. L. ♂ (Familie Aeschnidae)
Über sumpfigen Wiesen und Gräben, nicht über offenem Wasser. Südeuropäische Art, die in letzter Zeit in stärkerem Maße in Süddeutschland einwandert. ♀: Hinterleibsflecke hell gelbgrün. Lg. 6—6,5 cm. Spannweite 8—8,5 cm. Flugzeit: Anfang Juli bis Ende August

2. *Anax imperator* Leach ♂ (Familie Aeschnidae)
An Weihern, auch weit von Gewässern entfernt. Auf der Stirnoberseite hellblauer Querstrich. ♀: Hinterleib blaugrün, die Abzeichen breiter, rotbraun. Lg. 7—8 cm, Spannweite 9,5—11 cm. Flugzeit: Mitte Juni bis Ende August

3. *Lestes barbarus* (Fabr.) ♀ (Familie Lestidae)
Mehr im Süden, an stehenden Gewässern aller Art, auch weit von Gewässern entfernt. Lg. 3,5—4 cm, Spannweite 4,5—5 cm. Flugzeit: Ende Juni bis Anfang Oktober

4. *Platycnemis pennipes* (Pall.) ♂ (Familie Platycnemidae)
An stehenden (Seen) und fließenden Gewässern. Kopf schwärzlich mit je 1 feinen hellblauen Querlinie am Vorder- und Hinterrand der Augen. ♀: Grundfarbe lehmgelb oder blaßgrün. Lg. 3,5 cm, Spannweite 4,5 cm. Flugzeit: Mitte Mai bis Mitte September

5. *Pyrrhosoma nymphula* (Sulz.) ♀ (Familie Coenagrionidae)
An langsam fließenden, ausnahmsweise auch stehenden Gewässern. Lg. etwa 3,5 cm, Spannweite 4,5 cm. Flugzeit: Ende April bis Anfang August

6. *Coenagrion puella* (L.) ♂ (Familie Coenagrionidae)
Auf nassen Wiesen, an stehenden und langsam fließenden Gewässern. ♀: Hinterleib seitlich gelbgrün oder blau; den Rücken nimmt die schwarze Zeichnung fast völlig ein. Lg. etwa 3,5 cm, Spannweite 4—5 cm. Flugzeit: Anfang Mai bis Ende September

Tafel 40

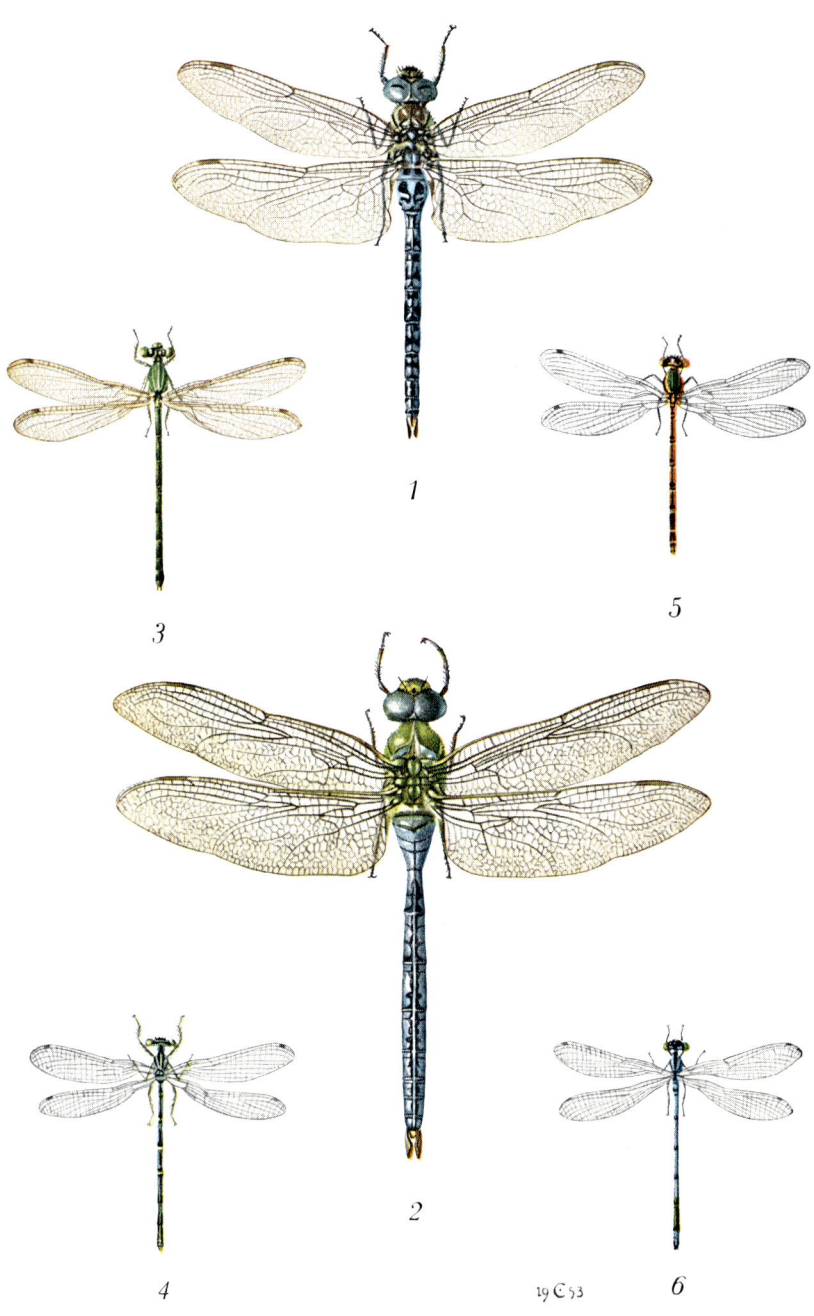

Schlammfliegen (Megaloptera)

Die 4flügeligen Schlammfliegen sind mit den echten Fliegen, die ja nur 2 Flügel haben, nicht näher verwandt. In Mitteleuropa sind sie nur durch die Gattung *Sialis* mit wenigen schwer unterscheidbaren Arten vertreten. Die Imagines sitzen besonders im Frühsommer oft in großer Zahl auf Schilf und Ufergebüsch. Nur ungern flattern sie kurze Strecken dahin, am ehesten in der Dämmerung; meist kriechen sie langsam umher. Nur zur Fortpflanzungszeit kann man die kleineren Männchen eifrig den Weibchen nachrennen sehen. Die Weibchen paaren sich gewöhnlich 2- bis 4mal mit verschiedenen Männchen. Sie legen ihre Eier auf Blätter und Stengel über dem Wasserspiegel, am liebsten auf Schilfblätter. Die schlüpfenden Junglarven fallen in das Wasser hinab oder kriechen hinein. Die langen, gegliederten, behaarten Hinterleibsanhänge der Larven sind Tracheenkiemen. Die Larven bewohnen vorwiegend den Schlammgrund, oft in größeren Tiefen, verschiedenster ausdauernder Gewässer, auch solcher mit stärkerer organischer Verschmutzung. Sie sind gewandte Raubtiere, deren Beute größtenteils aus Zuckmückenlarven, Erbsenmuscheln und Würmern besteht. Mit ihren Beinen können sie recht ausdauernd kriechen und auch im Schlamm wühlen, durch Krümmungen ihres Hinterleibs einigermaßen gut schwimmen. Während ihrer 2jährigen Entwicklungszeit häuten sie sich 9mal. Zur Verpuppung kriechen sie an Land und graben sich, bisweilen in recht beträchtlicher Entfernung vom Ufer, Löcher in den Erdboden.

Netzflügler (Neuroptera)

Nur wenige Netzflügler leben als Larven im Wasser. Wir haben hier die eigenartige *Sisyra*-Larve abgebildet. Sie bewohnt die Oberfläche der Kolonien von Süßwasserschwämmen und Moostierchen. Beim Kriechen benützt sie ihre langen, dünnen Fühler als Stelzen. Ober- und Unterkiefer sind zu feinen Halbrohren verlängert und bilden, wenn sie sich aneinanderlegen, 2 geschlossene Saugrohre. Mit diesen bohrt die Larve den Körper der Schwämme oder Moostierchen an und schlürft ihre flüssigen Bestandteile ein. Auf der Bauchseite des Hinterleibes sitzen 7 Paar beinähnliche Tracheenkiemen, die schwingende Atembewegungen ausführen. Im Frühsommer kriechen die Larven an Pflanzenstengeln in die Höhe und verpuppen sich etwas über dem Wasserspiegel in graufarbenen, eiförmigen Kokons. Die kleinen, schwarzen oder braunen Imagines sind träge Dämmerungstiere. Die Weibchen kleben ihre Eihäufchen auf Pflanzenteile über dem Wasser und umhüllen sie mit einem weißen Seidengewebe. Von dort fallen die Junglarven ins Wasser und schwimmen zu den Wirtskolonien. Vermutlich werden sie hierbei durch die feinen Wasserströmungen geleitet, die die Geißelzellen der Schwämme und der Tentakelschlag der Moostierchen verursachen.

Tafel 41

1. Schlammfliegen (Megaloptera) (S. 207)

210. Imago der Schlammfliege *Sialis* sp.
3 Arten. Körper schwarz, Flügel bräunlich. Lg. 25—30 mm

211. Eigelege der Schlammfliege
4mal vergrößert

212. Larve der Schlammfliege *Sialis* sp.
Weißlichgelb mit dunkel- bis hellbrauner Zeichnung, Kiemen weißlich, Lg. bis 40 mm

2. Netzflügler (Neuroptera) (S. 207)

213. Larve von *Sisyra* sp.
Grün. Lg. etwa 10 mm

Tafel 41

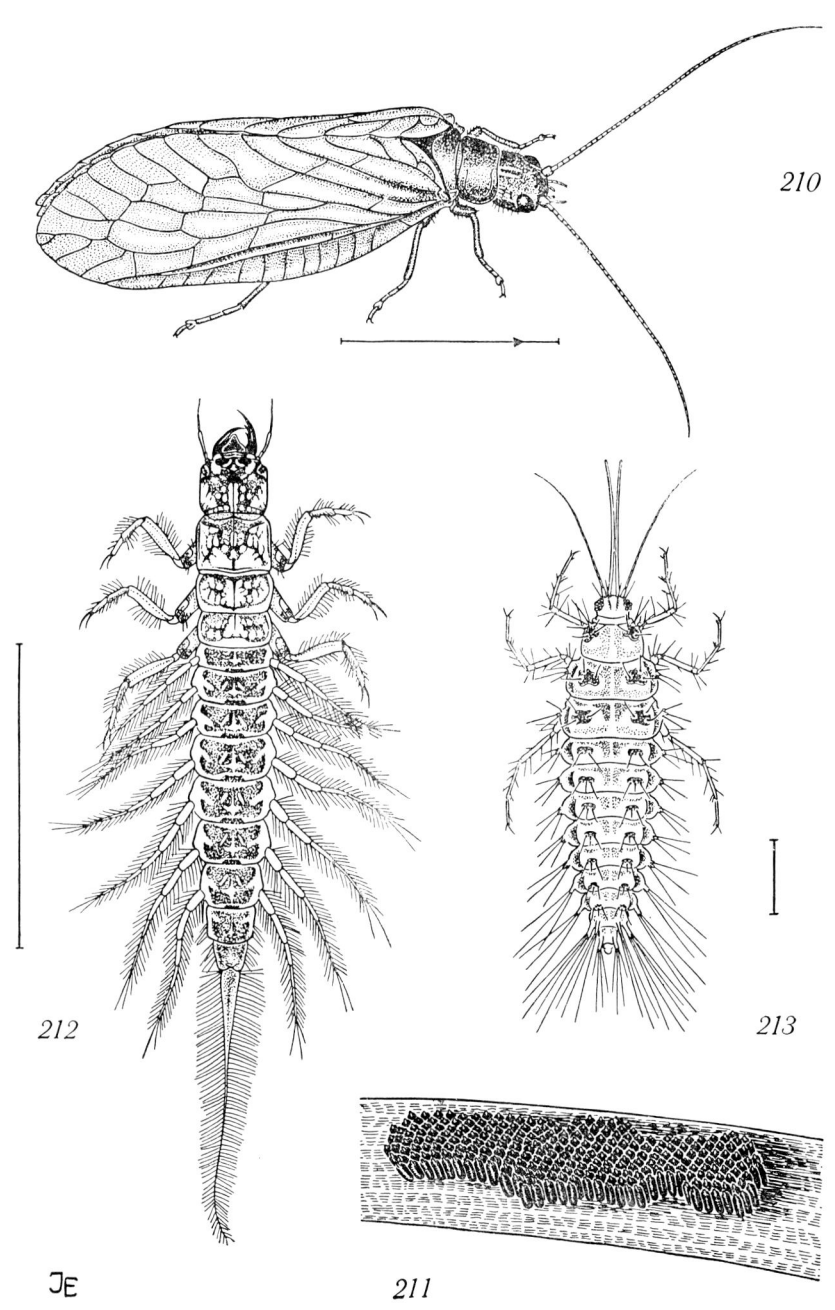

210

212   213

211

Schmetterlinge (Lepidoptera)

Für den Nichtfachmann mag es überraschend sein, daß in einem Buch über Süßwassertiere auch von Schmetterlingen die Rede ist. In erwachsenem Zustand leben bei uns allerdings nur die flügellosen Weibchen des Zünslers *Acentropus niveus* im Wasser, die lediglich zur Paarung mit den geflügelten Männchen den Hinterleib über die Wasseroberfläche strecken. Bei dieser Art treten aber auch geflügelte Weibchen auf, die ein normales Luftdasein führen. Dagegen gibt es eine ganze Anzahl von Schmetterlingsarten, deren Entwicklung vom Ei bis zur Puppe im Wasser verläuft, wogegen die Imagines Lufttiere sind. Wir zählen aber hierzu nicht die Formen, die als Raupen in den Stengeln von Wasserpflanzen auch unter der Wasseroberfläche minieren, wie andere Arten in Landpflanzen; denn sie sind ja stets von lufthaltigem Pflanzengewebe, nicht von Wasser umgeben. Als Beispiel der echten Wasserschmetterlinge haben wir den Zünsler *Nymphula (Hydrocampa) nymphaeata* abgebildet. Zur Fortpflanzungszeit sieht man Männchen und Weibchen über pflanzenreichen Weihern flattern, auch auf dem Wasserspiegel einander nachlaufen. Zur Eiablage setzt sich das Weibchen auf ein Schwimmblatt, krümmt seinen Hinterleib über den Rand hinab und heftet die Eier reihenweise auf der Blattunterseite an. Schon die Junglarven nähren sich vom Gewebe der Schwimmblätter, hauptsächlich der Laichkrautarten. Sie ergreifen alsbald ein kleines Blatt, etwa der Wasserlinsen, und decken sich damit zu, während sie auf der Unterseite des großen Schwimmblattes sitzen bleiben. Später, im ausgehenden Sommer, schneiden sich die inzwischen herangewachsenen Larven mit ihren Kiefern aus den Schwimmblättchen je 2 größere, etwa elliptische Stücke heraus und spinnen sie mit den Längsrändern aneinander. In diesen wassergefüllten Gehäusen leben sie während des Herbstes an der Oberfläche des Pflanzengürtels. Sie sind benetzbar; ihre Stigmen sind geschlossen. Die Atmung erfolgt durch die Haut. Den Winter verbringen sie auf dem Gewässergrund. Im folgenden Frühjahr steigen sie wieder zur Oberfläche und bauen sich entsprechend ihrem Wachstum immer größere Köcher. Nach einer bestimmten Häutung, vermutlich einer der letzten, öffnen sich die Stigmen; die fein behaarte Haut wird unbenetzbar, und der Köcher ist fortan mit Luft gefüllt. Vermutlich dringt diese in das Gehäuse ein, während die Raupe auf den Schwimmblättern umherkriecht. Will die Raupe sich mit frischer Atemluft versorgen, so streckt sie den Vorderkörper über den Wasserspiegel hinaus. Beim Zurückziehen bleibt Luft in ihrem Haarkleid hängen. Im Sommer sind die Köcher schon rund 4 cm lang und 2—3 cm breit. Im August verpuppen sich die Raupen. Die Puppengehäuse gleichen denen der Raupen. Sie sind ungefähr eine Handbreit unter dem Wasserspiegel an Pflanzenstengeln festgewebt. Dabei wird der Pflanzenstiel zwischen den 2 Seitenwänden des Puppenköchers so eingesponnen, daß dieser flügelförmig von den Stengeln absteht. In der Puppenhülle sammelt sich Luft, deren Herkunft noch ungeklärt ist. Jedenfalls nimmt sie der ausschlüpfende Schmetterling unter seine Flügel und wird so wie ein Korken schnell an die Oberfläche getrieben. Er läuft auf dem Wasserspiegel zum Ufer und startet dort alsbald zu seinem ersten Flug.

Tafel 42

1. Schmetterlinge (Lepidoptera) (S. 210)

214. Imago von *Nymphula nymphaeata* L. (Familie Pyralidae, Zünsler)
   Körper: weißlich (♀), bräunlich (♂). Flügel weiß, Zeichnung braun. Flügelspannung 21—26 mm. Flugzeit Juni bis August

Tafel 42

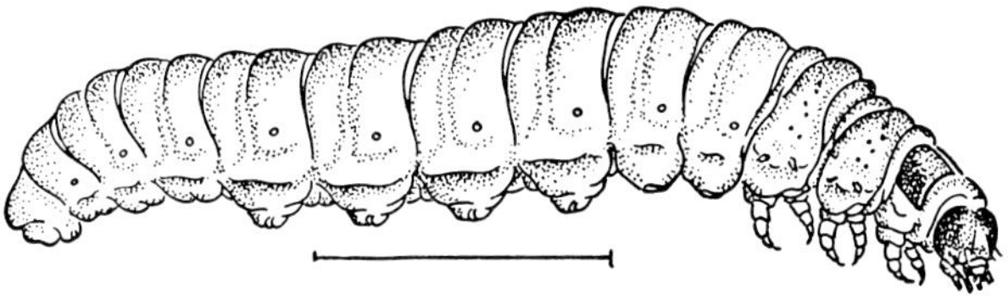

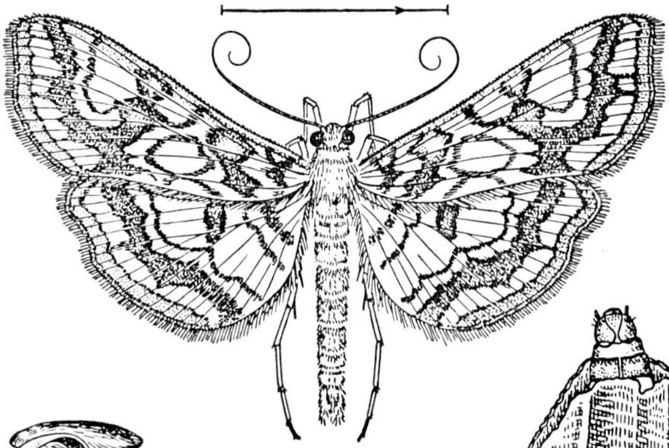

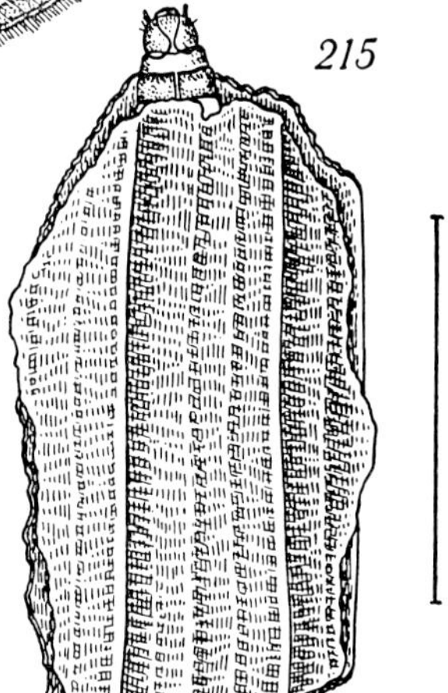

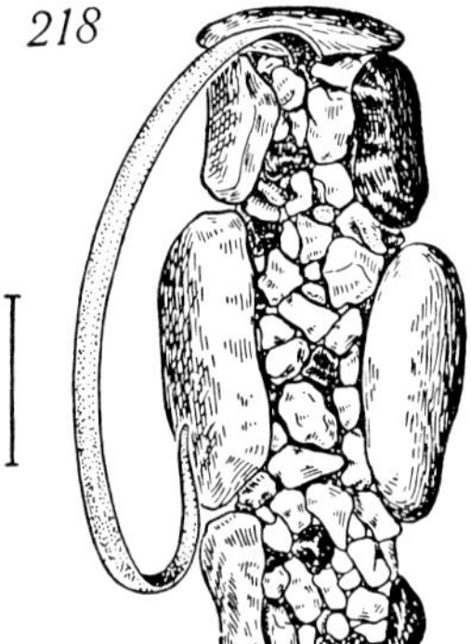

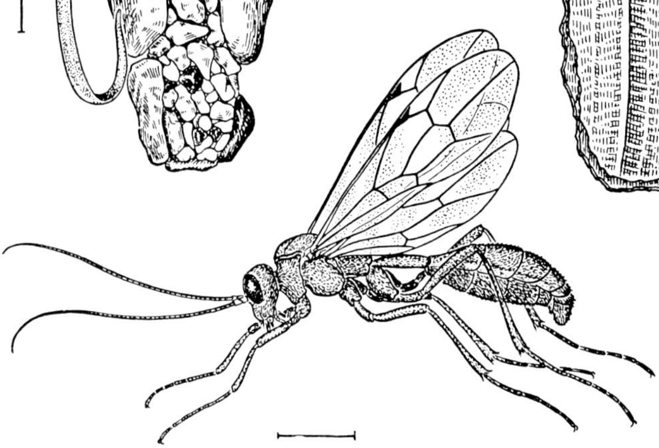

215. Raupe von *Nymphula nymphaeata* L. im Köcher

216. Raupe von *Nymphula nymphaeata* L. ohne Köcher
Jung: grün; erwachsen: hell olivbraun mit dunkleren Einschnitten und 3 dunklen Längslinien. Kopf und Nackenschild olivbraun, glänzend. Lg. bis 25 mm

Hautflügler (Hymenoptera)

Auch viele Schlupfwespen müssen zu den Wasserinsekten gerechnet werden. Eine stattliche Anzahl von Arten aus den Familien *Chalcididae, Proctotrupidae, Ichneumonidae, Braconidae* und *Agriotypidae* legt nämlich ihre Eier in solche verschiedener Wasserinsekten oder in deren Larven. Die Imagines kriechen hierzu unter den Wasserspiegel hinab. In ihrem Körperbau zeigen sie allerdings nur höchst selten einmal Merkmale, die als Anpassung an dieses zeitweilige Wasserleben zu deuten wären.

Als Beispiel bringen wir *Agriotypus armatus*. Die kleinen Schlupfwespenweibchen suchen im Frühjahr Köcherfliegenlarven auf, meist solche der Gattungen *Silo* und *Goëra*, und legen je ein Ei auf sie. Die junge *Agriotypus*-Larve nährt sich von der Wirtslarve, verschont jedoch ihre lebenswichtigen Organe. Erst nachdem sich die Köcherfliegenlarve verpuppt hat, wird sie von ihrem Schmarotzer völlig aufgefressen. Dann spinnt die *Agriotypus*-Larve ein etwa 1—2 mm breites und 10—50 mm langes Band. Ehe sie sich selbst verpuppt, schiebt sie dieses Band zum Köcher hinaus. An ihm sind die Köcherfliegengehäuse, die als Wiege eines *Agriotypus armatus* dienen, leicht zu erkennen. Über seine Funktion herrscht noch großes Rätselraten. Jedenfalls ist es für die Schlupfwespenpuppe lebenswichtig, da diese nach Verlust des Bandes zugrunde geht.

Tafel 42 (Fortsetzung)

2. Hautflügler (Hymenoptera) (S. 212)

217. *Agriotypus armatus* (Walk) (Familie Agriotypidae)
Schwarz. Lg. etwa 10 mm. Flugzeit Ende April bis Mitte Mai

218. Puppenköcher der Köcherfliege *Silo* sp.
Das Band zeigt an, daß er von einer Puppe des *Agriotypus armatus* bewohnt wird

Köcherfliegen (Trichoptera)

Ebensowenig wie die Eintags- und Steinfliegen gehören die Köcherfliegen im zoologischen Sinn zu den echten Fliegen. Sie bilden eine eigene Ordnung in der Klasse der Insekten; am nächsten sind sie wohl mit den Schmetterlingen verwandt. In Europa zählen wir heute ungefähr 800 Köcherfliegenarten, in Mitteleuropa etwa 250 (1967).

Die Larven leben in den verschiedensten Gewässern. Manche Arten sind für ganz bestimmte Gewässertypen charakteristisch. Wir teilen die Köcherfliegenlarven in zwei Hauptgruppen ein: Bei den raupenförmigen (eruciformen) Larven bildet die Längsachse des Kopfes mit der Körperachse einen rechten Winkel. Dagegen bilden Kopf und Körperachse der campodeïden Larven (eine Verdeutschung dieses Fachausdruckes ist leider nicht gebräuchlich) etwa eine Gerade. Auch im übrigen Körperbau und in der Lebensweise bestehen manche Unterschiede.

Alle raupenförmigen Köcherfliegenlarven besitzen einen Köcher, den sie ständig mit umhertragen und nie freiwillig verlassen. Er schützt ihren weichen Hinterleib; bei Gefahr können sie sich auch völlig in ihn zurückziehen. Seine Grundlage ist stets eine Röhre aus Seidengespinst. Die Larve läßt aus ihrer mächtigen Spinndrüse ein Sekret austreten, das im Wasser zu einem elastischen Faden erstarrt. Dieser wird mit den Mundwerkzeugen und den Vorderbeinen verwoben. Die Gehäuse der jüngsten Larven bestehen meist nur aus Gespinst und der Gallerte des Eigeleges. Erst später beginnt die Larve, den Seidenköcher in der für ihre Art typischen Weise außen mit Fremdmaterial zu belegen. Sie baut immer am Vorderende weiter. Entsprechend dem Wachstum der Larve, die in ihr Gehäuse auch zu den 5 bis 6 Häutungen, die sie durchmacht, nicht verläßt, muß der Köcher immer größer werden. Der hintere, ältere und deshalb engere Teil wird dann später nicht mehr bewohnt und gewöhnlich von dem Tier, das sich in seinem Köcher auch umdrehen kann, abgebissen, oder er fällt von selber ab.

Zum Köcherbau dienen neben den Mundwerkzeugen besonders die Vorderbeine. Das verwendete Baumaterial ist recht verschieden: Schilfstückchen, Teile grüner oder welker Blättchen und Grashalme, Fichtennadeln, Samenkörner, kleine leere Schnecken- und Muschelschalen, Zweigstückchen, Sandkörner, Steinchen usw. Im allgemeinen bauen Larven, die in stehenden oder sehr langsam fließenden Gewässern leben, ihre Köcher aus dem relativ leichten Material von Pflanzenteilen, die Bewohner von Bächen mit stärkerer Strömung aber aus verhältnismäßig schweren Baustoffen, wie Stein und Sand. Zwar bevorzugen die verschiedenen Arten meist ganz bestimmte Baustoffe, aber diese wechseln auch häufig je nach Aufenthaltsort, Jahreszeit und Alter der Larven. Lediglich nach dem Köchermaterial allein kann man daher gewöhnlich nur auf die Zugehörigkeit der Larve zu einer bestimmten Familie, bestenfalls zu einer bestimmten Gattung, fast nie aber zu einer Art schließen. Weit stetiger und instinktmäßig fester verankert ist schon der Baustil, d. h. die Art, in der die Baustoffe verwendet werden. So werden z. B. Larven von Arten, welche die Baustoffe quer anordnen, dies niemals in Längsrichtung tun. Viele der verschiedenen Köchertypen, auf die wir hier natürlich nicht eingehen können, stellen ausgezeichnete Anpassungen an den Lebensraum ihrer Baumeister dar.

Alle raupenförmigen Köcherfliegenlarven sind Pflanzenfresser, die sich von Algen, Detritus und frischen oder faulen Teilen höherer Pflanzen nähren. Zur Atmung dienen meist fadenförmige Tracheenkiemen, die am Hinterleib je nach Art in Rücken-, Seiten- und (oder) Bauchreihen angeordnet sind und einzeln, zu zweien oder zu dreien stehen oder auch zu kleinen Büscheln vereint sein können. Selten sind Arten mit reiner Hautatmung.

Nur wenige Arten der campodeïden Larven besitzen Köcher. Sie bewohnen fast ausschließlich bewegtes Wasser, Bäche, Flüsse oder größere Seen mit Wellenbewegung. Viele sind Raubtiere, die frei herumstreifen und sich von allerlei kleinem Wassergetier ernähren. Die Mehrzahl baut zwischen Steinen oder Wasserpflanzen netzartige Gespinste verschiedener Form: flache Tüten, posthornförmige Säcke (Abb. 62) und Trichter. Es handelt sich um Fangnetze, deren Öffnungen stets gegen die Strömung gerichtet sind und von dieser ausgespannt gehalten werden. Gewöhnlich sind sie mit einem Gespinstgang verbunden, in dem die Larve wartet, bis sich geeignete Beute, Algen und andere Kleinlebewesen, im Netz gefangen haben. Diese Netze sind natürlich meist mit Detritus behängt und daher für den Unkundigen bisweilen schwer zu bemerken.

Die erwachsenen Larven verpuppen sich in geeigneten Verstecken, unter Steinen, Wurzeln usw. Die köchertragenden Larven verschließen bei der Verpuppung die Vorder- und Hinteröffnung ihres Köchers bis auf kleine Durchlässe für das Atemwasser

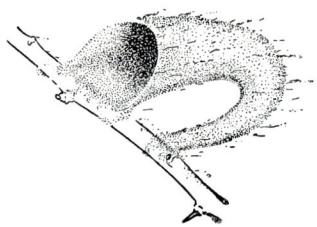 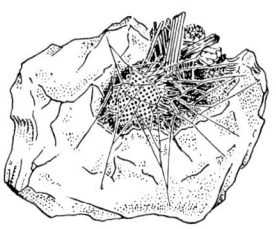

Abb. 62
Netz der Köcherfliegenlarve
Neureclipsis bimaculata L. (verkl.)

Abb. 63
Netz der Köcherfliegenlarve
Hydropsyche sp.

mit Gespinstdeckeln und kleben die Gehäuse fest an die Unterlage an. Auch die köcherlosen Larven bauen sich Puppengehäuse. Die Puppenruhe währt 2 bis 3 Wochen. Dann verläßt die Puppe ihr Gehäuse. Ihre Fühler, Beine und Flügelscheiden sind gut entwickelt. Sie versucht nun schwimmend oder durch Erklettern von Wasserpflanzen die Wasseroberfläche zu erreichen. Erst dort reißt die Puppenhaut auf, und das geflügelte Insekt schlüpft aus.

Die Köcherfliegen selbst werden häufig mit Kleinschmetterlingen verwechselt, denen sie auch bei flüchtiger Betrachtung recht ähneln. Die kleineren Arten haben etwa die Größe der Kleidermotte, die größten — die *Phryganea-Arten* — ungefähr die eines Zitronenfalters, jedoch legen die Köcherfliegen ihre Flügel in der Ruhe immer d a c h - f ö r m i g auf dem Hinterleib aneinander. Die beiden Insektenordnungen der Köcherfliegen und der Schmetterlinge stehen sich auch im stammesgeschichtlichen Verwandtschaftsverhältnis ohne Zweifel nahe. Bei näherer Untersuchung aber lassen sich u. a. leicht z w e i deutliche Unterscheidungsmerkmale feststellen: Die Köcherfliegen — wenigstens unsere einheimischen Arten — haben weder einen Saugrüssel, noch sind ihre Flügel mit gestreiften Schuppen besetzt. Dagegen tragen die Flügel gewöhnlich, besonders an den Rändern, Chitinhaare, die freilich bei manchen Arten schuppenartig verbreitert sein können. Die Färbung ist meist recht unscheinbar: Graue, schwarze, braune Farbtöne, allein oder bisweilen zu schönen Zeichnungen vereint, überwiegen bei weitem rötliche oder gelbliche Muster. Auffallend sind die fadendünnen, vielgliedrigen, häufig weit mehr als körperlangen Fühler, die in Ruhehaltung nach vorn gestreckt werden. Die schlanken Beine sind nicht sehr leistungsfähig, die Mundwerkzeuge verkümmert.

Tagsüber halten sich die Imagines gewöhnlich in allerlei Schlupfwinkeln, nicht allzuweit von den Wohngewässern ihrer Larven entfernt, auf; erst in der Dämmerung flattern sie unbeholfen umher. Wiederholt hat man Köcherfliegen bei der Aufnahme flüssiger Nahrung, beim Wassertrinken oder beim Lecken von Nektar an Blüten mit offenliegenden Honiggrübchen, beobachtet. Die Paarung erfolgt selten im Flug, meist auf einer festen Unterlage. Dabei sitzen die Partner mit abgewandten Köpfen in gerader Richtung hintereinander. Die Einzeltiere leben im allgemeinen nicht länger als etwa acht Tage. Die Flugzeit liegt bei der Mehrzahl unserer heimischen Arten zwischen Anfang Juni und Ende August und währt gewöhnlich 3—4 Wochen.

Die runden, bisweilen auch länglich-eiförmigen Eier sind oft schön grün oder gelb gefärbt. Sie werden, je nach Art einige Dutzend bis mehrere Hundert, meist zu Laichballen vereinigt und von Gallerte umhüllt, von den Weibchen in recht unterschiedlicher Weise abgelegt: Bei manchen Arten fliegen die Weibchen in geringer Höhe über dem Wasserspiegel dahin und lassen die Eipakete einfach fallen. Andere heften die Laichkugeln an Gräser, Blätter und Äste, die sich über die Wasserfläche neigen, so daß die Junglarven nach dem Schlüpfen in ihr künftiges Wohngewässer fallen oder wenigstens durch Regengüsse hineingeschwemmt werden können. Die Weibchen bestimmter Arten, besonders der Formen mit campodeïden Larven, kriechen selbst ins Wasser hinein und kleben ihre Gelege an Steinen oder Wasserpflanzen an. Häufig quillt die Gallerte der Eikugeln oder -schnüre — die Laich f o r m ist sehr verschieden und gattungstypisch — im Wasser beträchtlich auf, bis zur Größe von Kirschen und darüber. Gerade der Köcherfliegenlaich fällt dem Naturfreund beim sommerlichen Tümpeln häufig auf, wird aber selten richtig gedeutet.

Übrigens gibt es in unserer heimischen Tierwelt auch zwei Köcherfliegenlarven, Arten der Gattung *Enoicyla*, die nicht im Wasser, sondern in feuchtem Moder und Moos, z. B. in der Laubschicht unter Hecken, an Baumstämmen usw. leben. Sie atmen nicht mit Tracheenkiemen, sondern besitzen ein offenes Tracheensystem.

Tafel 43

Köcherfliegen (Trichoptera) (S. 213)

Die Bestimmung der Köcherfliegenlarven ist nur in wenigen Ausnahmefällen nach der Bauweise des Köchers allein bis zur Art möglich. Fast immer müssen hierzu morphologische Merkmale der Larven herangezogen werden, die häufig nur mit entsprechender Vergrößerung genügend deutlich wahrzunehmen sind. So ist eine einwandfreie Artdiagnose nur langjährig eingearbeiteten Spezialisten möglich und auch diesen nicht bei allen Gattungen. Unsere Abb. stellen eine kleine Auswahl unserer häufigsten heimischen Formen dar und sollen die Feststellung ermöglichen, ob man eine Köcherfliegenlarve vor sich hat oder nicht.

219. Larve von *Rhyacophila* sp. (Familie Rhyacophilidae)
 22 Arten in Mitteleuropa. Campodëid In rasch fließenden Bächen mit steinigem Grund, vorzugsweise im Gebirge. Schweifen frei umher, bauen weder Köcher noch Netze. Grundfarbe gelblich mit dunklerer Zeichnung. Nur das 1. Brustsegment (Pronotum) verhornt. Lg. der meisten Arten bis 25 mm

220. Larve von *Hydropsyche* sp. (Familie Hydropsychidae)
 11 Arten in Mitteleuropa. Campodëid. In rasch fließenden Bächen des Gebirges und der Ebene. Kein Köcher. Weben ziemlich regellose Wohngespinste, in die Netzflächen mit regelmäßigen Maschen zum Auffangen der Nahrung eingesetzt sein können (Abb. 63). Auf allen 3 Brustsegmenten verhornte, meist graubraune, viereckige Platten. Grundfarbe des Körpers gelblich, Haare schwarz. Verzweigte Büschelkiemen. Kopf mit hellen Flecken, Hinterleib in ganzer Lg. etwa gleich breit. 4 vorstülpbare Blutkiemen am Hinterleibsende! Lg. artverschieden bis 20 mm

221. Larve von *Plectrocnemia* sp. (Familie Polycentropidae)
 2 Arten in Mitteleuropa. Campodëid. Vorzugsweise in Gebirgsbächen. Kein Köcher. Bauen flache, etwa tütenförmige Gespinste. Nur 1. Brustsegment verhornt, dieses und Kopf hell- oder dunkelbraun. Hinterleib rötlich. Keine Kiemen. Lg. bis 22 mm

222. Larve von *Ptilocolepus granulatus* Pict. (Familie Hydroptilidae)
 1 Art Campodëid. Im Moosrasen von Quellen und Bächen im Gebirge. Gehäuse flach, gleicht einem an beiden Enden spaltenartig offenen Brillenfutteral, aus Stückchen von Moosblättern. Lg. 8 mm, Br. 2 mm. Larve: Lg. etwa 6 mm, Br. 1,5—2 mm. Kopf und Brustsegmente gelbbraun

223. Larve von *Hydroptila* sp. (Familie Hydroptilidae), mit Gehäuse
 8 Arten in Mitteleuropa. Campodëid. In stehenden und fließenden Gewässern. Gehäuse aus Sandkörnern hergestellt, seitlich zusammengedrückt, vorne und hinten offen, wird auf einer K a n t e getragen

223a. Larve von *Hydroptila* sp., aus dem Gehäuse herausgeholt
 Beachte den seitlich zusammengedrückten Körper! Lg. 3—4 mm, Br. etwa 1 mm

224 a—c. Larve von *Agapetus* sp. (Familie Glossosomatidae)
 4 Arten in Mitteleuropa. Campodëid. In Bächen, auch sehr kleinen. Gehäuse meist aus größeren Sandkörnern hergestellt. Lg. etwa 8 mm, Br. etwa 5 mm. a) Gehäuse von oben, b) von unten (man sieht oben den Kopf und die Beine der Larve, unten das Hinterleibsende mit den Nachschiebern aus den entsprechenden Öffnungen herausschauen). Beide Öffnungen sind nach u n t e n gerichtet und mit k l e i n e n Sandkörnern umgrenzt! c) von der Seite.

Tafel 43

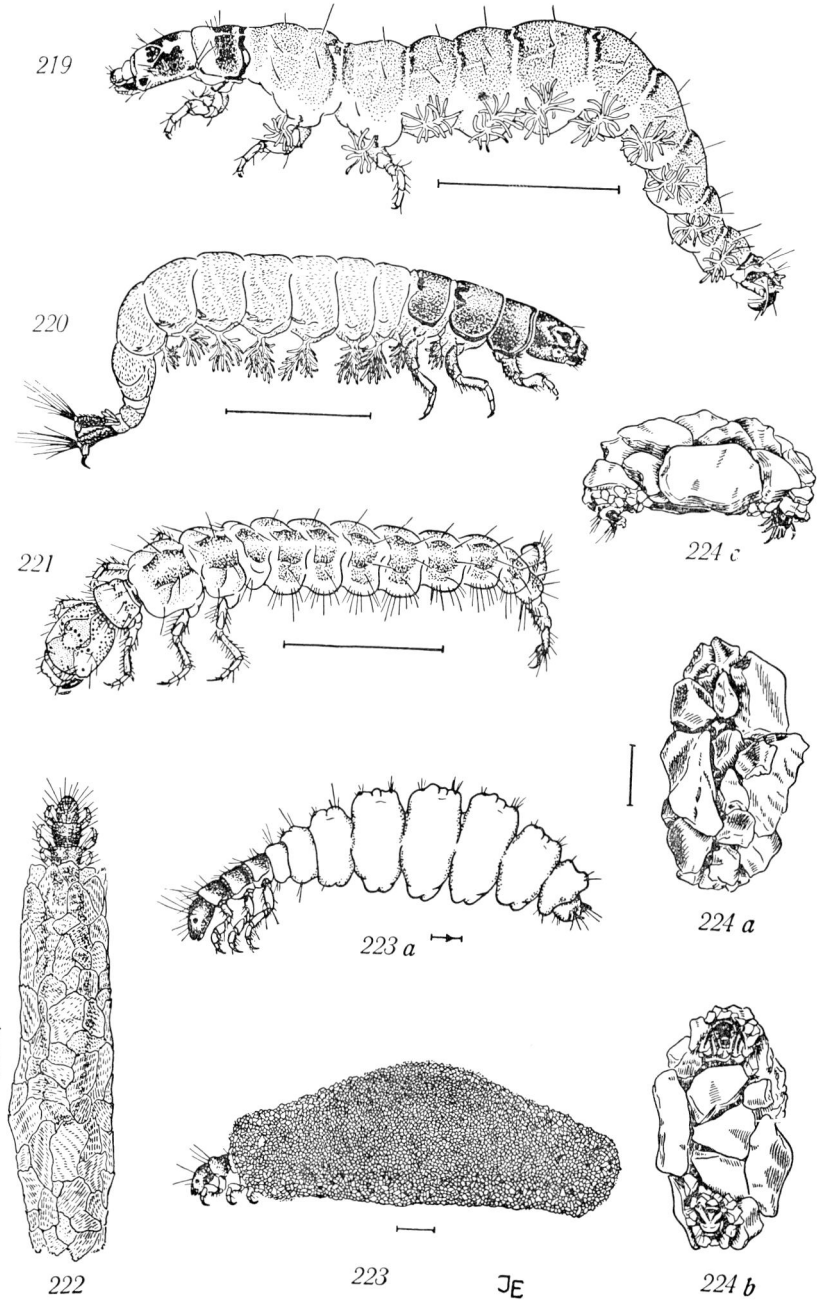

Tafel 44

Köcherfliegen (Trichoptera) (Fortsetzung) (S. 213)

Abb. 225 bis 228 zeigen Larven aus der Familie L i m n e p h i l i d a e, der umfangreichsten Familie der Köcherfliegen. Sie umfaßt bei uns 28 Gattungen, davon die Hauptgattung Limnephilus allein mit 28 Arten. Die Larven bewohnen Gewässer aller Art, die mit wenig Kiemen vorzugsweise fließende, die vielkiemigen hauptsächlich stehende. Familiencharakteristik: Eruciforme Larven mit transportablem röhrenförmigem Köcher verschiedener Form, jedoch nie ausschließlich aus Sekretsubstanz bestehend. 1. und 2. Brustsegment mit je einem viereckigen, durch 1 Mittellinie geteilten Hornschild. 3. Brustsegment mit 3 Paar Chitinschildern. Kopfoberseite meist mit keilförmiger Zeichnung, oft eine x-förmige in der Mitte des Hinterrandes des 1. Brustabschnittes, in dessen vorderem Drittel häufig eine Querfurche. Vorderbeine kürzer und kräftiger als die Mittel- und Hinterbeine. Mittelbeine kräftiger und länger als die Hinterbeine. Auf der Unterseite der Vorderbrust 1 hornähnlicher Fortsatz. An beiden Längsseiten des Hinterleibs je 1 Streifen feiner Haare.

225. Larve von *Limnephilus flavicornis* Fbr.
In stehenden und langsam fließenden Gewässern aller Art. Frühjahr. Gehäuse: Lg. etwa 30—35 mm, Br. etwa 10 mm

226. Larve von *Limnephilus* sp.
Köcher entfernt, um den Hinterleib mit der Seitenlinie und der Anordnung der Kiemenfäden zu zeigen. Auf dem 3. Brustsegment sind die 3 Hornblättchen der rechten Seite deutlich zu sehen!

Abb. 64 Kopfzeichnung von *Anabolia* sp.

227. Larve von *Stenophylax* sp.
In Bächen. Gehäuse: Lg. etwa 25—30 mm, Br. etwa 8—10 mm

228. Larve von *Anabolia* sp.
In langsam fließenden Gewässern und Seen. Auf der gelben Kopfoberseite zwischen den Augen eine hutpilzförmige schwarze Zeichnung, vor dieser jederseits von der Mitte 1 dunkle Bogenfigur. Auf dem Hinterhaupt Reihen schwarzer Punkte. Abb. 64. Köcher 3—4 cm, Belastungsteile oft sehr viel länger

229. Larve von *Silo* sp. (Familie Goeridae)
Eruciform. In rasch fließenden Bächen in der Ebene und besonders im Gebirge. Auf sandigem oder steinigem Grund. Gehäuse: Lg. 10—12 mm, Br. etwa 3 mm (ohne seitliche Belastungsteile)

230. Larve von *Lepidostoma hirtum* Fbr. (Familie Lepidostomatidae)
1 Art. Eruciform. Im Pflanzendickicht von Fließgewässern. 1. und 2. Brustsegment ganz verhornt, 3. Brustsegment mit 3 Paar kleiner Chitinschilder; von diesen die seitlichen am größten, die mittleren am kleinsten. Abb. 65. Köcher der Junglarven glatte, konische, gerade Sandröhren, der älteren Larven wie Abb. 230 zeigt, aus Blattstückchen, 4 s e i t i g. Lg. bis 18 mm, Br. 2—3 mm

Abb. 65 Oberseite von Kopf und Brustsegment von *Lepidostoma hirtum*

231. Larve von *Sericostoma* sp. (Familie Sericostomatidae)
5 Arten in Mitteleuropa. Eruciform. In schnell fließenden Bächen. Gehäuse aus Sandkörnern. Lg. bis 15 mm, Br. 2—3 mm

Tafel 44

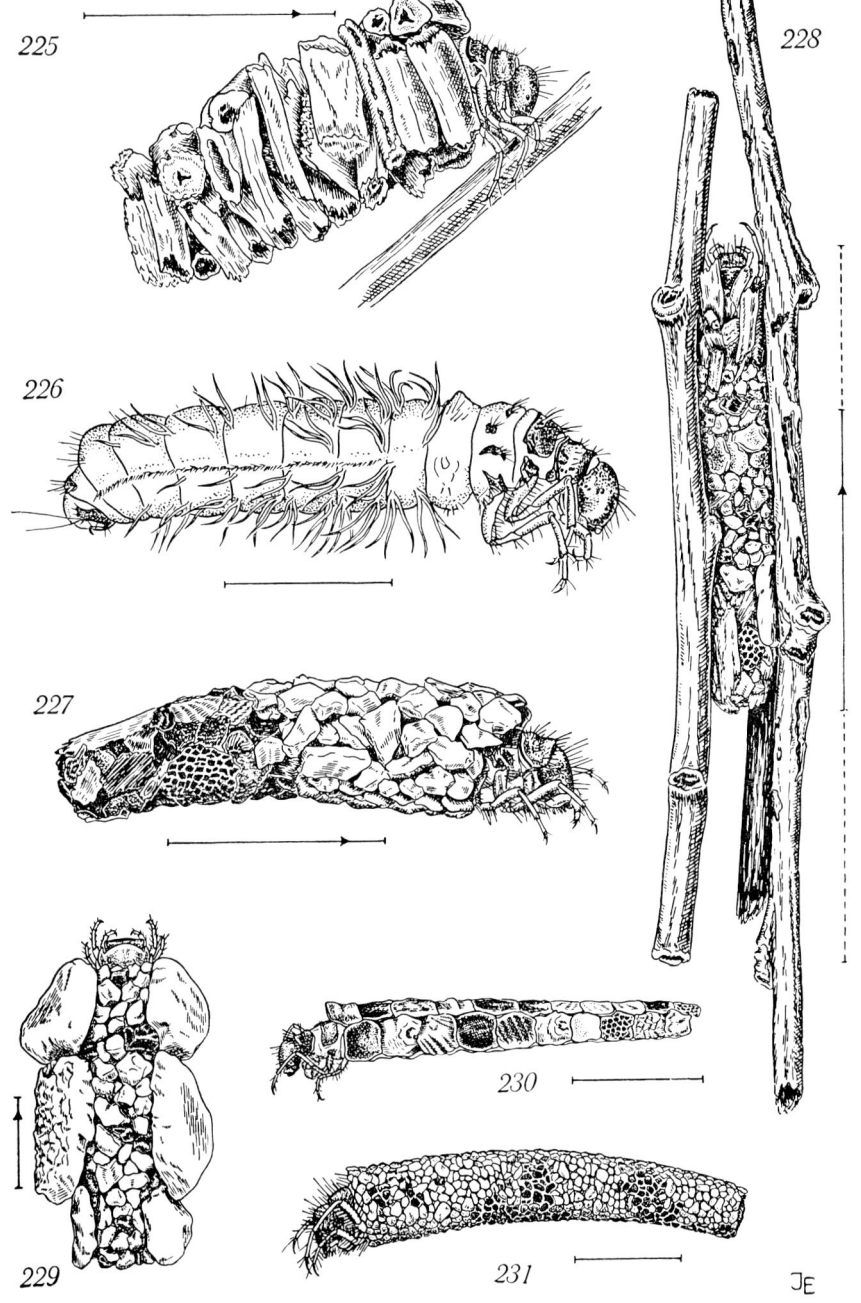

Tafel 45

Köcherfliegen (Trichoptera) (Fortsetzung) (S. 213)

232. Köcherfliegen-Imago. *Phryganea* sp., sitzend

233. Larve von *Phryganea* sp. (Familie Phryganëidae)

    2 Arten in Mitteleuropa. In stehenden, pflanzenreichen Gewässern. Die Phryganëidenlarven sind suberuciform: Kopf- und Körperachse bilden zusammen einen s t u m p f e n Winkel. 2. und 3. Brustsegment gewöhnlich weichhäutig. Hornartiger Fortsatz auf der Unterseite des 1. Brustsegments, gut ausgebildete Seitenlinien. 1. Segment des Hinterleibs mit 3 aufrichtbaren Warzen. Die hinteren s e i t l i c h e n Kiemen flaumig behaart, alle übrigen glatt. Köcher fast stets gerade, an beiden Enden offen, meist aus spiralig angeordneten Pflanzenteilen bestehend. Köcher bis über 50 mm lang und 10 mm breit

234. Larve von *Oligotricha* sp. (Familie Phryganëidae)

    4 Arten in Mitteleuropa. Köcher entfernt

235. Larve von *Triaenodes* sp. (Familie Leptoceridae)

    3 Arten in Mitteleuropa. Eruciform. In stehenden oder langsam fließenden Gewässern. Hinterbeine mit langen Schwimmborsten. Gehäuse: Lg. 20—30 mm, Br. 2—3 mm

236. Larve von *Athripsodes* sp. (Familie Leptoceridae)

    14 Arten in Mitteleuropa. Meist in stehenden, pflanzenreichen Gewässern. Kiemen in Büscheln vereinigt. Köcher aus Sekret, Sandkörnern und Pflanzenteilchen. Lg. 12—15 mm, Br. 2—3 mm

237. Larve von *Athripsodes* sp.

    Köcher entfernt. Kiemen nur auf 1.—3. Hinterleibssegment!

238. Köcher von *Molanna* sp. (Familie Molannidae)

    3 Arten in Mitteleuropa. Vorzugsweise in stehenden Gewässern. Lg. 15—25 mm, Br. (mit den Seitenflügeln) etwa 12 mm

Tafel 45

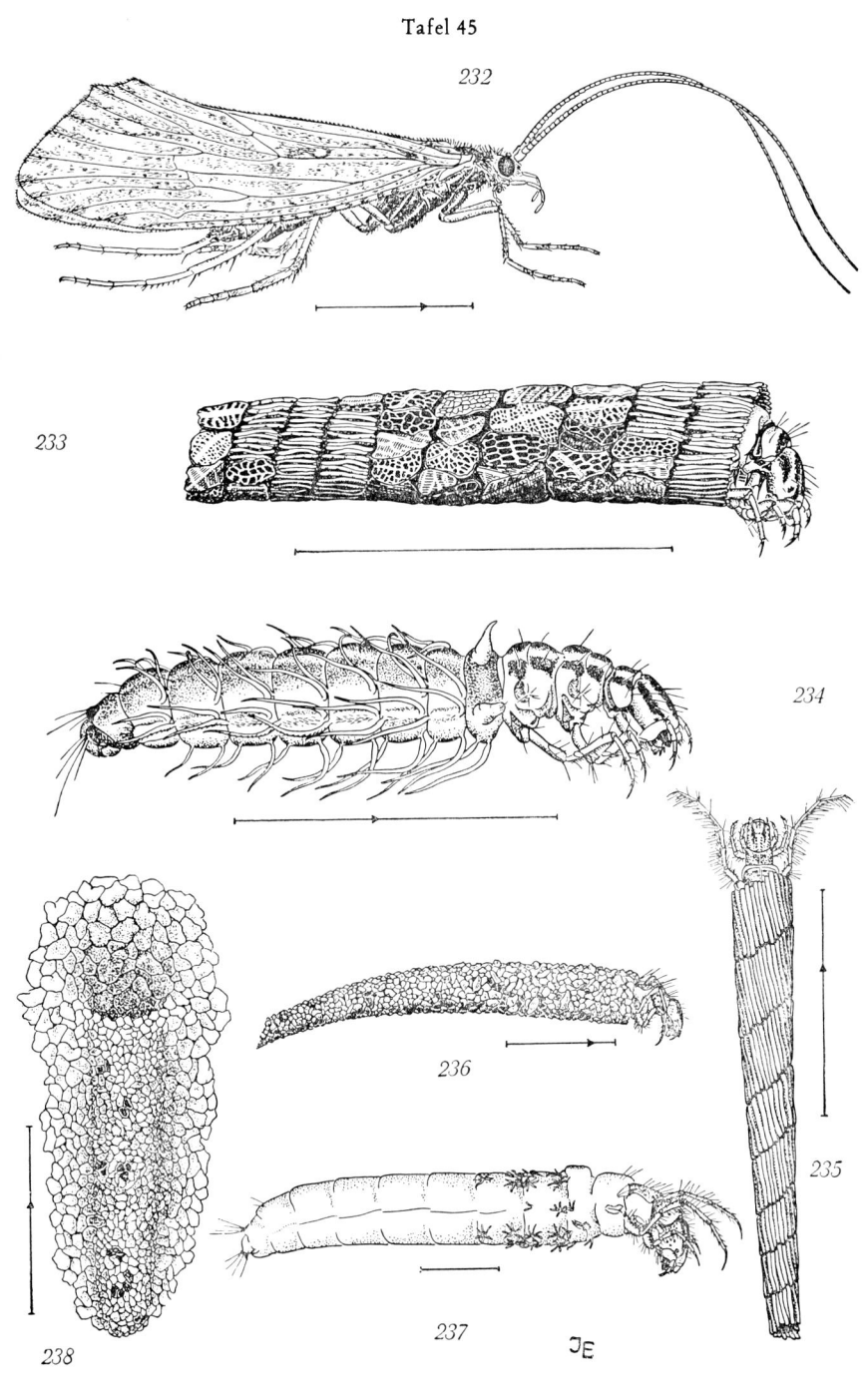

Muscheln (Bivalva, Lamellibranchiata)

In den mitteleuropäischen Gewässern leben rund 30 Muschelarten, die sich auf die Familien Flußmuscheln, Kugelmuscheln und Wandermuscheln verteilen.

Im Schlammgrund seichter, ruhiger Buchten können wir mitunter meterlange Furchen sehen, an deren einem Ende eine Flußmuschel sitzt. Diese Kriechspuren sind ein augenfälliger Beweis für die Ortsbewegung der Muscheln, die man meist wegen ihrer Langsamkeit nur bei entsprechend geduldiger Beobachtung wahrnehmen kann. Das Bewegungsorgan ist der muskulöse Fuß, der bei den Flußmuscheln einer stumpfen Pflugschar ähnlich, bei den Kugel- und Wandermuscheln mehr zungenförmig ist. Durch Einpressen von Blut wird der Fuß prall und streckt sich durch einen Spalt zwischen den beiden Schalen am Vorderende der Muschel nach vorn. Bei den Flußmuscheln bohrt er sich in den Schlamm ein; bei den Angehörigen der beiden anderen Familien heftet er sich mit Hilfe von reichlich abgesondertem Schleim an der Unterlage fest. In allen Fällen wird dann die Muschel nachgezogen. Weitere Lebensäußerungen kann man bei den trägen Tieren, die weder Kopf noch eigentliche Sinnesorgane besitzen und deren Körper vollständig von der 2klappigen Schale umgeben ist, im Freien nur schwer beobachten.

Im Aquarium nehmen wir aber alsbald auch bei geschlossener Schale an deren Hinterende 2 Öffnungen wahr. Durch die untere tritt das Atemwasser und mit diesem die Nahrung — kleinste Planktonpflanzen und -tiere sowie aufgewühlter Detritus — in den Körper ein, durch die obere wird das verbrauchte Wasser samt Fäkalien und Geschlechtszellen ausgestoßen. Bei den Flußmuscheln sind beide Öffnungen spaltförmig. Bei *Dreissena* und *Sphaerium* sind ihre häutigen Ränder röhrenartig ausgezogen (zu sog. Siphonen). Bei den Pisidien hat die untere Öffnung die Form eines Spaltes, die obere die eines Sipho. Die Weichteile der Muschel werden, die erkennen wir allerdings erst, wenn wir sie aus den Schalen lösen, von einem dünnen Hautmantel umhüllt. Er scheidet auf der Außenseite die Schalen ab. Unter dem Mantel liegt auf jeder Seite des Körpers eine Kieme. Sie besteht aus 2 Blättern und diese ihrerseits wieder aus 2 Lamellen, die aus zahlreichen bewimperten und teilweise miteinander verwachsenen Fäden zusammengesetzt sind. Die Kiemen dienen nicht nur der Atmung: Ihr schleimbedecktes Flimmerepithel fängt, zusammen mit den Oberflächen des Mantels und Fußes die Nahrungsteilchen aus dem einströmenden Wasser und führt sie auf bestimmten Bahnen dem Mund zu, der oberhalb des Fußes am Vorderende liegt.

Die Fluß- und Wandermuscheln sind getrenntgeschlechtlich. Allerdings bildet *Anodonta* nach unseren bisherigen Kenntnissen in kleinen, abgeschlossenen Seen Zwitter aus. Die Kugelmuscheln sind immer zwittrig.

Bei *Dreissena* werden die Samen und Eier in das Wasser entleert. Dort findet die Befruchtung statt. Aus den befruchteten Eiern entwickeln sich kleine planktonische Larven mit einem Wimperschopf am Vorderende.

Die Kugelmuscheln sind lebendgebärend. Die Samenzellen werden mit dem Atemwasser in den Körper geführt. Die befruchteten Eier setzen sich in den inneren Kiemenlamellen fest, deren Gewebe sich zu Bruttaschen umbildet. Die Jungen — selten mehr als ein Dutzend je Muttertier — werden erst nach ungefähr einem Jahr ausgestoßen. Sie sind dann schon weit entwickelt, oft bereits geschlechtsreif.

Auch bei den Flußmuscheln werden die Samenzellen in das Wasser entleert und mit dem Atemwasser zu den Kiemen gebracht, wohin auch die Eier aus den Eierstöcken gelangt sind. In besonderen Bruträumen, zu denen sich das Kiemengewebe teilweise umgestaltet, entwickeln sich die befruchteten Eier zu Larven. Diese, Glo-

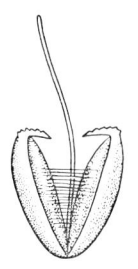

Abb. 66
Unio-Larve
(Glochidium)
(schematisiert)

chidien genannt, sind nur ungefähr ¹/₄ mm groß und haben 2 Schalen, die durch einen Schließmuskel verbunden sind (Abb. 66). Sie werden von der Mutter in das Wasser ausgestoßen. Zur Weiterentwicklung müssen sich die *Anodonta*-Larven mit Hilfe der Haken ihrer Schalenränder an den Flossen von Fischen anheften, wogegen die Glochidien von *Unio* und *Margaritifera* von Fischen mit dem Mund aufgenommen werden und sich in deren Kiemen festsetzen. Das Wirtsgewebe umwuchert und ernährt nun die kleinen Parasiten für mehrere Wochen. Natürlich erfordert ein so schwieriger Entwicklungsgang hohe Eizahlen. 200 000 bis 400 000 sind es bei *Unio* und *Anodonta*, rund eine Million bei *Margaritifera*.

Unsere Teich- und Flußmuscheln spielen im Haushalt ihrer Wohngewässer eine recht bedeutende Rolle, die allerdings bei den einschlägigen Untersuchungen meist viel zu wenig berücksichtigt wird. Fast ohne Unterlaß filtrieren diese Tiere, die noch dazu häufig in verhältnismäßig großer Zahl den Gewässergrund bevölkern — 10 je qm ist keine Seltenheit — Schwebstoffe aus dem Wasser und führen sie nach entsprechender Umsetzung in ihrem Körper dem Bodenschlamm zu. Um welche Mengen es sich hierbei handelt, erkennt man daraus, daß ein einziges Tier einer amerikanischen Art bei einem entsprechenden Versuch in 1 Stunde 42 l Wasser durchfiltriert hat.

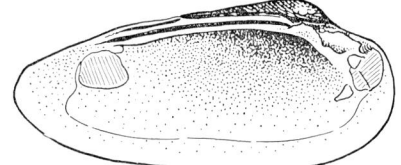

Abb. 67. Linke Schalenhälfte von *Unio* sp.
Die stärkste Vorwölbung am oberen Rand ist der Wirbel. Der starke zackenartige Vorsprung darunter der Haupt-(Kardinal-)zahn des Schlosses, die leistenartigen Gebilde zu seinen beiden Seiten sind die Seitenzähne des Schlosses. Die dem Schalenrand parallel verlaufende, auch bei der natürlichen Muschelschale erkennbare Linie ist die Mantelrandlinie, an der bei der lebenden Muschel der Mantelsaum an der Schale angewachsen ist. Die beiden rundlichen seichten Gruben auf der Innenseite des vorderen und hinteren Schalenendes sind Ansatzflächen der Schließmuskeln.

Sowohl die *Anodonta*- wie *Unio*arten bilden je nach den besonderen ökologischen Verhältnissen ihres Wohngewässers — wie der Strömungsgeschwindigkeit und der chemischen Eigenart des Wassers, der Bodenbeschaffenheit usw. — recht verschiedene Formen nach Farbe, Dicke, Größe und Gestalt der Schalen aus. Diese Standortsformen hat man lange Zeit als eigene Arten aufgefaßt und beschrieben — in Deutschland allein mehr als 80 *Anodonta*-Arten — ehe man erkannt hat, daß für die Artdiagnose nicht die Schale, sondern der Weichkörper ausschlaggebend ist.

Bei Betrachtung einer lebenden, auf dem Gewässergrund kriechenden Muschel wird verständlich, was man an dem Tier als oben, unten, hinten, vorne sowie rechts und linke Schale bezeichnet. Die oberen Ränder der beiden Schalen sind durch ein horniges, im Leben elastisches Band (Schloßband, Ligament) zusammengehalten. Vor diesem Band liegen bei unseren Süßwassermuscheln die ältesten, am stärksten gewölbten Schalenteile, Wirbel genannt. Die Innenseiten der oberen Schalenränder sind meist mit zahnartigen Vorsprüngen und Leisten ausgerüstet, die ineinandergreifen und eine seitliche Verschiebung der Schalenhälften verhindern. Lamellen und Zähne bilden das „Schloß". Die kurzen, starken Zähne in der Nähe des Wirbels werden Hauptzähne, die leistenartigen, die nach dem Hinterende zu oder nach beiden Seiten hin verlaufen, Seitenzähne genannt (Abb. 67).

Tafel 46

Muscheln (Bivalva) (S. 222)

1. Familie Flußmuscheln (Unionidae)
Schalenform ± länglich

239. Teichmuschel. *Anodonta cygnea* (L.)

2 Arten in Mitteleuropa. In stehenden und langsam fließenden Gewässern Schloßrand ohne Zähne. Schale dünnwandig, länglich eiförmig, hinterer Oberrand meist flügelförmig erhoben. Wirbel wenig aufgetrieben, etwas gerunzelt, wenig zerfressen. Bräunlich-grün. Lg. bis 200 mm. Zahlreiche Lokalformen.

240. Flußperlmuschel. *Margaritifera margaritifera* (L.)

In klaren, kalkarmen Bächen der Urgebirge und Sandsteinformationen. Schloß nur mit Haupt-, ohne Seitenzähne. Schale dickwandig, schwer. Wirbel kaum hervortretend, fast immer stark zerfressen. Rostbraun bis pechschwarz, ziemlich matt. Perlmutter bläulich-weiß. Lg. bis 120 mm

241. Gemeine Flußmuschel. *Unio crassus* Retz.

Nur in Bächen und Flüssen. Schloß mit Haupt- und Seitenzähnen: Rechte Schale mit 1 Hauptzahn und 1 unter dem Schloßband gelegenen, langen, scharfen, leistenartigen Seitenzahn; linke Schale mit 2 Haupt- und 2 Seitenzähnen. Wirbel mäßig aufgetrieben. Schale dickwandig, eiförmig, kurz, kaum doppelt so lang wie hoch. Dunkelbraun bis schwarz. Lg. bis 60 mm. Häufigste *Unio*-Art

242. Blasige Flußmuschel. *Unio tumidus* Retz.

In Flüssen, Altwässern, Seen, liebt ruhiges Wasser. Wie 241, aber: Wirbel aufgeblasen, Schale keilförmig, etwa doppelt so lang wie hoch, oft mit radiären grünlichen Streifen. Lg. 65—90 mm

243. Malermuschel. *Unio pictorum* L.

In stehenden und fließenden Gewässern, auch Weihern. Merkmale wie 241, aber: Wirbel aufgeblasen. Schale schmal zungenförmig, Ober- und Unterrand fast parallel, mehr als doppelt so lang wie hoch. Gelblichgrün mit dunkleren Wachstumsstreifen. Lg. 70—100 mm

Tafel 46

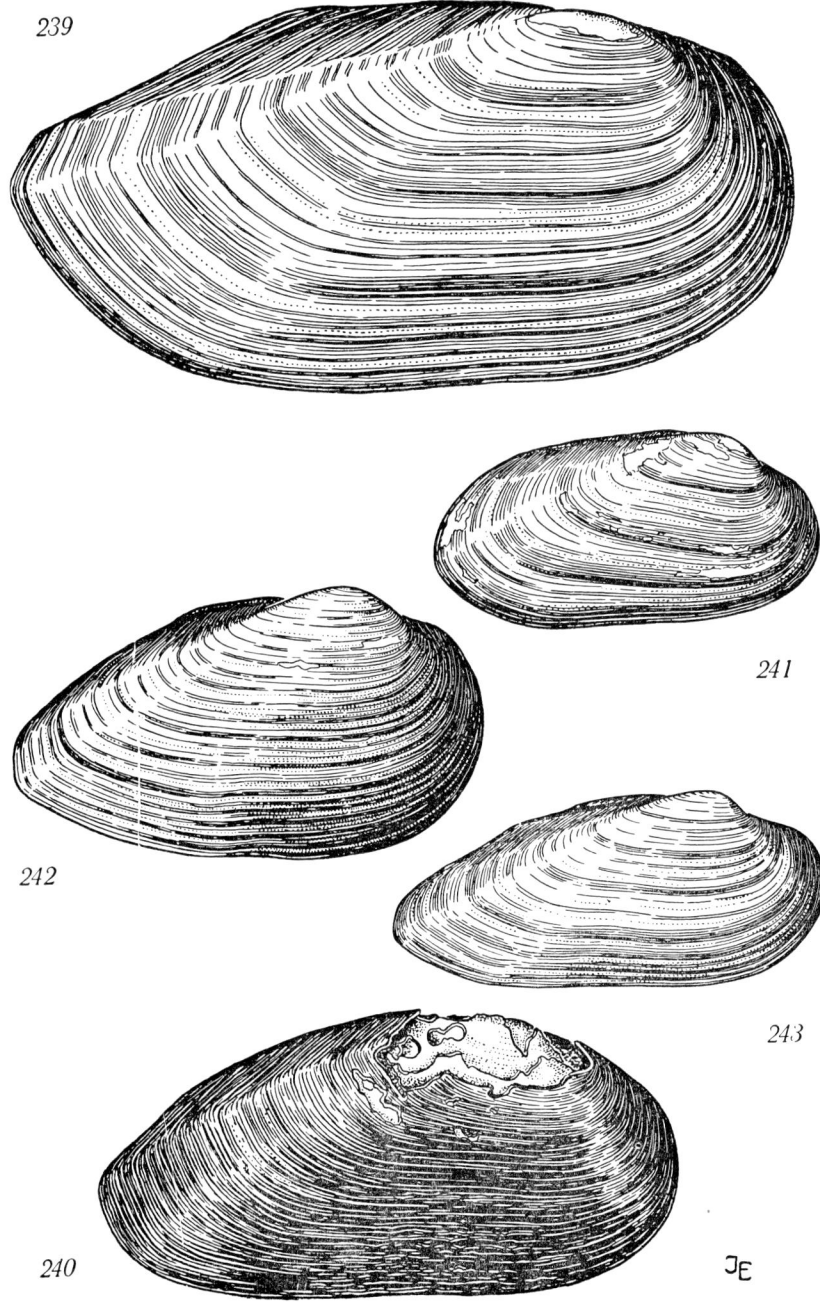

Tafel 47

Muscheln (Bivalva) (Fortsetzung)

1. Familie Kugelmuscheln (Sphaeriidae) (S. 222)
Schalenform ± rundlich

244. Kugelmuschel. *Sphaerium* sp.
3 Arten in Mitteleuropa. In stehenden und langsam fließenden Gewässern. Schale nahezu gleichseitig. Wirbel mittelständig, wenig hervorragend. Gelblich oder graubraun. Lg. bis 20 mm

245. Häubchenmuschel. *Sphaerium lacustre* Müll.
1 Art in Mitteleuropa. In Weihern, Gräben. Form wie 244, **aber**: Wirbel röhrenförmig mit einem aus der Embryonalschale bestehenden Häubchen. Lg. und Br. bis 8 mm

246. Erbsenmuschel. *Pisidium* sp.
17 Arten in Mitteleuropa. In stehenden und fließenden Gewässern, auch kleinsten. Manche Arten in der Tiefenregion der Seen. Schale ungleichseitig, Vorderende verlängert, Hinterende verkürzt. Weiß-gelblich, hornfarben oder braun. Lg. meist unter 10 mm

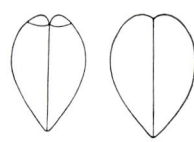

Abb. 68 Seitenansicht von: links: Häubchenmuschel rechts: Kugelmuschel

2. Familie Wandermuscheln (Dreissenidae) (S. 222)

247. Wandermuschel. *Dreissena polymorpha* Pall., linke und rechte Schale.
1 Art. In Flüssen und Seen, auch Altwässern. Heftet sich mit einem Bündel im Wasser hornartig erstarrender Sekretfäden einer Fußdrüse (Byssus) an Flußmuscheln, Steinen, Pfählen usw. fest. Gelblich-grün mit braunen Wellen oder Zickzacklinien. H. 15—18 mm, Lg. 30—40 mm, Br. 20—25 mm

Schnecken (Gastropoda)

1. Familie Neritidae (S. 230)

248a. *Theodoxus danubialis* C. P^fr.
Donau von Kelheim abwärts. Außenrand des Deckels ohne roten Saum. Gehäusefarbe: gelbgrau mit dunklen Zickzacklinien. H. 9—10 mm, Br. 6—8 mm, Lg. 11—13 mm

248b. *Theodoxus danubialis* C. Pfr., Unterseite. Beachte den Deckel!
Th. fluviatilis (nicht abgebildet): Außenrand des Deckels mit rotem Saum. Gehäusefarbe: weißlich mit hell- oder dunkelroter (bisweilen violetter) Maschenzeichnung. Größe etwa wie 248a; Flüsse und Seen.
Th. transversalis (nicht abgebildet): Außenrand des Deckels mit rotem Saum. Gehäusefarben: grau mit 3 dunklen Spiralbinden. Größe etwa wie 248a. Donau ab Ingolstadt

2. Familie Napfschnecken (Ancylidae) (S. 230)

249. Flußnapfschnecke (Mützenschnecke). *Ancylus fluviatilis Müll.*, von der Seite gesehen
Meist in Fließgewässern, selten in der Brandungszone der Seen. Gehäuseform je nach Standort sehr verschieden. H. bis 4 mm, Lg. 5—7 mm, Br. 4—5 mm

250. Teichnapfschnecke. *Acroloxus lacustris* L.
Sitzt auf Pflanzenstengeln und -blättern in stehenden Gewässern, Weichkörper sehr viel kleiner als die flache Schale, die ihn dachartig überdeckt. H. 2 mm, Lg. 7 mm, Br. 3 mm

250a. Gehäuseumriß von *Acroloxus lacustris* L., von der Seite.

Tafel 47

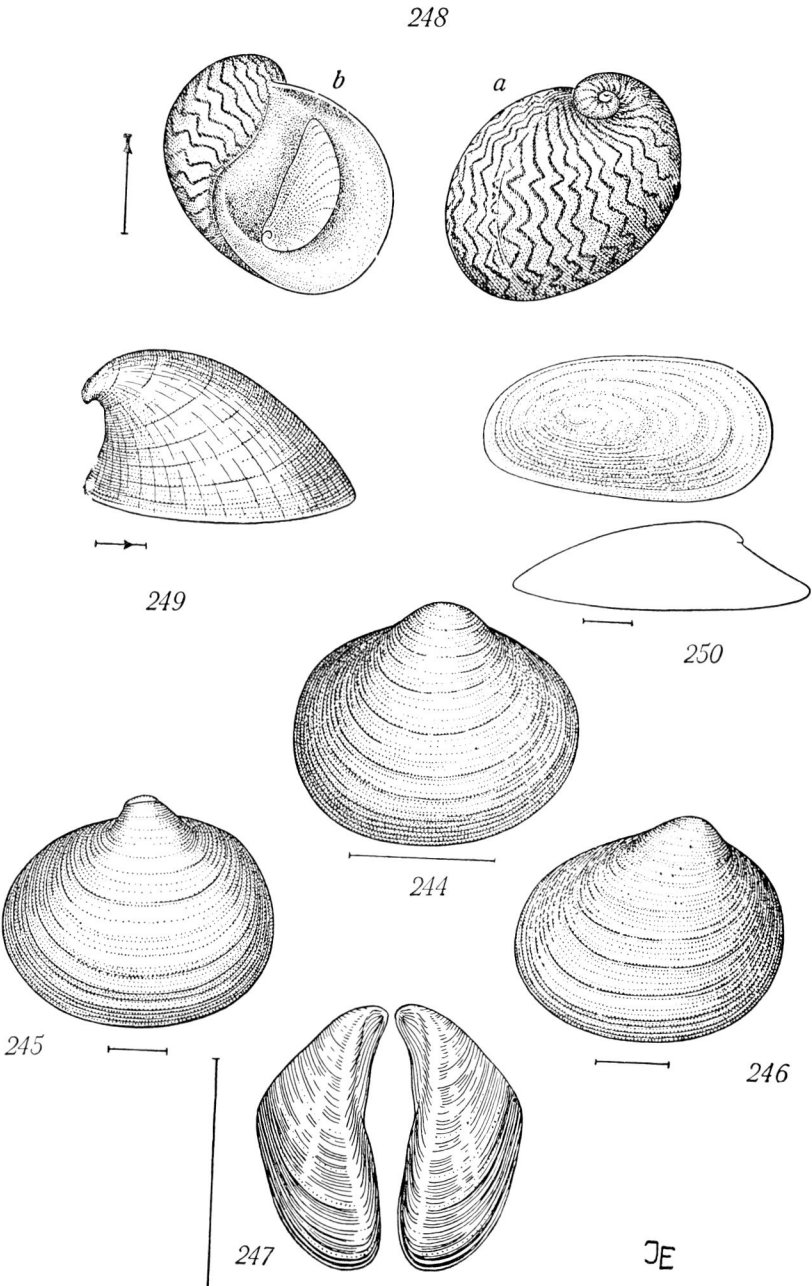

Schnecken (Gastropoda)

I. Süßwasserlungenschnecken (Basommatophora)

Alle heimischen Arten haben eine deckellose Schale und nur 1 Paar Fühler, die nicht zurückgezogen werden können. Die Augen sitzen an der Fühlerbasis.

1. Familie Schlammschnecken (Lymnaeidae)

Die Schlammschnecken bewohnen recht verschiedene Gewässertypen, auf die bei der Besprechung der einzelnen Arten näher eingegangen wird. In kalkarmem, stark huminsäurehaltigem Wasser suchen wir sie, wie auch fast alle übrigen Süßwasserschnecken, meist vergeblich. Die Form und z. T. auch die Farbe der Schalen ist je nach den Umweltsbedingungen großen Änderungen unterworfen. Die Stärke der Wasserbewegung, die durchschnittliche Temperatur, die chemischen und ernährungsmäßigen Verhältnisse des Wohngewässers, schließlich der Grad der Saugwurminfektion, an der unsere Wasserschnecken in großem Umfang leiden, prägen ganz verschiedene Standortformen. Diese haben früher, ehe man sich an die anatomische Untersuchung der Weichteile machte und deren ausschlaggebende Bedeutung erkannte, zur Aufstellung zahlreicher Arten geführt, die heute zu einigen wenigen zusammengezogen sind.

Ruhig gleiten die Schlammschnecken auf ihrer Kriechsohle dahin, aber nicht direkt auf der Unterlage, sondern auf einem Schleimband, das von Drüsen im Vorteil des Fußes ständig abgeschieden wird. Regelmäßig, wenn auch weniger deutlich als bei den Landschnecken, laufen die Bewegungswellen von hinten nach vorn über den Fuß. Sie werden durch abwechselndes Zusammenziehen und Erschlaffen der verschiedenen Fußmuskeln erzeugt.

Besonders die große *Lymnaea stagnalis* kann man häufig an der Unterseite des Wasserspiegels, die Fußsohle nach oben, das Gehäuse nach unten gekehrt, entlanggleiten sehen. Auch in diesem Falle kriecht das Tier auf einem am Wasserspiegel klebenden Schleimband. Mitunter kann man besonders kleine Schnecken beobachten, wie sie an einem Schleimfaden befestigt, von der Oberfläche herabhängen.

Ihrer Ernährungsweise nach sind die Schlammschnecken zum Typ der „Weidegänger" unter den Schnecken zu rechnen. Mit ihrer Radula, einem im Schlund gelegenen Conchiolinblatt, das ähnlich einem Reibeisen mit gleichmäßigen, dichten Reihen von Zähnchen bedeckt ist und von Muskeln bewegt wird, schaben sie in erster Linie den Algenbelag von Wasserpflanzen, Steinen usw. ab. Daneben beißen sie mit ihren Kiefern auch Stückchen weicher und verwesender Teile höherer Pflanzen ab und führen sie der Radula zum Zerkleinern zu. Außerdem werden mitunter Aas, Laich verschiedenster Wassertiere und Moostierchen gefressen. Die Tiefenformen nähren sich wohl vorwiegend von Detritus. Gleich den körnerfressenden Vögeln nehmen unsere Schlammschnecken kleine Steinchen in ihren Muskelmagen auf, die zum Zerreiben der Nahrungsteile beitragen. Schlammschnecken, die ruhige, seichte Gewässer bewohnen, atmen atmosphärische Luft. Zum Luftschöpfen kommen sie, und zwar um so öfter, je sauerstoffärmer das Wasser ist, an die Oberfläche, öffnen das — unter Wasser geschlossene — Atemloch und lassen frische Luft in ihre Mantelhöhle diffundieren. An der Decke der Mantelhöhle liegt ein feinverzweigtes Gefäßnetz, die Lunge. Im Winter, unter der absperrenden Eisdecke, sowie bei den Bewohnern stärker bewegter oder tiefer Gewässer wird die Luftatmung durch allgemeine Hautatmung ersetzt. Hierbei spielen zweifellos die stark durchbluteten und breiten Fühler eine besondere Rolle. Fühlt sich eine an der Oberfläche ruhende *Lymnaea* bedroht, so kann sie blitzschnell die Luft aus der Atemhöhle ausstoßen und sinkt dann, spezifisch schwerer geworden, gleich einem Stein zu Boden. Umgekehrt können auf dem Grund kriechende Schlammschnecken durch den Zug der Mantelmuskeln den auf der Atemluft lastenden Druck vermindern und dadurch deren Ausdehnung bewirken. Lösen sie dann die Sohle von der Unterlage, so steigen sie gleich einem Korken zur Oberfläche auf.

Wie alle Lungenschnecken sind auch die Schlammschnecken Zwitter. Trotzdem ist Selbstbefruchtung unter natürlichen Bedingungen wohl äußerst selten. Meist findet einseitige Begattung statt, d. h. bei der Paarung wirkt das eine Tier als Männchen, das andere als Weibchen. Auch wechselseitige Begattung wurde nicht häufig beobachtet. Der Laich besteht aus bandförmigen Gallertkapseln, deren Oberseite leicht gewölbt ist, wogegen die flache Unterseite an Steine, Wasserpflanzen usw. angeklebt wird. An der Innenwand der mehrschichtigen Kapseln sind die von Schleim umhüllten Eier an Fäden aufgehängt. Form und Zahl der Gelege sind ebenso wie die Eizahl artverschieden. Aus den Eiern schlüpfen die fertig ausgebildeten kleinen Schnecken.

2. Familie Tellerschnecken (Planorbidae)

Die Tellerschnecken bevölkern in mehreren Arten hauptsächlich stehende Gewässer. Am besten bekannt ist die größte Art, *Planorbarius corneus*, die häufig in pflanzenreichen Weihern zusammen mit *Lymnaea stagnalis* auftritt. Sie bewohnt jedoch nicht die oberflächlichen Wasserschichten, sondern hält sich vorwiegend auf dem Grunde auf. Daher spielt auch Detritus in ihrem Speisezettel eine weit größere Rolle als bei den großen Lymnaeen. Die kleinen *Planorbiden* sind, soweit sie in den unterseeischen *Chara*-Wiesen der Seen leben, gleichfalls in erster Linie Detritusfresser; die Arten der Weiher weiden Algen und Detritus von der Unterseite des Wasserspiegels ab. Ein auffälliges, unter allen unseren Schnecken allein den Planorben zukommendes Merkmal ist die durch Hämoglobin hervorgerufene Rotfärbung ihres Blutes. Sie ist am ausgeprägtesten bei *Planorbarius corneus;* bei manchen kleineren Arten ist sie kaum wahrnehmbar. Die Atemhöhle ist sehr umfangreich und durch die Hautfalte unvollständig in einen vorderen und hinteren Abschnitt geteilt. *Planorbarius corneus* muß weit seltener zum Luftholen an die Oberfläche kommen als *Lymnaea stagnalis*. In sauerstoffreichem Wasser hat sie das überhaupt nicht nötig. An der linken Seite von *Planorbarius corneus* ragt eine dünne Hautfalte hervor, die vermutlich Kiemenfunktion hat. Den Winter verbringt *Planorbarius corneus* häufig im Schlamm vergraben in einer Art Winterschlaf. Die Weiherbewohner unter den kleinen *Planorbiden* atmen, solange ihre Wohngewässer nicht zugefroren sind, atmosphärische Luft. Sind sie jedoch von dieser während des Winters durch eine Eisdecke abgesperrt, so gehen sie von der Luft- zur Wasseratmung über, d. h. sie füllen ihre Atemhöhle mit Wasser, und das Lungengefäßnetz arbeitet dann nach Art einer Kieme. Die Atemhöhle der *Planorbiden*, die den Seeboden unter mehrere Meter tiefen Wasserschichten bewohnen und keine Möglichkeit haben, zum Luftschöpfen an die Oberfläche zu kommen, ist stets mit Wasser gefüllt. Haben diese Tiere jedoch Gelegenheit, Luft an der Oberfläche aufzunehmen, so pressen sie das Wasser durch Zusammenziehen der Mantelmuskeln aus der Lunge und gehen zur Luftatmung über. Allgemeine Hautatmung scheint bei den Tellerschnecken nur von sehr geringer Bedeutung zu sein. Auch die Tellerschnecken sind Zwitter. Die Paarung ist wohl stets wechselseitig, d. h. beide Partner sind gleichzeitig Männchen und Weibchen. Der Laich ist flach, kuchenförmig. Die Eizahl je Gelege ist artverschieden, aber nie groß, 5 bis etwa 30 Stück.

3. Familie Napfschnecken (Ancylidae)

Zu dieser kleinen Familie der Lungenschnecken gehören in den mitteleuropäischen Gewässern nur 2 Arten: die Flußnapfschnecke *(Ancylus fluviatilis)* und die Teichnapfschnecke *(Acroloxus lacustris)*. Die Flußnapfschnecke ist durch ihre mützenförmige Schale ausgezeichnet an das Leben in schnellströmenden, ja reißenden Gewässern angepaßt. Die Tiere sitzen hier mit ihrer breiten Fußscheibe an Steinen festgesaugt. Nie kommen sie an die Oberfläche. Ihre Lungenhöhle ist völlig rückgebildet. In dem sauerstoffreichen Wasser ihres Lebensraumes können sie sich mit Hautatmung begnügen. Der Laich, uhrglasförmige, durchsichtige Scheiben von etwa 2—4 mm Durchmesser, ist außerordentlich fest an die Unterlage gekittet. Jede Laichmasse enthält ungefähr 10 Eier.

Acroloxus lacustris bewohnt hauptsächlich den Schilfgürtel stehender Gewässer. Dort kriechen diese Schnecken langsam an den Schilfstengeln hinauf und weiden den Belag von Kiesel- und Blaualgen ab. Auch bei *Acroloxus lacustris* ist die Lungenhöhle rückgebildet, auch er kommt deshalb nie zum Atmen an die Oberfläche und beschränkt sich auf Hautatmung. Der Weichkörper ist viel kleiner als die Schale, die ihn dachartig überdeckt. Nur die Fühlerenden ragen noch etwas über den Schalenrand hinaus. Der Laich besteht aus flachen, wasserklaren, nahezu kreisrunden Kapseln von 2—4 mm Durchmesser. Sie enthalten nur wenige, höchstens etwa 10 Eier.

Das wichtigste über die kleine Familie der Blasenschnecken (Physidae) ist auf S. 236 gesagt.

II. Vorderkiemer (Prosobranchia)

Unsere heimischen Süßwasser-Vorderkiemer atmen mit Hilfe einer kammförmigen Kieme, die jedoch nur bei den Valvatiden aus der Mantelhöhle hervorgestreckt werden kann. Man erkennt die Kiemenschnecken sofort an dem Conchiolindeckel, den sie auf ihrem Fuß tragen. Ziehen sie sich in ihre Schale zurück, so verschließt dieser Deckel die Gehäusemündung.

1. Familie Neritidae

Die Familie enthält neben reinen Meeresarten auch viele Brack- und Süßwasserformen. Die Arten unserer einzigen heimischen Gattung *Theodoxus* gehören fast ausschließlich zur Steinfauna fließender Gewässer und der Brandungszonen von Seen. Die Augen sitzen auf kurzen Stielen an der Außenseite der borstenförmigen Fühler. Wahrscheinlich sind die Tiere getrenntgeschlechtlich. Die weißen, stecknadelkopfgroßen, leicht gewölbten Eikapseln sitzen auf Steinen, Muschelschalen usw. Sie enthalten bei der Ablage 70—90 Eier. Von diesen entwickelt sich aber nur eines zu einer Larve, die die übrigen Eier auffrißt und erst als fertig entwickelte Schnecke die Eikapsel verläßt. Diese merkwürdige Entwicklung erinnert daran, daß unsere Vorderkiemerschnecken von Meeresschnecken mit freiem Larvenstadium abstammen.

2. Familie Sumpfdeckelschnecken (Viviparidae)

Die Hauptart *Viviparus* (= *Paludina*) *viviparus* ist die größte heimische Süßwasserschnecke. Sie lebt bei uns vorzugsweise in stehenden Gewässern und kommt auch in verhältnismäßig saurem Wasser vor. Als Grundbewohner frißt sie wohl hauptsächlich Detritus. Die Art ist getrenntgeschlechtlich. Die Geschlechter sind leicht zu unterscheiden: Der rechte Fühler des kleineren Männchens ist kürzer als der linke und kolbig dick, da er das Begattungsglied enthält. Dagegen sind die beiden Fühler des Weibchens gleich dünn. Die *Viviparus*-Arten sind die einzigen lebendgebärenden Schnecken unserer Tierwelt. Die Eier entwickeln sich im erweiterten Endteil der Gebärmutter. Die Embryonen nähren sich dort von einer milchigen, eiweißhaltigen Flüssigkeit. Die Jungen werden erst in völlig fertigem Zustand geboren, und zwar einzeln nacheinander. Sie sind dann etwa 10 mm groß. Ihr Gehäuse hat 4 Windungen und ist mit Borsten besetzt, die erst später abfallen.

3. Familie Federkiemenschnecken (Valvatidae)

Die kleinen, nur bis etwa 7 mm hohen *Valvata*-Arten bewohnen den Grund größerer Seen, auch außerhalb des Pflanzengürtels, z. T. auch verschiedene Kleingewässer. Der Kopf ist schnauzenartig verlängert, das Vorderende des Fußes breit und in 2 Lappen geteilt. Hinter den langen, dünnen Fühlern sitzen die Augen. Beim Umherkriechen ragt die zweiseitig gefiederte Kieme gewöhnlich an der linken Körperseite aus der Kiemenhöhle hervor. Die Bedeutung eines fühlerförmigen Mantelfortsatzes auf der rechten Seite ist noch unklar. Sie fressen wohl vorzugsweise Detritus und gelegentlich auch Aas. Die Federkiemenschnecken sind nach der bisherigen Lehrmeinung Zwitter, doch ist ihre Fortpflanzung nur sehr mangelhaft bekannt.

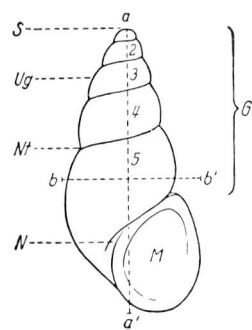

Abb. 69
Schema einer Schneckenschale.
$a-a'$ Achse, Höhe des Gehäuses. $b-b'$ Breite des Gehäuses. *G* Gewinde, *Ug* Umgänge, *Nt* Naht, *S* Spitze, *N* Nabel, *M* Mündung

4. Familie Hydrobiidae

Zu dieser Familie werden 5 Gattungen unserer heimischen Fauna gestellt, deren Lebensweise jedoch so verschieden, z. T. auch so unvollständig bekannt ist, daß eine gemeinsame Behandlung unzweckmäßig ist. Das wichtigste wird in der Liste (S. 236) mitgeteilt.

Anmerkung:

Zur Bestimmung der Schneckenschalen ist es wichtig, festzustellen, ob sie links- oder rechtsgewunden sind. Hierzu hält man die Schale so, daß ihre Mündung dem Beschauer zugekehrt und die Spitze nach oben gerichtet ist. Liegt dann die Mündung rechts von einer von der Spitze zum Unterrand der Mündung gedachten Senkrechten, so ist die Schale rechtsgewunden, liegt sie links, linksgewunden. Die Bezeichnung der einzelnen Schalenteile ist aus Abbildung 69 zu ersehen.

Tafel 48
Schnecken (Gastropoda) (Fortsetzung)
Familie Schlammschnecken (Lymnaeidae) (S. 228)

Gehäuse rechtsgewunden, spitzkonisch oder kugelig. 4 Gattungen mit 8 Arten

251. Spitzschlammschnecke. *Lymnaea stagnalis* L.
Meist in pflanzenreichen, stehenden oder langsam fließenden Gewässern. Gewinde lang ausgezogen, spitz, fast so hoch wie die Mündung. Letzter Umgang bauchig erweitert. Erwachsen 45—60 mm lang, 20—30 mm breit. Hornfarben. Viele Standortsformen

252. *Galba (Stagnicola) palustris* Müller.
In stehenden und langsam fließenden Gewässern, Gräben, Sümpfen, auch in Brack- und Salzwasser. Gewinde so hoch oder höher als der letzte Umgang. 6 rasch und regelmäßig zunehmende Umgänge. Nähte nicht tief. Letzter Umgang n i c h t bauchig erweitert. Oberfläche oft runzelig. Lg. 20—36 mm, Br. 11—18 mm. Horngelb bis braun. Mehrere Standortsformen

253. Leberegelschnecke. *Galba (Galba) truncatula* Müll.
In kleinen Gewässern, Quellen, Tümpeln, Gräben. Vermag im Schlamm vergraben lange Trockenzeiten zu überdauern. Sitzt auch am Gewässerrand an Pflanzen, Steinen usw. Zwischenwirt des Leberegels *(Fasciola hepatica),* dessen Larvenformen (Redien und Cercarien) sich in ihr entwickeln. Wie 252, aber Schale mit 5—6 gewölbten, stufig abgesetzten Windungen. Lg. bis höchstens 10 mm, Br. etwa 5 mm, horngelb

254. *Galba (Omphiscola) glabra* Müll.
In pflanzenreichen, klaren Wassergräben und ähnlichen Gewässern Nordwestdeutschlands. Vermag Trockenzeiten im Schlamm vergraben zu überdauern. Mündung nur 1/3 so lang wie Gehäuselänge. Lg. etwa 14 mm, Br. 4,5 mm. Dunkel horngelb

255. Ohrschlammschnecke. *Radix (Radix) auricularia* L.
Normalform in pflanzenreichen, stehenden Gewässern, aber auch, und dann in der Form abändernd, in bewegtem Wasser, auch im Brackwasser. G e w i n d e s p i t z, s t e t s k ü r z e r a l s d i e M ü n d u n g. Letzter Umgang groß, stark ohrförmig erweitert. Mundsaum weit ausgebreitet. H. 25—30 mm, Br. 20 bis 30 mm

255a. *Radix auricularia* L. Mündungsseite

256. *Radix peregra f. ovata* (Drap.)
Sehr anpassungsfähig an verschiedenste Umweltsbedingungen. In stehenden und fließenden Gewässern, heißen und kalten Quellen. Schalenform dementsprechend sehr verschieden. Normalform eiförmig, höher als breit, G e w i n d e kurz, kegelförmig, s t u m p f; Mündung breit eiförmig. H. etwa 20 mm, Br. etwa 15 mm

257. *Radix peregra f. peregra* (O. F. Müll.)
In kleinen stehenden und langsam fließenden Gewässern. In den Alpen bis 2800 m, auch in huminsaurem Wasser. Letzter Umgang nicht aufgeblasen, seitlich etwas zusammengedrückt. H. 15—20 mm, Br. etwa 12 mm. Heute auf Grund anatomischer Merkmale nicht mehr als eigene Art, sondern als stark abgeänderte Standortsform von *Radix ovata* aufgefaßt

258. Mantelschnecke. *Myxas glutinosa* Müll.
In pflanzenreichen stehenden Gewässern hauptsächlich Norddeutschlands. Schale sehr dünn, gelblich, durchscheinend, glatt, glänzend. Mantel gelbbraun, schwarz marmoriert, k a n n d i e S c h a l e f a s t v ö l l i g u m h ü l l e n. H. 10 bis 15 mm, Br. 8—11 mm

258 a. *Myxas glutinosa* Müll. Mündungsseite

Tafel 48

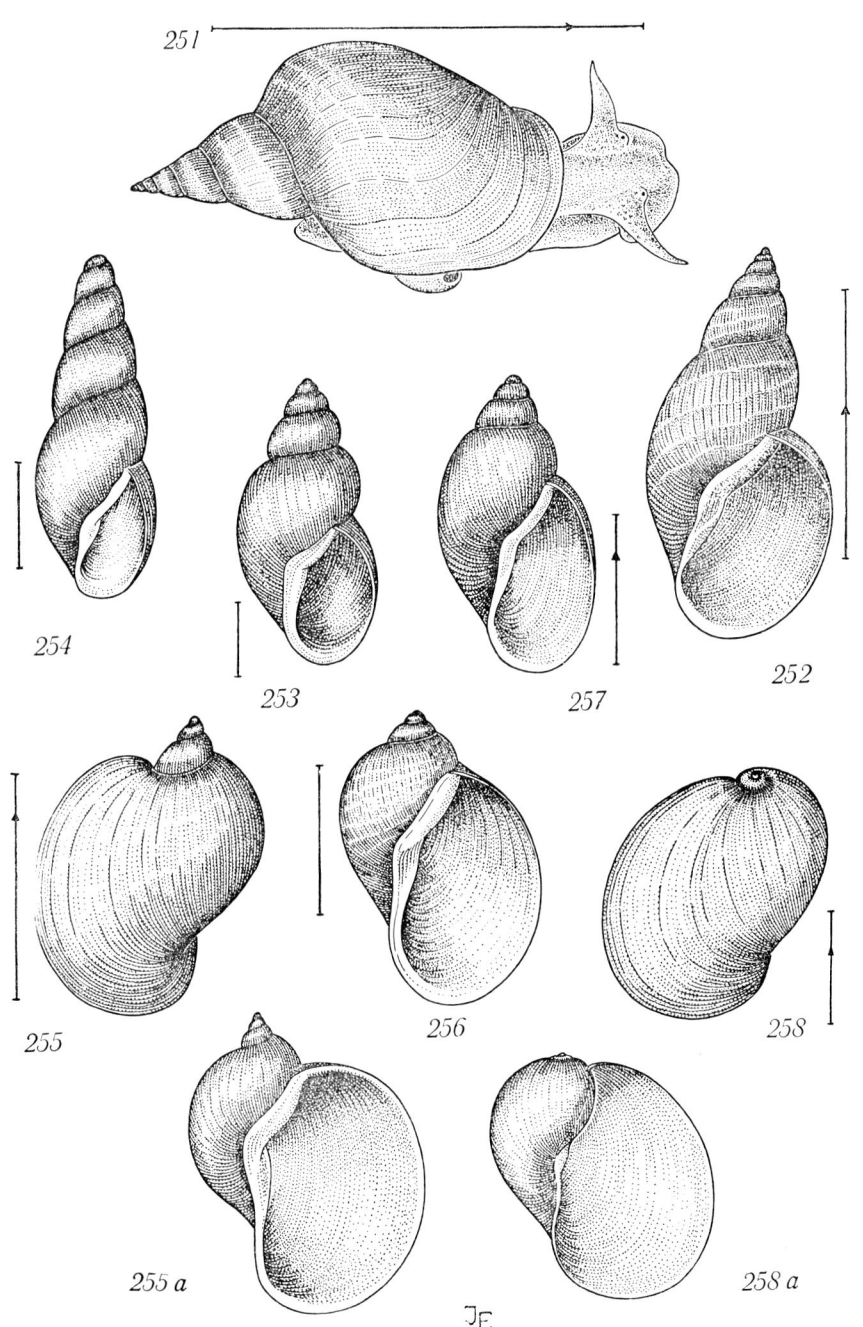

Tafel 49

Schnecken (Gastropoda) (Fortsetzung)

Familie Tellerschnecken (Planorbidae) (S. 229)
Gehäuse links-, in einer Ebene scheibenförmig gewunden. 16 Arten.

259. Posthornschnecke. *Planorbarius corneus* L.
   In stehenden Gewässern. $5^1/_2$ Umgänge, rasch erweitert, vollkommen gerundet Gehäuse oliv bis braun. H. 12 mm, ⌀ etwa 30 mm.

260. *Planorbis planorbis* L. Unterseite
   In stehenden Gewässern. 5—6 Umgänge, langsam erweitert, oberseits stark, unterseits schwach gewölbt. Ein fadenförmiger Kiel nahe der Unterseite gelegen (Abb. 260a). Gelblich bis hornbraun, glänzend. H. 4 mm, ⌀ 12—20 mm

   Planorbis carinatus Müll.
   In Weihern, besonders auch in den Characeenwiesen klarer Seen. 4—5 Umgänge, rasch erweitert, beiderseits fast gleich stark gewölbt. Kiel auf der Mitte der Umgänge gelegen (Abb. 260b). Gelblichgrau. H. 2—3 mm, ⌀ 14—17 mm

261. *Anisus vortex* (L.)
   Vorkommen wie *Planorbis carinatus*. Gehäuse dünnwandig, ganz flach scheibenförmig unten völlig eben. 6—7 Umgänge, sehr langsam erweitert, der letzte fast doppelt so breit wie der vorletzte, oben gewölbt, unten platt. Kiel scharf, aber nicht fadenartig abgesetzt, der Unterseite genähert (Abb. 261a), Nähte unten fadenförmig, oben tief eingesenkt. Schmutziggelb. H. 1—1,5 mm, ⌀ 9 bis 10 mm

262. *Anisus spirorbis* L.
   In seichten, verwachsenen Gräben mit sauberem Wasser, nicht im Bergland. 5—$5^1/_2$ Umgänge, rundlich, beiderseits gewölbt, nahe der Unterseite stumpfkantig, graugelb. H. etwa 1,7 mm, ⌀ 5—7 mm. Mündungsansicht Abb. 262a

263. *Armiger crista* (L.)
   In Weihern und Sümpfen. In der typischen Form gerippt, oben fast platt, unten weit genabelt. $3^1/_2$—4 Umgänge. Grauweiß bis dunkel hornfarben. H. 0,5 bis 1 mm, ⌀ bis 3 mm, Mündungsansicht Abb. 263a

264. *Gyraulus laevis* Alder
   Im Pflanzengürtel von Seen. Oberseits in der Mitte vertieft, unterseits schüsselartig eingesenkt, $4^1/_2$—5 Umgänge, rund, ohne Kiel, der letzte gegen die Mündung etwas erweitert. Naht tief, glatt, glänzend, gelblich hornfarben. H. 1 bis 1,5 mm, ⌀ 5—6 mm. Mündungsansicht Abb. 264a

265. *Bathyomphalus contortus* L. Oberseite
   In stehenden Gewässern aller Art. 7—8 Umgänge, viel höher als breit, sehr eng riemenartig aufgerollt. Oben in einer Ebene liegend, unten einen breiten trichterförmigen Nabel bildend. Naht tief. Braun. H. 1,75—2 mm, ⌀ 5—6 mm. Unterseite Abb. 265a, Mündungsansicht Abb. 265b

Tafel 49

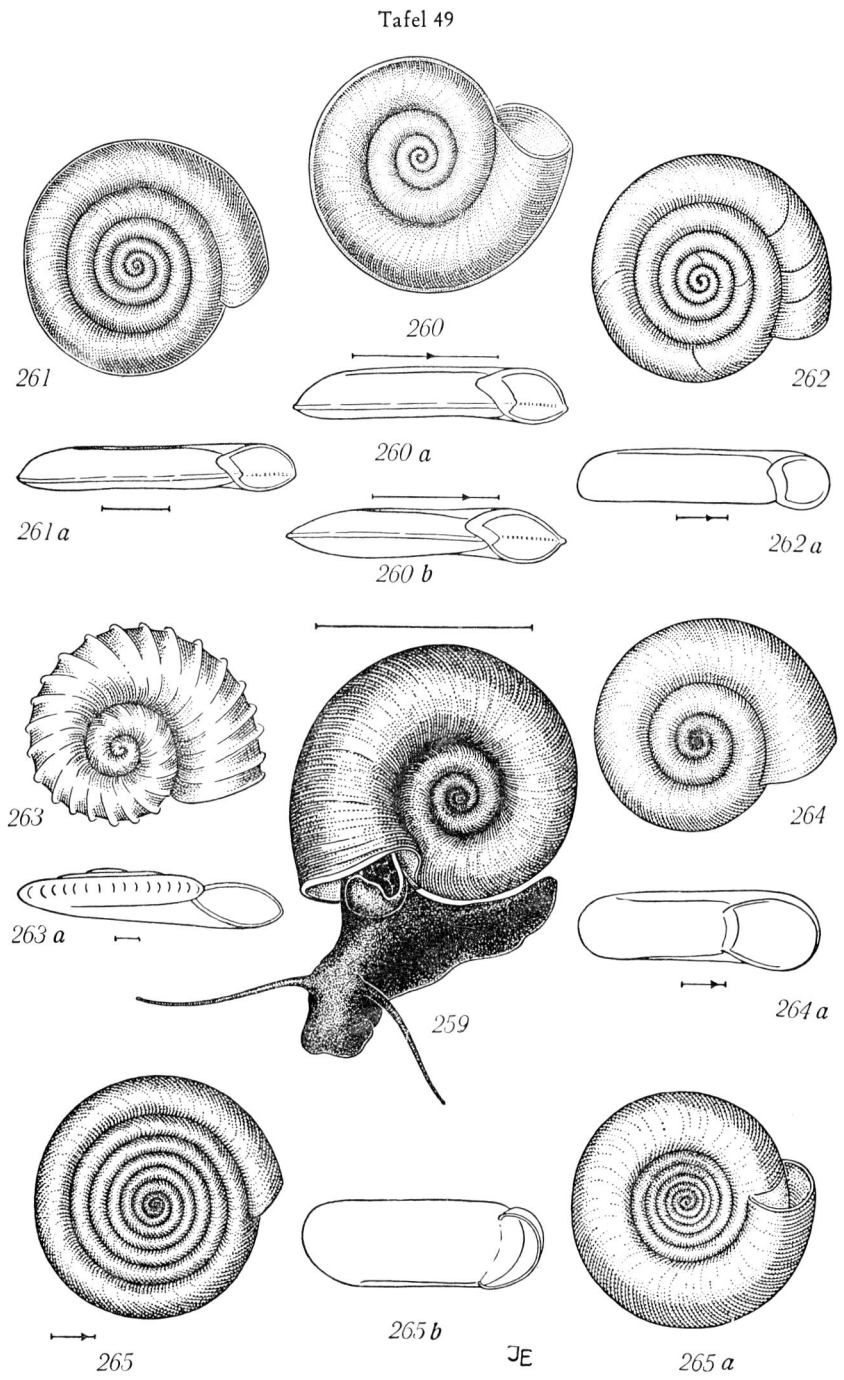

Tafel 50

Schnecken (Gastropoda) (Fortsetzung)

1. Familie Viviparidae (S. 230)
266. Sumpfdeckelschnecke. *Viviparus viviparus* (L.) ♂
Grünbraun mit drei dunklen Bändern. H. 30—40 mm, Br. 24—30 mm; eine sehr ähnliche Art *Viviparus fasciatus:* Gehäuse schlanker, Umgänge nicht stufig abgesetzt

2. Familie Hydrobiidae
267. *Hydrobia ulvae* Pennant
Hauptsächlich im Brackwasser im Küstengebiet. Mehrere Arten der Gattung, z. T. auch im Süßwasser, schwer zu unterscheiden. Hornfarben, durchscheinend. Höhe der Schale höchstens 5 mm, Br. bis 3 mm
268. *Bithynia tentaculata* L.
In fließenden und stehenden Gewässern, in Seen soweit die Characeen reichen, bis mehrere Meter tief. Detritusfresser. Getrenntgeschlechtlich. Laich bandartig, 1—1,5 cm lang, enthält 50—70 in 2—3 Reihen angeordnete Eier. Schale: 5—6 Umgänge, schwach gewölbt, Naht mäßig tief. Horngelb bis rötlich. H. 10 bis 12 mm, Br. 6—7 mm
269. *Lartetia* sp.
Nur in kalkhaltigen Höhlengewässern und Quellen. In Oberflächengewässern nur selten lebend gefunden. Augen stark rückgebildet. Gehäuse gelblich hornfarben bis weiß, durchscheinend, glänzend. Deckel so tief im Gehäuse, daß er bei Aufsicht auf die Mündung nicht zu sehen ist. Zahlreiche schwer unterscheidbare Arten. H. bis 5 mm, Br. bis etwa 2 mm, meist viel kleiner
270. *Bythinella dunkeri* Frfld.
In Quellen und Quellbächen. 4—5 Umgänge, die beiden letzten Umgänge gegenüber den vorhergehenden stark vergrößert, Mündung oben stumpfeckig, reichlich $^2/_5$ der Höhe einnehmend. Grünlich. H. 2,5 mm, Br. 1,5 mm. Zahlreiche, schwer unterscheidbare Arten der Gattung

3. Familie Federkiemenschnecken (Valvatidae) (S. 231)
271. *Valvata piscinalis* Müll.
Auf dem Grund stehender und fließender Gewässer. Grünlich oder gelblich, glänzend. H. 5 mm, Br. 5 mm. Mündung und Deckel nahezu kreisrund, ebenso bei den anderen Arten der Gattung, die sich vorwiegend durch die Schalenhöhe unterscheiden

4. Familie Blasenschnecken (Physidae)
Lungenschnecken. Gehäuse links gewunden
272. *Physa fontinalis* L.
In klaren, pflanzenreichen Gewässern. Sehr lebhaft. Mantel schwarz gefleckt. Fühler lang, borstenförmig zugespitzt, Augen an ihrer inneren Basis. Mantelrand in fingerförmige Lappen ausgezogen, die sich über die Schale schlagen und sie fast bedecken können. Lungenhöhle sehr groß. Fuß lang und dünn. Laich klein, hoch, kreisförmig mit etwa 10—30 Eiern. Schale sehr dünn, hornfarben, glatt, glänzend, durchscheinend. 3—4 Umgänge, der letzte stark aufgeblasen. H. 10—11 mm, Br. 6—8 mm
273. Moosblasenschnecke. *Aplexa hypnorum* L.
In Gräben und Tümpeln, vorwiegend in Mooren. Tier schwarzblau, Fühler lang, pfriemförmig. Mantel ganzrandig, grau, schwarz gefleckt. Schale glatt, glänzend, bräunlich, durchscheinend. 6 Umgänge, der letzte nicht aufgeblasen. H. 12—15 mm, Br. 5 mm

Tafel 50

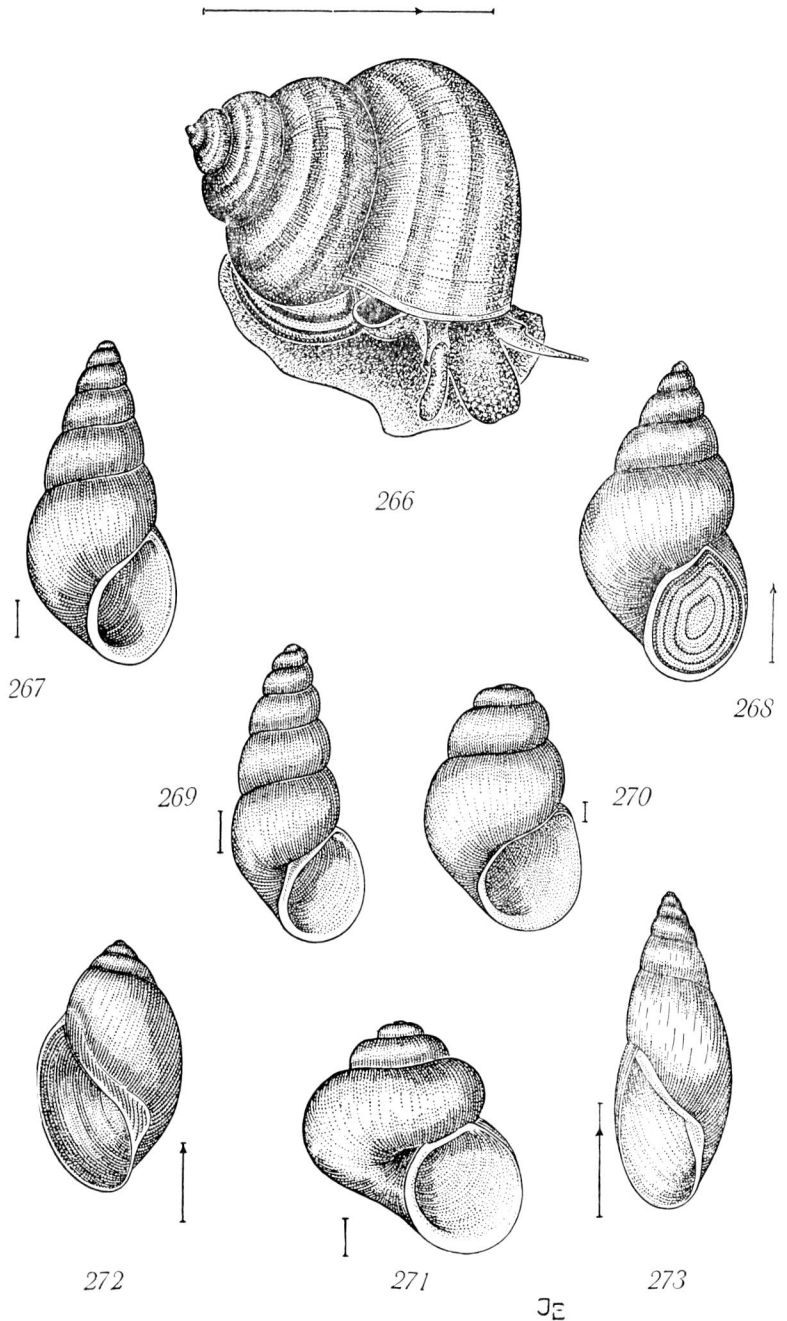

Über das Fangen heimischer Süßwassertiere, ihre Haltung im Aquarium und die Anlage von Sammlungen

Zunächst ein paar Worte über die Sammeltechnik.

Unsere S a m m e l a u s r ü s t u n g ist denkbar einfach und gar nicht teuer. Trotzdem werden vielleicht einige Winke für ihre zweckmäßigste Zusammenstellung willkommen sein: Unser W a s s e r n e t z muß einen Bügel aus einem so starken Metallband haben, daß er sich beim schnellen Durchstreifen des Wassers und der Wasserpflanzen nicht verbiegt. Man sollte unbedingt ein nichtrostendes Metall dafür verwenden, oder dieses zumindest mit einem geeigneten Schutzanstrich versehen. Andernfalls tritt natürlich alsbald starker Rost auf, der nicht nur ein Schönheitsfehler ist: Die Rostflecken machen das Gewebe des Netzbeutels brüchig. Sehr zweckmäßig sind zusammenlegbare Bügel, die aus 2 oder 4 mit Scharnieren verbundenen Teilen bestehen. Zur Befestigung des Bügels an einem beliebigen, an Ort und Stelle abgeschnittenen Stock eignet sich am besten ein Schraubenverschluß, wie ihn die Abb. 70 zeigt oder eine ähnliche Konstruktion. Runde Bügel, wie sie die Schmetterlingsnetze haben, bewähren sich beim „Tümpeln" nicht besonders gut, da sie beim Abstreifen eines ebenen festen Grundes diesen nur mit einer kurzen Bogenstrecke berühren. Viel besser ist ein dreieckiger Bügel, bei dem man eine Seite ganz auf den flachen Untergrund auflegen kann. Auch beim Abkeschern größerer Steine und der Unterseite überhängender Uferböschungen ist ein dreieckiger Bügel vorteilhaft. Als Seitenlänge eines solchen Dreiecksbügels wählt man etwa 25 cm. Der Netzbeutel soll 30—40 cm lang sein und muß aus einem widerstandsfähigen, zugleich aber gut wasserdurchlässigen Stoff bestehen. Am besten nimmt man weißen, nicht zu dichten Nylonstoff oder einen Straminstoff von etwa 1 mm Maschenweite. Nesseltuch, Leinwand und ähnliche Gewebe, die häufig von Anfängern verwendet werden, lassen das Wasser viel zu langsam durchtreten. Beim Keschern führt man in diesem Fall bei jedem Zug die gleich beim Eintauchen abgegrenzte Wassermenge dauernd mit, und das Fangergebnis ist natürlich entsprechend mager.

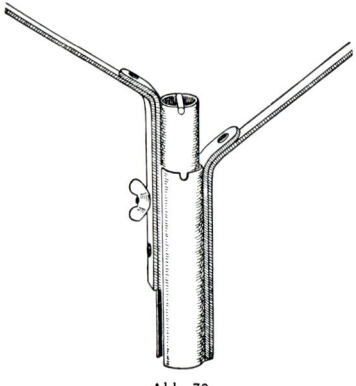

Abb. 70
Verschluß des Fangnetzbügels, die beiden Halbrohre noch nicht völlig ineinandergeschoben

Als S a m m e l - u n d T r a n s p o r t g e f ä ß e können Gläser verschiedenster Art dienen, mit Schraubdeckel oder Korkverschluß. Wichtig ist, daß die Öffnung möglichst weit ist, sonst wird der Luftzutritt bei längerem Transport in gefährlicher Weise erschwert, und die Tiere werden beim Herausholen allzu leicht verletzt.

Wer sich auf eine bestimmte Tierform spezialisiert hat und ihre Vertreter auf seinen Sammelwanderungen an verschiedenen Plätzen in größerer Zahl aufsammelt, kommt selten ohne Röhrchengläser aus. Ihre Größe richtet sich natürlich nach dem betreffenden Sammelobjekt. Meist wird man ein paar verschiedene Größen benötigen. Man wähle immer solche Röhrchen, die aus e i n e m Guß sind, also ein kuppenförmiges Ende haben. Die flachen, angeschmolzenen Bodendeckel der anderen Sorte brechen erfahrungsgemäß allzu leicht aus.

Weiter gehören zu unserer Ausrüstung eine 10fach vergrößernde Taschenlupe, 1 Federpinzette, 1 dünner Pinsel mit ziemlich weichen Borsten, 1 blecherner Eßlöffel und 1 weiß emaillierter, tiefer Blechteller. Schließlich noch, zum Aussuchen feinen Bodenschlammes (nach kleinen Muscheln und anderen Bodentieren) ein Drahtsieb mit 1 mm Maschenweite, das die Bodenfläche eines etwa 5—8 cm hohen, rechteckigen Holzrahmens bildet. Zum Fang der Planktonkrebschen ist allerdings ein Planktonnetz aus Müllergaze (käuflich in den Fachhandlungen) unentbehrlich. Dies genügt für den, der die Ausbeute lebend mit nach Hause nehmen will.

Dazu kommen nun noch ein möglichst in Wachstuch gebundenes Tagebuch in Taschengröße und ein Bleistift, die der ernsthafte Tümpler nicht nur stets dabei haben, sondern auch benützen sollte. Wer sich mit einer bestimmten Tiergruppe oder einem bestimmten Gewässer näher befassen will, der kommt schon überhaupt nicht ohne genaue Notizen aus. Ein Beispiel mag zeigen, wie man hier vorgehen soll. Hat man etwa Wasserkäfer beim Paarungsspiel beobachtet, so notiert man Datum, Uhrzeit, Ort, Gewässerart, Bewuchs, Wetter (ob Sonne, Beschattung usw.) und dann, was einem am Verhalten der Tiere selbst bemerkenswert erschienen ist. Untersucht man ein Gewässer näher, so trägt man selbstverständlich alle seine Eigentümlichkeiten in das Tagebuch ein: z. B. Gefälle, Strömungsgeschwindigkeit, Bodenbeschaffenheit, Uferbewuchs, Wassertemperatur, Wasserfarbe usw. Sich auf sein Gedächtnis zu verlassen und die Aufzeichnungen daheim nachholen zu wollen, führt selten zu brauchbaren Ergebnissen. Sammelt man an einem Tag an mehreren Gewässern, so legt man in jedes Sammelglas ein Stückchen Papier mit einer Bleistiftnummer; dieselbe Nummer erhält die zugehörige Eintragung im Tagebuch.

Man glaube ja nicht, es sei schon alles erforscht. Im Gegenteil, von der Lebensweise vieler, ja man kann wohl sagen, der meisten unserer wirbellosen Süßwassertiere ist noch so viel unbekannt, daß Generationen von Forschern Arbeit haben. Abgesehen von den größten und häufigsten Formen wissen wir meist nur sehr lückenhaft Bescheid über die bevorzugten Gewässerarten, die Ernährung, die Paarung, den Fortpflanzungszyklus (Dauer des Ei-, Larven- und gegebenenfalls Puppenstadiums), die Eiablage, Lebensdauer usw. Jeder Naturfreund kann hier wertvolle Beiträge leisten, wenn er nur scharf und geduldig beobachtet und seine Wahrnehmungen gewissenhaft aufzeichnet.

Wie gehen wir nun draußen beim Sammeln vor? Eins sei vorausgeschickt: Wer etwas sehen und beobachten will, darf nicht gleich wild und ziellos mit dem Netz herumfischen. Das ist die beste Methode, die meisten Tiere zu verjagen. Zuerst schauen, dann nochmals schauen, und dann erst fangen!

In Fließgewässern gilt es in erster Linie, die Steine herauszunehmen und genau abzusuchen, besonders die Unterseite. Gute Ergebnisse zeitigt meist auch das Absuchen von im Wasser liegenden Ästen, Uferbauten, Brückenpfeilern usw. Reiche Beute bergen gewöhnlich Wasserpflanzenbüschel, die man ausreißt und im oben erwähnten Blechteller ausschüttelt. Weichhäutige Larven von Stein- oder Eintagsfliegen usw. klauben wir von den Steinen, vom Holz oder von der Netzwand nicht mit den Fingern ab, sondern schieben vorsichtig den angefeuchteten Pinsel unter sie und spülen sie in das Transportglas hinein. In stehendem Wasser benützen wir natürlich das Wassernetz. Aus sehr seichtem Wasser, am Uferrand oder aus Pfützen, fängt man empfindliche Tierchen am besten einzeln mit dem Eßlöffel heraus.

Und jetzt noch einige wichtige Grundsätze für den Heimtransport lebender Süßwassertiere:

1. Nie zu viel Tiere in das gleiche Glas bringen!
2. Raubtiere abtrennen und einzeln in Gläser geben!

3. Wasser fast ganz ausgießen! Am besten setzt man die Tiere auf feuchtes Moos oder Wasserpflanzen, die von einer millimeterdünnen Wasserhaut gerade überdeckt werden. Für Kiemenatmer verliert das Transportwasser zu viel Sauerstoff, und die Luftatmer können sich an der schaukelnden Wasseroberfläche des Gefäßes nicht halten!
4. Transportgefäß nicht fest verschließen, sondern am besten die Öffnung mit einem Gazestück überspannen!

Die Aquarienhaltung wirbelloser Süßwassertiere bietet für den Naturfreund in vielen Fällen großen Anreiz und Freude. Zudem sind oft genauere Beobachtungen nur an gefangenen Tieren möglich. Den Bewohnern stehender Gewässer genügen stets normal eingerichtete, gut bepflanzte Becken. Die Haltung der sehr sauerstoffbedürftigen Arten aus den Fließgewässern ist allerdings nur bei guter, künstlicher Durchlüftung der Aquarien möglich. Über die Ernährung der einzelnen Arten mag man das Notwendige in den betreffenden Kapiteln über die Lebensweise der verschiedenen behandelten Gruppen nachlesen. Besonders empfehlenswert für das Schauaquarium sind Schwimm- und Wasserkäfer, Stabwanzen, Rückenschwimmer, Schwimmwanzen, Libellenlarven, Köcherfliegenlarven und die größeren Schneckenarten.

Libellen- und Köcherfliegenlarven muß man Gelegenheit geben, zum Schlüpfen an Zweigen usw. über den Wasserspiegel hinaufklettern zu können. Zur Aufzucht von Mückenlarven genügen ganz kleine Wassergefäße, wie Honiggläser u. ä.

Beabsichtigt man, sich von einer bestimmten Tiergruppe oder den Lebewesen eines Gewässers eine besondere Sammlung anzulegen, so muß man sich von vornherein darüber im klaren sein, daß eine solche Sammlung nur von Wert ist, wenn sie nach wissenschaftlichen Gesichtspunkten aufgebaut wird. 90% aller einst mit großem Eifer begonnenen zoologischen Sammlungen trocknen in den Konservierungsgläsern ein oder verkommen in den Steckschachteln, und schließlich landen sie im Mülleimer. Vor solch unnützem Tun aber muß jeden Naturfreund die Achtung vor dem Leben, vor jedem Leben, bewahren.

Eine Sammlung von wissenschaftlichem Wert muß gut konserviert und einwandfrei beschriftet sein, d. h. jedes Tier muß ein Etikett bekommen, auf dem zumindest Fundort und Datum verzeichnet sind. Weitere biologische Notizen sollen auf besondere Karteikarten an Hand der Tagebuchaufzeichnungen niedergelegt werden.

Für solche Sammlungszwecke muß man die Tiere gleich draußen am Fangplatz oder daheim töten und konservieren:

Imagines aller Wasserinsekten, ausgenommen Käfer und Wanzen, tötet man durch Einwerfen in eines der üblichen, mit Zyankali beschickten Insektentötungsgläser, wie sie im zoologischen Fachhandel erhältlich sind. Wegen der außerordentlichen Giftigkeit dieses Stoffes ist stets größte Vorsicht geboten; insbesondere müssen diese Gläser stets unter Verschluß (Kinder!) aufbewahrt werden. Nach dem Trocknen werden die Insektenimagines genadelt, präpariert (erforderlichenfalls die Flügel gespannt), etikettiert und in Insektensammlungskästen eingeordnet. Hierauf kann nicht näher eingegangen werden, es sei auf das Buch von G. Stehli, Sammeln und Präparieren, verwiesen. Das Innere der Zyankaligläser ist vor Nässe zu schützen, sonst läßt die Wirkung stark nach.

Käfer und Wanzen werden im Zyankaliglas für die spätere Präparation zu steif. Man tötet sie mit Essigäther, den man auf einen am Deckel des Tötungsglases befestigten Wattebausch träufelt.

Nesseltiere, Krebse und die Larven aller Wasserinsekten, ausgenommen die der großen Libellen, bringt man in ein Glas mit möglichst wenig sauberem Wasser und setzt dann soviel 40%oiges Formalin (Formol) zu, wie etwa $^1/_{10}$ der Wassermenge entspricht. Zu Hause führt man diese Tiere jedoch möglichst bald, nachdem man sie nach Arten usw. aussortiert hat, in 60—70%oigen Alkohol über, da Formalin auf die Dauer zu sehr härtet und zudem das Arbeiten mit ihm nicht angenehm ist. (Es greift die Haut der Hände an und ruft leicht Entzündungen der Bindehaut hervor.) Natürlich kann man die genannten Tiergruppen auch sofort an Ort und Stelle in 60—70%oigen Alkohol einlegen. Dann muß man aber den Transport einer entsprechenden Menge Alkohol mit in Kauf nehmen, der natürlich schwerer wiegt als die geringe, zur Abtötung und vorläufigen Konservierung genügende Formolmenge.

Die **großen Libellenlarven** (Anisopteren-Larven) sterben in Alkohol nur sehr langsam. Man wirft sie daheim für 1—3 Sekunden in kochendes Wasser und bringt sie dann gleichfalls in Alkohol.

Strudelwürmer, Wenigborster und **Egel** muß man vor der Konservierung betäuben, sonst ziehen sie sich stark zusammen. Zu diesem Zweck läßt man sie in einer flachen Schale (Teller) mit möglichst wenig Wasser umherkriechen und setzt langsam, tropfenweise 2%oige Novocainlösung zu. Nach der Betäubung bringt man Strudelwürmer für etwa 24 Stunden in ein Gemisch von 6 Teilen 90%oigem Alkohol, 3 Teilen 40%oigem Formalin und 1 Teil Essigsäure, anschließend in 60- bis 70%oigen Alkohol. Wenigborster und Egel bewahrt man nach der Novocainbetäubung in einem Gemisch auf, das aus 93 Teilen destilliertem Wasser, 2 Teilen **konzentrierter** Salpetersäure und 5 Teilen 40%oigem Formalin besteht.

Wassermilben dürfen, sollen sie später bestimmt werden, nicht in Alkohol oder Formalin gebracht werden. Hierin härten sie zu sehr und ziehen ihre Gliedmaßen so zusammen, daß Präparation und Bestimmung außerordentlich erschwert werden. Man konserviert sie in einem Gemisch von 5 Teilen Glyzerin, 2 Teilen Essigsäure und 3 Teilen Wasser.

Schnecken und Muscheln werden wie die großen Libellenlarven in kochendes Wasser eingetaucht. Nach dem Erkalten wird der Weichkörper aus den Schnecken und kleinen Muscheln vorsichtig mit einer feinen, am Ende etwas umgebogenen Nadel herausgezogen, aus den großen Muscheln mit einem stumpfen Holzstäbchen ausgekratzt. Kleine und engmündige Schnecken muß man in mäßiger Ofenhitze oder in der Sonne eintrocknen lassen.

Die in Alkohol, Formalin oder anderen Flüssigkeiten aufbewahrten Tiere bringt man, nach Arten und Fundorten getrennt, in Röhrchengläser, die mit einem Wattebausch verschlossen werden. Zusammengehörige Röhrchen kommen in ein größeres Sammelglas, das so hoch mit der betreffenden Konservierungsflüssigkeit aufgegossen wird, daß die Röhrchen gut bedeckt sind. Von Zeit zu Zeit sind Kontrollen nötig.

Zeichenerklärung

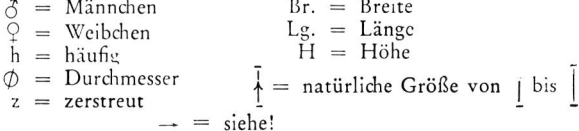

♂ = Männchen
♀ = Weibchen
h = häufig
⌀ = Durchmesser
z = zerstreut
→ = siehe!

Br. = Breite
Lg. = Länge
H = Höhe
$\overline{|}$ = natürliche Größe von $\underline{|}$ bis $\overline{|}$

Schrifttum

Anschütz, I. u. Gessner, F., 1954, Der Ionenaustausch bei Torfmoosen (Sphagnum), Flora, Bd. 141

Behrens, H., 1937, Temperatur- und Sauerstoffuntersuchungen in Tümpeln und Brunnen in: Arch. f. Hydrobiol., Bd. 31, S. 145—162

Beier, M., 1948, Zur Kenntnis von Körperbau und Lebensweise der Helminen (Col. Dryopidae), EOS, Bd. 24, Madrid

Beyer, H., 1932, Die Tierwelt der Quellen und Bäche des Baumbergegebiets in: Abhandl. Westf. Prov.-Mus. Naturkunde, Münster

Bott, R., 1950, Die Flußkrebse Europas. Abh. Senckenb. Naturf. Ges. Nr. 483, Frankfurt

Brandt, A., 1936, Temperaturschwankungen in kleinen Waldgewässern in: Arch f. Hydrobiol., Bd. 30, S. 132—141

Braun-Blanquet, J., 1951, Pflanzensoziologie, 2. Aufl., Wien

Brohmer, P., 1949, Fauna von Deutschland, Heidelberg

Bursche, E. M., 1952, Wasserpflanzen, Radebeul und Berlin

Caspers, H., 1957, Biologische Untersuchungen im Hamburger Hafen. Der Fischwirt, Nr. 11

Crome, W., 1951, Die Wasserspinne. Die Neue Brehmbücherei, H. 44, Leipzig

Decksbach, N., 1935, Uferwassertemperaturen der Seen und Teiche und ihre Bedeutung für die Wasserfauna und -flora in: Arch. f. Hydrobiol., Bd. 28, S. 443 bis 454

Dittmar, H., 1955, Ein Sauerlandbach. Arch. f. Hydrobiol. Bd. 50

Eidel, K., 1933, Beiträge zur Biologie einiger Bäche des Schwarzwaldes in: Arch. f. Hydrobiol., Bd. 25

Engelhardt, W., 1951, Faunistisch-ökologische Untersuchungen über Wasserinsekten an den südlichen Zuflüssen des Ammersees in: Mitt. Münchener Entomol. Ges., Jahrg. XLI

—, 1954, Wasserinsekten der Thermalquelle Füssing a. Inn in: Nachrichtenbl. Bayer. Entomologen, Jahrg. III, Nr. 6

—, 1954, Naturschutz. Seine wichtigsten Grundlagen und Forderungen. München

Gardner, A. E., 1954, A key to the larvae of the british Odonata. Entomologist's Gazette

Gessner, F., 1932, Schwankungen im Chemismus kleiner Gewässer in: Arch. f. Hydrobiol., Bd. 24

Geyer, D., 1927, Unsere Land- und Süßwassermollusken, Stuttgart

Glück, H., 1905—1924, Biologische und morphologische Untersuchungen über Wasser- und Sumpfgewächse, Bd. 1—4, Jena

—, 1936, Pteridophyten und Phanerogamen in: A. Pascher, Die Süßwasserflora Mitteleuropas, Jena

Grünberg, K., 1910, Diptera, 1. Teil in: Brauer, Die Süßwasserfauna Deutschlands, Jena

Harnisch, O., 1928, Die aktuelle Reaktion des Hochmoores „Seefelder" bei Reinerz und die Bedeutung der Wasserstoffionenkonzentration für die Eigenart der Moorfauna in: Arch. f. Hydrobiol., Bd. 19, S. 299—300

—, 1929, Die Biologie der Moore in: Die Binnengewässer, Bd. VII, Stuttgart

—, 1951, Hydrophysiologie der Tiere in: Die Binnengewässer, Bd. XIX, Stuttgart

Hegi, G., 1908—1931, Illustrierte Flora von Mitteleuropa, Bd. I—VII, München 1908—1931 (Bd. I und II in 2. Auflage von K. Suessenguth, 1935 und 1939)

Herter, K., 1938, Hirudinea — Egel in: Biologie der Tiere Deutschlands, Berlin

Hirsch, E., 1915, Salzwässer und Salzfaunen in: Arch. f. Hydrobiol., Bd. 10, S. 273—286

Horion, A., 1951, Verz. d. Käfer Mitteleuropas, Stuttgart

I l l i e s , J., 1952, Die Mölle. Faunistisch-ökolog. Unters. an einem Forellenbach im Lipper Bergland. Arch. f. Hydrobiol. Bd. 46

J a e c k e l , S., 1952, Unsere Süßwassermuscheln in: Die Neue Brehmbücherei, H. 82, Leipzig

—, 1953, Die Schlammschnecken unserer Gewässer in: Die Neue Brehmbücherei, H. 92, Leipzig

J o h a n n s o n , L., 1929, Hirudinea in: Die Tierwelt Deutschlands, 15. Teil, Jena

J o r d a n , K., 1935, Aquatile Rhynchoten in: Die Wanzen Mitteleuropas, Frankfurt a. M.

K a r n y , H., 1934, Biologie der Wasserinsekten, Wien

K l i e , W., 1926, Ostracoda in: Biologie der Tiere Deutschlands, Lief. 22, Berlin

—, 1938, Krebstiere oder Crustacea, III. Ostracoda — Muschelkrebse in: Die Tierwelt Deutschlands, 34. Teil, Jena

K n a p p , R., 1948, Einführung in die Pflanzensoziologie. Heft 2: Die Pflanzengesellschaften Mitteleuropas. 94 S., Stuttgart

K r e u z e r , R., Limnologisch-ökologische Untersuchungen an holsteinischen Kleingewässern in: Arch. f. Hydrobiol., Suppl. Bd. X

K ü h n , G., 1940, Zur Ökologie und Biologie der Gewässer (Quellen und Abflüsse) des Wassersprengs bei Wien in: Arch. f. Hydrobiol.. Bd. 36, S. 157—262

L u n d b e c k , J., 1932, Beobachtungen über die Tierwelt austrocknender Salzwiesentümpel an der holsteinischen Ostseeküste in: Arch. f. Hydrobiol., Bd. 23, S. 603 bis 628

M a t o n i c k i n , I., 1957, La faune des eaux des thermes absolument chauds en Croatie. Periodicum Biologorum. Zagreb

M a y , E., 1933, Libellen oder Wasserjungfern (Odonata) in: Die Tierwelt Deutschlands, 27. Teil, Jena

M e u s e l , H., 1943, Vergleichende Arealkunde, Bd I und II, Berlin

M i t i s , H. von, 1935, Zur Biologie der Corixiden, Stridulation. Z. Morph. u. Ökol. Tiere, Bd. 30

—, 1941, Ökologische Studien an Lusthauswasser, einem Altwasser im Prater von Wien in: Arch. f. Hydrobiol., Bd. 37, S. 426—465

N a u m a n n , E., 1927, Die Definition des Teichbegriffs in: Arch. f. Hydrobiol., Bd. 18, S. 201—206

N i e l s e n , A., 1951, Is dorsoventral flattening of the body an adaption to torrential life? Verh. Int. Verein. f. theoret. u. angew. Limnologie. Bd. XI, Stuttgart

N i e t z k e , G., 1938, Die Kossau. Hydrobiologisch-faunistische Untersuchungen an schleswig-holsteinischen Fließgewässern in: Arch. f. Hydrobiol., Bd. 32, S. 1—74

O b e r d o r f e r , E., 1949, Pflanzensoziologische Exkursionsflora für Südwestdeutschland und die angrenzenden Gebiete, Stuttgart

P e s t a , O., 1928, Krebstiere oder Crustacea, I. Ruderfüßer oder Copepoda in: Die Tierwelt Deutschlands, 9. Teil, Jena

—, 1932, Limnologische Beobachtungen an ostalpinen Kleingewässern in: Arch. f. Hydrobiol., Bd. 23, S. 363—374

—, Kleingewässerstudien in den Ostalpen in: Arch. f. Hydrobiol., Bd. 29, S. 296—345

P e u s , F., 1932, Die Tierwelt der Moore unter bes. Berücksichtigung der europäischen Hochmoore. Bd. 3 d. Hdb. f. Moork. Berlin

P i c h l e r , W., 1939, Unsere derzeitige Kenntnis von der Thermik kleiner Gewässer. Thermische Kleingewässertypen in: Int. Rev. ges. Hydrogr. u. Hydrobiol., Bd. 38

—, 1947, Zur Terminologie der Kleingewässer in: Arch. f. Hydrobiol., Bd. 41

R a u h , W., 1951, Unsere Sumpf- und Wasserpflanzen, 2. Aufl., Heidelberg

R e i s i n g e r , E., 1938, Turbellaria-Strudelwürmer in: Biol. der Tiere Deutschlands, Bd. I, Berlin

R e i t t e r , E., 1908—1916, Fauna Germanica. Die Käfer des Deutschen Reiches, Bd. I, Stuttgart

R o y , H., 1938, Untersuchungen der Detritusfauna im Abwassergebiet bei Hamburg in: Arch. f. Hydrobiol., Bd. 32, S. 115—161
R u t t n e r , F., 1952, Grundriß der Limnologie, 2. Aufl., Berlin
S a t t l e r , W., 1957, Beobachtungen zur Fortpflanzung von Gerris najas de Geer. (Heteroptera), Z. Morph. u. Ökol. Tiere. Bd. 45
S c h e l l e n b e r g , A., 1936, Der Niphargus des Thüringer Waldes und die Glacialreliktenfrage in: Arch. f. Hydrobiol., Bd. 29, S. 274—281
—, 1937, Die höhere Krebsfauna im Süßwasser Deutschlands, ihre Zusammensetzung und ihr Artenzuwachs in: Arch. f. Hydrobiol., Bd. 31, S. 229—241
S c h i e m e n z , H., 1953, Die Libellen unserer Heimat, Jena
S c h o e n e m u n d , E., 1930, Eintagsfliegen oder Ephemeroptera in: Die Tierwelt Deutschlands, 19. Teil, Jena
S p a n d l , H., 1923, Zur Kenntnis der Tierwelt vorübergehender Gewässer in: Zool. Anzeiger, Bd. 56
—, 1925, Euphyllopoda in: Biologie der Tiere Deutschlands, Lief. 14, Berlin
—, 1926, Copepoda in: Biologie der Tiere Deutschlands, Lief. 19, Berlin
—, 1926, Die Tierwelt vorübergehender Gewässer Mitteleuropas in: Arch. f. Hydrobiol., Bd. 16, S. 74—132
S t e i n b ö c k , O., 1934, Die Tierwelt der Gletschergewässer in: Zeitschr. des Deutsch. und Österreich. Alpenvereins, Stuttgart
S t e i n e c k e , F., 1940, Der Süßwassersee. Studienbücher deutscher Lebensgemeinschaften, Bd. I, Leipzig
S t e i n m a n n , P., 1906, Die Tierwelt der Gebirgsbäche, eine faunistisch-ökologische Studie in: Annales de Biologie lacustre, Tome I, Bruxelles
S t e m p e l l , W., 1926, Zur Physiologie und Ökologie der Dixalarve in: Arch. f. Hydrobiol., Bd. 16, S. 329—336
S t o r c h , O., Cladocera — Wasserflöhe in: Biologie der Tiere Deutschlands, Berlin
S t r a s b u r g e r , E., 1951, Lehrbuch der Botanik für Hochschulen, 25. Aufl., Stuttgart
S t u n d l , K., 1938, Limnologische Untersuchungen von Salzgewässern in Ziehbrunnen im Burgenland in: Arch. f. Hydrobiol., Bd. 34, S. 81—104
T h i e n e m a n n , A., 1912, Der Bergbach des Sauerlandes in: Int. Rev. Biol., Suppl., IV. Serie
—, 1924, Hydrobiologische Untersuchungen an Quellen in: Arch. f. Hydrobiol., Bd. 14, S. 151—190
—, 1926, Die Binnengewässer Mitteleuropas in: Die Binnengewässer, Bd. I, Stuttgart
—, 1932, Neue Beobachtungen an Quellen und Bächen auf Rügen in: Arch. f. Hydrobiol., Bd. 23, S. 663—676
—, 1939, Grundzüge einer allgemeinen Ökologie in: Arch. f. Hydrobiol., Bd. 35
—, 1950, Verbreitungsgeschichte der Süßwassertierwelt Europas in: Die Binnengewässer, Bd. XVIII, Stuttgart
T r a h m s , O., 1940, Beiträge zur Ökologie küstennaher Brackwässer in: Arch. f. Hydrobiol., Bd. 36, S. 1—35
U d e , H., 1929, Oligochaeta in: Die Tierwelt Deutschlands, 15. Teil, Jena
U l m e r , G., 1909, Trichoptera in: Die Süßwasserfauna Deutschlands, Heft 5/6, Jena
V i e t s , K., 1936, Spinnentiere oder Arachnoidea. VII. Wassermilben oder Hydracarina I u. II in: Die Tierwelt Deutschlands, 31. u. 32. Teil, Jena
V l a s b l o m , A. G. u. Wolvekamp, H. P., 1957, Die Bedeutung des „Mastes" am Eikokon des Wasserkäfers Hydrous piceus L. Physiol. Comp. et Oekol. Bd. 4
V o l l m e r , K., 1951, Wasserflöhe in: Die Neue Brehmbücherei, H. 45, Leipzig
—, 1952, Kiemenfuß, Hüpferling und Muschelkrebs in: Die Neue Brehmbücherei, H. 57, Leipzig
W a l l n e r , J., 1934, Über die Beteiligung der kalkablagernden Pflanzen bei der Bildung südbayerischer Tuffe in: Bibliotheca Botanica, H. 110
—, 1935, Zur weiteren Kenntnis der sog. Chironomidentuffe in: Bot. Arch., Bd. 37, S. 128—134
—, 1935, Über die Beteiligung kalkablagernder Algen am Aufbau der Chironomidentuffe in: Beihefte zum Bot. Centralbl., Bd. 54, S. 142—150

W a l t e r , H., 1949, Einführung in die Phytologie. Bd. I: Grundlagen des Pflanzenlebens; Bd. III: Grundlagen der Pflanzenverbreitung, Stuttgart

W e i m a n n , R., 1935, Chemisch-biologische Untersuchungen an einem Teich in: Arch. f. Hydrobiol., Bd. 28, S. 619—658

—, 1942, Zur Gliederung und Dynamik der Flachgewässer in: Arch. f. Hydrobiol., Bd. 38, S. 481—524

W e s e n b e r g - L u n d , C., 1939, Biologie der Süßwassertiere (Wirbellose Tiere), Wien

—, 1943, Biologie der Süßwasserinsekten, Berlin und Wien

W i l l e r , A., 1923, Der Aufwuchs der Unterwasserpflanzen in: Verh. Int. Ver. theor. u. angew. Limnologie, Bd. I

Z s c h o k k e , F., 1900, Die Tierwelt der Hochgebirgsseen. 5. Die Tierwelt der Hochgebirgsbäche in: Neue Denkschr. der schweiz. Ges. f. d. ges. Naturwiss., Zürich

Sachverzeichnis

Abwasser 58
Aerenchym 64, 65
Äschenregion 30
Amphiphyten 67
Anisophyllie 67
Areal der Wasserpflanzen 69
Assoziation 70
Atmungsbedingungen der Wasserpflanzen 65

Barbenregion 30, 31
Bau der Wasserpflanzen 63
Begradigung 61
Blänke 46
Blattform 66
Blutsee 54
Bodenpflanzen 39
Brachsenregion 30
Brackwasser 58
Braunwasserseen 69
Buchenlaubquelle 15

Dauereier 123
Detritus 16
Dorfweiher 44
Durchschlagskapseln 107
Dyschlamm 47

Entwicklungsnullpunkt 36
Eisenocker 37
Ephippien 52, 123, 124
euryoxybiont 32
eurytherm 32, 35
Exuvie 195

Fauna hygropetrica 19
Festigungsgewebe 64
Fischsterben 44
Fischteich 76
Flachmoor 75
Fließwasser 72
Forellenregion 30
Formen, amphibische 66, 67
Frühjahrsvollzirkulation 42

Gasaustausch 65
Gebirgsseen 77
Gemmulae 106
Gesellschaften der Wasserpflanzen 70
Gewässer, dystrophe 69
— eutrophe 69
— oligotrophe 69
— periodische 76

Gletscherbach 22
Glochidium 222, 223
Glutinaten 107
Grobschotter 38
Großseggenwiesen 74
Grundwasser 19
Gürtel der Schwimmblattgewächse 73

Haftkapseln 107
Halobionten 57
halophil 57
Halophyten 56
Hautatmung 27
Helokrene 14
Helophyten 66
Herbstvollzirkulation 42
Heteroblastie 67
Heterophyllie 67
Hibernakeln 68
Hochgebirgsbach 24
Hochgebirgsquelle 15
Hochgebirgstümpel 54
Hochmoor 46, 78, 79
Hochmoorweiher 46
Huminsäuren 49
Humusgehalt 69
Humuskolloide 49
Hydathoden 64
Hydrophyten 64
Hygrophyten 64

Insektenfresser 78
Insektivoren 71

Jungferneier 52

Kalkgehalt 36
kaltstenotherm 15, 20, 24, 35
kälteliebend 37
Kies 38
Klarwasserseen 69
Kleinschotter 38
Kleinstgewässer 54
Kohlendioxyd 65
Konvergenzen 68
Krenobionten 16
krenophil 16
krenoxen 17

Landformen 67
Latenzeier 123

Leben der Wasserpflanzen 63
lenitisch 45
Licht 36
Limnokrene 14
lithotaktisch 28

Mangrove-Sümpfe 65
mesosaprob 59
Mittelgebirgsbach 30
Mooraugen 77
Moorgraben 78
Moosrasen 29
Mudde 75

Nährstoffe, mineralische 65
Nährstoffgehalt 69
Nesselkapseln 107
Niederungsbach 31

Ökologie der Wasserpflanzen 69

Parthenogenese 52
Penetranten 107
phototaktisch 35
Plastizität der Organe 67
Polycarpicae 64
polyoxybiont 24, 37
polysaprob 59
psychrophil 37

Quelle 13
Quellbach 14
Quellbecken 14
Quellflur 72
Quellmund 14
Quellregion 30
Quellrinnsal 13, 14
Quellsumpf 14
Quelltümpel 14

Regulierung 60
Rhabditen 112
Rheokrene 13
rheophil 37
Rheotaxis 30
rheotropisch 35
Röhricht 73

Salmonidenregion 30
Salzgewässer 56
Salztümpel 76
Sand 38
Sauerstoffgehalt 37
Sauerstoffschwund 44
Schilfgürtel 74
Schilftorf 75
Schlenke 46, 78
Schotter 38

Schwimmblätter 66
Schwimmpflanzen 66
Seekreide 75
Seggentorf 75
Selbstreinigung, biologische 59
Sickerquelle 14
Sinter 38
Solbäche 76
Sommereier 123
Soziologie der Wasserpflanzen 69
Spaltöffnungen 64
Spongin 106
Sprudelquelle 13
Statoblasten 108, 109
stenotherm 35
Streuwiesen 74
Strömung 34
strömungsliebend 37
Sturzquelle 13
Stygobionten 21
Subitaneier 123
Substrat 38
submerse Pflanzen 66
Sumpfpflanzen 66
Sumpfquelle 14

Teich 40
Temperatur 35
Thermalquelle 17
Thermaltiere 18
Therme 17
Tönnchenpuppe 190
Torfboden 78
Torfstich 46, 77
torrenticol 18
Tracheenkiemen 27
Transpirationsstrom 64
Troglobien 21
Trockenlegung 75
Trockenstarre 33
Tuffbildung 16
Tuffstein 16
Tümpel 50
Tümpelquelle 13
Turionen 68

Überwasserblätter 66
Uferbank 39
Uferpflanzen 39
Uferzonen 73
Umweltfaktoren 34
Unterwasserblätter 66
Unterwasserformen 67

van't Hoff'sche Regel 35
Verbreitung der Wasserpflanzen 68
Verlandung 75
Vermehrung, vegetative 68

Versinterung 37
Vollzirkulation 42
Volventen 107

Waldquelle 14
Wasserausscheidung 64
Wasserbewegung 34
Wasserblüte 43
Wasserdrüsen 64
Wasserhaushalt 65

Wasserpflanzen, typische Gruppen 63
Wasserspalten 64
Weiher 39
Wickelkapseln 107
Wiesenquelle 14
Winterblüte 123
Winterknospen 68

Zugfestigkeit 64
Zwischenmoor 75

Pflanzenverzeichnis

Die kursiv gedruckten Ziffern bezeichnen die Seiten, auf denen die betreffenden Pflanzen besprochen sind.

Acorus calamus 74, *94*
Aldrovanda vesiculosa 71, *90*
Alisma plantago-aquatica 74, *94*
Alismataceae *94*
Alismatidae 63
Apiaceae *93*, *97*
Apium inundatum 77
Araceae *94*
Armleuchteralge, Rauhe 71, *88*
Armleuchteralgen *88*
Aronstabgewächse *94*

Bachbunge 73, *90*
Bach-Montien-Flur 72
Bachmoose *90*
Bach-Röhricht 86
Bärlapp, Sumpf- 78, *103*
Bärlappgewächse *103*
Baldellia ranunculoides 77
Berle, Bach- 73, *93*
Berula erecta 73, *93*
Binse, Flutende 77, *103*
— Teich- 66, 68, 73, *98*
Binsen 68
Binsengewächse 63
Bitterkleegewächse 85, *100*
Blumenbinse 78, *104*
Blumenbinsengewächse *104*
Blumenbinsen-Rasen 78
Blutauge 75, *100*
Blutweiderich 76
Brachsenkraut 70, 77, *102*
Brachsenkrautgewächse *102*
Brachythecium 72
Brassicaceae *93*
Braunwurz, Flügel- 73
Brunnenkresse 69, 73, *93*

Büchsenkraut 76
Butomaceae *94*
Butomus umbellatus 74, *94*

Callitrichaceae *93*
Callitriche palustris *93*
Cardamine amara 72, *93*
Cardaminetum amarae 72
Carex elata 74, *98*
— lasiocarpa 75
— limosa 78, *104*
— rostrata 75, *100*
Caricetalia fuscae 75
Caricetum elatae 74
— limosae 79
— rostratae 75
Ceratophyllaceae 82
Ceratophyllum demersum 70, *82*
Chara aspera 71, *88*
Characeae *88*
Christkolben 74
Chrysosplenium oppositifolium 72
Cladium mariscus 75
Cladophora 32
Coleanthus subtilis 76
Compositen 69
Cratoneuron 72
Cyperaceae 63, 69, 98, 100, 102, 103, 104
Cyperetalia fusci 76
Cyperus michelianus 76

Doldenblütler *93*, *97*
Drosera intermedia 78, *103*
Droraceae *90*, *103*

Ehrenpreis 73
Elatinaceae *102*

Elatine hexandra 76, *102*
Eleocharetum multicaulis 77
— ovatae 76
Eleocharis acicularis 77, *102*
— ovata 76
Elodea canadensis 72, *90*
Epilobium alsinifolium 72
— nutans 72
Equisetaceae 98
Equisetum fluviatile 73, *98*
Erle 75
Erlen-Bruchwald 75
Euglena sanguinea 54

Faulbaum 75
Fieberklee 75, *100*
Fingerkraut 75
Fissidens 74
Flachmoor-Gesellschaften, kalkarme 75
Fliegenfalle, Venus- 71
Fontinalaceae 90
Fontinalis antipyretica 72, *90*
Froschbiß 67, 70, 86
Froschbißgewächse 63, 86, 90
Froschlöffel 66, 69, 74, *94*
Froschlöffel, Schwimmender 77
Froschlöffel-Arten 77
Froschlöffelgewächse 94

Gesellschaft der kleinen Laichkräuter 71
— der Vielstengeligen Sumpfbinse 77
— des Flutenden Hahnenfußes 72
— des Kleinen Igelkolbens 78
Gesellschaft, Lobelien- 77
— Schlammlings- 76
— Schnabelseggen- 75
— Seerosen- 70, 73
— Strandlings- 77
— Wasserfeder- 71
Gilbweiderich, Strauß- 75, *100*
Glyceria fluitans 73
Glycerio-Sparganion 73
Glycerietum maximae 74
Großseggen-Wiesen 74

Hahnenfuß, Brennender 77
— Flutender 72, *90*
— Salzwasser- 76, *100*
— Wasser- 66, 70, 76, *82*
— Wurzelnder *102*
— Zungenblättriger 74, *94*
Hahnenfußgewächse 82, 90, 94, 100, 102
Haloragaceae 82
Hartheu, Flügel- 73
— Sumpf- 77, *103*
Hartheugewächse 103
Hippuridaceae 97

Hippuris vulgaris 74, *97*
Hochmoor-Schlenken und Torf-Rasen 78
Hornblatt, Rauhes 69, 70, *82*
Hornblattgewächse 82
Hottonia palustris 71, *88*
Hydrocharis morsus-ranae 70, *86*
Hydrocharitaceae 69, 86, 90
Hydrocharition 71
Hypericaceae 103
Hypericum elodes 77, *103*
— tetrapterum 73

Igelkolben, Ästiger 73, 74, 78, *98*
— Kleiner 78, *103*
— Übersehener 73
Igelkolbengewächse 63, 98, 103
Iridaceae 94
Iris pseudacorus 74, *94*
Isoëtaceae 102
Isoëtes lacustris 77, *102*
Isoëto-Lobelietum 77
Isolepis fluitans 77, *103*

Juncaceae 63
Juncus bulbosus 77

Kalmus 74, *94*
Kleefarngewächse 103
Knöterich, Wasser- 70, *85*
Knöterichgewächse 85
Krebsschere 69, 70, *86*
Kreuzblütler 93

Laichkraut 63, 68, 69
— Dichtes 72
— Durchwachsenes 71, *88*
— Fluß- 72
— Glänzendes 70, *85*
— Kammförmiges 71, *88*
— Krauses 71, *88*
— Schwimmendes 70, *85*
Laichkraut-Gesellschaften 70
Laichkrautgewächse 85
Lebermoos, Wasser- 71, *86*
Lemna minor 70, *86*
— trisulca 71, *86*
Lemnaceae 86
Lemno-Potametea 70, 71
Lentibulariaceae 90, 103
Limosella aquatica 76, *100*
Lindernia procumbens 76
Lobelia dortmanna *102*
Littorelletalia 76, 77
Littorello-Eleocharitetum acicularis 77
Lobelia dortmanna *102*
Lobeliaceae 102
Lobelie, Wasser- 70, 77, *102*
Lobeliengewächse 102

Luronium natans 77
Lycopodiaceae 103
Lycopodiella inundata 78, 103
Lysimachia thyrsiflora 75, *100*
Lythraceae 102
Lythrum portula 76, 102

Magnocaricion elatae 74, 75
Magnoliidae 64
Marsileaceae 103
Menyanthaceae 85, 100
Menyanthes trifoliata 75, *100*
Miere, Sumpf- 72
Milzkraut, Gegenständiges 72
Milzkraut-Flur 72
Montia fontana 72, *93*
Montio-Bryetum schleicheri 72
Montio-Cardaminetalia 72
Moorsimse 78
Moorsimsen-Rasen 78
Myriophyllum spicatum 70, *82*
— verticillatum 70, *82*

Najadaceae 88
Najas marina 71, *88*
Nasturtium officinale 73, *93*
Nixenkraut, Großes 63, 71, *88*
Nixenkrautgewächse 88
Nuphar lutea 32, 70, *82*
Nymphaea alba 70, *82*
Nymphaeaceae 82
Nymphaeion 70, 71
Nymphoides peltata 70, *85*

Oenanthe aquatica 74, *97*

Parvo-Potamion 71
Pfeilkraut 66, 68, 74, *94*
Philonotis 72
Phragmites australis 73, *98*
Phragmitetalia 73
Phragmition 73
Pillenfarn 77, *103*
Pilularia globulifera 77, *103*
Plantaginaceae 102
Poaceae 98
Polygonaceae 85
Polygonum amphibium 70, *85*
Portulacaceae 93
Portulakgewächse 93
Potamogeton crispus 71, *88*
— densus 72
— lucens 70, *85*
— natans 70, 77, *85*
— nodosus 72
— pectinatus 71, *88*
— perfoliatus 71, *88*

Potamogeton polygonifolius 77
Potamogetonaceae 69, 85, 88, 100
Potentilla palustris 75, *100*
Primelgewächse 88, 100
Primulaceae 71, 88, 100

Queller 56
Quellflur-Gesellschaften 72
Quellkraut, Bach- 72, *93*
Quellmoos, Fieber- 72, *90*

Rachenblütler 90, 100
Ranunculaceae 82, 90, 94, 100, 102
Ranunculion fluitantis 72, 73
Ranunculo-Hottonietum palustris 71
Ranunculus aquatilis 70, *82*
— baudotii 76, *100*
— fluitans 72, *90*
— lingua 74, *94*
— reptans 77, *102*
Rhynchospora alba 78
— fusca 78
Rhynchosporetum fuscae 78
Rhynchosporion albae 78
Riccia fluitans 71, *86*
Ricciaceae 86
Ricciengewächse 86
Röhrichte und Großseggenwiesen 73
Rohrkolben, Schmalblättriger 69, 74, *98*
Rohrkolbengewächse 63, 98
Ruppia maritima 76, *100*
Ruppiaceae 100

Sagittaria sagittifolia 74, *94*
Salde 76, *100*
Saldengewächse 100
Salvinia natans 70, *86*
Salviniaceae 86
Saxifraga stellaris 72
Sauergräser 98, 100, 102, 103, 104
Schachtelhalm, Teich- 73, *98*
Schachtelhalmgewächse 98
Schaumkraut, Bitteres 72, 73, *93*
Scheuchzeria palustris 78, *104*
Scheuchzeriaceae 104
Scheuchzerio-Caricetalia fuscae 75
Schwaden, Flutender 73
— Süß- 74
Schwanenblume 32, 74, *94*
Schwanenblumengewächse 94
Schwertlilie, Wasser- 74, *94*
Schwertliliengewächse 94
Schilfrohr 73, *98*
Schlammling, Teich- 76, *100*
Schneidriet 75
Schwimmfarn, Wasser- 67, 70, *86*
Schwimmfarngewächse 86

Schoenoplectus lacustris 73, *98*
— supinus 76
Scrophularia umbrosa 73
Scrophulariaceae 90, 100
Seebeerengewächse 82
Seegras 63
Seekanne 67, 70, *85*
Seerose, Weiße 70, 75, *82*
Seerosengewächse 64, 82
Segge, Faden- 75
— Schlamm- 78, *104*
— Schnabel- 75, *100*
— Steife 74, *98*
Seggengewächse 63, 74
Sellerie 77
Simse, Niedrige 77
Sonnentau, Mittlerer 78, *103*
Sonnentaugewächse 90, 103
Sparganiaceae 98, 103
Sparganietum minimi 78
Sparganium minimum 78, *103*
— neglectum 73
— erectum 74, *98*
Sphagnaceae 104
Sphagno-Utricularion 78
Sphagnum cuspidatum 78, *104*
Sphagnum-Arten 69
Spirodela polyrrhiza 70, *86*
Steifseggen-Wiese 74
Steinbrech, Stern- 72
Stellaria alsine 72
Stranddistel 56
Strandhafer 56
Strandling 68, 70, *102*
Sumpfbinse, Eiförmige 76, 78
— Nadelige 77, *102*
— Vielstengelige 77
Sumpfquendel 76, *102*
Süßgräser 98
Süßschwaden 74

Tännel, Sechsmänniger 76, *102*
Tännelgewächse 102
Tannwedel 67, 74, *97*
Tannwedelgewächse 97
Tausendblatt, Ähriges 70, *82*
— Quirlblütiges 70, *82*

Teichfaden 71, 76, *88*
Teichfadengewächse 88
Teichlinse *86*
Teich-Röhricht 73
Teichrose, Gelbe 67, 70, *82*
Torfmoos, Schlenken- *104*
Torfmoose 69, 78
Torfmoosgewächse 104
Trapa natans 70, *85*
Trapaceae 85
Typha angustifolia 74, *98*
— latifolia 74
Typhaceae 98

Utricularia intermedia 78, *103*
— australis 71, 90

Veronica beccabunga 73, *90*

Wasserfalle 69, 71, *90*
Wasserfeder 71, *88*
Wasserfenchel 74, *97*
Wasserlinse, Dreifurchige 71, *86*
— Kleine *86*
Wasserlinsen 70
Wasserlinsengewächse 86
Wassernuß 70, *85*
Wassernußgewächse 85
Wasserpest, Kanadische 32, 68, 72, *90*
Wasserpflanzen- und Ufergesellschaften nährstoffarmer Gewässer 76
Wasserschlauch, Mittlerer 78, *103*
— Südlicher 71, *90*
Wasserschlauchgewächse 90, 103
Wasserstern, Frühlings- 67, *93*
Wassersterngewächse 93
Wegerichgewächse 102
Weiden 65, 75
Weidenröschen 72
Weiderichgewächse 102
Wolffia arrhiza 71, *86*

Zannichellia palustris 71, *88*
Zannichelliaceae 88
Zweigalge 32
Zwergbinsen-Gesellschaften 76
Zwerglinse *86*

Tierverzeichnis

Die *kursiv* gesetzten Zahlen bezeichnen die Seiten, auf denen die betr. Arten, Gattungen, Familien usw. näher beschrieben sind und auf denen Hinweise auf die Abbildungen (meist auf der folgenden Seite) gegeben sind.

Acantholeberis curvirostris 47, *130*
Acentropus niveus 210
Acilius sulcatus 47, *166*
Acroloxus lacustris 226
Aeschna 40, *198*
— affinis *204*
— cyanea 46
— viridis *202*
Aëdes 53
— dorsalis 57
Agabus bipustulatus *172*
— guttatus 34
Agapetus *216*
Agrion 33
— splendens *196*
— virgo *196*
Agriotypus armatus *212*
Amphinemura *148*
Amphipeplea *232*
Amphipoda 128, 132
Anabolia *218*
Anax *200*
— imperator *204*
Ancylidae *226*, 230
Ancylus fluviatilis 25, 34, *226*
Anisoptera 194, 195, *198*
Anisus spirorbis *234*
— vortex *234*
Anodonta 222, 223
— cygnea *224*
Anopheles 53, 179, 180, *182*
Anostraca 122, *124*
Aphelocheirus aestivalis 156, *160*
Aplexa hypnorum *236*
Arctodiaptomus salinus 57
Argyroneta aquatica 47, 136, *138*
Armiger crista *234*
Arrenurus *138, 140,* 141
Artemia salina 57, *124*
Asellus aquaticus 60, 127, *132*
— cavaticus 21, *132*
Astacus astacus *134*
— leptodactylus 134
Athripsodes 220
Austropotamobius pallipes 134
— torrentium 134

Bachflohkrebs 36, 38
Bachtaumelkäfer *176*

Basommatophora 228
Bathyomphalus contortus *234*
Baëtis 38, *152*
Belgrandia thermalis 17
Bezzia *180*
Bidessus signatellus ab. thermalis 17
— unistriatus *172*
Bivalva 222, *224,* 226
Bithynia tentaculata 58, *236*
Blasenschnecken *236*
Blasige Flußmuschel *224*
Blepharoceridae 184, *186*
Bosmina longirostris 47, *130*
Brachycentrus nigrosoma 26, 28
— subnubilus 31
Brachycera 190, *192*
Brachycercus harrisella 150
Brachydiamesa steinböcki 22
Brachypoda 141
Brachyptera *146*
Branchipus 52
— schäfferi *124*
Breitrand *166*
Bremsen 190, *192*
Brunnenkrebs 20, 21
Bryozoa 108, *110*
Büschelmücke *182*
Bythinella 16
— dunkeri *236*

Caenis *150*
Candona 52
Calopteryx siehe: Agrion
Canthocampus 52, 126, *132*
Ceratopogonidae 179, *180*
Ceriodaphnia quadrangula *130*
Chaetogaster diaphanus *116*
Chaoborus 48
— crystallinus 47, 180, *182*
Chirocephalus 52
Chironomidae 178, *180*
Chironomus halophilus 57
— salinarius 57
Chloroperla 142, *146*
Chydorus sphaericus 47, *130*
Cladocera 122, *124,* 128
Cloëon 143, *152*
— dipterum 144
Coelambus impressopunctatus *172*

Coleoptera 163, *166, 170, 172, 174, 176*
Conchostraca 122
Copepoda 126, *130*
Cordulegaster *198*
— boltonii *200*
Cordulia aenea 46, *198*, 202
Cordylophora caspia 58, *110*
Corixa *160*
Corixidae 157
Craspedacusta sowerbyi *110*
Crenobia alpina 16, 25, *114*
Cricotopus halophilus 57
Culex 53, 179, *182*
Culicidae 179, *182*
Curculionidae *176*
Cybister laterimarginalis *166*
Cyclopidae 126
Cyclops 126, *130*
— strenuus 52
Cypris 52

Daphnia 48
— magna 44, 52
— pulex 44, 52, 123, *128*
Dendrocoelum 21
— lacteum 58, *114*
Diaptomus 126, *130*
— castor 52
Dicranota 185, *188*
Dinocras 144
Diptera 178, *180, 182, 186, 188*, 192
Dixa 18, 19, 184, *186*
Dixidae 184, *186*
Drachenfliegen 194
Dreissena 222
— polymorpha *226*
Dreissenidae *226*
Drusus 26
Dryopidae 169, *176*
Dryops *176*
Dugesia gonocephala 25, 34, *114*
— lugubris *112, 114*
Dunkelmücke 18
Dytiscidae 163, *166, 170, 172*
Dytiscus marginalis *166, 170*
— latissimus *166*

Ecdyonurus 25, *150*
— venosus 36
Echter Kiemenfuß *124*
Egel 118, *119*
Eintagsfliegen 143, *148, 150, 152*
Eiseniella tetraëdra *116*
Elmis maugëi 26, 34, *176*
Enochrus bicolor 57
— affinis *174*
Epeorus 25, 35, 38, *148*
— assimilis 34

Ephemera 33, 38, 39, 143
— danica 148
— vulgata *148, 150*
Ephemerella *150*
— belgica 31, 36, *150*
— krieghoffi *150*
Ephemeroptera 143, *148, 150, 152*
Ephydatia fluviatilis 58, 60
Ephydra 57, 191, *192*
Ephydridae 191, *192*
Erbsenmuschel 49, *226*
Eriocheir sinensis 134
Eristalis 190, 191
Eristalomyia 60, 190, 191, *192*
Erpobdella octoculata 60, 118, 11º, *120*
Euphyllopoda 122, *124*
Eurycercus lamellatus *130*
Eylaïs *141*

Faltenmücken 186, *188*
Federkiemenschnecken 231, *236*
Fliegen 190, *192*
Flohkrebs *132*
Flohkrebse 128, *132*
Flußflohkrebs *132*
Flußkrebse 134
Flußmuscheln *224*
Flußnapfschnecke *226*
Flußperlmuschel 36, *224*
Fonticola vitta 53
Furchenschwimmer 47, *166*

Galba glabra *232*
— palustris *232*
— truncatula 16, 17, *232*
Gammarus locusta 57
Gastropoda *226, 228, 232, 234, 236*
Gaukler *166*
Gelbrand *166, 170*
Gemeine Flußmuschel *224*
Gemeiner Fischegel *119*
Gemeiner Flohkrebs 16, 25
Gemeiner Wasserfloh *128*
Gerridae 154
Gerris *158*
Gletscherzuckmücke 22
Glossiphonia complanata *119*
— heteroclita 118, *120*
Gnathobdellae *120*
Gnitzen 179, *180*
Goëra 25, 27
Gomphus 33
Gordius aquaticus *116*
Graphoderes cinereus *166*
Graptodytes pictus *172*
Großblattfüßer 122, *124*
Großlibellen 194, *198*
Großer Schneckenegel *119*
Grundschwimmer *172*

Guignotus pusillus 17
Gyraulus laevis 234
Gyrinidae 166, 169, 176
Gyrinus natator 166

Habroleptoides modesta 152
Habrophlebia 152
Haementeria costata 119
Haemopis 118
— sanguisuga 120
Hakenkäfer 169, 176
Haliplidae 164, 172
Haliplus fluviatilis 172
Harpacticidae 126
Häubchenmuschel 226
Hautflügler 212
Hebridae 155
Hebrus pusillus 158
Helobdella stagnalis 118, 120
Hemiclepsis marginata 119
Heptagenia 25, 148
Herpetocypris reptans 132
Hirudinea 118
Hirudo medicinalis 119, 120
Höhlenassel 21, 132
Höhlenflohkrebs 14, 132
Hornkieselschwämme 106
Hüpferling 130
Hüpferlinge 126, 130
Hydracarina 137, 138
Hydrachna 141
Hydraena riparia 26, 174
— ulvae 58, 236
— stagnorum 58
Hydrobiidae 231, 236
Hydrobius fuscipes 174
Hydrocampa 210
Hydrodroma 138, 141
Hydrometra gracilenta 158
— stagnorum 158
Hydrometridae 154
Hydrophilidae 165, 169, 174
Hydrophilus caraboides 174
Hydroptila 216
Hydroporus palustris 170
— pictus 172
Hydrous piceus 169, 174
Hydropsyche 28, 38, 216
Hydrozoa 107, 110
Hydryphantes 141
Hygrotus inaequalis 170
Hymenoptera 212
Hyphydrus ovatus 170

Isoperla 146
— rivulorum 31
Isopoda 127, 132

Käfer 163, 166, 170, 172, 174, 176
Kahnfahrer 124
Keulenpolyp 110
Kieferegel 118, 120
Kiemenfuß 124
Kiemenfüßer 122
Kleiner Raubwasserfloh 130
Kleiner Schneckenegel 120
Kleinlibellen 194, 196
Knorpelegel 118
Köcherfliegen 213, 216, 218, 220
Kolbenwasserkäfer 169, 174
Königslibelle 200
Kriebelmücken 184, 186
Kristallwasserfloh 130
Kugelmuschel(n) 60, 226
Kugelschwimmer 170

Laccobius bipunctatus 174
— gracilis 17
— gr. ssp. sardius 17
Laccophilus minutus 172
Lamellibranchiata 222
Lappenkrebs 46
Lartetia 236
Leberegelschnecke 232
Lepidoptera 210
Lepidostoma hirtum 31, 218
Lepidurus apus 124
Lestes 196
— barbarus 204
Leucorrhinia dubia 46
— pectoralis 200
Leuctra 38, 148
— nigra 31
Leptophlebia 152
Libellen 194, 196, 198, 200, 202, 204
Libellula depressa 194
— quadrimaculata 46
Lidmücke 25
Lidmücken 184, 186
Limnadia 52
Limnesia 141
Limnephilidae 218
Limnephilus flavicornis 218
— marmoratus 53
Limnius perrisi 31
Limnochares 141
Limnodrilus hoffmeisteri 116
Limoniidae 185, 188
Linsenkrebs 130
Liponeura 25, 26, 38, 184, 186
— cinerascens 34
Lithax 25
— niger 31
Litodactylus leucogaster 176
Lumbriculus variegatus 116
Lymnaea stagnalis 228, 232
Lymnaeidae 228, 232

Malariamücke *182*
Malermuschel *224*
Mantelschnecke *232*
Margaritifera *223*
— margaritifera 36, *224*
Medizinischer Blutegel *120*
Megacyclops viridis 47
Megaloptera *207, 208*
Mesostoma ehrenbergi *114*
Mesovelia furcata 155, *158*
Mesoveliidae 155
Microhydra ryderi 110
Microvelia 155, *158*
Mideopsis *141*
Moina 52
— rectirostris 44, *124*
Molanna *220*
Moosblasenschnecke *236*
Moostierchen 108, *110*
Mücken 178, *180*
Mützenschnecke 25, 26, 34, *226*
Muschelkrebse 127, *132*
Muscheln 222, *224, 226*
Myxas glutinosa *232*

Naeogeidae 155
Nais elinguis 58
— variabilis *116*
Napfschnecken *226*
Naucoris 47
— cimicoides 156, *160*
Nauplius *132*
Nehalennia speciosa *202*
Nematocera 178, *180*
Nematomorpha 113, *116*
Nemoura 142, *144, 146*
Nemurella picteti *146*
Neorhabdocoela 112, *114*
Nepa *160*
— rubra 155, *160*
Nepidae 155
Neritidae *226*, 230
Nesseltiere 107, *110*
Netzflügler *207, 208*
Neuroptera *207, 208*
Niphargus puteanus 14, 20, 21, 53, *132*
Noterus crassicornis *172*
Notodromas monacha *132*
Notonecta 47, 157, *160*
— glauca 17
Notonectidae 156
Notostraca 122, *124*
Nymphula nymphaeata 40, *210, 212*

Ochthebius marinus 57
Odonata 194, *196, 198, 200, 202, 204*
Ohrschlammschnecke *232*
Oligochaeta 113, *116*

Oligotricha *220*
— striata 46
Onychogomphus forcipatus *198*
Ophiogomphus serpentinus *202*
Orectochilus villosus 32, *176*
Orthetrum brunneum *202*
Ostracoda 127, *132*

Pachydrilus *116*
Paladilhia 17, 21
Palingenia 38
Paludina 230
Perla 38, *144*
Perlodes 38, *146*
Pferdeegel *120*
Phalacrocera *185*
— replicata *188*
Pharyngobdellae *120*
Philopotamus 38
Phryganea *220*
Physa fontinalis *236*
Physidae *236*
Piona *141*
Piscicola geometra *119*
Pisidium *226*
Planaria 38
— torva 58, *114*
Planorbarius corneus 229, *234*
Planorbidae 229, *234*
Planorbis carinatus *234*
— planorbis *234*
Platambus maculatus *166*
Plattköpfchen *130*
Platycnemis pennipes *198, 204*
Plea minutissima 157, *160*
Plecoptera 142, *144, 146*
Plectrocnemia *216*
— conspersa 28
Plumatella fruticosa *108, 110*
— fungosa 60
Polycelis felina 16, 25, *114*
— nigra *114*
Polyphemus pediculus 123, *130*
Posthornschnecke *234*
Potamanthus luteus *148*
Potamobiidae 134
Protonemura *148*
Psychoda 186, *188*
Psychodidae 186, *188*
Ptilocolepus granulatus *216*
Ptychoptera 60, 186, *188*
Ptychopteridae 186, *188*
Pyrrhosoma nymphula *204*

Quellschnecke 16

Radix auricularia *232*
— peregra f. ovata 34, 58, *232*
— peregra f. peregra 16, 17, 49, *232*

Ranatra 156
— linearis 155, *160*
Rattenschwanzlarve *192*
Rhabdicoleptus alpestris 46
Rheotanytarsus 26, *180*
Rhyacophila 28, 38, *216*
Rhynchobdellidae *119*
Rithrogena 25, 26, 38, *150*
Rivulogammarus fossarum 36
— pulex 16, 25, *132*
— roeselii *132*
Rollegel *120*
Ruderfüßer 126, *130*
Ruderwanzen 157, *160*
Rückenschwimmer 17, 47, 156, *160*
Rüsselegel *119*
Rüsselkäfer *176*
Rüsselkrebschen *130*

Saitenwürmer 113, *116*
Salinenkrebs 57, *124*
Salzkrebschen *124*
Salzseefliegen 191, *192*
Salzwasserfliege 57
Scapholeberis mucronata *124*
Schilfkäfer *178*
Schlammegel 60
Schlammfliege 207, *208*
Schlammröhrenwurm *116*
Schlammschnecken 228, *232*
Schlankjungfern *194*
Schlundegel 118, *120*
Schmetterlinge *210*
Schmetterlingsmücken 186, *188*
Schnaken 185, *188*
Schnecken *226*, 228, *232, 234, 236*
Schnellschwimmer *172*
Schwebfliegen 190, *192*
Schwimmkäfer 163, *166, 170, 172*
Schwimmwanze 47, 156, *160*
Sericostoma *218*
Sialis 48, 207, *208*
— lutaria 60
Sida 123
— cristallina 47, *130*
Silo 25, 38, 212, *218*
Simocephalus 48
— vetulus *130*
Simuliidae 184, *186*
Simulium 25, 26, 34, *186*
Siphlonurus *152*
Sisyra 207, *208*
Skorpionswanzen 155
Somatochlora flavomaculata *202*
Sphaerium 222, *226*
— corneum 60
— lacustre *226*
Sphaeriidae *226*

Spitzschlammschnecke *232*
Spongilla lacustris *110*
Spongillidae 106, *110*
Stabwanze 40, 155, *160*
Stachelwasserkäfer *174*
Stactobia 18
Stechmücken 179, *182*
Steinfliegen 142, *144, 146*
Stelzmücken 185, *188*
Stenophylax *218*
— latipennis 35
Stoßwasserläufer 32, 155, *158*
Stratiomyiidae 190, *192*
Stratiomys 60, 190, *192*
Strudelwürmer 112, *114*
Stylaria lacustris 58, *116*
Sumpfdeckelschnecken 230, *236*
Süßwassermeduse *110*
Süßwasserlungenschnecken 228
Süßwasserpolyp 107, *110*
Süßwasserschwamm 60, 106, *110*
Sympetrum flaveolum 46
— pedemontanum *200*
— vulgatum 46
Syrphidae 190, *192*

Tabanidae 190, *192*
Tabanus *192*
Taeniopteryx *146*
Tastermücken 184, *186*
Tanypodinae *178*
Taumelkäfer 92, *166, 176*
Teichläufer 154, *158*
Teichmuschel *224*
Teichnapfschnecke *226*
Tellerschnecke 49, 229, *234*
Thaumalea testacea 18
Theodoxus 230
— danubialis *226*
— fluviatilis 58, *226*
— transversalis *226*
Tinodes 18
Tipula 185, *188*
Tipulidae 185, *188*
Triaenodes *220*
Trichoptera 213, *216, 218, 220*
Tricladen 112, *114*
Triops 52
— cancriformis *124*
Tubifex 59, *116*
Tümpelwasserfloh *124*
Turbellaria 112, *114*

Uferfliegen 142
Unio 223
— crassus *224*
— pictorum *224*
— tumidus *224*

Unionicola *138, 141*
Unionidae *224*

Valvata 231
— piscinalis *236*
Valvatidae 231, *236*
Velia 32, 155
— caprai *158*
— saulii 158
Veliidae 155, *158*
Viviparidae 230, *236*
Viviparus viviparus 230, *236*
Vorderkiemer 230

Wabenwasserfloh *130*
Waffenfliegen 190, *192*
Wandermuschel *226*
Wanzen 154
Wasserassel 60, 127, *132*
Wasserflöhe 122, *124, 128*
Wasserflorfliege 48

Wasserjungfer 33
Wasserkäfer 165, *174*
Wasserkalb 113, *116*
Wasserläufer 154, *158*
Wassermilben 137, *141*
Wasserskorpion 40, 155, *160*
Wasserspinne 47, *136*
Wassertreter 164, *172*
Wasserwanzen 154, 155, *158, 160*
Wasserzikaden 157, *160*
Wenigborster 113, *116*
Wollhandkrabbe 134

Zuckmücken 178, *180*
Zünsler *210*
Zweiäugiger Plattegel *120*
Zweiflügler 178, *180, 182, 186, 188*
Zwergrückenschwimmer *160*
Zwergschwimmer *170*
Zygoptera 194, *196*

Heather Angel/Pat Wolseley
**Kosmos-Familienbuch
Lebensraum Wasser**

Es gibt sicher keinen besseren Weg, dem Leben und seinen Bedingungen nachzuspüren, als die Beschäftigung mit dem Wasser und seinen vielgliedrigen Lebensgemeinschaften. Dieses Buch führt mitten in den Lebensraum Wasser und hält eine einzigartige Fülle von Bildern und Informationen über Binnengewässer, Feuchtbiotope und Meeresküsten bereit. Die Lebensbedingungen im Wasser werden beschrieben, Beziehungen zwischen Pflanzen und Tieren aufgedeckt und auf besondere Anpassungsleistungen wird aufmerksam gemacht. Dieses Wissen wird in praktischen Expeditionen mit mehr als 175 Versuchs- und Beobachtungsanleitungen ergänzt und vertieft. 192 Seiten, 180 Farbfotos, 232 SW-Fotos, 167 Zeichnungen.

Zwei wichtige **Kosmos-Naturführer** — ein Begriff für alle, die Lebewesen und vielfältige Formen der Natur kennenlernen und richtig bestimmen möchten:

Peter S. Maitland
Der Kosmos-Fischführer

Alle Fischarten der europäischen Süßgewässer sowie einige Brackwasserformen, die auch im Süßwasser leben können, werden hier vorwiegend nach Körperbau, Flossenzahl und -form, Beschuppung, Farbe u. a. unterschieden und können anhand hervorragender Farbbilder und eines Familien- und Artenschlüssels bestimmt werden. 255 Seiten, 248 Farbabbildungen, 121 Zeichnungen.

Heinz Streble/Dieter Krauter
Das Leben im Wassertropfen

Das erste Bestimmungsbuch, das alle Gruppen der mikroskopisch kleinen, im Wasser lebenden Pflanzen und Tiere umfaßt. Ein unentbehrliches Werk für jeden — ob Laie oder Fachmann — der ein Mikroskop besitzt! 6. Aufl. 367 Seiten, 25 Farb- und 25 SW-Fotos, 1700 Zeichnungen.

Mikrokosmos — Die Zeitschrift für den Mikroskopiker:
Informiert und berät, gibt Anleitungen zu eigenen Untersuchungen im Bereich der allgemeinen Biologie, der Histologie, der Planktonkunde und der Bakteriologie.
Ein kostenloses Probeheft senden wir Ihnen gerne zu.

Fordern Sie zu Ihrer ausführlichen Information unseren Naturführer-Prospekt (970 050) an.

Kosmos-Verlag, Postfach 640, 7000 Stuttgart 1